中華現代學術名著叢書

積微居小學金石論叢

楊樹達 著

2011年·北京

圖書在版編目(CIP)數據

積微居小學金石論叢/楊樹達著.—北京:商務印書館,2011
(中華現代學術名著叢書)
ISBN 978-7-100-07684-5

Ⅰ.①積… Ⅱ.①楊… Ⅲ.①金石學—中國—文集 Ⅳ.①K877.24-53

中國版本圖書館CIP數據核字(2011)第028807號

所有權利保留。
未經許可,不得以任何方式使用。

本書據科學出版社1955年版排印

中華現代學術名著叢書
積微居小學金石論叢
楊樹達 著

商務印書館出版
(北京王府井大街36號 郵政編碼100710)
商務印書館發行
北京瑞古冠中印刷廠印刷
ISBN 978-7-100-07684-5

2011年9月第1版　　　　開本 880×1240　1/32
2011年9月北京第1次印刷　印張 14⅞　插頁 1
定價:45.00元

楊樹達
(1885—1956)

出版說明

百年前,張之洞嘗勸學曰:"世運之明晦,人才之盛衰,其表在政,其裏在學。"是時,國勢頹危,列强環伺,傳統頻遭質疑,西學新知亟亟而入。一時間,中西學并立,文史哲分家,經濟、政治、社會等新學科勃興,令國人亂花迷眼。然而,淆亂之中,自有元氣淋漓之象。中華現代學術之轉型正是完成於這一混沌時期,於切磋琢磨、交鋒碰撞中不斷前行,涌現了一大批學術名家與經典之作。而學術與思想之新變,亦帶動了社會各領域的全面轉型,爲中華復興奠定了堅實基礎。

時至今日,中華現代學術已走過百餘年,其間百家林立、論辯蜂起,沉浮消長瞬息萬變,情勢之複雜自不待言。温故而知新,述往事而思來者。"中華現代學術名著叢書"之編纂,其意正在於此,冀辨章學術,考鏡源流,收納各學科學派名家名作,以展現中華傳統文化之新變,探求中華現代學術之根基。

"中華現代學術名著叢書"收録上自晚清下至二十世紀八十年代末中國大陸及港澳臺地區、海外華人學者的原創學術名著(包括外文著作),以人文社會科學爲主體兼及其他,涵蓋文學、歷史、哲學、政治、經濟、法律和社會學等衆多學科。

出版説明

　　出版"中華現代學術名著叢書",爲本館一大夙願。自一八九七年始創起,本館以"昌明教育,開啓民智"爲己任,有幸首刊了中華現代學術史上諸多開山之著、扛鼎之作;於中華現代學術之建立與變遷而言,既爲參與者,也是見證者。作爲對前人出版成績與文化理念的承續,本館傾力謀劃,經學界通人擘畫,并得國家出版基金支持,終以此叢書呈現於讀者面前。唯望無論多少年,皆能傲立於書架,并希冀其能與"漢譯世界學術名著叢書"共相輝映。如此宏願,難免汲深綆短之憂,誠盼專家學者和廣大讀者共襄助之。

商務印書館編輯部

二〇一〇年十二月

凡　例

一、"中華現代學術名著叢書"收錄晚清以迄二十世紀八十年代末，爲中華學人所著，成就斐然、澤被學林之學術著作。入選著作以名著爲主，酌量選錄名篇合集。

二、入選著作内容、編次一仍其舊，唯各書卷首冠以作者照片、手迹等。卷末附作者學術年表和題解文章，誠邀專家學者撰寫而成，意在介紹作者學術成就，著作成書背景、學術價值及版本流變等情况。

三、入選著作率以原刊或作者修訂、校閱本爲底本，參校他本，正其訛誤。前人引書，時有省略更改，倘不失原意，則不以原書文字改動引文；如確需校改，則出脚注説明版本依據，以"編者注"或"校者注"形式説明。

四、作者自有其文字風格，各時代均有其語言習慣，故不按現行用法、寫法及表現手法改動原文；原書專名（人名、地名、術語）及譯名與今不統一者，亦不作改動。如確係作者筆誤、排印舛誤、數據計算與外文拼寫錯誤等，則予徑改。

五、原書爲直（横）排繁體者，除個別特殊情况，均改作横排簡體。其中原書無標點或僅有簡單斷句者，一律改爲新式標點，專名號從略。

六、除特殊情況外，原書篇後注移作脚注，雙行夾注改爲單行夾注。文獻著録則從其原貌，稍加統一。

七、原書因年代久遠而字迹模糊或紙頁殘缺者，據所缺字數用"□"表示；字數難以確定者，則用"（下缺）"表示。

目　　錄

增訂本自序 ………………………………………… 1
章太炎先生來書 …………………………………… 2
沈兼士序 …………………………………………… 4
余嘉錫序 …………………………………………… 8
自序 ………………………………………………… 14

卷一　說字之屬上凡四十三篇 …………………… 17
　　釋慈 …………………………………………… 17
　　釋醼 …………………………………………… 19
　　釋始 …………………………………………… 20
　　釋贈 …………………………………………… 21
　　釋旐 …………………………………………… 23
　　釋嫁 …………………………………………… 24
　　釋放 …………………………………………… 26
　　釋晚 …………………………………………… 28
　　釋經 …………………………………………… 29
　　釋旃 …………………………………………… 32
　　釋暍 …………………………………………… 33
　　釋滓 …………………………………………… 34

v

釋箴	35
釋晉	36
釋謹	38
釋神祇	40
釋禱	41
釋旁	43
釋官	45
釋鎖	46
釋听	48
釋囹	49
釋从	50
釋覵	52
釋獄	53
釋販	54
釋詩	55
釋義	56
釋㒸	57
釋頎	58
釋瞜瞦	59
釋力劦	61
釋雌雄	62
釋屬	64
釋賢	66
釋偽	67

釋牅	68
釋曾	69
釋介	70
釋遇	71
釋説	73
形聲字聲中有義略證	75
字義同緣於語源同例證	93

卷二 説字之屬下凡十七篇 ……………… 127

説制	127
瞷戭目釋義	128
臣牽解	130
説云	131
説襘	132
説馬	134
説少	135
罢字段注駁	136
説嬻	138
説麃	138
説丨	140
説覒	142
説測	142
説髮	143
説皤	144
説骸骭	145
説比	146

vii

卷三　音韻之屬凡四篇 · 147
詩音有上聲說 · 147
之部古韻證 · 148
古音對轉疏證 · 158
古音哈德部與痕部對轉證 · · · · · · · · · · · 214

卷四　方言文法之屬凡四篇 · · · · · · · · · · · · 221
長沙方言考 · 221
長沙方言續考 · 251
說所字之詞性 · 282
國文中之倒裝賓語 · · · · · · · · · · · · · · · · 286

卷五　經子考證序跋之屬凡五十九篇 · · · 295
《書·微子》"草竊姦宄"解 · · · · · · · · · · · 295
《書·盤庚》"罔知天之斷命"解 · · · · · · · 296
《詩》"上入執宮功"解 · · · · · · · · · · · · · 298
《詩》"匪風發兮，匪車偈兮"解 · · · · · · 299
《詩》"亶侯多藏"解 · · · · · · · · · · · · · · · 300
《詩》"于以采蘩"解 · · · · · · · · · · · · · · · 301
《左傳》"軍實"解 · · · · · · · · · · · · · · · · · 303
《左傳》"戴氏"考 · · · · · · · · · · · · · · · · · 304
《論語》"子奚不為政"解 · · · · · · · · · · · 306
《孟子》"臺無餽"解 · · · · · · · · · · · · · · · 307
《爾雅》"大瑟謂之灑"說 · · · · · · · · · · · 308
《爾雅》"鷯，天龠"釋名 · · · · · · · · · · · 309
《爾雅》"窀閒"說 · · · · · · · · · · · · · · · · · 310
《爾雅》"木自獘，柛"說 · · · · · · · · · · · 311

《莊子》"意怠""鷾鴯"一鳥説 …………………………… 312
《莊子》"謝施"説 ……………………………………… 314
《韓詩内傳》未亡説 ……………………………………… 315
孟子學説多本子思考 …………………………………… 317
説晚周諸子中之宋人 …………………………………… 320
讀劉叔雅君《淮南鴻烈集解》 ………………………… 321
劉武仲先生《助字辨略》跋 …………………………… 330
《釋名》新略例 ………………………………………… 336
讀王葵園先生《後漢書集解》 ………………………… 338
讀《漢書·儒林傳》 …………………………………… 343
湘潭王理安先生校錢大昭《後漢書補表》跋 ………… 345
書黄箋漢樂府《孤兒行》後 …………………………… 348
讀容庚君《古石刻零拾》 ……………………………… 349
讀譚君戒甫《〈莊子·天下〉篇校釋》 ………………… 351
讀《吕氏春秋》書後 …………………………………… 354
讀《周禮·司刑》注引《尚書大傳》書後 …………… 355
讀《春秋名字解詁》書後 ……………………………… 357
王氏讀《墨子》雜志書後 ……………………………… 358
讀《樂浪》書後 ………………………………………… 359
李雁晴《史記訂補》序 ………………………………… 363
李恐伯先生《讀漢書札記》序 ………………………… 365
梁季雄君《荀子約注》序 ……………………………… 366
皮鹿門先生《師伏堂筆記》序 ………………………… 367
郭耘桂先生《讀騷大例》跋 …………………………… 368
李恐伯先生《諸史札記》序 …………………………… 369

羅庶丹《諸子學述》序 …… 370
曾星笠《尚書正讀》序 …… 371
張彥超《馬氏文通刊誤補》序 …… 372
《老子古義》自序 …… 374
《鹽鐵論校注》自序 …… 374
《漢書補注補正》自序 …… 376
《詞詮》自序 …… 377
《周易古義》自序 …… 379
《馬氏文通刊誤》自序 …… 379
《漢代婚喪禮俗考》自序 …… 385
《古聲韻討論集》序 …… 386
《論語古義》自序 …… 387
與黃季剛書 …… 387
與章行嚴書 …… 388
與陳援庵論《史諱舉例》書 …… 389
與曾星笠書 …… 391
復徐仁圃書 …… 392
胡厚宣《戰後京津新獲甲骨集》序 …… 393
《積微居小學述林》後記 …… 394
《漢書窺管》自序 …… 395

卷六 考史金石之屬凡十二篇 …… 398
漢代老學者考 …… 398
《漢書》釋例 …… 405
《漢書》所據史料考 …… 417
後漢王堂世系考 …… 425

《漢西鄉侯兄張君殘碑》跋 ·············· 433
《漢劉伯平鎮墓券》跋 ················ 434
《漢相府小史夏堪碑》跋 ·············· 435
《漢朝侯小子殘碑》跋 ················ 436
《漢賈武仲夫人馬姜墓門石記》跋 ········ 436
《新嘉量銘》跋 ···················· 439
《魏曹真殘碑》跋 ·················· 440
《陶齋臧甄記》跋 ·················· 441

楊樹達先生學術年表 ········· 楊逢彬 444
楊樹達與《積微居小學金石論叢》 ······ 楊逢彬 455

增訂本自序

余性樸魯,於讀書外別無所好。斗室中日手一編,偶有所得,輒搖筆記之,不能自已。憶自十六七歲以迄東遊之前,四五年間,得讀書日記五六册。其稿今無存,不復憶及其所説爲何,由今思之,計亦不足觀采,然彼時於此事固抱有極濃厚之興味也。辛亥革命軍興,由海東歸里,設教中學,困於文卷,不遂精研之志,乃於一九二零年棄去北遊。嗣後時日稍紓,頗復披覽,既時時自寫其所見,而與同好商量舊學,研討文史,到一九三一年冬,凡得文字三十餘首,遂集爲《積微居文錄》三卷,付商務印書館印行。自一九三一年到一九三六年之冬,凡六年間,又得文字百十餘篇,因再彙集爲《積微居小學金石論叢》五卷,仍付商務印書館出書。此書中亦有經史諸子考證之作,而書名第記小學金石者,首數卷皆討論小學,論金石之文字實殿全書,全舉慮其過冗,故舉首尾以包中也。此編乍出,友生見者謬贊其創獲,由一九三七年一月發行三月再版觀之,似頗聳動一時之觀聽矣。解放以後,余出有《積微居金文說》及《小學述林》二書,皆此書之續稿也。以兩書篇帙皆多,遂令分張,不復併合耳。近年國家出版分工,此類著述溢出商務印書館出版範圍,故余取《文錄》及《論叢》二種略加芟汰,合爲一書,仍論叢之名,冠以增訂以别於初印,付科學出版社印行,而記其由來如上云。公元一九五五年九月十五日楊樹達記。

章太炎先生來書

遇夫兄鑒：得來書及説文字音韻三首。醓之聲義，僕以爲得之鹵者，誠爲龘䶄。竟謂得之於羹，亦似未諦，恐實得之䚡耳。慈訓愛子，推其聲義於子，説甚塙。鄙意古袛有子字耳。愛子即曰子，猶敬老則曰老老，敬長則曰長長。《樂記》：易直子諒之心油然生矣。《中庸》：子庶民也。此皆今之慈字。由子孳乳爲字，小徐本《説文》：字，乳也，愛也。《繫傳》引大不字小爲説。慈之爲文，又在字後矣。古音平上有無區別，此固難以質言。今詩詞平上去入分用，南北曲則以平上去錯雜爲韻，不得見南北曲而謂今無上去也。《詩》三百篇之諧韻，蓋與今之南北曲同，以平上錯雜相諧，不得謂古無上聲也。烽火中能作此論，兄於治學可謂精專，冀佗日爲魯兩生爾。書復即問起居多福。章炳麟頓首。五月七日。

一九二四年，余著《古書疑義舉例續補》二卷，介歙縣友人吳君檢齋求教於先生。先生復檢齋書，稱余用心審密，有足匡高郵王氏之失者。一九三二年，倭人寇滬，先生避地來遊北京，檢齋初介余相見，先生猶稱及是書。余旋以所著《〈莊子〉"意怠""鷾鴯"一鳥説》、《〈漢賈武仲夫人馬姜墓門記〉跋》諸文呈於先生，先生私語檢齋云："遇夫心思精細，殆欲突過其鄉先輩矣。"明年四月，余撰《釋慈》、《釋醓》及《詩音有上聲説》三篇，緘呈先生，得復書如右。蓋《釋醓》於先生《文始》之説有所獻疑，《詩音有上聲説》則所以難黃君季剛者，季剛固先生高第弟子也。而先生不以余爲侮，顧進而獎之,蓋先生局度之弘、是非之公如此。去歲先生與某君論讀經事,某君謂今日經不盡可明,舉余釋《詩經》于以采蘩爲説。而先生則謂經未嘗不可明,如某君所舉楊某即其見端,蓋先生於余往往多所獎藉如此。近者先生講學吳中,余屢思南行奉手,因循未果,而先生遽歸道山。循覽此札,蓋不勝腹痛之感云。一九三六年九月二十九日樹達記於北京頭髮胡同寓廬。

沈兼士序

吾友楊遇夫先生近以其所箸小學金石論文裒集成書,徵文於余,且堅之曰:兄治右文,弟研聲訓,同時同地同好。弟有所箸而兄無言,他日學人或以爲異事。蓋余於十年前曾謂:今之文字學家已知用卜辭金文參驗《説文》以索形體之原始矣,更當用古書音義現代方言參驗《説文》以探語言之根株,而歎惜後者之寂寞無聞。爰上溯聲訓,推衍右文,略有造述。今讀斯編,深幸吾道之不孤。昔段茂堂作《説文解字注》,云非王懷祖之敍不足以箸其所得。余固不敢望懷祖,然先生於訓詁之學,直若茂堂自道其心得,所謂胸中充積既多,觸處逢源,無所窒礙者也。既感同好之不易得,又重違其所屬,謹受教而序之。夫小學名家,肇始班志,然所箸錄,止於雜字。其餘《爾雅》總離詞,《方言》標殊語,《説文》析字形,《釋名》闡義類,文質份份,莫盛於是。自爾以來,少所創作。迨至清代,段王勃興,始倡形音義三者貫串証發之術。及章太炎師正語言文字學之名,而後文字語言巧韌不違之理乃昭然大明。近三十年來,學者之覃討形體與聲韻,頗多愜心之作,惟未能利用之以治訓詁,其造詣反瞠乎視清儒不及遠甚。是豈太炎師倡導語言文字學之旨乎!竊以爲訓詁之學,具有實用與理論兩端。乾嘉學者所謂《説文》爲體,《爾雅》《方言》《釋名》爲用,此顧胡之説,未足爲準也。蓋《爾雅》之釋字義,《方言》之辨語音,對象雖異,要皆爲客觀之紀錄,此近於實用者也。《釋名》循名責實,論敍指歸,爲主觀之推求,此近於理論者也。《説文》則二者兼之,其所説解,祇據字形以明取象之由,不謂言語之初含義即爾也。後來字書,率皆本《説文》之部居,襲《爾雅》之記述,雖段氏注疏《説文》,楬櫫本義,朱氏《通訓定聲》,特標聲訓,然皆未能達於理論訓詁之境界,於文字聲義流轉之體勢,猶不足示諸曍梏也。獨王氏《廣雅疏證》貫串該洽,賾而不亂,或許之如入桃源仙境,窈窕幽曲,繼則豁然開朗,土地平曠,可謂妙喻。惜乎!未嘗紬繹之,絜矩之,著爲通論,明論後學以範疇也。今先生私淑王氏,造此宏箸,撮其要旨,約具三綱:形聲字聲中有義,一也。聲母通假,二也。字義同緣於受名之故同,三也。循是以求訓詁之理論,若網在綱,有條不紊矣。兼之舊書雅記,諳熟於胸臆,往往不假字書,能於文辭義例中徑得詁訓之真諦,較之俗儒解字説經誼餖飣貞屑者,其高下相形又何如邪!先生猶夫自視欲然,虚懷下問,余又安敢自閟其愚!謹爲引申數義於下。一曰:初期象形字音義之不定於一也。卷中《釋少》篇謂少字從小而有小義,竊以爲少字不但有小義也,卜辭小)(同字,金文小少無別,古書中小少仍復互用。即 $\stackrel{\cdot}{\boldsymbol{\bot}}$ 字亦爲少之反體,譚長說沙字從 $\stackrel{\cdot}{\boldsymbol{\bot}}$ 作,可證。又幺絲系𦃢系絲諸字亦同,不僅幺絲之爲複文也。諸字之體皆象絲形,其義爲幼小,爲幽渺玄亦是糸形,爲聯繫。凡此諸形,統攝眾義,證以古篆偏旁重文,從可知也。其他如屮艸茻、及行彳亍𠃊辵等字,莫不皆然。蓋初期象形,祇是事物之象徵,而非語言之符識,繁省向背,其用一也。後世字學家整齊釐定,乃以餘形分配異語,許書分部別屬,遂令形專一義,勢同割據。近代學者復拘泥於本字本義之説,而不知所以通之,遂致變本加厲,動成跋疐矣。此義不固定之説也。囟字古又可以爲𡿺,故農从囟聲而有獳巎,《廣韻》肴韻有硇字,重文作䃩,尤爲囟可讀𡿺之碻證。囟又有或體腜《廣韻》收去聲六至,《廣韻》囟亦作顖思細均从囟聲,《集韻》囟亦作恖,《春秋元命苞》:腦之爲言在也,人精在腦《太平御覽》引。腦在取其聲訓,蓋讀腦爲囟,是囟又可讀之部音之證也。《説文》:嘼,犙也,段本改爲獸牲也。卷中駁之,良是。愚以爲段氏不惟未注意畜産之可連用,且不明嘼雖爲古畜字,亦即獸之初文,故徐仙民音始售反,而《爾雅·釋畜》、《釋文》又作嘼也。蓋古者一字得表數語,故囟有三音,不分乎頭會及全𡿺;嘼有兩讀,無閒於野獸與家畜。此音不固定之説也。二曰:本字本義之不易斷定也。卷中《書黃筏〈孤兒行〉後》云:手爲錯謂手起皲皵,與《小雅》之可以爲錯貌同而實不同。又云:皵與錯石之錯同受義於麤錯,語源無二,誠卓見也。請申論之。《周禮·典瑞》:"駔圭璋璧琮琥璜之渠眉。"鄭司農注"駔,外有捷盧也。"疏云:"捷盧若鋸牙然。"《説文》:"鑢,錯銅鐵也。"《廣雅·釋詁》:"錯鑢,磨也。"又《釋器》:"鋁謂之錯。"案鑢鋁皆與鋸同,今木工所用鋸之小而齒細者猶曰錯。《説文》正篆祇作厝,云:厲石也。注中用錯。蓋以石爲之曰厝,以金爲之曰錯。《釋名·釋山》:"石載土曰岨,岨臚然也。"案石載土者,石載於土山之上也。故《爾雅》曰:"土戴石爲岨。"《毛傳》"石山戴土曰岨",疑有誤。岨臚也者,猶錯也,謂石之錯落不平如鋸牙然,今河北人謂天寒手凍皮膚粗皵爲起岨臚,猶古語也。是錯也,皵也,捷盧也,岨臚也,單語複詞,虛實名狀,相互通用,語根一也。屬訓爲連,卷中《釋屬》篇謂義泛不切。案《文始》"俟部":涿蓺乳爲屬,連也,字从尾,謂蓺尾也。今俗尚謂人之構精爲屬,獸之蓺尾爲連。蓋涿以體言,屬以用言,詳略互見,不求備也。由是知古訓本借,難於億必。王氏疏證《廣雅》,雖盡綜該融會之能事,而不輕加斷案者,良有以也。上來所述,均就卷中所説略加推闡。自知淺陋,無當大雅。誠以賞奇析疑,友朋至樂,聊復存之,以爲是編之箋疏,如何?二十五年十二月,弟沈兼士敬序于北平之段硯齋。

余嘉錫序

　　凡學有端有委，有正有詭，有中庸，有偏倚。其治之也有序，其擇之也有道，故曰：操其本，萬物理；差之毫釐，謬以千里。蓋未有不致力乎本而能成學者也。杭大宗曰："古人爲學，先根柢而後枝葉，先經史而後詞章。"紀文達亟稱之。余謂杭氏論其大都耳。析而言之，不通訓詁聲韻，不足以治經；不明制度禮俗，不足以治史；根柢之中又有根柢焉。學不窮根柢而但求其枝葉，譬之：未知叔重何所道，錢段何所明，而讀甲骨文；班范之書，荀袁之紀，未能通曉，而考金石刻，其於學也，庸有當乎！吾友楊子所爲文辭，既編爲《積微居文錄》刊印行世矣。年來讀書有所得，復時時著爲書論，大抵以説文字訓詁及考訂金石刻辭者爲多。每一篇成，輒持以示嘉錫，自道其所以然。嘉錫伸紙疾讀，往往拍案叫絕，與君撫掌歡抃之聲相應也。久之，所作日益多，復自輯爲《小學金石論叢》都若干篇，爲五卷，書抵嘉錫曰：子必爲我序之！拾遺補闕，是所望於子。嘻！若嘉錫者，惡足以序君之文也哉！然於君治學之方，則知之已熟。蓋君之讀書，先致力乎根柢，循序漸進，不陵節而施：其於《説文》諷籀極熟，於羣經講貫極精，然後上溯鐘鼎甲骨之文以識其字，旁通諸子百家之書以証其義，窮源竟委，枝葉扶疏，著書至十萬餘言，誦班孟堅書不復持本，終卷不失一字，古所謂漢聖者無以遠過。由是考覽范陳以下諸史及漢魏人文字金石刻辭，輒怡然以解，又爲之説數萬言。吁！多矣哉！非兼人之力不致此！兹之所刻，特其緒餘爾。嘉錫學無師法，涉獵不能爲醇儒，好讀駁雜不急之書以自文其陋，惡足以序君之文哉！然君求之甚篤，督之甚勤，嘉錫亦自幸掛名簡端，有餘耀焉，故遂略道君治學之方，又取君書中所考三數事，摭拾羣書爲作補證，條列於左。極知瑣屑無關輕重，聊以塞君下問之意，且欲附驥以傳云爾。昔者讀君《〈漢西鄉侯兄張君碑〉跋》，竊嘗別爲之説，兹不具論。

《〈漢劉伯平鎮墓券〉跋》云："券言生屬長安，死屬泰山。《後漢書·烏桓傳》云：死者神靈歸赤山，赤山在遼東西北數千里，如中國人死者魂神歸岱山也。李注引《博物志》云：泰山，天帝孫也，主召人魂。東方萬物始，故知人生命。《文選》劉公幹《贈五官中郎將詩》云：常恐遊岱宗，不復見故人。善注引《援神契》曰：太山，天帝孫也，主召人魂。按讖緯起於哀平，然則此説西漢已有之矣。《魏志·蔣濟傳》注引《列異傳》曰：濟爲領軍，其婦夢見亡兒涕泣曰：今在地下爲泰山伍佰，憔悴困辱，不可復言。今太廟西謳士孫阿，今見召爲泰山令，願爲白侯，屬阿令轉我得樂處。陳君寅恪云：三國時所譯佛經，有一種，凡梵文地獄字皆譯爲泰山，知此種傳説至三國時猶然矣。"嘉錫案人死魂歸泰山之説，秦漢之間已有之。《水經·汶水》注引《開山圖》曰："泰山在左，亢父在右，亢父知生，梁父主死。"《古今注》卷中曰："《薤露》《蒿里》，並喪歌也，出田橫門人，言人死魂魄歸於蒿里，故有二章。其二曰：蒿里誰家地？聚斂精魂無賢愚。鬼伯一何相催促，人命不得少踟躕。"考之《後漢書·光武紀》注：梁父，太山下小山也。《元和郡縣志》卷十"泰山在乾封縣西北三十里，而蒿里山在縣西北二十五里"：是蒿里之去泰山五里而近。《樂府詩集》卷四十一引《樂府解題》曰："《泰山吟》，言人死精魂歸於泰山,亦《薤露》《蒿里》之類也。"陸機《泰山吟》曰:"泰山亦何高!迢迢造天庭,峻極周已遠,曾雲鬱冥冥。梁甫亦有館,蒿里亦有亭,幽塗延萬鬼,神房集百靈。長吟泰山側,慷慨激楚聲。"然則梁父之主死,蒿里之收人魂魄,皆泰山爲之主矣。故漢以後書言及鬼神事皆屬之泰山,不言梁父蒿里。《三國志·管輅傳》載輅之言曰:"天與我才明,不與我年壽,但恐至太山治鬼,不得治生人。"《太平廣記》卷三百十九引王隱《晉書》言:"蘇韶卒後,其從弟節白晝見之。節問韶曰:今年大疫病,何?韶曰:劉孔才爲太山公,欲反,擅取人以爲徒衆。北帝知孔才如此,今已誅滅矣。"《搜神記》卷四記胡母班爲泰山府君致書事云:"班如廁,忽見其父著械徒作,此輩數百人。班進拜流涕,問:大人何因及此?父云:吾死不幸,見遣三年,今已二年矣,困苦不可處。知汝今爲明府所識,可爲吾陳之,乞免此役,但欲得社公耳。"又卷十五曰:"漢獻帝建安中,南陽賈隅字文合,得病而亡。時有吏將詣太山,司命閱簿,謂吏曰:當召某郡文合,何以召此人?可速遣之!"《續搜神記》卷三曰:"桓哲字明期,居豫章時,梅元龍爲太守,先已病矣,哲往省之,語梅云:吾昨夜忽夢見作卒迎卿來作泰山府君。梅聞之,愕然曰:吾亦夢見卿著喪衣來迎我。二十七日,桓便亡,二十八日而梅卒。"《異苑》卷五曰:"歷陽石秀之,倏有一人著平巾袴褶,語之云:聞君巧倖班匠,刻几尤妙,太山府君相召。秀之自陳:劉政能造,其人乃去,數旬而劉殂。"綜此諸事觀之,泰山治鬼之說,起於漢初,而盛行於東京魏晉之間。《劉伯平墓券》當是後漢時物,其言人死屬泰山,無足怪也。余嘗考其說,蓋出於燕齊海上之方士。《史記·封禪書》曰:"始皇遂東遊海上,行禮祠名山大川及八神,八神將自古而有之。或曰:太公以來作之。八神:一曰天主,祠天齊;二曰地主,祠太山梁父。"太史公於此下即敍騶子論著五德終始之運,及秦帝而齊人奏之,則八神之説亦必方士所傳。太山梁父既爲地主,人死歸於地,於是相傳遂謂太山治鬼,梁父主死矣。其泰山主者,有府君,有令,令之下有錄事。見《三國志·蔣濟傳》註。府君即人間之太守,一以漢制説之,此亦道家技倆,猶之天神亦有將軍功曹也。及齊梁以後,道教衰而佛教大行,諸書乃多言閻羅王,少言太山府君矣。

《〈陶齋臧甎記〉跋》云:此書載漢葬甎,大抵皆罪人也。如《史仲葬甎》云:"□和三年□月七日,弘農盧氏完城旦史仲死在此下。"《東門當葬甎》云:"永元二年九月二十日,潁川武陽髡鉗東門當死在此下。"《張護葬甎》云:"城旦張護永元六年十二月十四日物故,死在□下。"按《史記·淮南厲王長傳》云:大夫但士五開章等七十人與棘蒲侯太子奇謀反,吏覺知,往捕開章,長匿不予,與故中尉蒍忌謀殺以滅口。又詳聚土樹表其上,曰:開章死埋此下。與諸葬甎相合,疑漢世罪人表識例如此也。惟甎文諸死字若如字讀之,則語爲無謂,蓋漢人謂屍爲死。《漢書·廣川惠王傳》《陳湯傳》《酷吏·尹賞傳》師古注並云:"死謂尸也。"嘉錫案《左氏·宣十二年》傳云:"逢大夫與其二子乘,謂其二子:毋顧!顧曰:趙傁在後。怒之,使下,指木曰:尸女於是。授趙旃綏以免。明日,以表尸之,皆重獲在木下。"所謂尸女於是者,即《史記》開章死埋此下及諸葬甎死在此下之意,可證死即尸字。所謂以表尸之,又可與《史記》立表其上互證也。疑古者死於野外或浮殯須遷葬者,皆立表以爲識,逢大夫知其子必死,恐求其尸不得,故權指木以爲之表耳。至於罪人之死,或須陳尸示衆,或家屬不敢遽認,則皆爲之立表,備後來收葬。《漢書·尹賞傳》曰:"雜舉長安中輕薄少年惡子,得數百人,賞親閲見,十置其一,其餘盡以次納虎穴中,賞穿地數丈,名曰虎穴。百人爲董,覆以大石。數日壹發視,皆相枕籍死。便輿出瘞寺門桓東,楬著其姓名。百日後,迺令死者家發取其尸。"是其事也。又或因表署姓名,遂并著其罪狀以警衆立威。《漢書·何並傳》言:"侍中王林卿令騎奴至寺門拔刀剥其建鼓,並自從吏兵追林卿,林卿窘迫,令奴冠其冠,被其襜褕自代。日暮,追及,收縛冠奴,叱吏斷頭,持還縣所剥鼓置都亭,署曰:故侍中王林卿坐殺人埋冢舍使奴剥寺門鼓。"《後漢書·酷吏·陽球傳》言:"球杖死王甫父子,乃僵磔甫屍於夏城門,大署牓曰:賊臣王甫。"是皆表識於未收葬之時者也。城旦髡鉗諸人皆罪不至死,及其以疾物故,一時無人收葬,則官爲葬之,而表其姓名,以待子孫之發取。不以楬而以甄者,欲其久而可識耳。

《〈漢書〉所據史料考》云:"《史通·採撰》篇云:班固《漢書》,全同太史,自太初以後,又雜引劉氏《新序》《説苑》《七略》之辭。按《七略》者,謂《藝文志》。近人姚振宗謂《漢書·儒林傳》所載經師授受多本《七略》,其説亦信而有徵。"又云:"《董仲舒傳贊》引向歆父子之辭,以係批評之辭,故不具述。"嘉錫案《王襃傳》云:"宣帝時,修武帝故事,講論六藝羣書,博盡奇異之好,徵能爲楚辭九江被公,召見誦讀。"而《太平御覽》卷八百五十九引《七略》曰:"宣帝詔徵被公,見誦楚辭。被公年衰母老,每一誦,輒與粥。"兩相印證,知《御覽》所引乃《七略·詩賦略》《王襃賦》十六篇敍錄之語,孔廣林姚振宗輯入"屈原賦"條下,非是。而《漢書·王襃傳》即本之《七略》也。凡向歆父子所作書錄,皆述作者事跡,略如列傳之體,《晏子春秋》《孫卿新書》諸敍錄可證。以《史通》之言推之,則凡前漢人有書著錄於《七略》者,班書列傳多採用之,蓋不僅《儒林傳》已也。又《賈誼傳贊》曰:"劉向稱:賈誼言三代與秦治亂之意,其論甚美,通達治體,雖古之伊管,未能遠過也。使時見用,功化必盛,爲庸臣所害,甚可痛悼。"《東方朔傳贊》曰:"劉向言:少時問長老賢人通於事及朔時者,皆曰:朔口諧倡辨,不能持論,喜爲庸人誦説,故令後世多傳聞者。"此皆《別錄》之辭,與《董仲舒傳贊》同。雖皆非敍事之辭,然《漢書》此三傳皆詳於《史記》,必有採之《別錄》者,猶之韋賢、翟方進、元后三傳贊稱司馬掾班彪曰,其傳即彪之文也。《史通·正史》篇云:"《史記》所書,年止漢武。其後劉向之子歆及諸好事者若馮商、衛衡、揚雄、史岑、梁審、肆仁、晉馮、段肅、金丹、馮衍、韋融、蕭奮、劉恂等相次撰續,迄於哀平間,猶名《史記》。"是劉歆嘗續《史記》,或疑班固採之彼書。余案《史通·採撰》篇止云《漢書》太初已後雜引《新序》《説苑》《七略》之辭,不言有《續史記》。《文選·西征賦》云:"長卿淵雲之文,子長政駿之史。"李善註止引《漢書》向著《疾讒》《摘要》《救危》及《世頌》凡八篇,又著《五行傳》《列女傳》《新序》《説苑》,歆著《七略》,亦不言有《續史記》。是則潘安仁、劉知幾所稱向歆之史,即指《新序》《説苑》《七略》《別錄》言之,未嘗別著一書名爲《續史記》也。且司馬遷書本不名《史記》,兩漢人安得有《續史記》乎!惟馮商實有《續太史公書》,或後人嘗取向歆所序編入馮商諸家之次以續遷史,則不可知耳。

丙子秋八月,武陵余嘉錫季豫甫書。

自　序

予年十四五，家大人授以郝氏《爾雅》王氏《廣雅》二疏，始有志於訓詁之學。歲在攝提，年十八，從人假讀大徐本《説文》一周，心歆其美，未有得也。既冠，激於國難，廢業出遊，居倭京，日治歐洲語言及諸雜學。時餘杭章君同寓東京，方聚徒講業，予謂是非當務之急，不從遊也。辛亥兵興，困餓於京都，倉黃返國，始以英國文字教於長沙。會友有謂予夙治國聞，誶誃以此土文法，因讀丹徒馬氏書，心弗善也，自是始治文法。既湖南督軍張敬堯肆虐於湘，予心弗忍，違難北行，亦頗以文法設教。生平服膺高郵王氏，念王氏兼治虛實，學乃絕人。一九三零年，文法三書成，乃專力於文字之學。初讀章君《文始》，則大好之，既而以其説多不根古義，又謂形聲字聲不含義，則又疑之。蓋文字之未立，言語先之，文字起而代言，肖其聲則傳其義。中土文書，以形聲字爲夥，謂形聲字聲不寓義，是直謂中土語言不含義也，遂發憤求形聲字之説。一九三三年春，偶憶《大學》"爲人父止於慈"一語，謂慈字聲類之兹即子，於是悟形聲聲類有假借。明年春，讀《毛詩》，見《大雅・崧高》篇傳以增訓贈，因推之賀賞賟諸文，加尚皮皆有增義，而得同義字往往同源之説。一日，武昌徐生問予：賜从易聲，易無增義，云何？予未能對也。夜中不寐，起坐思之，忽悟易益古同音，从易猶从益也。《禮記・檀弓》謂謚爲易名，謚从益聲，又實假益爲易。疑既解，則大樂。自是持二義以説諸文,則左右逢其源,沛然若決江河焉。卷中如謂醸从京聲,京假爲羹;旐从兆聲,兆假爲召;放从方聲,方假爲旁;喝从曷聲,曷假爲害;滓从宰聲,宰假爲緇;籖从殿聲,殿假爲屍;靚从見聲,見假爲脛;詩从寺聲,寺假爲志;韔从長聲,長假爲藏;縣从縣聲,縣假爲玄;瞲从喜聲,喜假爲黑:皆闡明前一義者也。若獄从言,言假爲辛;牖从甫,甫假爲旁:則又由形聲旁推及會意矣。《釋旐》篇記旌旗旟旐旜旟同源,《釋晚》篇謂昏莫晚同源,《釋經》篇謂經緇同源,《釋喝》篇謂饑餲同源,《釋親》篇謂蜺緇同源,《釋獄》篇謂獄圉同源,《釋頰》篇謂酺頰同源,輔頰同源,膀脅同源,《釋縣瞲》篇謂矑縣瞲同源,《釋雌雄》篇謂雄麔豭羖羒同源,雌𤠔同源,《釋賢》篇謂賢能豪同源,《釋偽》篇謂偽譌詐同源,《説骸骭》篇謂脛骸骭同源,《釋曾》篇謂曾尚同源,《釋遇》篇謂遇遭遘同源,《釋説》篇謂説談同源,《〈爾雅〉"木自獎,柛"説》謂柛㭰同源,以及《字義同緣於語源同例證》一文,皆闡明後一義者也。而二義交相爲用,或因前而得後,或據後而明前,吾書中可略見焉。蓋予循聲類以探語源,因語源而得條貫,其徑程如此。獨念勝清三百年間,小學如日中天,臻於極盛。金壇段君高郵王君夐絶一世,其於創通大例,顧未有聞,予以頑質,乃邂逅得之。予用是不敢自閟,姑布其説於世以爲前焉。其有差違,則予學之不周任之。世之君子有告我以昌言者乎?予將拜而受之矣。一九三六年十月二十五日,長沙楊樹達書。

卷一　說字之屬上凡四十三篇

釋慈

《説文》十篇上"心部"云："慈，愛也。从心，茲聲。"按以聲義求之，許君之訓乃泛言之。若切言之，當云愛子也。何以言之？《禮記·禮運》篇曰："父慈，子孝，兄良，弟弟，夫義，婦聽，長惠，幼順，君仁，臣忠，十者謂之人義。"又《大學》篇曰："爲人父，止於慈；爲人子，止於孝。"隱公三年《左傳》載石碏之言曰："君義，臣行，父慈，子孝，兄愛，弟敬，所謂六順也。"又昭公二十六年《傳》載晏子之言曰："君令，臣共，父慈，子孝，兄愛，弟敬，夫和，妻柔，姑慈，婦聽，禮也。"《墨子·兼愛下》篇曰："爲人父必慈，爲人子必孝。"《淮南子·本經》篇曰："父慈，子孝，兄良，弟順。"其他經籍中以慈孝對言如諸書所稱者不可勝舉。孝爲子對於父母之道，故以子承老爲文，而訓爲善事父母，然則慈爲父母對於子之道明矣。故《管子·形勢解》曰："慈者，父母之高行也。"《賈子·道術》篇曰："親愛利子謂之慈。"是其義也。然茲訓艸木多益，與愛子之義絶不相關，而慈從茲聲者，以茲與子古音相同故也。《淮南·天文》篇曰："子者，茲也。"《史記·三代世表》曰："子者茲。"《易·明夷》箕子，劉向讀爲荵茲。此以茲訓子者也。《大戴禮·本命》篇曰:"子者,孳也。"《白虎通·五行》篇《釋名·釋親屬》並同。《史記·律書》曰:"子者,滋也。"《説文》十四篇下"子部"曰:"子,十一月陽氣動,萬物滋,人以爲稱。"此以茲聲之孳乳字訓子者也。《管子·小稱》篇曰:"嗟茲乎!聖人之言長乎哉!"《説苑·貴德》篇曰:"嗟茲乎!我窮必矣!"《儀禮經傳通解續》引《尚書大傳》曰:"嗟子乎!此蓋吾先君文武之風也。"嗟茲乎或作嗟子乎,此又茲子通作之證也。且慈從茲聲,假茲爲子,亦有文從子聲而假子爲茲者。《説文》十四篇下"子部"云:"孳,孳孳汲汲生也。从子,茲聲。"字從茲聲者,言子嗣之孳乳有如艸木之繁殖也,此正字也。然三篇下"攴部"又云:"孜,孜孜汲汲也。从攴,子聲。"此文與孳音義皆同,而文從子聲,實假子爲茲也。此造文時茲子互相通假之證也。或曰:"如子之説,慈從茲聲而有子義,則於六書當屬會意,而許君説爲形聲,何也?"曰:"不然。慈字若徑从子,則在六書當爲會意兼聲,今不从子而第从與子同音之茲,故許君屬諸形聲而不屬於會意耳。"至慈本爲父母愛子之稱,稍擴其義,則爲慈幼。《周禮·地官·大司徒》云"以保息六養萬民,一曰慈幼",是也。又稍擴其義,則爲君上愛民之稱。《晉語》云"甚寬惠而慈於民",是也。更擴張之,則又可以與其本義正相反而爲子事父母之稱。《齊語》云"不慈孝於父母",《莊子·漁父》篇云"事親則慈孝",是也。許君訓慈爲愛,意在兼包數義;然《説文》本爲解釋字源之書,自當切言,不當泛訓也。

(一九三三年四月八日)

釋涼

《說文》十四篇下"酉部"云："涼，雜味也。从酉，京聲。"又二篇上"牛部"云："㹁，㹁牛也。从牛，京聲。引《春秋傳》曰：㹁㹁。"按㹁下云："白黑雜毛牛。"據二文觀之，京聲字蓋有雜義。按京訓人所爲絕高丘，與雜義不相會，頗難索解。考三篇下"鬻部"云："𩱧，五味和羹也。"或作羹。按羹訓五味相和，飲食之事也。八篇上"衣部"雜訓五采相合，衣服之事也。五采相合爲雜，則五味相和亦具雜義矣。古京與羹同音，从京猶从羹也。問者曰："涼㹁皆讀入來母，何也？"曰："《左傳·昭公十一年》云：'楚子城陳蔡不羹。'"《釋文》云："羹舊音郎。"《正義》云："古者羹臛之字音亦爲郎，故《魯頌·閟宮》及《楚辭·招魂》與史游《急就篇》羹與房漿糠爲韻。但近世以來獨以此地音爲郎耳。"然則羹古本有來母之音，據此涼之爲義受之於羹，於義於音皆㸦合無間；㹁則又由涼孳乳耳。章氏《文始》謂涼得義於鹵，按鹵涼模唐二部陰陽對轉，音理固爲可通，惟鹵鹹第爲五味之一，不含雜義，似不如謂受義於羹較爲脗合矣。

（一九三三年四月八日）

釋始

　　《說文》十二篇下"女部"云："始，女之初也。从女，台聲。"自來說者皆不能質言其義。夫兒在母胞，肇分男女，事在闇昧，無由識知，何緣特立一文以表其事？就謂可識，男亦有初，何故無文，以與始並？由此言之，始不謂胎孕之別明矣。按《大戴禮記·本命》篇曰："男以八月而生齒，八歲而齔。一陰一陽，然後成道；二八十六，然後情通，然後其施行。女七月生齒，七歲而齔齒。二七十四，然後其化成。"《漢書·王莽傳》曰："莽以皇后有子孫瑞，通子午道。"張晏曰："時年十四，始有婦人之道也。"《黃帝內經》卷一《上古天真論》曰："男子二八而天癸至，女子二七而天癸至。"然男子天癸之至，無特異之徵；女子則當十三四時，於不識不知之中忽如潮湧，往往令人不可思議。事象奇異，故制文者亦爲之特立一文。精言之，女之初當云婦之初。然《易·屯》六二曰："女子貞不字，十年乃字。"虞翻訓字爲妊娠。然則文稱女子，實謂婦人也。《禮記·王制》曰："道路，男子由右；婦人由左。"《大戴禮記·本命》篇曰："男子謂之丈夫，女子謂之婦人。"此知古人婦女往往通言，雖不別白，意固灼然可曉矣。

（一九三三年十一月二十八日）

釋贈

《說文》六篇下"貝部"云："贈，玩好相送也。从貝，曾聲。"按贈爲玩好相送，許君不詳其語源。考《詩·大雅·崧高》篇云："以贈申伯。"《毛傳》云："贈，增也。"按以增訓贈，説似迂遠難通，而毛公云爾者，乃明贈字之語源耳。《説文》五篇下"會部"會下云："曾，益也。"贈从曾聲，故有增益之義，然則許君於贈下雖無所記，立意固與毛公同。蓋以物贈人，實以物增加於人也。豈惟贈字爲然哉！凡與贈同義之字皆有增益之義矣。《詩·小雅·彤弓》篇云："中心貺之。"《毛傳》云："貺，賜也。"《說文》新附云："貺，賜也。从貝，兄聲。"按《詩·大雅·召旻》云："職兄斯引。"《毛傳》云："兄，兹也。"又《大雅·桑柔》云："倉兄填兮。"《毛傳》云："兄，滋也。"兄訓兹滋，貺从兄聲，亦當有兹滋義矣。《說文·艸部》兹訓艸木多益，"水部"滋訓益。此一事也。《説文》云："賞，賜有功也。从貝，尚聲。"按《孟子·滕文公上》篇云："草尚之風，必偃。"趙注云："尚，加也。"尚訓加，賞从尚聲，亦有加義矣。此二事也。《說文》云："賀，以禮物相奉慶也。从貝，加聲。"按《說文》十三篇下"力部"云："加，語相增加也。"加訓增加，賀从加聲，亦有增加義矣。賀有加義，故《儀禮·士喪禮》曰"賀之"，注即訓賀爲加，此猶《毛傳》之以增訓贈矣。此三事也。《説文》云："貱，迻予也。从貝，皮聲。"按皮不直訓加，然从皮聲之字；彼訓往有所加，髲訓益髪，則皮字固有加義。皮有加義，貱从皮聲，亦有加義，故《廣雅·釋詁》訓貱爲益也。此四事也。或曰："《説文》賜訓予，从貝，易聲，無增益之義,何也?"曰:"曷嘗無之也!古易與益同音,同影母錫部从易聲猶之从益聲也。""有證乎?"曰:"有。"《説文》九篇上"髟部"云:"鬄,髮也。从髟,易聲。"《詩·鄘風》正義引《説文》云:鬄,益髮也。鬄訓髮,髮訓益髮,然則鬄从易聲,亦假易爲益,與賜字同也。此一證也。《説文》三篇上"言部"云:諡,行之迹也。从言,益聲。按諡與益義不相關,从益聲實假益爲易。《禮記·檀弓下》篇云:公叔文子卒,其子戍請諡於君,曰:日月有時,將葬矣,請所以易其名者,是也。此知易益二字實互相通假。此又一證也。賜从易聲,易假爲益,則賜字有益義又明矣。此五事也。蓋語言皆受義於其聲,字義相近,則此諸字所从之聲類義必相近,固自然之理也。

曾有益義,故从曾聲之字多含加益之義,不惟贈字爲然也。《説文》十三篇下"土部"云:"增,益也。从土,曾聲。"此一事也。八篇上"尸部"云:"層,重屋也。从尸,曾聲。"重屋者,加屋於屋也。此二事也。十篇下"立部"云:"竲,北地高樓無屋者。从立,曾聲。"竲與層義略同。此三事也。十二篇下"瓦部"云:"甑,甗也。从瓦,曾聲。"按甑加於釜之上以爲用者也。此四事也。三篇下"鬲部"云:"䰙,鬻屬。从鬲,曾聲。"按此與甑蓋一字。此五事也。十篇上"火部"云:"曾,置魚筩中炙也。从火,曾聲。"按曾用與甑同。此六事也。七篇下"网部"云:"罾,魚網也。从网,曾聲。"《楚辭·九歌》云:"罾何爲兮木上?"罾在木上,今制尚然。此七事也。《禮記·禮運》篇云:"夏則居橧巢。"以橧與巢並言,皆在上之物,故鄭注云"橧,聚薪柴居其上",是也。此八事也。《説文》五篇下"矢部"云:"矰,隿射矢也。从矢,曾聲。"《周禮·夏官·司弓矢》注云:"結繳於矢謂之矰,矰,高也。"《史記·留侯世家》注云："矰，一弦可以仰射高者。"按物加益則高，增益義之引伸也。此九事也。

（一九三四年一月三十日）

釋旞

《説文》七篇上"㫃部"云："旞，龜蛇四游以象營室，攸攸而長也。从㫃，兆聲。引《周禮》曰：縣鄙建旞。"按許君釋旞旗之名，率據《周禮》，旞下龜蛇四游語本《考工記》，殆非制字之本義也。攸攸而長，以攸釋旞，明其語柢，亦嫌附合。愚謂旞之爲言召也，謂所以召士衆也。請以經籍證之。按《周禮·地官·大司徒》云："大軍旅，大田役，以旗致萬民。"《夏官·大司馬》云："中春，教振旅，司馬以旗致民。"昭公二十年《左傳》云："旞以招大夫。"《孟子·萬章下》篇云："招虞人以皮冠，庶人以旃，士以旂，大夫以旌。"《滕文公下》篇亦載齊景公田招虞人以旌之事。《詩·小雅·無羊》篇云："旞維旟矣。"《毛傳》云："旞旟，所以聚衆也。"此旌旗召衆之事明見於經傳者也。又以《説文》證之，旗下云："士卒以爲期。"旌下云："所以精進士卒。"旟下云："所以旟表士衆。"旟下云："所以進士衆，與與，衆也。"九篇下"勿部"云："勿所以趣民。"然則旌旗之用在於進士，許君固亦知之。三篇下"革部"鞀从召聲，其重文有鞉鼗磬三文，鞉鼗皆從兆聲。而"口部"召訓評，"手部"招訓手評，"言部"誂訓相評誘，此又制字聲類召兆相通之明證也。而説者輒謂繼旞以斾，故旞特長，用以申許君攸攸而長之義，不悟繼斾乃後來之事,制字時豈當有之乎!斯爲不達矣。

今更由旗類推之:旝之从會,所以會合士衆也。許君釋爲建大木置石其上發其機以槌敵,亦以後起之制釋古字,與旂下之訓同病矣。旞之从㔾,所以要約士衆也。許君釋爲旗屬,與旗旌旆旗諸字説解兼明語源者有殊,亦嫌疏漏矣。蓋古人兵戎狩獵,皆有事於聚衆,其事不一,其所召之人亦不一,故其文頗繁,非一二所能盡。然文雖不一,其語源固不甚相遠也。

《左傳·桓公五年》疏云:"賈逵以旝爲發石,一曰飛石,引《范蠡兵法》作飛石之事以證之。《説文》亦云:建大木置石其上,發其機以磓敵,與賈同也。案《范蠡兵法》雖有飛石之事,不言名爲旝也。發石非旌旗之比,《説文》載之'㫃部',而以飛石解之,爲不類矣。"據此,許君説本賈逵,孔疏糾之,是也。

(一九三四年二月二十八日)

釋嫁

《説文》十二篇下"女部"云:"嫁,女適人也。从女,家聲。"从家之義古有三説:《白虎通·嫁娶》篇云:"嫁者,家也。婦人外成,以出適人爲家。"此一説也。《儀禮·喪服》傳云:"嫁者,其嫁于大夫者也。"又《喪服》云:"子嫁反在父之室。"注云:凡女行於大夫以上曰嫁,行於士庶人曰適人。此二説也。《急就篇》云:"妻婦聘嫁齎媵僮。"顏注云:"嫁謂自家而往適人也。"顏注義似本《方言》,然《方言》一云:嫁逝徂適,往也。自家而出謂之嫁;由女而出爲嫁也。子雲主説嫁往之嫁,第以嫁娶之嫁爲喻,非正説嫁娶之嫁,故與顔説不同。此三説也。愚按三説皆非也。《左氏·桓公十八年》傳:"申繻曰:女有家,男有室,毋相瀆也,謂之有禮。"《孟子·滕文公下》篇曰:"丈夫生而願爲之有室,女子生而願爲之有家。"此皆以家室對文,家指夫言,室指妻言者也。《國語·齊語》曰:"罷女無家。"韋昭注云:"夫稱家。"此單舉家者也。《禮記·曲禮上》篇曰:"三十曰壯,有室。"又《内則》篇曰:"三十而有室。"鄭注並云:"室猶妻也。"又繼妻稱繼室,《左氏·隱公元年》傳"繼室以聲子",是也。室義猶妻,故娶妻亦稱室。《左氏·昭公十九年》傳曰:"建可室也。"《國語·魯語》曰"公父文伯之母欲室文伯",是也。此又單舉室,以室指妻,與夫之稱家相對者也。綜合諸證,夫稱家與妻稱室對文,則嫁字所從之家正指夫言。嫁從女從家,正謂女子往適其夫耳。

或問曰:子盡掃漢唐諸儒之陳説,據《左氏》《國語》《孟子》之文以説文字,義既堅卓不移矣。然夫之所以得稱家,其故何也?曰:《左傳·桓公十八年》疏曰:"家者,内外之大名,户内曰室。男子一家之主,職主内外,故曰家;婦人主閫内之事,故爲室。"其説亦既得之矣。更求諸造文之始,亦有足證明者。《説文》七篇下"宀部"曰:"家,居也。从宀,豭省聲。"豭省聲之説,自元周伯琦以來紛紛疑之而别爲異説,以愚觀之,乃庸人自擾之甚者也。今按《説文》九篇下"豕部"曰:"豭,牡豬也。从豕,叚聲。"《廣雅·釋獸》曰:"豭,雄也。"家从豭省聲者,乃以豬之牡擬人之男也。説有徵乎?曰:有。《左傳·定公十四年》記衛太子蒯聵過宋野,野人歌之曰:既定爾婁豬,盍歸吾艾豭?婁豬謂衛靈公夫人南子,艾豭謂宋子朝,此以豭喻男子之證一也。《史記·秦始皇本紀》云:始皇三十七年,游會稽,刻石,文曰:"夫爲寄豭,殺之無罪,男秉義程。"此以豭喻男子之證二也。經傳既恆以豭擬男子，家从豭省聲，則家有夫義甚明，而許君豭省聲之説含義至精，決非苟設，亦可見矣。或疑：古人制字，不當以獸擬人。不悟古人文字，近取諸身，遠取諸物，取諸身者由身引申以及於物，取諸物者由物引申以及於人，其義一也。苟如疑者之説，則狂狠默戾義取諸犬，善美羣羑義取諸羊，將何説乎？家既屬夫言，故古人謂嫁曰歸，則顏師古謂自家而往謂之嫁，以家屬母家言者，其謬不攻自破矣。《左氏》《國語》《孟子》言女子有家無家，則《白虎通》謂婦人以出適人爲家者，其義殊嫌含混不明矣。惟《喪服》傳注適大夫稱嫁之説，緣古卿大夫稱家，故謂女子往適者爲嫁，立義較爲可據。然按諸文證，言嫁不必專屬大夫，則家與室對，家指謂夫，其義固確不可易也。

(一九三四年三月二十四日)

按：《説文·牛部》牡字下段注云："牡从土聲，求之疊韻雙聲，皆非是。或曰：土當作士。士者，夫也。之韻尤韻合音最近。"近日王君靜安《觀堂集林》有《釋牡》一篇，亦持此説。按此義甚確。牡以人之男擬畜，家以豕之牡擬人，正可互證也。

釋放

《説文》四篇下"放部"云："放，逐也。从攴，方聲。"按《説文》方訓併船，與放逐義無涉。放从方聲者，《説文》旁亦从方聲，實假方爲旁耳。蓋古方旁音同，故二字多通用。《書·堯典》篇云："共工方鳩僝功。"方《史記·五帝紀》及《説文》二篇下"辵部"述下八篇下"人部"偁下並作旁。又《益稷》篇云："方施象刑惟明。"方《白虎通·聖人》篇、《新序·節士》篇並作旁。又《吕刑》篇云："方告無辜于上。"方《論衡·變動》篇作旁。《論語·憲問》篇云："子貢方人。"《釋文》云："方鄭本作謗。"是其證也。覈之造文條例，亦二文無別。《説文》十一篇下"魚部"云："魴，赤尾魚也。從魚，方聲。"籀文從旁作鰟。此一事也。又十二篇上"户部"云："房，室在旁也。從户，方聲。"此二事也。又四篇上"肉部"云："肪，肥也。從肉，方聲。"許訓肪爲肥，旁義不顯。然《文選·與鍾大理書》注引《通俗文》云："脂在腰曰肪。"按腰在旁，故謂其脂肥曰肪。此三事也。又一篇上"示部"，祊或作䄅。解云："門内祭先祖，所以旁皇也。"此四事也。放訓逐所以從方聲者，謂屏之於四方，實則謂屏諸四旁耳。《禮記·王制》曰："是故公家不畜刑人，大夫弗養，士遇之塗，弗與言也。屏之四方，唯其所之，不及以政。"此屏之四方之説也。《書·堯典》篇云："流共工于幽州，放驩兜於崇山，竄三苗於三危，殛鯀于羽山。"《史記·五帝紀》集解引馬融注釋幽州爲北裔，崇山爲南裔，三危爲西裔，羽山爲東裔，而《左傳·文公十八年》載季文子稱舜去四凶族之事，亦曰投諸四裔以禦魑魅。按裔《説文》訓衣裾，引申訓爲邊。《淮南子·原道》篇云：江潯海裔。高注云：裔，邊也。《廣雅·釋言》同。投諸四裔，正謂屏諸四旁耳。旁亦稱邊：《釋名·釋道路》云"在邊曰旁"，是也。《史記·商君傳》云："秦民初言令不便者有來言令便者。衛鞅曰：此皆亂化之民也。盡遷之於邊城。"案遷之於邊城，正所謂放也。《左傳·昭公元年》記鄭放游楚於吳，子產數楚曰："君曰：余不女忍殺，宥女以遠，勉速行乎！"又莊公六年云："放公子黔牟於周。"宣公六年《春秋經》云："晉放其大夫胥甲父於衛。"襄公二十九年《傳》云："齊公孫蠆公孫竈放其大夫高止於北燕。"杜預注並云："放者,宥之以遠。"吾國歷代流放之刑,皆置罪人於邊遠之地,即歐洲他國亦然。俄帝政時代,罪人多流西伯利亞。古今中外政俗略同,造文者固早揭櫫此義於文字中矣。

(一九三四年六月十五日)

按:草此文竟,檢閱《説文繫傳》,云:"古者臣有罪,宥之於遠。方亦聲。"説與余略同。惟徐以方爲遠方,與余云假方爲旁者異,故仍存此文不削云。

釋晚

《説文》七篇上"日部"云:"晚,莫也。从日,免聲。"按免聲之字多含低下之義。《説文》九篇上"頁部"云:"頫,低頭也。从頁;从逃省。大史卜書頫仰字如此。"或作俛,从人免聲也。大徐音方矩切。段君云:當音無辨切,是也。此一證也。《説文》七篇下"冃部"云:"冕,大夫以上冠也。邃延,垂瑬,紞纊。从冃,免聲。"免聲之故,許君無説。然《左傳·桓公二年》孔疏云:"謂之冕者,冕,俛也。以其後高前下,有俛俯之形,故因名焉。蓋以在上位者失於驕矜,欲令位彌高而志彌下,故制此服,令貴者下賤也。"《周禮·夏官·弁師》賈疏云:"以爵弁前後平,則得弁稱。冕則前低一寸餘,得冕名,冕則俛也,以低爲號也。"《儀禮·士冠禮》賈疏云:"名冕者,俛也。低前一寸二分,故得冕稱。其爵弁則前後平,故不得冕名。"綜孔賈之説,冕之受名,因於前低。此二證也。《説文》十一篇上"水部"云:"浼,汙也。从水,免聲。"《方言》卷三云:"氾,浼,潤,洼,湾也。"

自關而東或曰洼,或曰氾,東齊海岱之間或曰浼,或曰濥。"郭注云:"皆洿池也。"《説文·水部》云:"洿,濁水不流也。一曰窊下也。"七篇下"穴部"云:"窊,汙衺下也。"按凡地卑下者,水停畜而爲洿池,水停則汙濁,義皆相因,知浼有下義矣。此三證也。《説文》三篇下"革部"云:"鞔,履空也。从革,免聲。"按履空爲在下之物。此四證也。由此言之,晚从免聲,正謂日之低下,故訓爲莫也。此求之於聲而知其義當然者也。更以同義之字求之:《説文》一篇下"茻部"云:"莫,日且冥也。从日在茻中,茻亦聲。"日在茻中,言其下也。此一事也。七篇上"日部"云:"昏,日冥也。从日氐省。氐者,下也。"此二事也。以昏晚二文對勘,又知昏下一曰民聲之説非矣。余前者謂形聲字中同義或義近之字,其聲類之意義往往相同。今觀莫昏爲會意字,莫實意兼聲字,茲舉其重者言之。晚爲形聲字,字義相同,其所以得義之故亦同,然則字義同緣於其組織同之説,固不惟形聲字與形聲字爲然矣。

(一九三四年六月十九日)

按:《白虎通·紼冕》篇云:"十一月之時,陽氣俛仰黄泉之下,萬物被施如冕前俛而後仰,故謂之冕也。"《後漢書·明帝紀》注引《三禮圖》云:"冕廣八寸,長尺六寸,前圓後方,前下後高,有俯伏之形,故謂之冕。欲人之位彌高而志彌下,故以名焉。"此孔賈二疏所本也。

釋經

客問曰:《説文》十三篇上"糸部"云:經,織從絲也。从糸;巠聲。段君注謂古謂橫直爲衡從，又引《大戴禮·易本命》篇南北曰經東西曰緯爲證，說皆是矣，而於文从巠聲之故不之及，可得聞乎？曰：《說文》十一篇下"川部"云："巠，水𠙢也。从川在一下。一，地也；𢀓省聲。"求之古訓，巠聲孳乳之字多訓直：《後漢書·郭太傳》云："太早孤，母欲使給事縣廷。"注引《蒼頡篇》云："廷，直也。"此一事也。《爾雅·釋詁》云："頲，直也。"此二事也。又云："庭，直也。"《詩·小雅·大田》篇云："既庭且碩。"《毛傳》同。此三事也。《周官·考工記·弓人》云："於挺臂中有柎焉。"注云："挺，直也。"此四事也。《廣雅·釋詁三》云："侹，直也。"《一切經音義》十一引《通俗文》云："平直曰侹。"此五事也。《禮記·曲禮下》篇云："鮮魚曰脡祭。"注云："脡，直也。"昭公二十五年《公羊傳》云："與四脡脯。"注云："屈曰朐，申曰脡。"此六事也。《禮記·玉藻》篇云："天子搢珽。"注云："珽之言挺然無所屈也。"《隋書·禮儀志》注引許慎《五經異義》云："天子笏曰珽，挺直無所屈也。"此七事也。《史記·大宛傳》云："從蜀，宜徑。"《集解》云："徑，直也。"《周髀算經》上云："此夏正月道之徑也。"注云："其徑者，圓中之直者也。"此八事也。《爾雅·釋水》云："直波爲俓。"《釋名·釋水》云："水直波曰淫；淫，徑也，言如道徑也。"此九事也。《釋名·釋形體》云："脛，莖也，直而長似物莖也。"此十事也。《說文》十四篇上"金部"云："鋞，溫器也，圜直上。从金，巠聲。"此十一事也。其他桱之爲柱，梃之爲杖，莖之爲枝柱，頸之爲頭頸，亦皆以形直受名。然則从絲稱經以直得名，從可知矣。經之對文爲緯。《說文》云："織衡絲也。从糸；韋聲。"按韋从囗聲，《說文》六篇下"囗部"云："囗，回也，象回帀之形。"又云："回，轉也。从囗，中象回轉之形。"又十一篇上"水部"云："洔，回也。从水，韋聲。"凡織，受緯以杼，自東而西,又自西而東,回帀不已,故云緯也。

客曰:經緯對文之義,既聞命矣。古人又恒以經權爲對文,其義可得聞乎?曰:經亦言直,權則言其曲也。古夭聲字多訓曲,故曲齒謂之齵,曲角謂之觠,曲郄謂之卷,曲手謂之拳,曲頸顧視謂之睠。堇夭同音,故堇聲字亦多訓曲。《說文》:行曲脊貌謂之𧻓,弓曲謂之𭥍,是其證也。惟權爲枉曲,故《春秋繁露·竹林》篇稱前枉而後義者謂之中權也。人恒以經常權變爲説者,乃後起之義,非初義也。

客曰:如子之言,經之義恒爲直,然則《說文》絞訓縊,縊訓經,段君謂經爲以繩直懸而死,爲縊從絲義之引申,其説殆碻不可易矣。子以爲何如?曰:經之義訓雖恒爲直,而縊經之字不得以直爲解,段君之説非也。按《史記·項羽本紀》云:"大司馬咎長史翳塞王欣皆自到汜水上。"《集解》引鄭氏曰:"以刀割頸爲到。"夫到爲以刀割頸,則知經之爲以繩懸頸也。且《説文》二篇上"口部"云:"嗌,咽也。从口,益聲。"籀文作𦧦,云:"上象口,下象頸脈理也。"夫嗌與頸義近,縊與經義同,知經之爲以繩懸頸,又可知縊之爲以繩懸嗌也。此以縊經二文互相比證而知其義當然,即余所謂二字義同其所以得義之故往往相同者也。段君乃謂爲以繩直懸而死,不亦迂乎?客曰:古人制字條理之精,用字意義之密,有如是哉!有如是哉!雖然,字義之沉霾也二千年矣,微子,吾又惡從得而聞之哉!

(一九三四年七月一日)

釋旃

《説文》七篇上"㫃部"云:"旃,旗曲柄也,所以旃表士衆。从㫃;丹聲。"引《周禮》曰:"通帛爲旃。"或从亶作氈。《釋名·釋兵》云:"通帛爲旃,旃,戰也。戰戰恭己而已。通以赤色爲之,無文采,三孤所建,象無事也。"今按旃受聲之源,許云旃表,以用爲説,劉云戰戰,頗嫌附會,皆非得聲之本始也。愚考《周禮·春官·司常》云:"司常掌九旗之物名,各有屬,以待國事。日月爲常,交龍爲旂,通帛爲旃,雜帛爲物,熊虎爲旗,鳥隼爲旟,龜蛇爲旐,全羽爲旞,析羽爲旌。"鄭注云:"通帛謂大赤,從周正色,無飾。雜帛者,以帛素飾其側,白,殷之正色。全羽析羽皆五采,繫之於旞旌之上,所謂注旄於干首也。凡九旗之帛皆用絳。"《司常》又云:"孤卿建旃。"鄭注云:"孤卿不畫,言奉王之政教而已。"《爾雅·釋天》云:"因章曰旃。"《左傳·僖二十八年》疏引孫炎注云:"因其繒色以爲旗章,不畫之。"綜合經傳及注家之説,旃从丹聲,蓋即以聲爲義也。《説文》五篇下"丹部"云:"丹,巴越之赤石也。象采丹井,象丹形。"旃之制以大赤,故字从丹聲,名曰旃矣。問者曰:鄭君謂九旗之帛皆用絳,《説文》絳訓大赤,然則九旗皆赤,獨旃文受義於丹,何也?曰:常畫日月,旂畫交龍,旗畫熊虎,旟畫鳥隼,旐畫龜蛇,而旃則不畫也。物以帛素飾側,旞旌以五采注旄,而旃則不以他色爲飾也。且《周禮·春官·巾車》云:"建大赤以朝。"鄭注云:"大赤,九旗之通帛。"夫九旗皆用絳,而旃獨得大赤之名,然則旃之獨以丹名,復何疑乎?竊怪許劉既皆稱通帛爲旃,劉且云通以赤色爲之,無文采,乃不知就文求義,而以旆表戰戰爲言,殆難免於舍近求遠之譏矣。

(一九三四年七月四日)

釋暍

《説文》七篇上"日部"云:"暍,傷暑也。从日,曷聲。"按:从日者,此《左氏傳》所謂夏日之日,杜注説爲夏日之日可畏者也。从曷聲者,曷之爲言害也。《説文》七篇下"宀部"曰:"害,傷也。从宀,从口,宀口,言从家起也,丰聲。"按曷从匃聲,匃丰音同,曷害音亦同。害訓傷,暍訓傷暑,聲同則義同也。大抵古人曷害二文多通用。《書·大誥》云:"予曷其不于前寧人圖功攸終?"又云:"予曷敢不于前寧人攸受休畢?"又云:"予曷敢不終朕畝?"《漢書·翟義傳》載莽誥,三曷字皆作害。《孟子·梁惠王》篇云:"時日害喪?"《僞古文尚書·湯誓》篇害作曷。《詩·商頌·長發》篇云:"則莫我敢曷。"《毛傳》云:"曷,害也。"此毛公説假借,謂《詩》文假曷爲害也。此經傳曷害通假之證也。《無重鼎》云"用割盨壽",即用匃眉壽:此金文害聲匃聲字通用之證也。《説文》二篇上"牛部"云:"㸌,騈牛也。从牛,害聲。"又四篇上"羊部"云:"羯,羊羖犗也。从羊,曷聲。"二文同義,於牛則从害,於羊則从曷,此制文害曷二字不分之證一也。《説文》十二篇上"手部"云:"揭,刮也。从手,葛聲。"又云:"搳,揭也。从手,害聲。"二字義同,實一字也。按葛从曷聲,此制文害曷二字不分之證二也。

33

《説文》五篇下"食部"云："饖，飯傷熱也。从食，歲聲。"又云："饐，飯傷濕也。从食，壹聲。"又云："餲，飯餲也。从食，曷聲。"按三字連文，義皆相近，而饖與餲音義並同，蓋即一字而異形者也。按歲曷古音同在月部，饖音於廢切，餲音烏介切，是二字音同也。《爾雅·釋器》云："食饐謂之餲。"郭注云："飯饖臭。"《釋文》引《蒼頡篇》云："饖，食臭敗也。"許云飯傷熱，言其因，《蒼頡》云臭敗，乃言其果。段以爲二説異，非也。皇侃《論語疏》引李巡注云："皆飲食壞敗之名也。"是饖餲義同也。究其語柢，二字亦同。按饖之爲言劌也。《説文》四篇下"刀部"云："劌，利傷也。从刀，歲聲。"劌爲利傷，饖爲飯傷熱，聲同則義同也。《老子》云："廉而不劌。"《釋文》："劌河上公本作害。"劌害異文，猶之曷害異文也。然則餲下亦當云飯傷熱也。許但云飯餲者，蒙上文而略耳。

傷謂之害，利傷謂之劌，傷暑謂之暍，飯傷熱謂之饖，又謂之餲。文雖散殊，義固一貫矣。

（一九三四年七月十二日）

釋滓

《説文》十一篇上"水部"云："滓，澱也。从水，宰聲。"按文从宰聲者，宰之爲言茲也。《説文》四篇下"玄部"云："茲，黑也。从二玄。引《春秋傳》曰：何故使吾水茲？"此其義也。有證乎？曰：有。《説文》十篇上"黑部"云："黓，滓垢也。从黑，尤聲。"黓訓滓而文从黑，則滓之爲黑可知，證一也。"水部"云："澱，滓垽也。从水,殹聲。"又十篇上"黑部"云:"黳,黳謂之垩,垩,滓也。从黑,殹省聲。"按瀾黳聲義並同,實一字也。滓瀾黳互相訓,黳與瀾同而文從黑,則滓之爲黑又可知,證二也。《釋名·釋采帛》云"泥之黑者曰滓",證三也。大抵茲聲音近之字,義訓多爲黑。《文選·南都賦》注引《蒼頡篇》云"鶹鷜似鴟而黑",知鶹鷜以黑名也。盧亦有黑義。《小爾雅·廣鳥》云:"純黑而反哺者謂之慈烏。"知慈烏以黑名也。《說文》十三篇"糸部"云:"緇,帛黑色也。"余二年前讀《說文》,偶悟此義,今熟思之,尚無以易,故表而出之。

(一九三四年七月十三日)

釋籔

《說文》五篇上"竹部"云:"籔,榜也。从竹,殹聲。"段氏注云:"《史》《漢》多言榜笞榜箠。"殳部"曰:殹,擊也。按《說文》云:殹,擊聲。此形聲包會意。"按段君以《史》《漢》之榜笞榜箠證籔訓之榜,是矣;而釋殹聲爲殹擊,非也。今按《說文》八篇上"尸部"云:"屍,髀也。从尸下丌居几。"或體作脾,又作臋,从骨,殹聲。按殹字从屍聲,屍或體之臋又从殹聲。籔訓榜,字从殹聲者,殹即屍也。从竹,榜所用之具也;从殹,所榜之體也。榜爲以竹加屍,故制文者以竹表其施,以殹表其受,義確而明。若如段說,殹爲表業,受象不明,非勝義也。按古人鞭撻之所施今可考見者,一則於背:莊公九年《左氏傳》記齊襄公誅屢於徒人費,鞭其背,見血。《莊子·則陽》篇云："忌也出走,然後挟其背,折其脊。"《漢書·賈誼傳》云："行臣之計,請必係單于之頸而制其命,伏中行説而笞其背。"《説文》十二篇上"手部"云"撻,鄉飲酒罰不敬,撻其背"是也。一則於臀:《急就篇》云"盜賊繫囚榜笞臋",是也。問者曰:《漢書·刑法志》載漢景帝中六年箠令云:"當笞者笞臋。"如淳注謂"先時笞背"。據如説,則景帝以前笞背,景帝以後始笞臋,不當於制字時便有笞臋之義也。曰:非也。試觀《史記·張耳傳》記吏治貫高,榜笞數千,身無可繫者,然則漢初凡身可擊之處皆加笞擊,不限於臋,而臋固在所擊之中。景帝之令,乃限此後非臋不得笞,不足證前此之不笞臋也。且許君以榜詁籔,榜正笞臋之義也。觀《漢書·東方朔傳》載武帝令倡監榜郭舍人,舍人不勝痛,呼謽,朔笑之曰:"咄!口無毛,聲謷謷,尻益高。"《説文》:"尻,脾也。"口無毛,謂後竅也。此榜爲笞臋之確證也。蓋自景帝定箠令以後,武帝遵而行之,許君生當東漢之初,榜爲笞臋,已爲定制。故挟下則曰擊背,毃下則曰擊頭,籔下第詁曰榜,不曰榜臋,以人所習知,不煩詳説也。夫求之於聲類則如彼,證之以義訓又如此。然則籔文之制,義爲笞臋,復何疑乎?段氏以殿擊爲言,斯爲疏矣。

(一九三四年七月十四日)

釋晉

《説文》七篇上"日部"云:"晉,進也。日出,萬物進。从日,从

卷一　說字之屬上凡四十三篇

㽵。"引《易》曰："明出地上，晉。"按日出無物進之義，以古文字形求之，晉字不從日，亦不從㽵，許君說形義皆非是。今定：晉者，箭之古文也。請以五事明之：按晉字《格伯殷》作󰀀，象兩矢插入器中之形。魏《三體石經》作󰀀，下器形雖小變，二矢插器之象則同。龜甲文《鐵雲藏龜拾遺》十三葉一版。及《晉邦盦》作󰀀，器中加點，字形類日，可窺見字體遷變許君誤謂從日之因。然上從二矢，仍與《格伯殷》《石經》無異也。又《說文》十四篇下"厽部"云："叒，盛貌。從厽，從日。讀若蕤蕤；一曰若存。"或作晉，云："籀文從二子。一曰：晉即奇字晉。"按二子篆文與󰀀形近，故許有奇字晉之說。然《虘吾妊殷》字作晉，從二子，從口，許君謂字從日，亦誤說也。此徵諸字形者一也。《儀禮‧大射儀》云："幎用錫若絺，綴諸箭。"鄭注云："古文箭作晉。"《周禮‧夏官‧職方氏》云："揚州，其利金錫竹箭。"鄭注云："故書箭為晉。杜子春曰：晉當為箭，書亦或為箭。"此徵諸經典異文者二也。《吳越春秋》卷八《勾踐歸國外傳》記勾踐使大夫種復吳封禮有晉竹十廋，晉竹即箭竹，所謂會稽竹箭者是也。本段玉裁說。廋者，徐天祐釋為艘。余按《詩》云"束矢其搜"，十廋蓋謂十束也。此徵諸傳記本字者三也。古文晉象插矢之形，故晉有插義。《周禮‧春官‧典瑞》云"王晉大圭"，是也。後起字作搢。《儀禮‧鄉射禮》云："搢三而挾一个。"又《士喪禮》云："搢笏。"《禮記‧樂記》云："裨冕搢笏。"注皆訓搢為插，是也。此徵諸字之引伸義與字形相合者四也。《師湯父鼎》云："王乎宰雁錫盧弓象弭，矢㽵彤欮。"孫詒讓釋㽵為箭，是也。據此晉字亦作㽵，蓋晉字上象二矢，下為插矢之器，器形省作無害也。此以金文省形字證之者五也。按二矢插器，其義為箭，見而可識，幾於童孺能知。自小篆變二矢之形爲䂞,變器形爲日,形與義略不相關,於是説字者遂不得其正解。雖通儒如杜子春,於《周禮》故書用古文晉字者,不知其爲本字,皆篆體變形之咎也。今之研稽文字者,不上考古文而徒奉篆文爲科律,欲求得古人文字之真,不亦難哉!

(一九三四年七月二十三日)

釋謹

《説文》三篇上"言部"曰:"謹,慎也。从言,堇聲。"按以聲類求之,謹訓慎殆非朔義。《史記·貨殖傳》曰:"堇堇物之所有。"《集解》引應劭曰:"堇,少也。"堇有少義,故堇聲之字多含寡少之義。謹从言堇聲者,蓋謂寡言也。蓋多言多敗,慎者必自寡言始。世徒習於謹慎之文,而忽其造文之始義,雖以許君之深通雅詁,亦竟不之及,可不惜哉!今請以六事明之:按《説文》九篇下"广部"曰:"廑,少劣之居。从广,堇聲。"此一事也。八篇上"人部"曰:"僅,才能也。从人,堇聲。"按《文選》卷十六《歎逝賦》注引賈逵《國語注》曰:"僅猶言纔能也。"知許君説本賈侍中矣。此二事也。五篇下"食部"曰:"饉,蔬不熟曰饉。从食,堇聲。"按饑饉皆言食物寡乏不足,古人幾希連言,幾希皆少也。以饑屬穀言,饉屬蔬言者,後人強分耳。《論語·先進》篇皇侃疏云"乏穀爲饑,乏菜爲饉",其言乏是也,分説穀菜,非也。《穀梁·襄二十四年》傳云:"三穀不升謂之饉。"《墨子·七患》篇云:"一穀不收謂之饉。"饉又屬穀言,知分説之無當矣。此三事也。四篇下"歺部"曰:"殣,道中死人,人所覆也。从歺,堇聲。"《晏子春秋·外篇》云:"景公出而見殣,謂晏子曰:此何爲死?晏子對曰:此餒而死。"故《左氏·昭三年》傳注曰:"餓死爲殣。"則殣謂乏食而死者也。此四事也。《爾雅·釋草》曰:"椴,木堇。"釋文云:"堇本作槿。"按槿字許書不載。一篇下"艸部"曰:"蕣,木堇,朝華莫落者。"《吕氏春秋·仲夏紀》高注曰:"木堇朝榮暮落,雜家謂之朝生,一名蕣,《詩》云:顔如蕣華,是也。"説與許同。按此朝華莫落之草所以名堇或槿者,謂其華時僅少也。又名椴或蕣者,椴之爲言短也,蕣之爲言瞚也,瞚《説文》作瞚。皆言其華時短促也。或名朝生,或又名日及,亦此義也。此五事也。《穀梁傳·莊公二十九年》云:"古之君人者,必時視民之所勤。民勤於力則功築罕,民勤於財則貢賦少,民勤於食則百事廢矣。"勤謂少也。此六事也。

《論語·學而》篇記孔子曰:"弟子,入則孝,出則弟,謹而信,汎愛衆而親仁。行有餘力,則以學文。"舊注家皆據《説文》以慎訓謹,謂謹屬行言,信屬言言。愚意:謹信文皆从言,皆主言言,不主行言也。入孝出弟,行已括其中矣。且以文例言之,謹信皆出言之事,猶之愛衆親仁皆接人之事也。謹爲寡言,言寡之中有信不信焉,寡而不信,猶之失德也,故曰謹而信。所愛之衆有仁不仁焉,愛衆而親不仁,猶之失德也,故曰汎愛衆而親仁。且孔子之稱閔子騫也,曰:"夫人不言,言必有中。"夫人不言者,謹也;言必有中者,信也。老子之言曰:"輕諾者寡信。"輕諾者,不謹也;寡信者,不信也。聖人用意之周,記聖言者設辭之明如此,顧其義沉霾至今,未有人講而明之者,豈非字學不修之過也歟!

或問曰:子深窺文字構造之源以明《論語》"謹而信"之義,可謂辨矣。然《論語》此章之上章云"敬事而信",與此章謹而信句例正同。敬謹義同,則舊釋謹爲慎者是矣,不必如子説釋爲寡言也。曰:善哉問也!然子亦嘗細讀上章之文乎?其言曰:"敬事而信,節用而愛人。"信即此章之信,愛人即此章之汎愛衆也。然而節用與愛人截然二事也,敬事與信亦截然二事也。此章之汎愛衆而親仁,一事也,謹而信亦一事也。二章文例貌同而實不同也。上章而字爲等列連詞,此章而字爲轉折連詞。《禮記·緇衣》篇曰:"君子寡言而信以成其行。"此云"謹而信",彼云"寡言而信",此謹爲寡言之碻證也。

(一九三四年八月三日)

釋神祇

《説文》一篇上"示部"云:"神,天神,引出萬物者也。从示申。"又云:"祇,地祇,提出萬物者也。从示,氏聲。"按許君以引提説神祇之語源,頗嫌牽附,殆非造文之初義也。考神字《宗周鐘》作 祂,《陳祂敦》作 祂,《説文》十三篇上"虫部"虹字或體作 䖩,許君云:"籀文虹从申,申,電也。"又十一篇下"雨部"云:"電,陰陽激燿也。从雨,从申。"據此諸證,知古申電同文,文作 ㇃作 ㇂作 ㇅,皆象陰陽激燿之形,《説文》十四篇下"申部"云:申古文作 ㇈。而龜甲有 ㇉㇊ 諸文,與金文許書所載大同。其諸點散見者,亦象電光散出閃爍不定之形,亦即電字也。葉玉森釋爲雹字,非矣。蓋天象之可異者莫神於電,故在古文,申也,電也,神也,實一字也。其加雨於申而爲電,加示於申而爲神,皆後起分別之事矣。《説文》十四篇下"申部"

云:"申,神也。"正謂申爲神之初文矣。祇者,《說文》十二篇下"氏部"云:"巴蜀名山岸脅之旁箸欲落墮者曰氏。氏崩,聞數百里。象形,乁聲。"按巨爲山脅旁箸欲墮之形,有落墮之勢而不墮,此初民所視爲神異者一也。崩而聲聞數百里,初民所視爲神異者二也。電爲天上至神之象,氏爲地上至神之象,故天神謂之神,地神謂之祇矣。

(一九三四年十月四日)

釋禱

《說文》一篇上"示部"云:"禱,告事求福也。从示,壽聲。"按示下云:"示,神事也。"八篇上"老部"云:"壽,久也。从老省,𦉈聲。"愚謂禱从示壽聲,蓋謂求延年之福於神,許君泛訓爲告事求福,殆非始義也。《書·洪範》篇列舉五福,首即曰壽。《詩》三百篇屢有萬壽眉壽壽考之文,殷周鼎彝殆無一器不言萬壽眉壽者,人類重視久壽,古今固無異致矣。且《書·金縢》篇記武王有疾,周公告于太王王季文王,欲以身代武王,此周公爲武王求延年之事也。《論語·述而》篇載孔子疾病,子路請禱,誄曰:禱爾于上下神祇。此子路爲孔子求延年之事也。《韓非子·外儲說右下》篇曰:"秦昭王有病,百姓里買牛而家爲王禱。"又曰:"秦襄王病,百姓爲之禱。病愈,殺牛塞禱。"此戰國時秦民爲其王求延年之事也。蓋人疾病而後祈禱,非求壽而何也?《韓非子·顯學》篇曰:"今巫祝之祝人曰:'使若千秋萬歲!'"此戰國時巫祝爲人求延年之事也。《禮記·文王世子》篇曰:"文王謂武王曰:'女何夢矣?'武王對曰:'夢帝與我九齡。'文王曰:'女以爲何也?'武王曰:'西方有九國焉,君王其終撫諸!'文王曰:'非也。古者謂年齡,齒亦齡也。我百,爾九十,吾與爾三焉。'文王九十七乃終,武王九十三而終。"《墨子·明鬼下》篇曰:"昔者秦穆公當晝日中處乎廟,有神入門而左,鳥身,素服玄純,面狀正方,秦穆公見之,乃恐懼,犇。神曰:'無懼!帝享女明德,使予錫女壽十年有九,使若國家蕃昌,子孫茂,毋失秦。'穆公再拜稽首曰:'敢問神名。'曰:'予爲句芒。'"此古人記明神錫壽之事也。《晏子春秋·雜篇下》曰:"公謂柏常騫曰:'子之道若此其明也,亦能益寡人之壽乎?'對曰:'能。'公曰:'能益幾何?'對曰:'天子九,諸侯七,大夫五。'公曰:'子亦有徵兆之見乎?'對曰:'得壽,地且動。'公喜,令百官趣具騫之所求。"此古人請壽之事也。按此等事信否,不敢質言,然人類年壽之修短,本爲神祕不可知之事,意若別有真宰主持於其間,可以自爲與奪,古人之信念,以此證之而有餘,宜其有禱神求壽之事矣。又《左傳·成公十七年》記范文子反自鄢陵,使其祝宗祈死。又昭公二十五年十月辛酉,叔孫昭子使祝宗祈死,戊辰,卒。夫視死爲可祈之事,則壽考爲可祈之事亦明矣。且死者人之所不欲也,古人尚有祈之於神者,豈有壽考爲人之所欲,而顧不求之於神者哉?造文者特立一文,非無故矣。至若《呂氏春秋·順民》篇記成湯之禱旱,《左傳·襄公十八年》及哀公二年記荀偃衛蒯瞶之禱戰勝,乃禱字引申後起之義,非其朔義也。

(一九三四年十月四日)

釋旁

《説文》一篇上"上部"云："旁，溥也。从二，闕；方聲。"按旁字龜甲文作🔲，又作🔲；古金文《旁肇鼎》作🔲，《旁尊》作🔲；字並从🔲从🔲。羅振玉云：或从🔲，即🔲之省；或从🔲，又🔲之變也。樹達按羅說近是，而不言字所以从🔲之故。愚謂：旁者，今言四方之方之本字也。🔲🔲皆象東西南北四方之形，🔲則加聲旁也。方龜甲文作🔲，省形作🔲，四方缺其一，猶受物之器作🔲，亦四方缺其一也。《説文》八篇下"方部"云："方，併船也；象兩舟省總頭形。"字無四方之義。其用爲四方之義者，實假作旁字用耳。《周髀算經》下云："天之中央亦高，四旁六萬里。"四旁即四方，此古書之用本字不用假字者也。《僞古文尚書・太甲上》篇云："旁求俊彥。"《史記・五帝紀》云："旁羅日月星辰。"某氏傳及《索隱》並云："旁非一方。"《禮記・聘義》篇云："孚尹旁達。"疏云："旁者，四面之謂也。"此本義之猶可考見於傳注者也。

甲文韋字从囗，而衛字偏旁之韋或从方；金文衛字之偏旁或从囗，或从方；此囗方同字之確證也。囗爲古城字，又爲古方字者，古文同形不嫌異字也。旁之義爲四面而非一方，故引伸之義爲溥。許君以溥爲訓，既失其初義，篆文从二古文上。从🔲，亦失其真形矣。

古字有於象形之外兼注聲旁者；《説文》七篇下"网部"云：

43

"网，庖犧所結繩以漁。从门，下象网交文。"按门象綱之綱，或體作䍏，則於象形之外注聲旁亡矣。九篇下"厂部"云："厂，山石之厓巖人可居。象形。"籀文作厈，則於象形之外注聲旁干矣。十篇下"尢部"云："尢，𣁊曲脛也。从大，象偏曲之形。"或體古文作㔿，則於象形之外注聲旁𡉣矣。此許君知其爲一字者也。又十一篇下"永部"云："永，長也。象水巠理之長。"引《詩》曰："江之永矣。"又云："羕，水長也。从永，羊聲。"引《詩》曰："江之羕矣。"按羕與永同字，異者，羕加注聲旁羊耳。許君引詩，爲同句之異文，理宜知永羕之爲一字，而許竟列爲二文，不審何故。又十一篇下"雨部"云："雨，水从雲下也。一象天，冂象雲，水霝其間也。"又云："䨞，雨貌。从雨，禹聲。"按雨䨞同字，異者，䨞於象形之外注聲旁禹耳。十二篇下"曲部"云："𠙹，象器曲受物之形。"又云："𠚖，䚃曲也。从曲，玉聲。"按二文亦一字，異者，𠚖注聲旁玉耳。十四篇下"午部"云："午，啎也。五月陰气午逆陽冒地而出。"又云："啎，逆也。从午，吾聲。"按午即杵臼之杵之初文，亦象形字。啎午同字，異者；啎於象形之外注聲旁吾耳。此許君認爲二字而今可推知其爲一字者也。旁字古从丌从卄，象四方之形，以形表義，明白無餘。復加注聲旁之方，與上述諸文同例。

四方之方最初作丌作卄，純象形字也。繼加聲旁作旁作㫄，象形加聲旁字也。今則止用聲旁之方，蓋其變化之次第如此。向非龜甲金文，方之本字竟不可得見矣。

（一九三四年十月十四日）

釋官

　　《說文》十四篇下"𠂤部"云："官，吏事君也。从宀，从𠂤，𠂤猶衆也。此與師同意。"鄉先輩何子貞先生《東洲艸堂文鈔》卷八《跋漢潘乾校官碑》云："校官者，學舍也。官字从宀，凡从宀之字皆以屋室爲義，官字下从𠂤，蓋象周廬列舍之形，謂臣吏所居，後乃引申爲官職之稱。《周禮》官府都鄙並稱，是其本義也。叔重於'宀部'宣字云'天子宣室'，宏字云'屋深'，宰字云'辠人在屋下執事者'，守字云'守官也，从宀，府寺之事，从寸，法度也'。蓋惟恐人昧其本義，獨於官字入𠂤部，云：吏事君也，未免自淆其例。"樹達按先生精通小學，故立義堅卓，足糾許君之失如此。今請爲申證之。按：《周禮·秋官·士師》云："士師掌國之五禁之法：一曰宮禁，二曰官禁，三曰國禁，四曰野禁，五曰軍禁。"以官與宮國野軍爲對文。故鄭注云"官，官府"，是也。此官指地非指人之證一也。《禮記·曲禮下》篇云："在官言官，在庫言庫，在朝言朝。"以官與庫朝爲對文。故鄭注云"官謂版圖文書之處"，是也。此官指地非指人之證二也。又《玉藻》云："凡君召，在官不俟屨，在外不俟車。"以官與外爲對文。故鄭注云"官謂朝廷治事處"，是也。此官指地非指人之證三也。降及漢世，凡云校官或云學官者，無不指學舍而言。先生釋校官爲學舍，至爲精確。《漢書·吾丘壽王傳》云："陛下興學官。"《文翁傳》云："修起學官。"《韓延壽傳》云："修治學官。"《後漢書·李通傳》云："修宮室，起學官。"《任延傳》云："造立校官。"《潘乾校官碑》云："構修學官。"皆謂興起學校，建造黌舍也。《漢書·

何武傳》記武行部必先即學官見諸生,《後漢書・魯丕傳》記趙王商避疾,欲移住學官,《鄭玄傳》記玄常詣學官,《郭太傳》記太勸庾乘遊學官,《黃昌傳》記昌居近學官,高誘注《呂氏春秋・孟春紀》之入學爲入學官。夫云即,云住,云詣,云遊,云居近,云入,明學官指地不指人也。《漢書・禮樂志》云:"春秋鄉射,作於學官。"《藝文志》云:"施孟梁丘京氏列於學官。"《劉歆傳》云:"諸子傳説猶廣立於學官。"《後漢書・和熹鄧后紀》云:"引納羣子,置之學官。"夫言作於學官,列於學官,立於學官,置之學官,亦指地不指人也。故《魯丕傳》記丕奏曰"學官,傳五帝之道,修先王禮樂教化之處",此漢人釋官爲處之明證也。下及顏師古注《賈誼傳》云"官謂官舍",注《韓延壽傳》云"學官謂庠序之舍",注《文翁傳》云"學官,學之官舍",又注《何武傳》及李賢注《魯丕傳》,皆云"學官謂學舍",亦皆以地爲釋,不失古義。至兩《漢書》各傳學官字恒誤作學宮,或緣官宮形近,或淺人習見學宮,不識官字古義而妄改,劉攽王念孫周壽昌等已校正之矣。

(一九三四年十二月一日)

釋鏚

《説文》十四篇上"金部"云:"鏚,怒戰也。从金,氣聲。"引《春秋傳》曰:"諸侯敵王所鏚。"按戰必以兵,鑄兵以金,故字从金。从氣聲者,《説文》七篇上"米部"氣訓饋客芻米,非其義。段氏注謂氣爲气之假字,是也。蓋气本義爲雲气,引申爲气血之气,然後世用字皆以氣爲气,觀於鏚字,則造字時已以音同而通假矣。鏚字所以从氣者,所謂士氣也。蓋戰以士氣爲首要,而次要則爲兵。士氣不振,雖有兵,無當也;無兵則雖有士氣亦不免於敗。鏚字訓怒戰,字从金从氣,造文者深知二者之不可偏廢矣。《左傳·莊公十年》記魯與齊戰於長勺,公將鼓之,曹劌曰:"未可。"齊人三鼓,劌曰:"可矣。"齊師敗績。既克,公問其故,劌對曰:"夫戰,勇氣也。一鼓作氣,再而衰,三而竭。彼竭我盈,故克之。"《韓非子·内儲說上》云:"越王慮伐吳,欲人之輕死也,出見怒鼃,乃爲之式。從者曰:'奚敬於此?'王曰:'鼃有氣如此,可無爲式乎?'士人聞之,曰:'鼃有氣,王猶爲式,況士人之有勇者乎!'是歲,人有自剄死以其頭獻者。"又《五蠹》篇曰:"上古競於道德,中世逐於智謀,當今爭於氣力。"此戰事尚氣之說也。《史記·周本紀》云:"紂師雖衆,皆無戰之心,心欲武王亟入,紂師皆倒兵以戰以開武王,武王馳之。紂兵皆崩,畔紂。紂自燔于火而死。"《左傳·閔公二年》記狄人伐衛,將戰,國人受甲者皆曰:"使鶴!鶴實有祿位,余焉能戰!"及狄人戰于熒澤,衛師敗績。此士氣不振則戰敗之事也。漢世李陵以五千之卒當匈奴數萬之衆,且戰且退,殺傷過當,終以矢盡而敗,此士氣雖甚振無兵致敗之例也。孟子《梁惠王》篇。之言曰:"王如施仁政於民,省刑罰,薄稅斂,深耕易耨,壯者以暇日修其孝弟忠信,入以事其父兄,出以事其長上,可使制梃以撻秦楚之堅甲利兵矣。"此重氣輕兵之說也。《韓非子·顯學》篇曰:"共工之戰,鐵銛短者及乎敵,鎧甲不堅者傷乎體。"及乎敵謂爲敵所及也。此言兵之不可輕也。以今日之事論之,韓非之說爲當矣。近世歐洲德意志名相俾斯麥以鐵血宰相著稱,鐵者,金也;血者,氣也。近代名人驚人一世之俊語，吾先民於二千年前造字時已顯示其義矣。

（一九三四年十二月八日）

釋听

　　《說文》二篇上"口部"云："听，笑貌也。从口，斤聲。"按听爲笑貌，前人未有言其故者。以愚考之，蓋謂張口之狀也。何以明之？十篇下"心部"云："忻，闓也。从心，斤聲。"引《司馬法》曰："善者忻民之善，閉民之惡。"按十二篇上"門部"云："闓，開也。"闓與開音義並同，闓乃開之形聲字。許君分闓開爲二文，非也。尋《司馬法》忻與閉對言，實開與閉對言也。忻字从心，切言之當云心開。秦漢間人恒言心開。《漢書·酷吏傳》云："王溫舒居他，惛惛不辦，至於中尉則心開。"此心開謂明慧。《後漢書·王常傳》云"聞陛下即位河北，心開目明"，此謂喜樂。心開則喜，故言部訢訓喜，欠部欣訓笑喜，今通語謂取樂爲開心，蓋古之遺語矣。忻爲心開，听文从口，當爲口開，笑者口必開，故听爲笑貌矣。《莊子·盜跖》篇云："人除病瘦死喪憂患，其中開口而笑者，一月之中，不過四五日而已矣。"此古人謂笑爲開口之證也。

　　獸之吠必開口，故犬吠聲謂之犴，虎聲謂之㹰。犬鬥則必吠，故犬鬥聲謂之狠。又齧物者必開張其齒，故齧謂之齦，豕齧謂之狠，兩犬相齧謂之狀，與齦狠音亦同。此皆意義相因之字也。至斤艮二文古同音，土部垠或作圻，是其明證，不煩觀縷矣。或問曰：人開口笑則齒本見,故齒部齗爲齒本肉,宜亦得義於忻听,今子不及,何也?曰:是說固可通,然以字形精求之,則齗蓋受義於根,非自忻听來也。《說文》六篇上"木部"云:"根,木株也。"二篇下"足部"云:"跟,足踵也。"《釋名·釋形體》云:"足後曰跟,在下方著地,一體任之,象木根也。"齗文从齒从斤,斤艮同音,謂齒之根也。况《倉頡篇》明訓齗爲齒根,許亦以齒本肉爲說,則齗受義於根甚明,故不與忻听爲類矣。

(一九三五年四月十一日)

釋圂

《說文》六篇下"囗部"云:"圂,廁也。从囗,象豕在囗中也。會意。"按豕在囗中得爲廁者,《晉語》云"少溲於豕牢而得文王",知古人豕牢本兼廁清之用。故韋昭云"豕牢,廁也",是也。今長沙農家廁清即在豕圈,猶古代之遺制矣。許云會意,今按囗亦聲。蓋微痕二部爲對轉,圂从囗聲,猶之員从囗聲矣。

或曰:《說文》一篇下"艸部"云:"蔅,糞也。从艸胃省。"經傳皆假矢字爲之。文公十八年《左傳》曰:"殺而埋之馬矢之中。"《史記·廉頗傳》曰:"頗與臣坐,頃之,三遺矢矣。"《漢書·昌邑王傳》曰"即位後,夢青蠅之矢積西階東",是也。古音蔅矢豕皆同,圂訓廁而文從豕,乃假豕爲蔅,猶經傳之假矢爲蔅也。此从豕之又一說也。

《説文》六篇上"木部"云："梱,梱窬,褻器也。从木,威聲。"《史記·萬石君傳》集解引賈逵《周官解》云："梱,虎子也。"按梱爲穢惡之器,而字从威,於義無取,以聲音求之,梱蓋受義於囻,蓋囻梱二文爲對轉也。《賈子·道術》篇曰："誠動可畏謂之威,反威爲囻。"此以對轉爲相反之義者也。廟謂之囻,褻器謂之梱,此以對轉爲相類之義者也。義之正反有殊,其以音之對轉相孳生則一而已。

（一九三五年四月二十一日）

釋㱴

《説文》四篇下"㱴部"云："㱴,澌也,人所離也。从歹,从人。"自來説者皆以㱴爲生㱴之㱴,認爲動字,其實非也。今按㱴爲名字,謂屍體也。字从歹者,《説文》四篇下"歹部"云："歹,列骨之殘也。"蓋精魂與體魄合則爲人,精魂去而體魄殘存則爲㱴,故字从歹人,此徵諸本字之構造者一也。一篇下"茻部"云："葬,藏也。从㱴在茻中。一其中,所以薦之。"一以薦㱴,茻以藏㱴,皆謂屍體也。王君靜安謂此㱴假爲屍,非也。此徵諸他文之構造者二也。《左傳·哀公十六年》云："白公奔山而縊,其徒微之,生拘石乞而問白公之㱴焉。對曰:余知其㱴所,而長者使余勿言。"《吕氏春秋·離謂》篇云："鄭之富人有溺者,人得其㱴者,富人請贖之。"又《期賢》篇云："野人之用兵也,流矢如雨,扶傷輿㱴。"《史記·秦本紀》

云："晉楚流死河二萬人。"又《淮南厲王長傳》云："開長死埋此下。"《漢書》五十三《廣川惠王傳》云："即取他人死與都死並付其母。母曰：都是，望卿非也。"又卷七十《陳湯傳》云："漢遣使三輩至康居求谷吉等死。"又卷九十《酷吏·尹賞傳》云："安所求子死？桓東少年場。"諸死字皆即今屍字，故顏師古於三傳皆以尸訓死，是也。此徵諸經傳子史之義訓者三也。近人端方《陶齋藏甎記》載漢城旦張護葬甎云："城旦張護永元六年十二月十四日物故，死在□下。"缺字是此字。又《東門當葬甎》云："永元二年九月二十日，潁川武陽髡鉗東門當死在此下。"死亦皆謂屍。此徵諸漢代實物之用字者四也。端書全載此類甎，兹第舉二事爲例。余四年前跋《陶齋藏甎記》，即明此義，惟未據死字形義爲說，故今復爲此文焉。至《說文》八篇上"尸部"有屍字，云："終主也，从尸死。"夫死从歺人，而復以臥人形之尸字會合成文，殊爲重累。蓋死本謂屍，後爲生死之義所奪，故復造从尸死之屍，猶之益之形義爲水溢出於皿上，後爲增益之義所奪，故復制从水益聲之溢而訓爲器滿，其例正相類爾。乃慧琳《一切經音義》卷二十九引《說文》死字，不憭从歺人之義，謂死爲从歺从化省，真野言不值一笑者爾。

文成後，偶檢《說文詁林》，見所引饒炯《說文部首訂》之說，謂死爲尸之或體，亦據葬字字形爲證，與余說頗同。惟饒云：人離氣則骨肉朽腐，故死从人从歺會意。立義未精，而死爲尸或體之說亦未審諦也。

（一九三五年五月二十一日）

釋鞁

《說文》三篇下"革部"云："鞁，繫牛脛也。从革，見聲。"按繫之以革，故文从革。所繫者爲牛脛，故文从見聲。尋見在寒部，巠在青部，部居殊異，義爲脛而文从見者，以雙聲通假故爾。《詩·大雅·大明》篇云："俔天之妹。"毛傳云："俔，磬也。"《釋文》引《韓詩》俔作罄。按罄在青部，與巠同音，故《說文》九篇下"石部"磬或作硜。此見聲與青部聲通之證一也。《說文》十三篇上"虫部"云："蜆，縊女也。从虫，見聲。"按《爾雅·釋蟲》云："蜆，縊女。"郭注云："小黑蟲，赤頭，喜自經死，故曰縊女。"《太平御覽》九百四十八引《異苑》云："蜆長寸許，頭赤，身黑，恒吐絲自懸。"阮元《爾雅校勘記》云："《釋文》：蜆孫音俔。按俔之轉聲爲罄，《毛詩》俔天之妹，《韓詩》作罄。《禮記·文王世子》注：縣縊殺之曰罄。罄者，經死之名。罄俔聲相轉，此縊女之所以名蜆也。"郝氏《爾雅義疏》亦云："蜆之爲言罄也。罄於甸人按見《禮記·王制》篇。與經於溝瀆按見《論語·憲問》篇。義同。"按阮郝說是也。由此言之，蜆之受名緣於自經，與縊女之受名於縊正同。此見聲與青部字通假之證二也。《說文》九篇下"石部"云："硯，石滑也。从石，見聲。"《釋名·釋書契》云："硯，研也，研墨使和濡也。"《文選·江賦》云："緑苔鬖髿乎研上。"李注云："研與硯同。"按說文研从开聲，开在青部，开聲亦與巠聲通，故宋鈃《孟子》作宋牼。此見聲與青部聲通之證三也。《說文》二篇上"口部"云："哯，不歐而吐也。从口，見聲。"《一切經音義》十四云："哯古文呀，同。"此見聲與青部聲通之證四也。《韓非子·外儲説左篇》云："夫犬馬，人所知也，旦暮罄於前；鬼神無形者，不罄於前。"王氏念孫謂罄於前即見於前，見《經義述聞》卷二十八《爾雅》。是也。此見聲與青部聲通之證五也。又《説文》六篇上"木部"桼讀若刊，刊从干聲，爲寒部字，而或體作栞，文从开聲。九篇下"豕部"："豣，三歲豕肩相及者也。从豕，开聲。"許君以肩釋豣，肩亦寒部字。干肩二文與見同音，皆與青部字聲通，或爲重文，或爲聲訓，又可爲見聲與青部聲通之旁證矣。

（一九三五年五月二十五日）

釋獄

《説文》十篇上"㹜部"云："獄，确也。从㹜，从言。二犬，所以守也。"按从言之義許君不及。二犬守言，義不相會，自來小學家未有言之者。惟亡友林君義光著《文源》，謂言當爲辛之譌變，辛，罪人也。按林君立意善矣，謂言爲辛之譌變，苦無文證，頗嫌專斷。愚謂林君求之於形，故爲失之。今按《説文》三篇上"言部"，言从辛聲，辛部辛訓辠，則獄字所从之言，實假爲辛。从二犬从言，謂以二犬守罪人爾。

《説文》十篇上"㚔部"云："圉，囹圄，所以拘罪人。从㚔，从口。"按㚔部有睾執報鞫諸文，字皆从㚔，許皆以罪人爲訓。又㚔下云"俗語以盜不止爲㚔"，盜竊者固罪人也。以口拘㚔，以二犬守辛，二文之構造正同爾。

稽之經傳，獄字恒指獄訟爲言，不必指繫囚之地。《周禮·大司寇》云："以兩劑禁民獄。"鄭注云："獄，謂相告以罪名者。"《大司徒》云："凡萬民之不服教而有獄訟者。"鄭注云："爭罪曰獄。"《左傳·襄公十年》云："坐獄於王廷。"《周語》云："夫君臣無獄。"韋注云："獄，訟也。"《鄭語》云："褒人有獄。"韋注云："獄，罪也。"《晉語》云："梗陽人有獄。"《詩·召南·行露》篇以速我獄與速我訟對言。由此言之，獄文从狀，《說文》狀訓二犬相齧，蓋以二犬相齧喻獄訟者兩造之相爭，相爭以言，故文从言。獄訟義同，獄之从言，猶訟訓爭亦从言矣。蔡邕《獨斷》云："唐虞曰士官，夏曰均臺，殷曰牖里，周曰囹圄，漢曰獄。"然則許君二犬守之之訓，乃以漢制推說古文，故與經傳獄字之義不合歟。

（一九三五年六月一日）

釋販

《說文》六篇下"貝部"云："販，買賤賣貴也。从貝，反聲。"徐鍇《繫傳》曰："善販者旱則資舟，水則聚車，人棄我取，與常情反也。"樹達按楚金以與常情反釋販从反聲之義，義殊淺陋，其說非也。愚謂反當讀如《漢書·雋不疑傳》有所平反之反，蓋反之言翻，《漢書·張安世傳》注：反讀曰翻。翻覆變易之謂也。《史記·越世家》云："陶朱公廢居，候時轉物，逐什一之利。"又《仲尼弟子傳》云："子貢好廢舉，與時轉貨貲。"《集解》云："與時謂逐時也。夫物賤則買而停貯，值貴即逐時轉易，貨賣取資利也。"《索隱》云："謂隨時轉貨以殖其資也。"又引劉氏云："轉貨，謂轉貴收賤也。"按陶朱公之轉物，子貢之轉貨，正翻覆之義，所謂反也。今商人言翻出翻進，雖通俗恆言，正可取證販字得聲之故矣。又今人恆斥商賈人爲盤剝，或單言盤。販古音如盤，盤即販也。

《荀子·儒效》篇云："人積耨耕而爲農夫，積斲削而爲工匠，積反貨而爲商賈，積禮義而爲君子。"反貨者，反，翻也。貨，化也，賣也。反貨即《史記集解》所謂轉易貨賣，亦即翻覆變易之謂也。楊倞注讀反爲販，失之。

（一九三五年六月十二日）

釋詩

《說文》三篇上"言部"云："詩，志也，志發於言。《韻會》引《說文》有此字，是也，今本脱。从言，寺聲。"古文作詁，从言，㞢聲。按志字从心㞢聲，志字今本《說文》挩去，徐鍇補之，是也。寺字亦从㞢聲，㞢志寺古音無二。古文从言㞢，言㞢即言志也。《墨子》天之即天志。篆文从言寺，言寺亦言志也。《書·舜典》曰："詩言志。"《禮記·樂記》曰："詩言其志也。"《左傳·襄公二十七年》記趙文子之言曰："詩以言志。"其請鄭七子賦詩之言曰："請皆賦以卒君貺，武亦以觀七子之志。"又昭公十六年記韓宣子請鄭六卿賦《詩》之言曰："二三君子請皆賦，起亦以知鄭志。"《禮記·孔子閒居》記孔子之言曰："志之所至，詩亦至焉。"《荀子·儒效》篇曰："詩言是其志也。"蓋《詩》以言志爲古人通義，故造文者之制字也，即以言志爲文。其以㞢爲志，或以寺爲志，音同假借耳。余前謂慈从兹聲，兹實假爲子；《釋慈》篇。醇从京聲，京實假爲羹；《釋醇》篇。賜鬄皆从易聲，易實假爲益；諡从益聲，益實假爲易；《釋賜》篇。旐从兆聲，兆實假爲召；《釋旐》篇。放从方聲，方實假爲旁；《釋放》篇。喝从曷聲，曷實假爲害；《釋喝》篇。滓从宰聲，宰實假爲兹；《釋滓》篇。籔从殿聲，殿實假爲屍臀；《釋籔》篇。鎎从氣聲，氣實假爲氣；《釋鎎》篇。靦从見聲，見實假爲脛；《釋靦》篇。獄从㹜从言，言實假爲辛。《釋獄》篇。皆此類也。

《左傳·昭公十六年》記鄭六卿爲韓宣子賦《詩》，而六卿所賦皆《鄭風》，宣子曰："二三君子以君命貺起，賦不出鄭志。"鄭志即鄭詩也，此經傳以志爲詩也。《呂氏春秋·慎大覽》記湯謂伊尹曰："若告我曠夏盡如詩。"高誘訓詩爲志。此以詩爲志者也。古詩志二文同用，故許徑以志釋詩。然《毛詩序》曰："詩者，志之所之也。在心爲志，發言爲詩。"詩與志雖無二，究有内外之分，故許復以志發於言爲說。既以說義，又以說形，訓詁之精，令人驚絕。而嚴可均王筠輩不了《韻會》所引爲許氏本文，疑其爲小徐等羼入，小徐輩識豈能及此耶！嚴王頗以《說文》名，乃不識古義至此，可謂疏矣！

（一九三五年九月十六日）

釋義

《說文》十二篇下"我部"云："義，己之威儀也。从我羊。"按此爲今言威儀之儀本字，鄭司農注《周禮·肆師》所謂古者書儀但爲義，今時所謂義爲誼者也。文从我，故訓說言己，立誼顯然。然文何以从羊，頗難索解。二徐及段氏謂與善美同意，殊嫌膚泛。今按羊蓋假爲像。《說文》八篇上"人部"云："像，象也。从人；从象；象亦聲。讀若養。"《易·繫辭》曰："在天成象。"此言天象也。《左傳·僖公十五年》曰"物生而後有象"，此言物象也。然人亦有象，故像字从人象。以其字讀若養，故字變爲樣，今通言人之樣子是也。像讀若養，養从羊聲，故制義字者假羊爲像。然則文从我羊，實言我像，我像即今言我樣，故以已之威儀立訓矣。

《漢書·高祖紀》曰："其有意稱明德者，必身勸爲之駕，遣詣相國府，署行義年。"義謂儀容，乃書本字。昔人言《漢書》多存古字者，其說良信。宋劉攽不知其爲本字，乃云義讀曰儀，殆於本末顛倒矣。

（一九三五年九月二十五日）

釋韔

《說文》五篇下"韋部"云："韔，弓衣也。从韋，長聲。"引《詩》曰："交韔二弓。"樹達按韔之爲言藏也，所以藏弓也。故《廣雅·釋器》曰："韔，弓藏也。"《爾雅·釋鳥》曰："亢，鳥嚨，其粻嗉。"郭璞注曰："嗉者，受食之處別名，嗉今江東呼粻。"又《釋獸》云："羊曰齥，麋鹿曰齸，鳥曰嗉。"《說文》二篇上"齒部"云："齥，羊粻也。齸，麋鹿粻也。"按嗉爲受食之處，嗉又名粻，粻亦言藏也，謂所以藏食也。《説文》四篇下"角部"云："䚡，角長兒。从角，𠨍聲。"按䚡訓角長，字从𠨍聲，蓋假𠨍爲長。𠨍可假爲長，知長可假爲藏矣。藏弓謂之韔，鳥藏食謂之䐗，藏穀謂之倉，藏死謂之葬，其義一而已矣。

（一九三五年十月三日）

釋頰

《説文》九篇上"頁部"云："頰，面旁也。从頁，夾聲。"古叶切。按《説文》十篇下"大部"云："夾，持也。从大俠二人。"大俠二人，左右各一，故有在左右與在旁之義。《儀禮·既夕》云："圉人夾牽之。"注云："在左右曰夾。"《穆天子傳》云："左右夾佩。"注云："夾佩，左右兩佩。"《詩·旄邱序》疏云："夾輔者，左右之辭也。"《釋名·釋形體》云"頰，夾也，兩旁稱也"，按劉説是也。《説文》四篇上"目部"云："䀹，目旁毛也。"《釋名·釋姿容》云："挾，夾也，在傍也。"《説文》四篇下"肉部"云："脅，兩膀也。从肉；劦聲。"劦與夾音近，故《釋名·釋形體》以挾釋脅。古音夾在合部，劦在帖部，音相近。左右謂之夾，在傍謂之挾，目旁毛謂之䀹，面旁謂之頰，兩膀謂之脅，其義一也。

《左傳·僖公二十六年》云："昔周公太公股肱周室，夾輔成王。"夾輔義同，故古人連言之。《説文》九篇上"面部"云："酺，頰也。从面，甫聲。"十四篇下"車部"云："輔，人頰車也。从車，甫聲。"四篇下"骨部"云："髆,肩甲也。从骨,尃聲。"又"肉部"云："膀,脅也。从肉,旁聲。"按尃从甫聲,甲與夾古音同,甲夾同在帖部。旁與甫古音爲對轉。古音甫在模部,旁在唐部。䩉在面之兩旁,故謂之䩉,又謂之頰;頷車在口之兩旁,故謂之輔,又謂之頰;人肩在頸之兩旁,故謂之髆,又謂之甲;脅在身之兩旁,故謂之膀,又謂之脅。語源同,故其孳乳亦同矣。

《說文》四篇下"肉部"云："胠,亦下也。从肉,去聲。"去劫切。按以十二篇上"户部"扂从劫省聲例之,胠亦當从劫省聲,許說从去聲,蓋誤矣。按胠之爲言亦夾也,胠夾同在帖部。謂在旁夾人體也。《爾雅·釋言》曰："左右有岸,厈。"《釋文》,口閻反,今本《爾雅》厈作厒,兹从王氏《經義述聞》正。謂左右兩岸夾山也。《說文》十二篇上"户部"云："扂,閉也。从户;劫省聲。"口盍切。按門閉則左右兩扉夾闌,故亦云扂也。

胠在人身旁,故有以胠爲在旁之稱者;《左傳·襄公二十三年》記齊侯伐衛,其軍有先驅申驅貳廣啓胠大殿諸稱。杜預注云："左翼曰啓。右翼曰胠。"《莊子·胠篋》,司馬彪云:从旁開爲胠,是也。胠之爲旁,猶挾之爲在傍,頰之爲面旁,脅之爲兩膀矣。

(一九三五年十月十九日)

釋矏瞳

《說文》四篇上"目部"云："矏,盧童子也。从目,縣聲。"《玉

59

篇》:户犬户蠲二切。盧童子者,徐鍇云:"盧,黑也,眼中黑子也。"从縣之義,先儒無説。惟段氏注云:"盧童子居最中如縣然,故謂之矑。"按段氏泥形爲説,殊失之鑿,説殆非是。愚謂縣之爲言玄也。古者縣玄音近,故互相訓釋。《太平御覽》百五十七引《風俗通》云:"縣,玄也,言當玄静平徭役也。"此以玄釋縣者也。《釋名·釋天》云:"天又謂之玄,玄,縣也,如縣物在上也。"又《釋親屬》:"玄孫,玄,縣也,上縣於高祖,最在下也。"又《釋疾病》云:"眩,縣也,目視動亂,如縣物搖搖然不定也。"此以縣釋玄及玄聲類之字者也。二字音近,故得相通假。《淮南子·地形》篇云:"縣圃涼風樊桐在崑崙閶闔之中。"而張衡《東京賦》云"右睨玄圃",字作玄,李善《文選注》及章懷《後漢書注》並謂玄與懸古字通,是也。縣懸字同。玄者,黑也。盧童子色黑,故既名曰盧,又名曰矑矣。

"目部"又云:"瞦,目童子精也。从目,喜聲。"許其切。喜聲前儒皆不言其義。今按喜之爲言黑也。古音喜在咍部;黑在德部,二部爲平入,故古多通用。襄公四年《左氏春秋經》云"夫人姒氏薨",姒氏《公羊經》作弋氏。又"葬我小君定姒",《公羊經》作定弋。定公十五年《左氏春秋經》云:"姒氏卒。"又云:"葬定姒。"《榖梁經》作弋氏與定弋。姒从以聲,咍部;弋,德部。《左傳·昭公十五年》楚費無極,《呂氏春秋·慎行》篇、《淮南子·人間》篇、《史記·楚世家》《伍子胥傳》、《吴越春秋》並作費無忌。極从亟聲,德部;忌从己聲,咍部。《左傳·昭公二十八年》晉楊食我,《論衡·命義》篇作羊舌似我。食,德部;似从以聲,咍部。《儀禮·鄉射記》云:"五臓。"注云:"古文臓爲截,今文或作植。"按截从戈聲,戈从才聲,咍部;臓从戠聲,植从直聲,並德部。此皆咍德二部相通之證也。目童子精黑,故瞦字从喜,从喜實从黑也。然則矑也,瞦也,盧也，皆言童子之黑也。

（一九三五年十月二十九日）

釋力劦

《説文》十三篇下"力部"云："力，筋也。象人筋之形。"四篇下"肉部"別有肋字，云："脅骨也。从肉，力聲。"樹達竊謂力象人脅骨橫列之形，蓋即肋之初文。三之者，手之列多不過三之意。加肉爲肋，猶云之爲雲，臣之爲頤，乃力之後起字矣。

《説文》十三篇下"劦部"云："劦，同力也。从三力。""肉部"別有脅，云："兩膀也。从肉；劦聲。"愚疑劦亦脅之初文，許説以同力，疑其望文爲訓。劦从三力，義與力近，此猶二糸爲絲，絲糸義同；二户爲門，門户義近；二巛爲巜，三巛爲川，巜川與巛義近；二屮爲艸，三屮爲芔，四屮爲茻，艸卉茻與屮義近也。劦聲字有荔珕等文，讀入舌音，知劦與力聲亦相近矣。許君別力肋爲二文，又分劦脅爲二文，殆皆失之矣。

《説文》八篇上"毛部"云："毛，眉髮之屬及獸毛也。象形。"九篇上"彡部"云："毡，髮也。从彡，从毛。"按毛毡音義皆同，實一字也。異者，毡於毛形外加義旁彡耳。又九篇上"冄部"云："冄，毛冄冄也。象形。"又"須部"云："䩶，頰鬚也。从須，从冄；冄亦聲。"按冄爲須䩶之本字，正象兩頰有須之形，䩶則於冄形外加義旁須耳。許以頰須之訓屬䩶，故於冄下苟以毛冄冄爲説，誤之甚者也。又五篇上"豆部"云:"豆,古食肉器也。象形。"又云:"梪,木豆謂之梪。"按豆梪一字也,梪於豆形外加義旁木耳。此皆同字,而許君誤認爲二字,與力肋劦脅同者也。

經傳恒以旅力連言:《書·秦誓》曰:"番番良士,旅力既愆。"《詩·小雅·北山》曰:"旅力方剛,經營四方。"《國語·周語》曰:"四軍之帥,旅力方剛。"是也。旅力二者皆骨骼之名。《説文》七篇下"吕部"云:"吕,脊骨也。象形。"或作膂。經傳之旅乃膂之省。力則脅骨也。人身幹骨爲脊,由脊分張前曲爲肋,二體相屬,故古人以旅力連言。脊肋强者多力,《淮南子·齊俗》篇云:"强脊者使之負土。"許注云"脊强者任負重",是其説也。旅力引申爲氣力之力,《方言》《廣雅》膂亦訓力,是也。古人謂駢脅者多力,知脅骨與氣力有關矣。毛公、《僞孔》、韋昭釋旅爲衆,文義不協,違誤甚明。戴震王念孫疏證楊張之書,釋經傳之旅爲力,文義協矣,猶非旅力之初義也。

(一九三六年三月二日)

釋雌雄

《説文》四篇上"隹部"云:"雌,鳥母也。从隹,此聲。"今按此聲字多含小義。《爾雅·釋訓》云:"佌佌,小也。"《説文》六篇上"木部"云:"柴,小木散材。从木,此聲。"六篇下"貝部"云:"貲,小罰以財自贖也。从貝,此聲。"十二下"女部"云:"婢,婦人小物也。从女,此聲。"《爾雅·釋詁》云:"疵,病也。"邢昺疏云:"瑕釁小病也。"二篇上"走部"云："趚,淺渡也。从走,朿聲。"《方言》十云："晣,短也。凡物生而不長大謂之晣。"《説文》九篇上"須部"云："䪐,口上鬚也。从須,朿聲。"按口上須視頤下須爲短。由此觀之,雌之受名,蓋以其小也。

"隹部"又云："雄,鳥父也。从隹,厷聲。"按厷聲字多含大義。《爾雅·釋詁》云："弘,大也。"《説文》弘从厶聲,厶厷字同。又云："宏,大也。"《文選·羽獵賦》云："涉三皇之登閎。"注引韋昭云："閎,大也。"又《笙賦》云："泓宏融裔。"注云："泓宏,聲大貌。"然則雄之受名蓋以其大也。

《爾雅·釋獸》云："鹿牡,麚。"《説文·鹿部》云："麚,牡鹿。从鹿,叚聲。"又"豕部"云："豭,牡豕也。从豕,叚聲。"按叚聲字亦多含大義。《爾雅·釋詁》云："嘏,大也。"又云："假,大也。"又《釋魚》云："鯢大者謂之鰕。"又《釋獸》云："牛絶有力,犌。"然則麚豭之受名殆亦以其大矣。

《爾雅·釋畜》云："夏羊,牝羭,牡羖。"郭璞注本牝牡互誤。段氏玉裁據《説文》羯下訓羊羖犗,謂羖若爲牝羊,不得云犗,訂正郭本之誤,其説是矣。今請更以二證明之。按羖與股爲同音字。人膝以上爲股,膝以下爲脛,股大於脛,知羖亦當受義於大,義當爲牡,不得爲牝,一也。羖古音與假同。羖爲牡羊,與麚爲牡鹿豭爲牡豕一律。若麚豭爲牡而羖爲牝,理不可通,二也。

《釋畜》又云："羊牡,羒。"按分聲字亦多含大義。《説文》七篇上"巾部"云："楚謂大巾曰帉。从巾,分聲。"九篇上"頁部"云："頒,大頭也。从頁,分聲。"十三篇下"土部"云："坋,大防也。从土,分聲。"《詩·大雅·韓奕》云："汾王之甥。"《毛傳》云："汾,大也。"《書大傳》云:"天子賁庸。"鄭注云:"賁,大也。"《爾雅·釋詁》云:"墳,大也。"《釋丘》云:"墳,大防。"《禮記·內則》云:"菽麥賁。"《釋文》云:"賁字又作䴬,大麻子。"《爾雅·釋樂》云:"大鼓謂之鼖。"《說文》鼖或作䩞,分賁古音同,然則羒之受名亦得義於大矣。

《爾雅·釋獸》云:"麌牡,麌。"按麌从吳聲,吳聲字亦多含大義。《說文》云:"吳,大言也。"又云:"俁,大也。从人,吳聲。"《廣雅·釋獸》云:"豵,豕牝也。"按取聲聚聲及音近之字多含小義。《史記·貨殖傳》云:"鮿千石。"《正義》云:"鮿,雜小魚也。"《漢書·張良傳》云:"鮿生教我。"服虔云:"鮿,小人貌也。"又《枚乘傳》云:"禹無十戶之聚。"注云:"聚,小邑也。"《字林》云:"剿,細斷也。"《說文》四篇下"隹部"云:"雛,雞子也。"又十三篇上"糸部"云:"緅,緆之細者也。"《釋名·釋書契》云:"鄒,狹小之言也。"《上林賦》云:"黃甘橙榛。"郭注云:"榛,小橘也。"此知豵之受名亦由於小矣。

《爾雅·釋畜》云:"馬牝曰騇。"《釋鳥》注云:"鷃似雞而小。"《釋畜》云:"雞大者蜀,蜀子雛。"按余从舍省聲;余舍古音同;知騇鷃雛古皆受義於小也。

(一九三六年四月九日)

釋屬

《說文》八篇下"尾部"云:"屬,連也。从尾,蜀聲。"按尾部諸文，屈訓無尾，㞎訓人小便，皆關尾義。屬訓爲連，義泛不切，殆非制字之朔義也。考《廣雅·釋親》及《玉篇》《廣韻》皆有豚字，《廣雅》訓臀，《玉篇》訓尻，《廣韻》訓尾下竅。竊疑屬蓋豚之初文，豚爲屬之或作也。知者，《說文》二篇上"口部"云："嘼，啄也。从口，蜀聲。"啄下云："口也。"然則蜀聲有口竅之義，說一也。《說文》三篇下"攴部"云："敠，去陰之刑也。从攴，蜀聲。"引《周書》曰："刵劓敠黥。"敠今《書·吕刑》作椓。古形聲字聲皆有義，敠字从攴，故訓去。其云陰者，以从蜀聲，蜀假爲屬故也。說二也。《國語·楚語》曰："日月會於龍䣈。"《文選·東京賦》注引賈逵注云："䣈，龍尾也。"按䣈字不見於許書。《玉篇》邑部作䣈，云丁角切，與屬《玉篇》音之欲切者同。又豕蜀古音同，其孳乳字古多通假，䣈之爲尾，蓋受之屬。說三也。《淮南子·精神》篇云："燭營指天。"高注云："燭，陰華也；營其竅也。"按陰華蓋陰莖之誤。知字又假作燭。說四也。《蜀志》十二《周羣傳》云："先主與劉璋會涪，時張裕爲璋從事，侍坐。其人饒鬚，先主嘲之曰：'昔吾居涿縣，特多毛姓，東西南北皆諸毛也。涿令稱曰：諸毛繞涿居乎？'裕即答曰：'昔有作上黨潞長，遷爲涿令。涿令者去官還家，時人與書，欲署潞則失涿，欲署涿則失潞，乃署曰潞涿君。'先主無鬚，故裕以此及之。先主常銜其不遜。"按涿與敠䣈屬同音，故先主與張裕以此互相嘲謔。知漢魏之際；屬爲陰竅，乃通俗常言也。《禮記·内則》云："鼈去醜。"鄭注云："醜謂鼈竅也。"《爾雅·釋畜》云："馬白州，驠。"《山海經·北山經》云："倫山有獸焉，其州在尾上。"郭注並云："州，竅也。"夫字義屢見於經傳，載之史籍，州醜皆以聲近通假，涿亦同音假借，許書似不當無正文。今請以《廣韻》豚字之訓移置屬下云："屬，尾下窾也。从尾,蜀聲。"則於形聲義三者皆覺脗合。謹爲揭出,俟世之精治小學者正焉。

余謂屬訓爲連義泛不切,非制字之初義,沈兼士先生不然余說,見本書沈序,讀者參照可也。

(一九三六年四月二十三日)

釋賢

《説文》六篇下"貝部"云:"賢,多才也。从貝,臤聲。"按文从臤者,三篇下"臤部"云:"臤,堅也。古文以爲賢字。"據此知臤乃堅之初文。人堅則賢,故即以臤爲賢,後乃加形旁之貝爲賢字耳。十篇上"能部"云:"能,熊屬,足似鹿。从肉;㠯聲。能獸堅中,故稱賢能而彊壯稱能傑也。"今按能與耐古字同,惟堅乃能耐也。九篇下"希部"云:"豪,豪豕,鬣如筆管者。从希,高聲。"或从豕作豪。今通作豪。按豪豕以毛鬣堅剛如筆管,故引申爲豪傑之豪。賢能同義,賢豪亦同義。能義受自堅中,豪稱緣於剛鬣,賢之受義於堅,以二文互證而益明矣。

以臤爲賢,據其德也;加臤以貝,則以財爲義矣。蓋治化漸進,則財富漸見重於人羣,文字之孳生,大可窺羣治之進程矣。

(一九三六年六月一日)

釋偽

《說文》八篇上"人部"云："偽，詐也。从人，爲聲。"按三篇下"爪部"云："爲，母猴也。其爲禽好爪。"好爪者，言其喜動作屑屑，故爲引申爲作爲之爲，又引申爲詐偽之偽，又引申爲譌言之譌，皆受義於母猴之爲。

爲古韻在歌，對轉寒則爲㚔。《說文》十三篇上"虫部"云："㚔，善援禺屬。从虫，爰聲。"按九篇上"由部"云："禺，母猴屬。"㚔孳乳爲諼，三篇上"言部"云："諼，詐也。从言，爰聲。"

偽諼皆訓詐。"言部"云："詐，欺也。从言，乍聲。"按以偽譌諼字例求之，詐蓋受義於狙。《說文》十篇上"犬部"云："狙，玃屬。从犬，且聲。"又云："玃，大母猴也。"且聲乍聲古音爲平入，且，模部，乍，鐸部。故二字多通作。四篇下"歺部"殂或从古文死从乍，是也。狙引申爲動作之作，又引申爲詐偽之詐矣。狙作古音本同，自作字失其本音，後人別制做字當之，今音狙做尚相近也。

母猴謂之爲，又謂之㚔，又謂之狙。引申之，動作謂之爲，又謂之作。更引申之，詐偽謂之偽，又謂之詐，又謂之諼，偽言謂之譌。字義同，則其孳乳之故不得不同矣。

（一九三六年八月二十六日）

釋牖

《說文》七篇上"片部"云:"牖,穿壁以木爲交窗也。从片戶甫。譚長以爲:甫上,日也,非戶也。牖所以見日。"樹達按:从戶者是也,譚長說从日,非是。小徐甫下有聲字,甫與牖聲韻皆相遠,亦非是。大徐以爲會意字,是也。按片爲半木,故許云以木,愚意恐未然。竊謂片字即爿字也。十篇下"囱部"云:"囱,在牆曰牖,在戶曰囱。"或作窗。牖下亦云穿壁。按牖在牆,牆从爿聲,故牖字从爿也。歷觀龜甲金文,一字或作正形,或作反形,變易無常,要爲同字,非如今日之一畫不可移易。以爿字言之,或作⺘,《殷虛書契前編》四卷四十五葉。或作⺘。同七卷三葉。其从爿之字,㲋《前編》四卷一葉,又四葉。或作㸦。《前編》四卷五十三葉,又六卷三十四葉,郭沫若釋爲版字。壯字古缽文作㽵,見吳大澂《說文古籀補》。醬字古匋文作䤅,見丁佛言《說文古籀補》。皆其明證也。許君書有片無爿,或亦知片爿之爲一字,於牖下云穿壁,與囱部所云在牆曰牖之義亦合。然又云以木,其爲附會从片之義甚明,蓋不免依違其説矣。

字又从戶甫者,甫之爲言旁也。古音甫在模部,旁在唐部,二部對轉。《周禮·考工記》匠人記夏世室之制云:"四旁,兩夾窗。"鄭注云:"窗助戶爲明,每室四戶八窗。"賈疏云:"言四旁者,五室。室有四戶,四戶之旁皆有兩夾窗,則五室二十戶四十窗也。"按囱窗窻字並同。《考工記》之窗,指在牆者爲言,正當云牖。窗牖對文有別,散文則通也。蓋世室有五室,室每方一戶,每戶之旁,以兩牖夾之,故云四旁兩夾窗。牖在戶之兩旁,故字从戶甫。義爲旁而字从甫,猶面旁之爲䩉,九篇上"面部"云:䩉,頰也。又頁部云:頰,面旁也。是䩉爲面旁也。水頻之爲浦矣。十一篇上"水部"云:浦,水頻也。

按許君不瞭牖从户甫之義,故別引譚長甫上从日之説。段氏亦不明户甫之義,故從小徐之説以爲字从甫聲。愚今以古人宫室之制證明文字構造之由,或者可成定論也乎!"片部"又云:"牖,牀版也。从片;扁聲。"按从片亦从爿也,義爲牀版,牀从爿聲,故牖从爿,猶牖在牆故从爿矣。从扁者,扁版古音同。

（一九三六年十月四日）

釋曾

《説文》二篇上"八部"云:"曾,語之舒也。从八,从曰,𠥓聲。"樹達按曾爲會意字,當云:从曰,从𠥓,从八。按曾字當以日字爲主,實當入日部,不當在八部。从曰者,五篇上"曰部"云:"曰,詞也。从口,乙象口气出形。"从𠥓者,十篇下"囱部"云:"囱,在牆曰牖,在屋曰囱。"或作𡆨,又或作窗。从八者,"八部"亓下云:"八象气之分散。"五篇上"兮部"兮下云:"八象气越于。"曾从曰从𠥓从八,蓋謂口气上出穿𠥓而散越也。十篇上"黑部"云:"黑,火所熏之色也。从炎上出𠥓。"曾爲口气上穿𠥓,猶黑之炎上出𠥓矣。口气上出穿𠥓而散越,故訓爲語之舒。引申之,則義爲高舉。《楚辭·東君》云:"翾飛兮翠曾。"王注云:"曾,舉也。"《淮南子·覽冥》篇云:"鳳皇曾逝萬仞之上。"高注云:"曾猶高也。"其北地高樓無屋謂之增,《説文》十篇下"立部"。矢繳射高謂之矰,《周禮·夏官·司弓矢》注、《史記·

留侯世家》注。魚網置木上者謂之罾,《楚辭·九歌》云:罾何爲兮木上。聚薪柴人居其上謂之橧,《禮記·禮運注》。皆曾高義之引申也。

"八部"又云:"尚,曾也,庶幾也。从八,向聲。"按尚爲會意兼聲字,當云:从八,从向,向亦聲。七篇下"宀部"云:"向,北出牖也。"尚从八从向,謂气散越達於牖外也。尚曾二字義同,故其組織亦同矣。尚有高上之義,猶曾之引申爲高也。一篇下"屮部"云:"熏,火煙上出也。从屮,从黑。屮黑,熏象也。"今按从屮黑實當云从炎从囪从屮。《説文》中讀若徹,蓋謂炎上出囪而通徹也。《國語·魯語》云"焚煙徹于上",可證熏字从屮之義。按熏字當以炎爲主,當入炎部,不當在屮部。炎上出囪而通徹,與曾爲口气上出穿囪而散越意同。

"八部"又云:"詹,多言也。从言,从八,从产。"按詹字以言爲主。當入言部,亦不當在八部。从产者,产从人在厂上,本危險之危初字。在此字蓋假爲棟上義之危。《禮記·喪大記》云:"中屋履危。"鄭注云:"危,棟上也。"從八之義,徐鉉以爲言多故可分,段氏從之,其說非是。夫言語豈可分之物耶!今謂從八亦象口气之散越,詹从言从八从产,謂言多口气散越,上達於棟上,猶詩人之云發言盈庭,《小雅·小旻》篇。《管子》之云言於室滿於室也。詹與曾尚二文异義,特其字之構造與二文略同,故並及之。

(一九三六年十月十日)

釋介

《説文》二篇上"八部"云:"介,畫也。从八,从人,人各有介。"

按人各有介之説意怊不明，介用爲畫義，古書亦罕見，殆非正義也。近人有易許説者，謂字象人著介形。按八不類介甲形，説亦非是。愚謂：介，間也，从人在八之間。《左傳·襄公九年》云：“天禍鄭國，使介居二大國之間。”又襄公三十年云：“政多門以介於大國。”又襄公三十一年云：“以敝邑褊小，介於大國。”《史記·十二諸侯年表》云：“楚介江淮。”《漢書·鄒陽傳》云：“陽介於羊勝公孫詭之間。”皆用介字本義者也。

（一九三六年十月十一日）

釋遇

《説文》二篇下"辵部"云：“遇，逢也。从辵，禺聲。”按《爾雅·釋言》云：“遇，偶也。”郭璞注云：“偶爾相值遇。”《周禮·春官·大宗伯》云：“冬見曰遇。”鄭注云：“遇，偶也，欲其若不期而俱至。”愚謂《爾雅》鄭君皆以偶明遇之語源，其説是矣。然鄭云不期，郭云偶爾，皆讀偶爲偶然之偶，則非也。今謂偶之爲言耦也。《説文》四篇下"耒部"云：“耕廣五寸爲伐，二伐爲耦。从耒，禺聲。”耦本訓二伐，引申爲二人。《左傳·莊公二十八年》云：“晉人謂之二五耦。”又襄公二十九年云：“射者三耦。”皆其證也。字或作偶。《史記·秦始皇紀》云：“偶語詩書者棄市。”是也。更引申爲匹敵之名。《左傳·桓公六年》云：“齊大，非吾耦也。”《儀禮·大射儀》云：“揖以耦左還。”《莊子·齊物論》云：“嗒焉似喪其耦。”是也。人與人相逢則得其偶，故謂之遇矣。"辵部"又云："遭，遇也。从辵，曹聲。"按五篇上"曰部"云："曹，獄兩曹也。"兩曹經傳言兩造。《書·呂刑》云："兩造具備。"《周禮·大司寇》云："以兩造禁民訟。"是也。引申之，有輩偶羣衆之義。《左傳·昭公十二年》云："原伯絞虐其輿臣，使曹逃。"《國語·周語下》云："且民所曹好，鮮其不濟也；其所曹惡，鮮其不廢也。"《楚辭·招魂》云："分曹竝進。"《史記·平準書》云："於是遣博士褚大徐偃等分曹循行郡國。"又云："乃分遣御史廷尉正監分曹往，即治郡國緡錢。"《漢書·劉向傳》云："分曹爲黨，往往朋羣。"是其證也。按曹有兩義，引申爲羣輩，與耦有二義引申爲匹敵之名者正同。耦與曹同義，故古書恒連言曹耦，或言曹偶。《漢書·黥布傳》云："率其曹耦亾之江中，爲羣盜。"《史記》作曹偶。《史記·倉公傳》云："曹偶四人。"是也。蓋行而得其偶謂之遇，行而得其曹謂之遭。舉其名爲曹偶，言其行爲遭遇，其義一也。

"辵部"又云："遘，遇也。从辵，冓聲。"按四篇下"冓部"云："冓，交積材也。象對交之形。"冓象對交，相遇者必相對，故遇又爲遘，而冓亦有二字之義，與耦曹二字同。"冓部"再下云："一舉而二也。从一，冓省。"按再从一，故云一舉；从冓，故云二也。爯下云："并舉也。从爪，冓省。"按爯从爪，故云舉；从冓省，故云并。八篇下"从部"云"从持二干爲并"，是也。

（一九三六年十月十一日）

釋説

《説文》三篇上"言部"云:"説,説釋也。从言兑。一曰談説。"愚按談説乃造文之始義,許以説釋爲正義,殆非也。蓋兑者鋭也。《史記·天官書》曰"三星隨,北端兑",以兑爲鋭。《説文》十四篇上"金部"云:"鋭,芒也。从金,兑聲。"蓋言之鋭利者謂之説,古人所謂利口,今語所謂言辭犀利者也。《周禮·春官·大祝》云:"掌六祈以同鬼神示:一曰類,二曰造,三曰禬,四曰禜,五曰攻,六曰説。"鄭注云:"攻説則以辭責之,攻如其鳴鼓然。董仲舒《救日食祝》曰:炤炤大明,瀸滅無光,奈何以陰侵陽,以卑侵尊?是之謂説也。"按《周禮·秋官·庶氏》云:"庶氏掌除毒蠱,以攻説禬之,嘉草攻之。"按《周禮》文云除毒蠱,以攻説連言,知鄭釋《大祝》之説義殊審諦,此説字之用於經傳可窺知始義者一也。《吕氏春秋·孟夏紀·勸學》篇云:"凡説者,兑之也,非説之也。今世之説者多弗能兑而反説之,夫弗能兑而反説,是拯溺而硾之以石也,是救病而飲之以堇也,使世益亂不肖主重惑者,從此生矣。"兑之之義,高誘無説。愚謂兑與《周禮》攻説之義相近,故吕氏以與説之爲對文。蓋吕氏言:"凡説人者,在以辭相攻責,非謂使人悦懌也。今世之説者弗能攻責而反悦之,此世之所以亂,不肖主之所以惑也。"吕氏以兑訓説,而謂説非説懌之謂,此周秦人説字之訓釋可考見初義者二也。《書·皋陶謨》云"庶頑讒説",以説與讒連言。按讒之爲言鑯也。《説文·金部》云:"鑯,鋭也。"此以古書連文推知説之始義者三也。戰國之世,遊士或主連橫,或主合從,騰其口舌以折服人主,謂之遊說。《韓非·說難》篇之言曰："夫曠日彌久而周澤既渥,深計而不疑,引爭而不罪,則明割利害以致其功,直指是非以飾其身,以此相持,此說之成也。"此先秦人申述說之恉意可以推定說之始義者四也。

許於說下云談說,楊雄《解嘲》云"上說人主,下談公卿",亦以談與說爲對文。東方朔《非有先生論》云："夫談有悖於目拂於耳謬於心而便於身者,或有說於目順於耳快於心而毀於行者,非有明王聖主,孰能聽之?"此用談之本義者也。按《說文·言部》云："談,語也。从言,炎聲。"按談之爲言剡也。《說文》四篇下"刀部"云："剡,銳利也。从刀,炎聲。"十四篇上"金部"云："錟,長矛也。从金,炎聲。讀若老冉。"按長矛爲銳利之物,故錟亦訓利。《史記·蘇秦傳》云："錟戈在後。"《正義》引劉伯莊訓錟爲利,是也。古有琰珪,《周禮·典瑞》鄭司農注云："琰圭有鋒。"《逸周書·王會》篇孔晁註云："琰珪有鋒銳。"皆銳利之義也。談之言剡,說之言銳,語源同故其義同矣。

談說者,說之始義也。由談說引申爲說釋之說,又引申爲悅懌之悅。許君以引申義爲正義,失其次矣。

"言部"又云："論,議也。从言,侖聲。"又云："議,語也。从言,義聲。"按二篇下"品部"侖下云："侖,理也。"論从言从侖,謂言之剖析事理者也。《禮記·中庸》篇云："義者,宜也。"又《祭義》篇云："義者,宜此者也。"《韓非子·解老》篇云："義者,謂其宜也。"議从言从義,謂言之說明事宜者也。大抵談說者,言之慷慨激昂者也,而論議則樸實說理者也。

(一九三六年十月二十二日)

形聲字聲中有義略證

自清儒王懷祖郝蘭皋諸人盛倡聲近則義近之説，於是近世黄承吉劉師培後先發揮形聲字義實寓於聲，其説亦既圓滿不漏矣。蓋文字根於言語，言語托於聲音，言語在文字之先，文字第是語音之徽號。以我國文字言之，形聲字居全字數十分之九，謂形聲字義但寓於形而不在聲，是直謂中國文字離語言而獨立也。其理論之不可通，固灼灼明矣。顧理論雖卓，而事實不足以明之，則無徵不信，謂始學何？然有難言者。

吾國字書，莫精於許氏《説文解字》。許書説解中雖亦時可窺見語言之根柢，然往往泛爲訓釋，令人不知形聲字聲類意義之所存。舉例言之，十篇下"心部"慈字訓愛，不訓愛子，余去歲著《釋慈》篇，證明兹子古音同，慈字从心从兹，實即从心从子也。然吾文之得以成立者，實賴慈爲愛子，先哲歷歷言之，兹子相通，古書例證又不勝枚舉，故推而得之。向令許君不泛訓爲愛而切訓爲愛子，則讀者開卷可得，不勞今日多方舉證矣。此一事也。

又如四篇下"肉部"肪字，許泛訓肥也，不切言之。劉申叔説字義起於字音，舉此爲例，謂肪即得義於肥。按肪肥雙聲，説雖可通，究嫌苟簡。今按《文選注》引服虔《通俗文》云："脂在腰曰肪。"按腰在身旁，故名其脂曰肪，此猶室在旁則名曰房耳。必如此説，始爲精諦，而許氏但作泛詞，不爲切訓。向無服子慎之遺文，則此字語根塵埋千古矣。此又一事也。段注引服語而斷之云："此假在人者以名物也。"徵引其文，而不知服意在明聲訓，所謂交臂失之也。以段君之精詣，而不免粗疏如此,令人駭詫不已。

五篇下"食部"云:"饎,酒食也。从食,喜聲。"或作鐱,又作糦。按酒食亦是泛訓,不能得喜聲之源。段注不得其義,乃云:"酒食者,可喜之物也,故其字從喜。"按段説本自李巡《爾雅·釋訓注》,見邢昺疏引。此種望文生義之説,與王荆公《字説》相去幾何?今按《方言》云:"糦,孰食也,氣孰曰糦。"《周禮·饎人》大鄭注云:"饎人,主炊官也。"《儀禮·特牲·饋食禮》注云:"炊黍稷曰饎。"《吕氏春秋·仲冬紀》注云:"饎,炊也。饎讀熾火之熾。"《禮記·月令》云:"湛熾必潔。"《吕氏春秋·仲冬紀》及《周禮·酒正》注熾並作饎。合此五證,知喜之爲義與火孰有關。再觀喜臣聲類之字,熹訓炙,熙訓燥,而《左傳·襄公三十年》:"或叫於宋太廟曰:譆譆出出。"皆史記述,以爲宋大火之先徵。然則喜聲有火義,故孰食謂之饎也。第如許君酒食之訓,則無由悟入矣。此又一事也。段謂饎本酒食之稱,因之名炊曰饎,可謂顛倒。凡事不得其源,則説必乖謬,大抵如此。

又如物名之釋,許亦第舉同義之詞爲解,不詳義柢。如五篇上"皿部"盂下云:"飲器也。从皿,于聲。"按于古音同窊,《説文》:"窊,汙衺下也。"《史記·孔子世家》言:"孔子生而首上圩頂,故因名曰丘,字仲尼云。"《索隱》云:"圩頂,言頂上窊也,故孔子頂如反宇。反宇者,若屋宇之反,中低而四傍高也。"樹達按《爾雅·釋丘》云:"水潦所止,泥丘。"《郭注》云:"頂上圩下者。"《説文》云:"厄,反頂受水丘。"《繫傳》云:"頂當高,今反下,故曰反頂。"凡此云云,皆與圩頂之義相印合。盂爲飲器,中低而四傍高,故从于聲,于猶言圩言窊矣。然許君不曾詳説,故勞今日之紛紛,此又一事也。屋宇之象,中高而下,字字亦从于聲者,此以相爲義,余别有專論詳之,此不具述。

又有許書簡略,晚出之書訓釋較詳,足資聯貫者。四篇上"旻部"云："夏,營求也。"又三篇上"言部"云："譮,流言也。从言;夏聲。"此二文頗難以意爲之聯絡。然《廣韻》譮下云"流言有所求也",則自然聯絡,天衣無縫矣。

又許書重文不備,亦爲一病,以重文爲吾人研究最便之階梯故也。乃以經典諸子及《史》《漢》對勘,知許書重文之脱漏者至夥。"酉部"酳下云："醉醟也。"《書·酒誥》酳字,當爲此字重文,而許不載,至《玉篇》始言之。句凶侯東對轉。"女部"媦下云："楚人謂女弟曰媦。"按《史記·楚世家》注引《世本》云："陸終娶鬼方氏妹,曰女嬇。"嬇字當爲媦字重文。蓋嬇既爲妹稱,又正是楚語,更以許書"口部"嚚或作嘳證之,知嬇爲媦之或體,毫無疑義,而許書又不載也。一日余類考登部諸字,蠅下云："營營青蠅,蟲之大腹者。"孕下云："懷子也。"二字音讀全同,驟未得其聯貫之道。繼思婦人懷子者必腹大,知二字義實相因,猶未得確證也。偶檢《管子·五行》篇,有"朡婦不銷弃"一語,注云："朡,古孕字。"而《玉篇·肉部》云："朡,或孕字。"《集韻》云："朡與孕同。"乃知孕有朡䗈二形,皆從蠅得聲,而余之假定乃得一確實之憑證,然許書固不載也。

上來所述,讀者或將疑余不滿於許君,則大非也。蓋許書實爲今日根究古義唯一之寶書,吾人賴之甚則望之不免過奢,亦勢之必然也。要之,今日欲明聲訓,許君書固爲要籍,然若單據彼文,不求博證,則勢有不能,吾之真意第在此耳。

然則形聲含義之説竟不可求乎?曰:否否。余生平篤好訓詁之學,往者以治《漢書》,頗益儒先所未備。一九三零年秋,得清華大學休假半年,於時既無校課,遂得從容尋溫《爾雅》《説文》《廣雅》及諸訓詁小學之書,蓋得以聲聯義之例證數百事,今姑舉數事言之。

例一　失聲雈聲字多含曲義。

齒曲謂之齤　《説文》二篇下"齒部"云:"齤,一曰曲齒。从齒,关聲。讀又若權。"

角曲謂之觠　《説文》四篇下"角部"云:"觠,曲角也。从角,关聲。"《爾雅·釋畜》云:"角三觠,羷。"郭注云:"觠,卷也。"

膝曲謂之卷　《説文》九篇上"卪部"云:"卷,厀曲也。从卪,关聲。"

手曲謂之拳　《説文》十二篇上"手部"云:"拳,手也。从手,关聲。"朱駿聲云"張之爲掌,卷之爲拳",是也。

顧視謂之眷　《説文》四篇上"目部"云:"眷,顧也。从目,关聲。"按顧視必轉其目,故云眷。《方言》卷六云:"矔,轉目也。梁益之閒瞋目曰矔,轉目顧視亦曰矔。"按矔爲眷之或字。

行曲脊謂之趯　《説文》二篇上"走部"云:"趯,行曲脊皃。从走,雈聲。"按長沙今云俯身曰趯腰,讀如冠之陽平音。

弓曲謂之彏　《説文》十二篇下"弓部"云:"彏,弓曲也。从弓,雈聲。"

屈木爲卮匜之屬謂之圈　《禮記·玉藻》云:"母没而杯圈不能飲也。"注云:"圈,屈木所爲,謂卮匜之屬。"

枉道而合義謂之權　《説文》六篇上"木部"云:"權,反常。"《公羊·桓公十一年》傳云:"權者,反于經然後有善者也。"《春秋繁露·竹林》篇云:"前枉而後義者謂之中權。"

革中辟曲謂之韏　《爾雅·釋器》云:"革中絶謂之辨,革中辨謂之韏。"王引之云:革中辨之辨當爲辟,字形相近,又蒙上文辨字而誤。據《儀禮》《莊子》《子虛賦》《説文》《廣雅》諸書,則凡卷者謂之辟，故革中辟謂之鞭。若辨乃中分之名，與鞭屈之義無涉，《說文》鞭下辨字，恐是後人以誤本《爾雅》改之。今按：王說是也。

芙藡之萌句曲謂之藚　《爾雅·釋草》云："芙藡，其萌藚。"段玉裁《說文》十二篇下"弓部"藚字下注云："藚者，草初生句曲也。"

例二　燕聲晏聲字多含白義。

烏之白頸者謂之燕　《爾雅·釋鳥》云："燕，白脰烏。"《小爾雅·廣鳥》云："白項而羣飛者謂之燕烏。"

馬之白竅者謂之騴　《爾雅·釋畜》云："馬白州，騴。"郭注云："州，竅也。"按竅謂後竅。

馬尾本白者謂之騱　《爾雅·釋畜》云："馬尾本白，騱。"郭注云："尾株白。"

白魚謂之鰋　《爾雅·釋魚》云："鰋。"郭注云："今偃額白魚。"郝疏云："白魚生江湖中，細鱗，白色。"按郝疏於《釋詁·釋言》諸篇時時及聲近則義近之說，而於此《釋鳥》《釋魚》《釋畜》四文竟不能一爲聯貫。郝君享名甚盛，其於義由聲生之故果了解至何等乎？殆不能令人無疑也。

例三　曾聲字多含重義加義高義。

重謂之曾　《詩·周頌·維天之命》云："曾孫篤之。"《鄭箋》云："曾猶重也。"樹達按《爾雅·釋親》云："祖之父曰曾祖王父。"曾亦言重也。

益謂之曾　《說文》曾字下云："曾，益也。"

加謂之譄　《說文》三篇上"言部"云："譄，加也。從言，曾聲。"

益謂之增　《說文》十三篇下"土部"云："增，益也。從土，曾聲。"

以物送人使之增加謂之贈　《説文》六篇下"貝部"云："贈,玩好相送也。从貝,曾聲。"《詩·大雅·崧高》云："以贈申伯。"《毛傳》云："贈,增也。"按毛明語源,余《釋贈》篇詳言之。

重屋謂之層　《説文》八篇上"尸部"云："層,重屋也。从尸,曾聲。"《老子》云："九層之臺,起于累土。"按今猶言一層兩層。

北地高樓無屋者謂之䁾　《説文》十篇下"立部"云："䁾,北地高樓無屋者。从立,曾聲。"

甑謂之甑　《説文》十二篇下"瓦部"云："甑,甗也。从瓦,曾聲。"按甑之用加於釜之上,故名甑。

鬻屬謂之䰰　《説文》三篇下"鬲部"云："䰰,鬻屬。从鬲,曾聲。"樹達按此即甑字。

置魚筩中炙謂之鱛　《説文》十篇上"火部"云："鱛,置魚筩中炙也。从火,曾聲。"按炙字訓炮肉,字从肉在火上。鱛則以魚置筒中加於火上,故从曾也。炙不言所置,鱛必言置筩中者,蓋生魚必以筩防其躍也。或説:置魚筩中炙,猶置米甑中炊也。鱛與甑同,故云鱛。説並通。

魚網置木上者謂之罾　《説文》七篇下"网部"云："罾,魚網也。从网,曾聲。"按《楚辭·九歌》云："罾何爲兮木上?"今驗罾制,以網置於木之一端,以此木交午置架上,而以人上下木之他端以網魚也。

聚薪柴居其上謂之橧　《禮記·禮運》云："夏則居橧巢。"以橧與巢並言,皆在上之物。故鄭注云："橧,聚薪柴居其上。"是也。按橧字《説文》失收。

繳矢射高謂之矰　《説文》五篇下"矢部"云："矰,隿射矢也。

从矢,曾聲。"《周禮・夏官・司弓矢》注云:"結繳於矢謂之矰,矰,高也。"《史記・留侯世家》注云:"矰,一弦可以仰射高者,故云矰也。"按此條許亦不明語源,而《周禮》《史記》注則明之。

例四　赤聲者聲朱聲叚聲字多含赤義。

赤色謂之赤　《說文》十篇下"赤部"云:"赤,南方色也。从大火。"按火色赤,故从火。

按赤古音在鐸部,讀音近託。鐸爲模部之入,赤轉模。

赤土謂之赭　《說文》十篇下"赤部"云:"赭,赤土也。从赤,者聲。"

卒之衣赤者謂之褚　《方言》云:"南楚東海之閒卒謂之褚。"郭注云:"言衣赤也。"

以絳帛著背謂之幟　《廣雅・釋器》云:"徽、幟,幡也。"《說文》七篇下"巾部"云:"徽,識也。以絳帛著于背。"

赤棠謂之杜　《爾雅・釋木》云:"杜,赤棠,白者棠。"《詩・有杕之杜》傳云:"杜,赤棠也。"

模旁轉侯:

赤心木謂之朱　《說文》六篇上"木部"云:"朱,赤心木,松柏屬。从木,一在其中。"

純赤謂之絑　《說文》十三篇上"糸部"云:"絑,純赤也。从糸,朱聲。"

朱衣謂之袾　《廣韻》云:"袾,朱衣也。"按《說文》袾訓好佳,段君云:"《廣韻》蓋用《說文》古本。"

由侯對轉東冬:

赤色謂之烔　《說文》十篇下"赤部"云:"烔,赤色也。从赤,蟲省聲。"

赤金謂之銅　《說文》十四篇上"金部"云："銅,赤金也。從金,同聲。"

丹飾謂之彤　《說文》五篇下"丹部"云："彤,丹飾也。從丹,從彡。彡其飾也。"

按從赤聲之字,捇讀呼麥切,郝讀呼各切,又赫從二赤,讀呼格切,則赤字固有淺喉讀音。由此孳乳：

大赤貌謂之赫　《說文》十篇下"赤部"云："赫,大赤貌。從二赤。"按赫字亦從赤聲,許但以其從二赤,故不言耳。

由入轉平聲模：

玉小赤謂之瑕　《說文》一篇上"玉部"云："瑕,玉小赤也。從玉,叚聲。"

馬赤白雜毛謂之騢　《說文》十篇上"馬部"云："騢,馬赤白雜毛。從馬,叚聲。謂色似鰕魚也。"

按此為許君說解述聲義者。

魚之赤者謂之鰕　《說文》十一篇下"魚部"云："鰕,鰕魚也。從魚,叚聲。"按許於騢下云：色似鰕魚,蓋鰕熟則色赤,以此知此字之製在熟食之後也。

雲氣之赤者謂之霞　《說文》十一篇下"雨部"新附云："霞,赤雲氣也。從雨,叚聲。"

赤色謂之椵　《說文》十篇下"赤部"新附云："椵,赤色也。從赤,叚聲。"

玉色之赤者謂之瑚　《說文》一篇上"玉部"云："珊,珊瑚,色赤,生於海,或生於山。從玉,刪省聲。""瑚,珊瑚也。從玉,胡聲。"

赤文謂之盱　《文選·西京賦》云："赫盱盱以宏敞。"李注引《埤蒼》云："盱,赤文也。"

例五 吕聲旅聲盧聲字多含連立之義。

脊骨謂之吕　《説文》七篇下"吕部"云："吕，脊骨也。象形。"或體作膂。按象脊椎骨相連之形。

伴謂之侣　《説文·人部》無侣字，然十篇下"夫部"云："夶，並行也。从二夫，輦字从此。讀若伴侣之伴。"又"門部"閭字下説解亦有侣字，蓋偶脱去也。

二十五家相羣侣謂之閭　《説文》十二篇上"門部"云："閭，里門也。从門，吕聲。《周禮》：五家爲比，五比爲閭，閭，侣也，二十五家相羣侣也。"

軍五百人謂之旅　《説文》七篇上"𣥂部"云："軍之五百人爲旅。从𣥂，从从。从，俱也。"

屋楣謂之梠　《説文》六篇上"木部"云："梠，楣也。从木，吕聲。"《釋名·釋宫室》云："梠，旅也，連旅之也。"

縫衣使相連謂之綹　《廣雅·釋詁》二云："綹繠，絣也。"《玉篇》云："綹繠，紩衣也。"《説文》十三篇上"糸部"云："紩，縫也。"

禾四秉謂之筥　《儀禮·聘禮記》云："禾四秉曰筥，十筥曰稯，十稯曰秅。"

木之葉密布者謂之欄　《説文》六篇上"木部"無欄字，然枡字下云："枡欄，櫻也。"則原有而偶脱耳。

屋上枡謂之櫨　《説文》六篇上"木部"云："櫨，屋上枡也。从木，盧聲。"

例六 幵聲字多含并列之義。

平謂之幵　《説文》十四篇上"幵部"云："幵，平也。象二干對構上平也。"

屋構櫨謂之枅　《説文》六篇上"木部"云:"枅,屋構櫨也。从木,开聲。"

小束謂之㯓　《説文》六篇下"束部"云:"㯓,小束也。从束,开聲。讀若繭。"

相从謂之并　《説文》八篇上"从部"云:"并,相從也。从从,开聲。"

脅并榦謂之骿　《説文》四篇下"骨部"云:"骿,脅并榦也。从骨,并聲。"

濃麰使合并謂之餅　《釋名·釋飲食》云:"餅,并也,濃麰使合并也。"

櫻謂之栟　《説文》六篇上"木部"云:"栟櫚,櫻也。从木,并聲。"按櫻葉密布,故謂之栟。

竝謂之併　《説文》八篇上"人部"云:"併,竝也。从人,并聲。"

駕二馬謂之駢　《説文》十篇下"馬部"云:"駢,駕二馬也。从馬,并聲。"

例七　邕聲容聲庸聲字多含蔽塞之義。

邑四方有水自邕成池謂之邕　《説文》十一篇下"川部"云:"邕,邑四方有水自邕成池也。从川,从邑。"

築土雝水謂之廱　《詩·魯頌·泮水》箋云:"辟廱者,築土雝水之外,圓如璧,四方來觀者均也。"按清國子監猶存此制。

州之四面積高者謂之雍　雍爲雝字之隸變。《漢書·地理志》云:"雍州。"注引應劭云:"四面積高曰雍。"《釋名·釋州國》云:"雍州,在四山之内雍翳也。"《爾雅·釋地》云:"河西曰雍州。"《釋文》云:"雍者,擁也。東崤,西漢,南商於,北居庸,四山之內擁翳也。"

裹謂之擁　《說文》十二篇上"手部"云:"擁,裹也。从手,雍聲。"

蔽塞謂之壅　《國策·齊策》云:"宣王因以晏首壅塞之。"高注云:"壅,蔽也。"《淮南·主術》篇注云:"壅,塞也。"

病寒鼻窒謂之齆　《一切經音義》二十引《通俗文》云:"鼽鼻曰齆。"《說文》四篇上"鼻部"云:"齆,病寒鼻窒也。"

氣壅結潰腫謂之癰　《說文》七篇下"疒部"云:"癰,腫也。从疒,雝聲。"《釋名·釋疾病》云:"癰,壅也,氣壅否結裹而潰也。"

汲瓶居井中故謂之罋　《說文》五篇下"缶部"云:"罋,汲缾也。从缶,雝聲。"按今俗作甕。

車有帷蔽者謂之容　《周禮·春官·巾車》云:"皆有容蓋。"司農注:"容謂容車,山東謂之裳幃,或曰幢容。"《釋名·釋車》云:"容車,婦人所載小車也。其蓋施帷,所以隱蔽其形容也。"按容即是蔽,不當云隱蔽其形容。

射禮待獲者所蔽謂之容　《周禮·夏官·射人》云:"三侯三獲三容。"鄭眾注云:"容者,乏也,待獲者所蔽也。"《爾雅·釋宮》云:"容謂之防。"郭注:"形如今牀頭小曲屏風,唱射者所以自防隱。"

城垣謂之墉　《說文》十三篇下"土部"云:"墉,城垣也。从土;庸聲。"

例八　重聲竹聲農聲字多含厚義。

厚謂之重　《說文》八篇上"重部"云:"重,厚也。从壬,東聲。"

衣厚謂之褈　《廣雅·釋詁》云："褈,厚也。"按謂衣之厚。

東對轉覺：

厚謂之竺　《說文》五篇下"㐭部"云："竺,厚也。从㐭,竹聲。讀若篤。"按經傳皆用篤字。

又謂之竺　《說文》十三篇下"二部"云："竺,厚也。从二,竹聲。"

轉唅：

又謂之毒　《說文》一篇下"屮部"云："毒,厚也。害人之艸往往而生。从屮,毒聲。"古文毒从刀竹。

又轉侯：

厚酒謂之醹　《說文》十四篇下"酉部"云："醹,厚酒也。从酉,需聲。"《詩》云："酒醴惟醹。"《毛傳》云："醹,厚也。"

轉屋：

厚又謂之蔟　《廣雅·釋詁》云："蔟,厚也。"

轉冬：

厚謂之農　《書·洪範》云："農用八政。"傳云："農,厚也。"

又謂之隆　《荀子·儒效》篇云："有師法則隆積矣。"注："隆,厚也。"

厚貌謂之濃　《詩·小雅·蓼蕭》云："零露濃濃。"《毛傳》云："濃濃,厚貌。"

厚酒謂之醲　《說文》十四篇下"酉部"云："醲,厚酒也。从酉,農聲。"

厚味謂之膿　《文選·七發》云："甘脆肥膿。"注云："膿,厚之味也。"

衣厚謂之襛　《説文》八篇上"衣部"云："襛，衣厚貌。从衣，農聲。"

轉東：

乳汁謂之湩　《説文》十一篇上"水部"云："湩，乳汁也。从水，重聲。"

馬酪謂之湩　《集韻》引《埤蒼》云："湩，馬酪也。"

凡物厚重則遲鈍，故

遲謂之憧　《説文》十篇下"心部"云："憧，遲也。从心，重聲。"

對轉覺：

馬行頓遲謂之篤　《説文》十篇上"馬部"云："篤，馬行頓遲也。从馬，竹聲。"

入幽：

重謂之輖　《説文》十四篇上"車部"云："輖，重也。从車，周聲。"

鈍謂之錭　《説文》十四篇上"金部"云："錭，鈍也。从金，周聲。"

物遲則晚成，

先種後熟謂之穜　《説文》七篇上"禾部"云："穜，先種後熟也。"《續漢書·禮儀志上》云："力田穜各櫌訖。"注引賀循云："穜，晚也。"又引干寶《周禮注》云："穜，晚秫稻之屬。"

例九　取聲奏聲㐿聲字多含會聚之義。

積謂之冣　《説文》七篇下"冖部"云："冣，積也。从冖，从取，取亦聲。"

會謂之聚　《說文》八篇上"㐺部"云:"聚,會也。从㐺,取聲。一曰:邑落曰聚。"

積土謂之垼　《說文》十三篇下"土部"云:"垼,積土也。从土,聚省聲。"按當从取聲。

聚謀謂之諏　《說文》三篇上"言部"云:"諏,聚謀也。从言,取聲。"

水上人所會謂之湊　《說文》十一篇上"水部"云:"湊,水上人所會也。从水,奏聲。"

對轉東:

聚謂之叢　《說文》三篇上"丵部"云:"叢,聚也。从丵,取聲。"

艸叢生貌謂之藂　《說文》一篇下"艸部"云:"藂,艸叢生貌。从艸,叢聲。"

鳥飛斂足謂之夋　《說文》五篇下"夂部"云:"夋,斂足也。鵲鵙醜,其飛也夋。从夂,兇聲。"

栟櫚葉密布謂之椶　《說文》六篇上"木部"云:"椶,栟櫚也。从木,㚇聲。"

布八十縷謂之稯　《說文》七篇上"禾部"云:"布之八十縷爲稯。从禾,㚇聲。"

九嵏山謂之嵏　《說文》九篇下"山部"云:"嵏,九嵏山也,在左馮翊谷口。从山,㚇聲。"

聚束謂之總　《說文》十三篇上"糸部"云:"總,聚束也。从糸,悤聲。"

屋階中會謂之廥　《說文》九篇下"广部"云:"廥,屋階中會也。从广，恩聲。"

豕生一歲尚叢聚謂之豵　《說文》九篇下"豕部"云："豵，生六月豚。从豕，从聲。一曰：一歲曰豵，尚叢聚也。"

合會謂之同　《說文》七篇上"月部"云："同，合會也。从月，从口。"按甲文金文同字皆从古文凡，許云从月，誤也。

東轉入冬：

小水入大水謂之潀　《說文》十一篇上"水部"云："小水入大水曰潀。从水，眾聲。"

機縷謂之綜　《說文》十三篇上"糸部"云："綜，機縷也。从糸，宗聲。"

觀上方九例，吾國語言義逐聲生之故，學者蓋可以豁然明白矣。字義既緣聲而生，則凡同義之字或義近之字，析其聲類，往往得相同或相近之義，亦自然之結果也。試更證此通則於下方。

一　屋櫨枅謂之栟，又謂之櫨。开有駢列之義，盧有連侶之義，義相近。見上例五例六，按枅言相薄著，義亦近。

二　縫衣謂之絣，又謂之紿。并有并合之義，吕有連侶之義，義相近。亦見上例五例六。

三　栟櫩謂之栟，又謂之櫩，又謂之櫻。并有并合之義，吕有連侶之義，夒有聚合之義。見上例五例六例九。

四　《儀禮·聘禮記》云："禾四秉曰筥，十筥曰稯。"吕有連侶之義，夒有聚合之義，義相近。見上例六例九。綜上四事，吾人可以表明之。

事類\聲類	宮室	衣服	植物	禾秉	庶物
开	枅	絣	枅		葉
呂	櫨	絽	欄	筥	
夒			櫻	稷	

五　《説文》七篇下"疒部"云："癰，腫也。"又"疽，癰也"。又"瘀，積血也"。又"瘤，腫也"。又"痤，小腫也"。癰義受自邕塞，見上例七。則知疽義受之沮滯，瘀義受之淤塞，瘤義受之留止，痤義受之坐止也。《釋名》云："瘤，流也，血流聚所生瘤腫也。"按言聚得之，言流非是，流則不聚矣。《説文》云："坖，止也。從畱省，從土。土，所止也。此與畱同意。"按坖與畱同意，故從坖聲之痤與從留聲之瘤亦同意。

六　《説文》六篇下"貝部"云："贈，玩好相送也。"又"賀，以禮物相奉慶也"。又"賞，賜有功也"。《毛詩傳》："貺，賜也。"四字皆以物與人之辭。析其聲類，則曾者，加也，益也；見上例一。兄者，茲也，見《毛詩·召旻》傳。益也；見《國語·晉語》注。加者，增也；《説文》，加，語相增加也。尚者，加也，見《孟子》趙歧注。其義皆同。又《説文》賜訓予，从貝，易聲。易實假爲益也。説詳《釋贈》篇。

七　《説文》五篇上"皿部"云："盂，飲器也。"又云："盌，小盂也。"于之言圬言窊，前既言之。盌从夗聲者，《爾雅·釋丘》云："宛中，宛丘。"《詩·陳風·宛丘》傳云："四方高中央下曰宛丘。"按盌之爲器四方高，中央下，故字从夗聲也。然則于與夗義同也。

八　《説文》四篇上"鳥部"云："鳳，神鳥也。從鳥，凡聲。"或作朋，又作鵬。又云："鷟，鷟鷟，鳳屬神鳥也。從鳥，獄聲。"又"鷟，鷟鷟也。從鳥，族聲"。按朋爲朋黨，族爲族類，皆非一之辭，義相同。

九　《方言》云:"餅或謂之餛。"按餅得義於并,前已言之。見上例六。餛从昆聲,《說文》七篇上"日部"云:"昆,同也。"與并義同。

十　《說文》四篇下"肉部"云:"脰,項也。从肉,豆聲。"又九篇上"頁部"云:"頸,頭莖也。从頁,巠聲。"按項亦頸也。豆聲字多含樹立之義。巠从乑聲,乑聲字多含挺然卓立之義,義相近。

舉此十證以見一斑,然則吾人求之於聲而窮者,以義類推之,亦庶幾十得八九矣。

右文所討論,皆語言之根柢,歐洲人謂之 Etymology,所謂語源學也。蓋語根既明,則由根以及幹,由幹以及枝葉,綱舉而萬目張,領挈而全裘振,於是訓詁之學可以得一統宗,清朝一代極盛之小學可以得一結束,其善一也。由余上方之所討論,知吾祖先文字之製作實有極精之條貫存於其間。惟後人漫不經心,此種條貫塵翳數千年,不曾顯見於吾輩之目前。緣此,竟有人倡廢棄漢字之說。若吾人將此種條貫理會明白,使國人知祖宗製作之精,將油然生其愛國之心,其善二也。方今外寇鴟張,黨人偷樂,國家在驚濤駭浪之中,吾人既不能執干戈以衛社稷,則整理文化留貽子孫,非吾輩任之而誰任之哉?噫!二十年來,大學教育成績無多,即以國文成績論,亦有每況愈下之勢。其原因固大半由於學者之弛懈,而吾輩任教者不能與學者以有條理系統之知識,致令彼等對於汪洋浩汗之訓詁,在校時已有望洋之歎,出校後更無綫索可尋,亦豈毫無責任之可言哉!假使故訓條理清明,則學者斷不至有望洋之歎,而記憶有捷徑可尋,吾敢斷言其成績必遠超乎今日之上,其善三也。近時各地大學多以《說文》《爾雅》分科教授,又或兼及《方言》《廣韻》。此真所謂合之則雙美,離之則兩傷者也。夫義既生於聲，則以聲爲統紀，豈惟《爾雅》《說文》《方言》《廣韻》當爲所貫穿哉，舉凡《經籍纂詁》之所纂，《小學鉤沈》之所鉤，凡一切訓詁之書，將無不網羅而包舉之矣。若以專書爲主，則顧此失彼，何能免哉！吾姑舉一極小之例言之：吾前舉《爾雅·釋丘》之宛丘證明盌從夗聲之故，而宛丘之義明，盌從夗聲之故亦明，所謂相得益彰，是之謂也。諸君試檢《說文》段注，皿部盌字下曾舉《爾雅》之宛丘爲證否？又請試檢《爾雅》郝疏，曾及《說文》盌字否？吾曾兩檢之，所得無他，失望而已。夫以段郝兩君造詣之精，享名之盛，而猶不免粗疏如此，其故何哉？不曾爲通貫的研究故也。前人既已失敗如此，吾輩生當二十世紀百科雲興之時，豈可不講求聞一知十節省時間之法，而尚當蹈其覆轍哉！近世一般人頗感於舊式字典之不完，而欲重爲編纂。然余觀西方之字典，即極尋常之種類，亦必附有語源，備人尋檢。今之欲編新式字典者，附載語源乎？抑不載乎？若不載耶？何以異於舊者也。若附載耶？將從何措手也？故吾意必語根研究明白，而後始有真正之新式完備字典之可言，其善四也。嗚乎！以此事萬分切要如此，加以我國文化歷史之長，語藏之豐富，時間性空間性變化之繁複，慮非有少數人精心埋首於此，豈易爲功！而環顧國內公私學術機關，未聞有注意及此者，豈非咄咄怪事！豈國民欲自毀其歷史，先取文字而鄙視之邪？抑此事並不重要，而余一人所見迂僻，獨認爲切要也耶？何國人之淡漠乃爾也！

予年十四五，家君授以郝氏《爾雅》王氏《廣雅》諸編，頗知聲近則義近之說。遊倭歸後，契心高郵王氏之學，既繼《經傳釋詞》之業，於文法一科整理粗有所就，又念王氏兼攻虛實，故近五年來，專治訓詁音韻，誠不自量其微弱，欲於聲音訓詁相通之業有所發皇。懷此久矣，碌碌不暇，幸得校假半年，差得略有基址。自假訖後，校課促迫，復以人事奔馳南北，舊稿盈尺，整理不遑。外顧社會，對於此事之淡漠既如彼；反顧本身，又時間迫促，不能自遂其鑽研之志如此。夫有寬閒之歲月者不必有致身學術之雅懷,懷此志者又不必有寬閒之歲月。念人事之不齊,懼盛業之難就,未嘗不繞室旁皇廢書三歎也。

(一九三四年一月二十九日)

字義同緣於語源同例證

一　糗　鬻

糗　《說文》七篇上"米部"云:"糗,熬米麥也。从米,臭聲。"《玉篇》云:"尺沼切。"按糗字从米,爲名字。《書·費誓》云:"峙乃糗糧。"《公羊·昭公二十五年》傳云:"敢致糗於從者。"皆作名字用。許云熬米麥者,謂曾經煎熬之米麥也。《文選·聖主得賢臣頌》注引服虔訓糗爲乾食,《左氏·哀公十一年》傳注訓糗爲乾飯。蓋米麥曾經煎熬,故爲乾食乾飯矣。

《說文》三篇下"鬻部"云:"鬻,熬也。从鬻,芻聲。"尺沼切。按糗鬻二字讀音同,一訓熬米麥,一訓熬,義亦同。所以區爲二字者,糗爲名字,鬻則動字也。故鬻字从鬻。鬻與鬲同字。鬻者,所以熬之具也。古名字多受義於動字,糗之受名實源於鬻。臭聲字古音在幽部,芻聲在侯部,音相近。鬻今字作炒。《衆經音義》卷一卷十四並云:"炒,古文鬻煼熬四形。今作麨,崔寔《四民月令》作炒。"樹達按今語恆言炒,米之經炒而乾者謂之炒米,即糗也。

93

糒　《說文》七篇上"米部"云："糒，乾飯也。从米，䈡聲。"平祕切。按糒爲名字。《漢書·李廣傳》云："持糒醪遺廣。"《李廣利傳》云："載糒給貳師。"《匈奴傳》云："轉邊穀米糒。"《王莽傳》云："大官齎糒乾肉。"皆作名字用。許云乾飯，亦以名字釋之。

《說文》十篇上"火部"云："煏，以火乾肉也。从火，畐省聲。"符逼切。《方言》七云："熬，㷶，煎，煏，鞏，火乾也。凡以火而乾五穀之類，自山而東齊楚以往謂之熬，關西隴冀以往謂之煏，秦晉之間或謂之㷶。"按畐聲䈡聲古音同在德部，以火乾肉謂之煏，以火乾五穀謂之煏，音同，義相近。今語猶言煏，字作焙。糒煏聲類同，知訓乾飯之糒實源於以火乾五穀之煏，以火乾肉之煏矣。

《方言》七郭璞注云："㷶即䬖字也。"按䬖䬖㷶炒皆同字，前引《衆經音義》已言之。以火乾五穀，或謂之煏，或謂之㷶，故乾飯謂之糒，又謂之䊧。糒源於煏稻，䊧源於䬖，煏煏與䬖義同，知糒䊧二文語源相同矣。

二　頰䩞

頰　《說文》九篇上"頁部"云："頰，面旁也。从頁，夾聲。"古叶切。按《說文》十篇下"大部"云："夾，持也。从大俠二人。"大俠二人，左右各一，故有在左右與在旁之義。《儀禮·既夕禮》云："圉人夾牽之。"注云："在左右曰夾。"《穆天子傳》云："左右夾佩。"注云："夾佩，左右兩佩。"《詩·旄邱序》疏云："夾輔者，左右之辭也。"《說文》四篇上"目部"云："䀹，目旁毛也。"《釋名·釋姿容》云："挾，夾也，在傍也。"按左右謂之夾，在傍夾謂之挾，目旁毛謂之頰,面旁謂之頰,其義一也。

酺　《說文》九篇上"面部"云："酺,頰也。从面,甫聲。"按頰訓面旁,則酺謂面旁也。甫字古音在模部,旁在唐部,二部爲對轉。酺之爲面旁,猶浦之爲水頻矣。《說文》十一上"水部"。

《說文》十四篇下"車部"云："輔,人頰車也。从車,甫聲。"四篇下"骨部"云："髆,肩甲也。从骨,尃聲。"按甲與夾古音同,人肩在頭頸之兩旁,故謂之髆,又謂之甲。頰車在口之兩旁,故謂之輔,又謂之頰。酺在面之兩旁,故謂之酺,又謂之頰。《左傳·僖公二十六年》云："昔周公太公股肱周室,夾輔成王。"夾輔義同,故古人連言矣。

三　郛章

郛　《說文》六篇下"邑部"云："郛,郭也。从邑,孚聲。"甫無切。按孚古音與勹包同,《說文》七篇下"网部"罦或从孚;《漢書·楚元王傳》浮邱伯,《鹽鐵論》作鮑丘子,皆其證也。凡勹聲字皆有包裹在外之義,故《說文》勹訓裹,包訓象人裹妊子在中,胞訓兒生裹,義旨顯然。至袍訓襺,謂衣之有所包裹者。《禮記·玉藻》篇云："纊爲繭,縕爲袍。"注云："繭袍,衣有著之異名。"是也。勹包聲類之字有然,孚聲類之字亦有然。《釋名·釋言語》云："覆,孚也,如孚甲之在外也。"《禮記·聘義》云："孚尹旁達。"疏云："孚,浮也,浮者,在外之名。"《詩·大田》箋云："孚甲始生。"疏云："孚者,米外之粟皮。"是孚爲在外之辭也。《說文》七篇上"禾部"云："稃,穅也。从禾,孚聲。""穅,穀也。""穀,穀皮也。"是稃爲在外之稱也。《説文》四篇下"肉部"云："胕，旁光也。从肉，孚聲。"今俗呼尿胕。此胞爲包裹在外之辭也。《詩·角弓》箋云："柎，木柎也。"《疏》云："柎謂木表之麤皮也。"《漢書·中山靖王傳》云："非有葭莩之親。"注："莩，葭裹之白皮也。"《説文》郛訓郭，而郛與郭又小異。《公羊·文公十五年》傳云："郛者何？恢郭也。"何注云："恢，大也。"所以名郛者，謂包於郭之外也。

　　䢍　《説文》五篇下"䢍部"云："䢍，度也，民所度居也。从回，象城䢍之重，兩亭相對也。"經傳通用郭。《管子·度地》篇云："城外爲之郭。"《釋名·釋宮室》云："郭，廓也，廓落在城外也。"此城郭之郭之義也。《素問·湯液醪醴論》云："津液充郭。"注："郭，皮也。"《説文》三篇下"革部"云："鞟，去毛皮也。从革，郭聲。《論語》曰：虎豹之鞟。"《方言》卷九云："劍室謂之廓。"是䢍聲之字皆有皮義與在外義也。

四　淪　澐

　　淪　《説文》十一篇上"水部"云："淪，小波爲淪。从水，侖聲。"《詩·魏風·伐檀》篇云："河水清且淪猗！"《毛傳》云："淪，小風水成文轉如輪也。"是淪受義於轉輪也。

　　澐　《説文》"水部"云："澐，江水大波謂之澐。从水，雲聲。"按云雲同字，云爲雲之古文。《説文》十一篇下"雲部"云："雲，山川气也。从雨，云象回轉之形。"按云文象回轉，故云聲之字皆有轉義。《水部》云："沄，轉流也。从水，云聲。"《説文》六篇下"囗部"云："囩，回也。从囗，云聲。"按回轉義同。又一篇下"艸部"云：

"芸，艸也，似目宿。从艸，云聲。淮南王説：芸艸可以死復生。"章太炎先生云"芸取回轉義"，是也。

五　鱮　鰱

鱮　《説文》十一篇下"魚部"云："鱮，鱮魚也。从魚，與聲。"《廣雅‧釋魚》云："鱮，鰱也。"

鰱　《説文‧魚部》云："鰱，鰱魚也。从魚，連聲。"陸機《詩草木蟲魚疏》云："鱮頭尤大而肥者，徐州人謂之鰱。"樹達按今人通呼鰱子魚。

按連與二字義近，故古人連用。《漢書‧劉向傳》云"羣臣連與成朋"，是也。連與義近，故鱮鰱同義矣。

六　縊　經

縊《説文》十三篇上"糸部"云："縊，經也。从糸，益聲。"引《春秋傳》曰："夷姜縊。"按二篇上"口部"云："嗌，咽也。从口，益聲。𦧬，籒文嗌，上象口，下象頸脈理也。"按縊字所从之益，即假爲嗌，縊所以从糸益者，謂以糸繫其咽也。十二篇上"手部"云："搤，捉也。从手，益聲。"此益亦假爲嗌，以手捉嗌，《史記》婁敬所謂搤其吭也。

經　《公羊‧昭公十三年》傳云："靈王經而死。"何注云："經謂懸縊而死也。"按經字从巠聲，巠實假爲頸。《史記‧項羽本紀》云："皆自剄汜水上。"《集解》云："以刀割頸爲剄。"《史記‧淮南衡山王傳》云："令從者魏敬剄之。"《正義》云："剄謂刺頸。"夫剄爲以

97

刀割頸或刺頸,知經之當爲以糸繫頸也。

以糸繫咽謂之縊,以糸繫頸謂之經,義同由語源同也。或問曰:《史記·田單傳》云:"遂經其頸於樹枝。"如子之言,經爲以絲繫頸,而《史》云經其頸,然則史公非乎？曰:以糸繫嗌爲縊,以糸繫頸爲經,制字之初意也。後人習用文字者不必盡符制字之初意,故婁敬云搤其亢,史公云經其頸也。以制字之初義繩後人之用字者,非也;以後人之用字疑制字之初意,尤大惑也。

七 岁 芬 苾

岁芬 《說文》一篇下"屮部"云:"岁,艸初生,其香分布也。从屮,分聲。"或作芬,从艸。

苾 《說文》"艸部"云:"苾,馨香也。从艸,必聲。"按二篇上"八部"云:"必,分極也。从八弋,八亦聲。"必訓分極,知苾之訓馨香,亦謂其香分布,與芬同矣。

八 贈 貺 賞 賀 賏 賜

贈 《說文》六篇下"貝部"云:"贈,玩好相送也。从貝,曾聲。"《詩·大雅·崧高》篇云:"以贈申伯。"《毛傳》云:"贈,增也。"按毛公以增訓贈,說似迂遠,而云爾者,所以明語源也。蓋以物贈人,實以物增加於人也。《說文》五篇下"會部"會下云:"曾,益也。"三篇上"言部"云:"譄,加也。从言,曾聲。"十三篇下"土部"云:"增,益也。从土,曾聲。"知曾聲字多具增益之義矣。說詳《釋贈》篇。

貺　《詩·小雅·彤弓》篇云："中心貺之。"《毛傳》云："貺，賜也。"《說文》新附云："貺，賜也。从貝，兄聲。"按《詩·大雅·召旻》篇云："職兄斯引。"《毛傳》云："兄，茲也。"又《大雅·桑柔》篇云："倉兄填兮。"《毛傳》云："兄，滋也。"《說文》"艸部"茲訓艸木多益，"水部"滋訓益，兄有茲益之義，貺从兄聲，亦受義於茲益矣。

賞　《說文》云："賞，賜有功也。从貝，尚聲。"按《孟子·滕文公上》篇云："草尚之風，必偃。"趙注云："尚，加也。"尚有加義，知賞之受義亦緣於加益也。

賀　《說文》云："賀，以禮物相奉慶也。从貝，加聲。"按《說文》十三篇下"力部"云："加，語相增加也。"《儀禮·士喪禮》云："賀之。"注訓賀爲加。賀訓爲加，猶《詩傳》之贈訓爲增矣。

賊　《說文》云："賊，送予也。从貝，皮聲。"按皮未聞有加益之訓，然《說文》从皮聲之字，彼訓往有所加，髲訓益髮，則皮字固有加義。故《廣雅·釋詁》直訓賊爲益，此猶《詩傳》之訓贈爲增，《儀禮》注之訓賀爲加矣。

賜　《說文》云："賜，予也。从貝，易聲。"按易無增加之義，此易實假爲益，古音易益同在錫部也。《說文》九篇上"髟部"云："鬄，髮也。从髟，易聲。""髲，益髮也。"鬄訓髲，髲訓益髮，知鬄从易聲，亦假易爲益也。《說文》三篇上"言部"云："謚，行之迹也。从言，益聲。"按謚與益義不相關，謚从益聲，又實假益爲易。《禮記·檀弓下》篇云："公叔文子卒，其子戍請謚於君，曰：日月有時，將葬矣，請所以易其名者。"謚爲易名，知謚从益聲，實从易聲矣。

九　旗　旍　旟　旐　旝　旚

旗　《説文》七篇上"㫃部"云："旗，熊旗五游以象罰星，士卒以爲期。从㫃，其聲。"按《周禮·地官·大司徒》云："大軍旅，大田役，以旗致萬民。"《夏官·大司馬》云："司馬以旗致民。"鄭注云："以旗者，立旗期民於其下也。"《釋名》云："熊虎爲旗，軍將所建，與衆期其下也。"按旗期同从其聲。

旍　《説文》云："旍，旂首載旌，析羽，注毛首，所以精進士卒。从㫃，生聲。"按精从青聲，青从生聲，與旌聲類同。

旟　《説文》云："旟，錯革畫鳥其上，所以進士衆。旟旟，衆也。从㫃，與聲。"按《詩·小雅·無羊》篇云："旐維旟矣。"《毛傳》云："旐旟，所以聚衆也。"

旐　《説文》云："旐，龜蛇四游以象營室，攸攸而長也。从㫃，兆聲。"按許君説旐之語源爲攸，説頗迂遠。今以《周禮》《左傳》《詩毛傳》及《孟子·萬章下》篇記古人招庶人以旃，士以旂，大夫以旌，諸説推之，旐从兆聲，實假兆爲召也。《説文》"口部"召訓呼，"手部"招訓手呼，"言部"詔訓相呼誘。又"革部"鞀或作鞉鼗，知古人制字召兆恒相通假矣。説詳《釋旐》篇。

旝　《説文》云："旝，建大木，置石其上，發機以槌敵也。从㫃，會聲。"按旝从會聲，謂會合士衆，許説非制字始義。

旚　《説文》云："旚，旗屬。从㫃，要聲。"按从要聲者，謂所以要約士衆。

十　昏　莫　晚

昏　《説文》七篇上"日部"云："昏,日冥也。从日,氐省。氐者,下也。"

莫　《説文》一篇下"茻部"云："莫,日且冥也。从日在茻中,茻亦聲。"按日在茻中,言日已低下。

晚　《説文》七篇上"日部"云："晚,莫也。从日,免聲。"免聲許不言其義,今按免聲之字皆有低下之義。《説文》九篇上"頁部"云："頫,低頭也。从頁,从逃省。"或作俛,从人,免聲。大徐音方矩切。段氏注歷引《漢書音義》《史記索隱》《正義》《玉篇》《廣韻》《禮記·表記》釋文,謂俛當音無辨切,是也。此一事也。《説文》七篇下"冃部"云："冕,大夫以上冠也。邃延,垂璪,紞纊。从冃,免聲。"免聲之故,許君亦無説。《左傳·桓公二年》疏云："謂之冕者,冕,俛也。以其後高前下,有俛俯之形,故因名焉。"《周禮·夏官·弁師》疏云："以爵弁前後平,則得弁稱,冕則前低一寸餘,得冕名。冕則俛也,以低爲號也。"《儀禮·士冠禮》疏説略同。此二事也。《説文》十一篇上"水部"云："浼,汙也。从水,免聲。"《方言》三云："氾,浼,洼,潤,洿也。自關而東或曰洼,或曰氾,東齊海岱之間或曰浼,或曰潤。"郭注云："皆洿池也。"按洿池者,低下之地也。此三事也。由諸文證之,知晚之从免,亦謂日低下耳。説詳《釋晚》篇。

十一　駒　駣

駒　《說文》十篇上"馬部"云："馬二歲曰駒。从馬，句聲。"按句聲字皆有小義。《爾雅·釋畜》云："犬未成豪，狗。"郭注云："狗子，未生齳毛者。"又《釋獸》云："熊虎醜，其子狗。"《晉律》云："捕虎一，購錢五千，其狗半之。"蓋犬之小者爲狗，熊虎之小者亦爲狗，馬之小者爲駒，其義一也。

駣　《說文》十篇上"馬部"駒下云："馬三歲曰駣。"按兆聲字多含小義。《爾雅·釋魚》云："魾小者，鮡。"又云："蜃小者，珧。"《說文》四篇上"羊部"云："羍，羊未卒歲也。从羊，兆聲。"《詩·周頌·有瞽》篇云："鞉磬柷圉。"《毛傳》云："鞉，小鼓也。"《爾雅·釋鳥》云："桃蟲，鷦。"《詩·周頌·小毖》傳同。《文選·鷦鷯賦》注引《詩》義疏云："桃蟲，今鷦鷯，微小黃雀也。"《漢書·五行志》云："小者不窕。"注云："窕，輕小也。"據諸文觀之，馬三歲曰駣，亦謂馬之小者耳。不惟兆聲字多含小義也。與兆古同音之刀聲類字亦然。《詩·衛風·河廣》篇云："誰謂河廣？曾不容刀。"《鄭箋》云："小船曰刀。"《史記·李將軍傳》云："不擊刁斗以自衛。"《索隱》引荀悅云："刁斗，小鈴，如宮中傳夜鈴也。"按刁即刀字，俗書作刁。刁斗《方言》十三即作刀斗，郭璞注亦云："刀斗謂小鈴也。"《說文》十四篇上"車部"云："軺，小車也。从車，召聲。"《一切經音義》二十三二十五並引《說文》云："沼，小池也。"今本《說文》脫小字。《禮記·中庸》篇云："今夫天，斯昭昭之多。"鄭注云："昭昭猶耿耿，小明也。"疏云："昭昭，狹小之貌。"《淮南子·繆稱》篇云："昭昭乎小哉！"說詳《說少》篇。

十二　甑　甗

甑　《説文》十二篇下"瓦部"云："甑,甗也。从瓦,曾聲。"按曾聲字有加益之義,前第八條贈下已言之。加益之見於宫室者,《説文》八篇上"尸部"云："層,重屋也。从尸,曾聲。"十篇下"立部"云："增,北地高樓無屋者。从立,曾聲。"加益之見於器用者,《説文》七篇下"网部"罾訓魚網,《楚辭》云："罾何爲兮木上?"若甑之受名,則緣其居釜上也。凡物加重則高,故增爲北地高樓,而高祖曾祖曾與高義近。《詩·周頌·維天之命》云："曾孫篤之。"《箋》云"曾猶重也",是也。

甗　"瓦部"又云："甗,甑也。从瓦,鬳聲。"魚蹇切。按甗與轙甹聲近。轙,《説文》十四篇上"車部"訓載高貌;甹,《説文》訓危高。轙从獻聲,獻从鬳聲,與甗聲類同。

十三　盂　盌

盂　《説文》五篇上"皿部"云："盂,飲器也。从皿,于聲。"按于聲字多含汙下之義。《孟子·公孫丑上》篇云："汙,不至阿其所好。"趙注云："汙,下也。"《説文·水部》云："小池爲汙。"小池,汙下之地也。《淮南子·説山》篇云："文王污膺。"注云："污膺,陷胷也。"《史記·孔子世家》云："孔子生而首上圩頂,故因名曰丘,字仲尼云。"《索隱》云："圩頂,言頂上圩也,故孔子頂如反宇。反宇者,若屋宇之反,中低而四傍高也。"樹達按《爾雅·釋丘》云："水潦所止,泥丘。"郭注云:"頂上圻下者。"《説文》八篇上"丘部"云:"㘪,反頂受水丘。"《繫傳》云:"頂當高,今反下,故曰反頂。"蓋《爾雅》之泥丘及仲尼之尼,字皆當作㘪。孟之爲器,中低而四傍高,故字从于聲,孟猶言汙言圩矣。

盌　《説文》云:"盌,小盂也。从皿,夗聲。"按《爾雅·釋丘》云:"宛中,宛丘。"《詩·陳風·宛丘》傳云:"四方高中央下曰宛丘。"盌形四方高而中央下,與宛丘形同,故字从夗聲也。

十四　栟　櫚　椶

栟　《説文》六篇上"木部"云:"栟櫚,椶也。从木,并聲。"按《説文》八篇上"从部"云:"并从幵聲。"十四篇上"幵部"云:"幵象二干對構上平。"故幵聲孳乳字多含合并并立之義。"从部"云:"并,相从也。从从,幵聲。"四篇下"骨部"云:"骿,脅并榦也。从骨,并聲。"八篇上"人部"云:"併,並也。从人,并聲。"十篇下"馬部"云:"駢,駕二馬也。从馬,并聲。"按椶葉密布並列,故謂之栟也。

櫚　《説文·木部》無櫚字,蓋偶脱,其字从閭聲,閭从呂聲。《説文》七篇下"呂部"云:"呂,脊骨也。象形。"或體作膂。按呂字象脊骨之相連,故呂聲字多含羣侣之義。《説文》十二篇上"門部"云:"閭,里門也。从門,吕聲。《周禮》曰:'五家爲比,五比爲閭。'閭,侣也,二十五家相羣侣也。"又六篇上"木部"云:"梠,楣也。从木,吕聲。"《釋名·釋宫室》云:"梠,旅也,連旅之也。"《廣雅·釋詁》二云:"絽縶,絣也。"《玉篇》云:"絽縶,紩衣也。"《説文》十三篇上"糸部"云:"紩,縫也。"《儀禮·聘禮記》曰:"禾四秉曰筥,十筥曰稯，十稯曰秅。"《說文》八篇上"人部"無侣字，然十篇下"夫部"云："妋，並行也。从二夫，輦字从此，讀若伴侣之伴。"又"門部"閒下説解亦有侣字，"人部"無者，蓋偶脱也。按伴侣者，多人之辭。慧琳《大般若經音義》引《倉頡篇》云："侣，儷也。"《說文》七篇上"放部"云："軍之五百人爲旅。从放，从从，从，俱也。"按旅吕古音同。《說文》六篇上"木部"云："櫨，屋上枅也。从木，盧聲。"按盧吕古音亦同。

　　櫻　《説文·木部》云："櫻，枅櫺也。从木，夒聲。"按夒聲字多含聚集之義。《説文》五篇下"夊部"云："夒，斂足也。从夊，兇聲。"又七篇上"禾部"云："布之八十縷爲稷。从禾，夒聲。"又九篇下"山部"云："嵏，九嵏山也。从山，夒聲。"又三篇上"丵部"云："叢，聚也。从丵，取聲。"按夒叢古音同。又一篇下"艸部"云："薵，艸叢生貌。从艸，叢聲。"又十三篇上"糸部"云："總，聚束也。从糸，悤聲。"按悤與夒古音近。又九篇下"广部"云："廤，屋階中會也。从广，悤聲。"又九篇下"豕部"云："豵，生六月豚。从豕，從聲。一曰：一歲曰豵，尚叢聚也。"按从夒古音近。

十五　枅　櫨

　　枅　《説文》六篇上"木部"云："枅，屋櫨也。从木，开聲。"
　　櫨　《説文》云："櫨，屋上枅也。从木，盧聲。"按説具前條。

十六　癰　疽　瘀　瘤　痤

　　癰　《説文》七篇下"疒部"云："癰，腫也。从疒，雝聲。"《釋名·釋疾病》云："癰,壅也,氣壅否結裹而潰也。"按癰從雝聲,雝從邕聲。《說文》十一篇下"川部"云："邕,邑四方有水自邕成池也。從川,從邑。"《詩·魯頌·泮水》箋云："辟廱者,築土雝水之外,圓如璧,四方來觀者均也。"《國策·齊策》云："宣王因以晏首壅塞之。"高注云："壅,蔽也。"《淮南子·主術》篇注云："壅,塞也。"《一切經音義》二十引《通俗文》云："齆鼻曰齈。"《說文》四篇上"鼻部"云："齆,病寒鼻窒也。"

疽　"疒部"又云："疽,久癰也。從疒,且聲。"按《呂氏春秋·知士》篇注云："阻,止也。"《一切經音義》二十三引《白虎通》云："罝,遮也,遮取兔也。"

瘀　"疒部"又云："瘀,積血也。從疒,於聲。"按於聲字多含壅塞之義。《說文》十篇上"門部"云："閼,遮癰也。從門,於聲。"又十一篇上"水部"云："淤,澱滓濁泥。從水,於聲。"

瘤　"疒部"又云："瘤,腫也。從疒,留聲。"按謂血氣留止而成腫也。《說文》十三篇下"田部"云："留,止也。"七篇下"网部"云："曲梁寡婦之笱謂之罶,謂所以止魚也。"留之止魚,猶罝之遮兔矣。

痤　"疒部"又云："痤,小腫也。從疒,坐聲。"按《說文》十三篇下"土部"云："坖,止也。從留省,從土。土,所止也。此與留同意。"按坖從留省,與留同意,故痤與瘤亦同意。

十七　餅餛

餅　《釋名·釋飲食》云："餅,并也,溲麵使合并也。"

餛　《方言》云："餅或謂之餛。"按餛从昆聲,《說文》七篇上"日部"云:"昆,同也,"與并義同。

十八　鳳　鷟

鳳　《說文》四篇上"鳥部"云:"鳳,神鳥也。从鳥,凡聲。朋,古文鳳,象形。鳳飛,羣鳥從以萬數,故以爲朋黨字。"

鷟　"鳥部"又云:"鷟,鷟鷟,鳳屬神鳥也。从鳥,族聲。"按朋黨族類義近。

十九　頸　脰

頸　《說文》九篇上"頁部"云:"頸,頭莖也。从頁,巠聲。"按巠从𡈼聲,凡巠聲孳乳字皆含直立之義。故直謂之廷《後漢書·郭太傳》注引《蒼頡篇》,又謂之頲《爾雅·釋詁》,又謂之庭《詩·小雅·大田》傳,又謂之挺《考工記·弓人》注,又謂之侹《廣雅·釋詁》三,又謂之脡《禮記·曲禮下》篇注,圓中之直謂之徑《周髀算經》上注,直波謂之涇《爾雅·釋水》,人體直而長似物莖謂之脛《釋名·釋形體》,溫器圜直上謂之鋞《說文》十四篇上"金部",織從絲謂之經《說文》十三篇上"糸部"。由此推知頸之受名緣於直立也。說詳《釋經》篇。

脰　《說文》四篇下"肉部"云:"脰,項也。从肉,豆聲。"按豆形直立,故豆聲字多含直立之義。故人首謂之頭《說文》九篇上"頁部",立謂之侸《說文》八篇上"人部",豎立謂之豎《說文》三篇下"臤部",知脰之爲項,義亦受於直立也。

二十　抱　暈

抱　《漢書·天文志》云:"抱珥虹蜺。"注引孟康云:"抱,气向日也。"按包聲字有包裹義,已具前第三條"郭章"下。

暈　《説文》七篇上"日部"新附云:"暈,日月气也。从日,軍聲。"按《説文》十四篇上"車部"云:"軍,圜圍也。从包省,从車。"軍字从包省而訓圜圍,與抱爲包裹義正同。

二十一　犦　犎

犦　《爾雅·釋畜》云:"犦牛。"郭注云:"即犎牛也,領上肉犦胅起,高二尺許,狀如橐駝肉鞌,一邊。"按暴聲字多突起之義,故墳起謂之暴《考工記》"旊人瑴墾辟暴不入市"注,燌起謂之爆《一切經音義》二引聲類,水漬起謂之瀑《一切經音義》十八引《蒼頡篇》,皮皴起謂之曝《山海·西山經》"可以已曝"注。

犎　字又作封。《漢書·西域傳》云:"罽賓國出封牛。"《後漢書·順帝紀》云:"疏勒王獻封牛。"注引《東觀記》云:"封牛,其領上肉隆起若封然,因以名之。"《廣雅·釋邱》云:"封,冢也。"

二十二　梠　楣

梠　《説文》六篇上"木部"云:"梠,楣也。从木,吕聲。"《釋名·釋宮室》云:"梠,旅也,連旅之也。"按吕聲字多含連侣之義,説見前第十四條"栟櫚櫻"下。

枇　《說文》六篇上"木部"云："枇，枏也。从木，瓜聲。"按瓜从比聲，比聲孳乳字多含次比之義。《說文》八篇上"比部"云："比，密也。二人爲从，反从爲比。"又十三篇下"土部"云："坒，地相次比也。从土，比聲。"說詳《說比》篇。

二十三　比　閭　族　黨

比　《周禮·大司徒》云："令五家爲比，使之相保；五比爲閭，使之相受；四閭爲族，使之相葬；五族爲黨，使之相救。"按比有比密次比之義，見前條。

閭　閭从吕聲，吕聲字有連侶之義，說見前第十四條"栟櫚櫻"下。按楣謂之枇，又謂之枏；五家謂之比，五比謂之閭，其義一也。

族　族聲字有叢聚之義，說見前第十八條"鳳鷟"下。

黨　《說文》十二篇上"手部"云："攩，朋羣也。从手，黨聲。"按朋黨鄉黨里黨皆當作此字。

二十四　俄　頃　昳

俄　《說文》八篇上"人部"云："俄，頃也。从人，我聲。"按《詩·賓之初筵》箋云："俄，傾貌。"《說文》十篇上"馬部"云："䭲，馬搖頭也。从馬，我聲。"《廣雅·釋詁二》云："俄，衺也。"知我聲字多含傾邪之意。

頃　《說文》八篇上"匕部"云："頃，頭不正也。从匕，从頁。"按今用俄頃爲須臾之義，以一傾首閒爲時甚速故也。

眣　《説文》四篇上"目部"云："眣，目不從正也。从目，从矢。"音舜。按即今之瞬字，謂一動目閒也。

二十五　曰　云

曰　《説文》五篇上"曰部"云："曰，詞也。从口，乙象口气出也。"

云　《説文》十一篇下"雲部"云："雲，山川气也。从雨，云象回轉之形。"或作云，古文省雨。按經傳云與曰同用者，曰爲口气上出，云亦有气上出之義也。《素問·陰陽大象論》云："地气上爲雲。"虞翻注《易·小畜》云："坎升天爲雲。"《説文》九篇上"鬼部"云："魂，陽气也。从鬼，云聲。"《周禮·大宗伯》注云："魂气歸於天。"是其證也。説詳《説云》篇。

二十六　箴　刺

箴　《説文》五篇上"竹部"云："箴，綴衣箴也。从竹，咸聲。"又十四篇上"金部"云："鍼，所以縫也。从金，咸聲。"

刺　《説文》七篇上"朿部"云："朿，木芒也。象形。讀若刺。"四篇下"刀部"云："君殺大夫曰刺。刺，直傷也。从刀朿，朿亦聲。"按通語云箴規，云諷刺，義相近。諫字《説文》訓數諫，爲諷刺之本字，字亦从朿聲。箴朿皆鋭鋒，以具體假爲抽象之用也。

二十七　膷臐膮

膷　《儀禮·聘禮》云："膷臐膮蓋陪牛羊豕。"又《公食大夫禮》注云："膷臐膮，今時藿也。牛曰膷，羊曰臐，豕曰膮，皆香美之名也。"按《説文》七篇上"香部"云："香，芳也。从黍，从甘。"香與膷古音同，古亦通用。《公食大夫禮》注云"古文膷作香"，是也。

臐　《廣雅·釋器》云："臐，香也。"《説文》一篇上"艸部"云："薰，香艸也。从艸，熏聲。"又云："蕫，臭菜也。"

膮　《説文》四篇下"肉部"云："膮，豕肉羹也。从肉，堯聲。"許幺切。按《儀禮·公食大夫禮》注謂膮亦香美之名者，膮音與蒿同。《説文》一篇下"艸部"云："蒿，菣也。菣，香蒿也。"《釋名·釋飲食》云："臃，蒿也，香氣蒿蒿也。"《禮記·祭義》云："焄蒿悽愴。"鄭注云："焄謂香美也。蒿謂氣烝出貌也。"按《説文》云："歊，氣上出貌。"臐膮同義，猶焄蒿連用矣。

二十八　獄圉

獄　《説文》十篇上"㹜部"云："獄，确也。从㹜，从言。二犬，所以守也。"按二犬守言，義不可通。亡友林君義光著《文源》，謂言當爲辛之訛變。按林君立意是矣，辛字訛變之説，苦無文證。《説文》三篇上"言部"云："言从辛聲。"辛部辛訓罪，獄字所从之言，實假爲辛，謂以二犬守罪人也。説詳《釋獄》篇。

圉　《説文》十篇上"㚔部"云："圉，囹圄，所以拘罪人。从㚔，从口。"按幸下云："俗語以盜不止爲幸。""幸部"又云："睪，司視也。从横目，从幸，令吏將目捕罪人也。""𡎺，捕罪人也。从廾，从幸，幸亦聲。""報，當罪人也。从幸，从𠬝，𠬝服罪也。""鞫，窮理罪人也。从幸，从人，从言，竹聲。"凡从幸之字皆訓爲罪人。囗之者，拘之也。二犬守辛爲獄，囗拘幸爲圉，文字之組織正同。

二十九　分　別

分　《説文》二篇上"八部"云："分，别也。从八刀。刀，以分别物也。"

别　《説文》四篇下"冎部"云："别，分解也。从冎，从刀。"按冎下云："剔人肉置其骨也。"分别二文俱从刀，分从八，八，别也。别从冎，冎爲剔人肉置其骨，亦分别之義也。

三十　亟　疌　憲

亟　《説文》十三篇下"二部"云："亟，敏疾也。从人口又二，二，天地也。"按又者，手也。江沅云"人在天地間手口俱用"，是也。

疌　《説文》二篇上"止部"云："疌，疾也。从止，从又，又，手也。屮聲。"按止者足也。

憲　《説文》十篇下"心部"云："憲，敏也。从心，从目，害省聲。"段玉裁云："心目竝用，敏之意也。"樹達按：亟以手口並用訓爲敏疾，疌以手足並用訓爲疾，憲以心目竝用訓爲敏，意義同則組織相類也。

三十一　析　解

析　《說文》六篇上"木部"云："析，破木也，一曰折也。从木，从斤。"

解　《說文》四篇下"角部"云："解，判也。从刀判牛角。"按析解二文皆會意字，以斤破木謂之析，以刀解牛角謂之解，義相同則組織同也。

三十二　貧　寡

貧　《說文》六篇下"貝部"云："貧，財分少也。从貝分，分亦聲。"或作宀，云："古文从宀分。"

寡　《說文》七篇下"宀部"云："寡，少也。从宀，从頒，頒，分也。宀分，故爲少也。"按宀謂宮室，貝分爲貧，宀分爲宀，又爲寡，義同則字之組織同也。

三十三　覍　隻　有　取

覍　《說文》八篇下"見部"云："覍，取也。从見，从寸，寸度之，亦手也。"按許君說此字形大誤。龜甲文覍字从貝，謂手持貝也。

隻　《說文》四篇上"隹部"云："隻，鳥一枚也。从又持隹。持一隹曰隻，二隹曰雙。"按龜甲文凡獲字作隻，从又持隹。金文《楚王舍志鼎》云"戰隻兵銅"，亦以隻爲獲。此實獲之初字，許君說爲後起之義。

　　有　《説文》七篇上"有部"云："有,不宜有也。《春秋傳》曰:日有食之。从月,又聲。"按許君據《公羊傳》訓有爲不宜有,不可通,説此字形亦誤。龜甲文从又持肉,是也。

　　取　《説文》三篇下"又部"云："取,捕取也。从又,从耳。《周禮》:獲者取左耳。《司馬法》曰:載獻聝。聝者,耳也。"

　　按手持貝謂之䙷,手持隹謂之隻,手持肉謂之有,手持耳謂之取,義同由組織同也。

三十四　脛　骹　骭

　　脛　《説文》四篇下"肉部"云："脛,胻也。从肉,巠聲。"按膝以下謂之脛,脛从巠聲,巠从巠聲,巠聲巠聲字多含直立之義見前第十九條"頸脰"下。

　　骹　《説文》四篇下"骨部"云："骹,脛也。从骨,交聲。"按交聲字多含直立之義。《爾雅·釋宮》云"桷直而遂謂之閱,直不受檐謂之交":是交爲直也。《爾雅·釋詁》云："較,直也。"是較爲直也。《禮記·祭統》云："夫人薦豆,執校。"鄭注云"校,豆中央直者":是校爲直也。《論語·陽貨》篇云："好直不好學,其蔽也絞。"絞非直而類乎直,故古或以直訓絞。《後漢書·李雲傳》注云:"絞,直也,"是也。是絞爲直也。由諸例證之,知骹之受名緣於直立矣。

　　骭　《骨部》又云:"骭,骹也。从骨,干聲。"按干聲字亦多含直立之義。五篇上"竹部"云:"竿,竹挺也。从竹,干聲。"此一事也。七篇上"禾部"云:"稈,禾莖也。从禾,旱聲。"或从干聲作秆。

此二事也。六篇上"木部"云："榦,築牆耑木也。从木,倝聲。"按楨榦者直立之木,榦从倝聲,倝訓日光倝倝,無直立之義,蓋倝實假爲干。《說文》三篇下"革部"云："鞏,乾革也。从革,干聲。"按鞏字从干革而義爲乾革,知干乃假爲乾。干可假爲从倝聲之乾,則倝亦可假爲干矣。由此言之,骭之受名亦緣於直立也。

三十五　楨　榦

楨　《爾雅·釋詁》云："楨,榦也。"《書·費誓》傳云："題曰楨,旁曰榦。"王引之云"楨榦皆植立之木",是也。樹達按貞聲字所以有直立之義者,貞與壬古音同,貞假爲壬故也。《說文》十篇下"赤部"赬或作䞓,知古貞壬二文可通矣。壬聲字多含直立之義,見前第十九條。

榦　說具上條。

三十六　蜺　縊女

蜺　《爾雅·釋蟲》云："蜺,縊女。"郭璞注云："小黑蟲,赤頭,喜自經死,故曰縊女。"《太平御覽》九百四十八引《異苑》云："蜺長寸許,頭亦,身黑,恒吐絲自懸。"阮元《爾雅校勘記》云："《釋文》,蜺,孫音倪。按此孫讀蜺爲倪,倪與磬聲相轉。《毛詩》:倪天之妹,倪《韓詩》作磬。《說文》:磬象懸虡之形。《禮記·文王世子》注云:縣縊殺之曰磬。磬者經死之,即懸虡之義,此縊女之所以名蜺也。"郝氏《義疏》亦云："蜺之爲言磬也。《王制》'磬於甸人'與《論語》'經於溝瀆'義同。"王念孫云："阮説甚精。《韓非子·外儲說左》篇云:'夫犬馬,人所知也,日暮罄於前;鬼神無形者,不罄於前。'罄於前,見於前也。"按據此言之,蜺謂其自經也。

縊　《説文》十三上"系部"云:"縊,經也。从系,益聲。"

三十七　脯　脩　臇

脯　《説文》四篇下"肉部"云:"脯,乾肉也。从肉,甫聲。"《釋名·釋飲食》云:"脯,搏也,乾燥相搏著也。"

脩　"肉部"又云:"脩,脯也。从肉,攸聲。"《釋名》云:"脯又曰脩,脩,縮也,乾燥而縮也。"

臇　《玉篇》云:"臇,邱及切,朐脯也。"按㵒聲字有乾燥之義。《衆經音義》引《通俗文》云:"欲燥曰臞。"《玉篇》云:"臞,邱立切,欲乾也。"《詩·王風·中谷有蓷》一章云:"暵其乾矣。"二章云:"暵其脩矣。"三章云:"暵其濕矣。"脩濕皆乾也。説詳王氏《經義述聞》卷五。

三十八　脅　膀

脅　《説文》四篇下"肉部"云:"脅,兩膀也。从肉,劦聲。"按劦之為言夾也,夾有旁義,見前第二條"頰䩋"下。

膀　《説文》云:"膀,脅也。从肉,旁聲。"

三十九　讒　譖

讒　《説文》三篇上"言部"云:"讒,譖也。从言,毚聲。"樹達按：《說文》十四篇上"金部"云："鑱，銳也。从金，毚聲。"《史記·扁鵲傳》云："鑱石撟引。"《索隱》云："鑱謂石針也。"《說文》四篇下"刀部"云："劖，斷也，一曰剽也。"按剽下云："砭刺也。"《西京賦》云："叉簇之所攙捔。"注云："攙捔，貫刺之。"蓋銳謂之鑱，石針謂之鑱，砭刺謂之劖，貫刺謂之攙，以言傷人謂之讒，其義一也。

譖　"言部"又云："譖，愬也。从言，朁聲。"按朁从兓聲，《說文》八篇下"兂部"云："兓，兓兓，銳意也。从二兂。"又十四篇下"金部"云："鐕，可以綴箸物者。从金，朁聲。"按亦銳物也。十篇下"心部"云："憯，痛也。从心，朁聲。"按銳意謂之兓，銳物謂之鐕，痛謂之憯，以言傷人謂之譖，亦一義也。讒譖抽象之義，皆由具體義來也。

四十　矏　瞦　盧矑

矏　《說文》四篇上"目部"云："矏，盧童子也。从目，縣聲。"徐鍇云："盧，黑也，眼中黑子也。"樹達按：縣玄古音近，玄，黑也，矏亦言其黑也。

瞦　《目部》云："瞦，目童子精也。从目，喜聲。"按喜之爲言黑也，喜古音在咍部，黑在德部，音相近，說詳《釋矏瞦》篇。

盧矑　盧，黑也，說見上。字或作矑。《甘泉賦》云"玉女無所眺其清矑"，是也。又作纑，《方言》云"纑之瞳子"，是也。

四十一　扉　扇

扉　《說文》十二篇上"戶部"云："扉，戶扇也。从戶，非聲。"

按十一篇下"非部"云："非，韋也。从飛下翄，取其相背也。"

扇　《説文》云："扇，扉也。从户，从翄省。"

四十二　雄　麚　豭　羧　帉

雄　《説文》四篇上"隹部"云："雄，鳥父也。从隹，厷聲。"按厷聲字多含大義。《爾雅·釋詁》云："弘，大也。"《説文》弘从厶聲，厶厷字同。又云："宏，大也。"《文選·羽獵賦》云："涉三皇之登閎。"注引韋昭云："閎，大也。"又《笙賦》云："泓宏融裔。"注云："泓宏，聲大貌。"然則雄之受名蓋以其大也。

麚　《爾雅·釋獸》云："鹿牡，麚。"《説文》十篇上"鹿部"云："麚，牡鹿。从鹿，叚聲。"

豭　《説文》九篇下"豕部"云："豭，牡豕也。从豕，叚聲。"按叚聲字多含大義。《爾雅·釋詁》云："嘏，大也。"又云："假，大也。"《爾雅·釋魚》云："鯢大者謂之鰕。"又《釋獸》云："牛絶有力，椵。"然則麚豭之受名殆亦以其大矣。

羧　《爾雅·釋畜》云："夏羊，牝羭，牡羖。"郭璞注本牝牡互誤。段氏玉裁據《説文》羯下訓羊羖犗，謂羖若爲牝羊，不得云犗，訂正郭本之誤，其説是矣。今按羖與股爲同音字，人膝以上爲股，膝以下爲脛。股大於脛，知羖亦當受義於大，義當爲牡，不得爲牝，一也。羖古音與假同，羖爲牡羊，與麚爲牡鹿豭爲牡豕一律。若麚豭爲牡而羖爲牝，理不可通，二也。

帉　《釋畜》又云："羊牡，帉。"按分聲字多含大義。《説文》七篇上"巾部"云："楚謂大巾曰帉。从巾，分聲。"九篇上"頁部"云：

"頒,大頭也。从頁,分聲。"十三篇下"土部"云:"坋,大防也。从土,分聲。"《詩·大雅·韓奕》云:"汾王之甥。"《毛傳》云:"汾,大也。"《書大傳》云:"天子賁庸。"鄭注云:"賁,大也。"《爾雅·釋詁》云:"墳,大也。"《釋丘》云:"墳,大防。"《禮記·內則》云:"菽麥蕡。"《釋文》云:"蕡字又作黂,大麻子。"《爾雅·釋樂》云:"大鼓謂之鼖。"《說文》鼖或作韇,分賁古音同。然則羒之受名亦得義於大矣。

四十三　雌　豶

雌　《說文》四篇上"隹部"云:"雌,鳥母也。从隹,此聲。"今按此聲字多含小義。《爾雅·釋訓》云:"仳仳,小也。"《說文》六篇上"木部"云:"柴,小木散材。从木,此聲。"六篇下"貝部"云:"貲,小罰以財自贖也。从貝,此聲。"十二篇下"女部"云:"婢,婦人小物也。从女,此聲。"二篇上"走部"云:"越,淺渡也。从走,此聲。"《方言》十云:"呰,短也。凡物生而不長大謂之呰。"《說文》九篇上"須部"云:"頾,口上須也。从須,此聲。"按人之於須口上須視頤下須爲短。然則雌之受名,蓋以其小也。

豶　《廣雅·釋獸》云:"豶,豕牝也。"按取聲聚聲及音近之字多含小義。《爾雅·釋草》云:"葰,小葉。"《史記·貨殖傳》云:"鯫千石。"《正義》云:"鯫,雜小魚也。"《漢書·張良傳》云:"鯫生教我。"服虔云:"鯫,小人貌也。"又《枚乘傳》云:"禹無十户之聚。"注云:"聚,小邑也。"《字林》云:"剿,細斷也。"《說文》四篇下"隹部"云:"雛,雞子也。"又十三篇上"糸部"云:"緅,絺之細者也。"《釋名·釋書契》云:"鄒,狹小之言也。"《上林賦》云:"黃甘橙楱。"郭注云："楱,小橘也。"此知㹻之受名亦由於小矣。

四十四　賢　能　豪

賢　《説文》六篇下"貝部"云："賢,多才也。从貝,臤聲。"按三篇下"臤部"云："臤,堅也。古文以爲賢字。"然則古臤賢同字,臤即堅之初文,賢固有堅義也。

能　《説文》十篇上"能部"云："能,熊屬,足似鹿。从肉,目聲。能獸堅中,故稱賢能而彊壯稱能傑也。"

豪　《説文》九篇下"希部"云："𧰽,𧰽豕,鬣如筆管者。从希,高聲。"或从豕作豪,今通省作豪。按鬣如筆管,謂其剛也,豕稱剛鬣,蓋以此,引申爲豪傑之豪。

四十五　柛　翳

柛　《爾雅·釋木》云："木自獘,柛;立死,椔;蔽者,翳。"王氏引之《經義述聞》卷二十八云："蔽者翳,蔽即上文木自獘之獘。獘者,謂人獘之者,與自獘爲對文。"樹達按王説是也。《墨子》稱見攻者爲攻者,與攻人者爲對文,是其證也。柛《説文》作槙,云："仆木也。"古音申真二字皆在真部,故柛可假爲槙,槙之爲言顛僕也。《説文》二篇上"走部"云："趪,走頓也。"二篇下"足部"云："蹎,跋也。"義與柛皆相近。

翳　《詩·大雅·皇矣》篇云："其菑其翳。"《爾雅》以菑翳連言,蓋釋《詩》此文也。翳《韓詩》作殪,王氏謂翳爲假字,是也。

《後漢書·光武紀》注曰:"殪,仆也。"

木之自斃者謂之槙,爲人所斃者謂之殪,槙殪皆訓仆,義相近則其受名之由亦相近矣。

四十六　諧　詥　諴　詷

諧　《説文》三篇上"言部"云:"諧,詥也。从言,皆聲。"
詥　"言部"又云:"詥,諧也。从言,合聲。"
諴　"言部"又云:"諴,和也。从言,咸聲。"
詷　"言部"又云:"詷,共也。从言,同聲。"

按四字義近,聲類之皆合咸同義亦相近。

四十七　僞　譌　詐

僞　《説文》八篇上"人部"云:"僞,詐也。从人,爲聲。"按爲者母猴也,猴之性喜動作,故引申爲作爲之爲,又引申爲詐僞之僞。

譌　《説文》三篇上"言部"云:"譌,詐也。从言,爲聲。"按譌當受義於蠵。《説文》十三篇上"虫部"云:"蠵,善援禺屬。从虫,爲聲。"九篇上"甶部"云:"禺,母猴屬。"

詐　"言部"又云:"詐,欺也。从言,乍聲。"按以僞譌字例推之,詐之語源蓋出於狙。《説文》十篇上"犬部"云:"狙,玃屬。从犬,且聲。""玃,大母猴也。"且聲乍聲古音近,且,模部;乍,鐸部。二部爲平入。故《説文》四篇下"歺部"殂古文从古文死从乍。狙引申爲動作之作,又引申爲詐僞之詐。

母猴謂之爲,又謂之蠵,又謂之狙。引申之,作爲謂之爲,又謂之作。再引申之,詐僞謂之僞,又謂之諉,又謂之詐。語源同故字義同矣。

四十八　諛　諂

諛　《説文》三篇上"言部"云:"諛,讇也。从言,臾聲。"按臾有下義,《荀子·大略》篇云:"流丸止於甌臾。"注云:"甌臾,窊下之地。"《禮記·少儀》篇云:"冬右腴。"注云:"腴,腹下也。"《説文》云:腴,腹下肥也。人性卑下者必諂,故諛字从臾矣。

諂　"言部"又云:"讇,諛也。从言,閻聲。"或从臽作諂。按臽有低下之義。《説文》七篇上"臼部"云:"臽,小阱也。从人在臼上。"七篇下"穴部"云:"窞,坎中小坎也。从穴,从臽,臽亦聲。"十四篇下"𨸏部"云:"陷,高下也。从𨸏,臽聲。"八篇上"臥部"云:"監,臨下也。从臥,𩰿省聲。"

四十九　桔　桁

桔　《説文》六篇上"木部"云:"桔,手械也。从木,吉聲。"按二篇上"告部"云:"牛觸人,角著橫木,所以告人也。"按人加械於手,猶牛之加木於角,故桔字从告。

桁　《莊子·在宥》篇云:"桁楊者相推也。"《釋文》引司馬彪注云:"桁,脚長械也。"樹達按,桁之爲言衡也。《説文》四篇下"角部"云:"衡,牛觸,橫大木其角。从角,从大,行聲。"

桔爲手械,桁爲脚械。桔受義於告,桁受義於衡。義同由於其語源同矣。

五十　桯　蕩

桯　《説文》六篇上"木部"云："桯,牀前几也。"又云："桱,桯也。東方謂之蕩。"段注云："謂之桯者,言其平也。"按段説是也。桯之爲言呈也,《説文》云："呈,平也。"

蕩　按蕩亦平也。《詩》云："王道蕩蕩。"又云："王道平平。"《詩·齊風·南山》云："魯道有蕩。"《毛傳》云："蕩,平易也。"

五十一　桃蟲　鷦　鷦鷯

桃蟲　《爾雅·釋鳥》云："桃蟲,鷦。"《詩·周頌·小毖》云："肇允彼桃蟲。"《毛傳》云："桃蟲,鷦也。鳥之始小終大者。"《文選·鷦鷯賦》注引《詩》義疏云："桃蟲,今鷦鷯,微小黃雀也。"按桃蟲之名,受義於小,兆聲字多含小義,見前第十一條"駣駒"下。鳥始小終大而受名於小,猶冕後高前低而受名於低也。

鷦　《説文》四篇上"鳥部"云："鷦,鷦鷯,桃蟲也。从鳥,焦聲。"鷦鷦字同。按焦聲及同音之字多含小義。《説文》九篇上"面部"云："顦,面焦枯小也。"七篇上"米部"云："𥻦,小也。"二篇上"口部"云："啾,小兒聲也。"

鷦鷯　"鳥部"又云："鷯,鷦鷯也。从鳥,眇聲。"按眇聲之字亦多含小義。《説文》四篇上"目部"云："眇,小目也。"五篇上"竹部"云："篎,小管謂之篎。从竹;眇聲。"説詳《説少》篇。

五十二　臣　虜

臣　《説文》三篇下"臣部"云："臣,牽也,事君者。象屈服之形。"《禮記·少儀》云："臣則左之。"鄭注云："臣謂囚俘。"按持囚俘者必以繩牽之,故臣訓牽。《吳越春秋》卷七《勾踐入臣外傳》云："越王勾踐與大夫種范蠡入臣於吳,大夫文種前爲祝曰:王雖牽致,其後無殃。"《史記》記秦王子嬰降高祖,係頸以組,皆臣牽屈服之義也。説詳《臣牽解》。

虜　《説文》七篇上"毌部"云："虜,獲也。从毌,从力,虍聲。"按毌下云："穿物持之也。"虜从毌者,段注云："凡虜囚亦曰纍臣,謂拘之以索也。"樹達按段説是也。《左傳·僖公三十三年》云："君之惠,不以纍臣釁鼓。"杜注云："纍,囚繫也。"《孟子·梁惠王下》篇云："係累其子弟。"趙注云："係累猶縛結也。"

按牽者謂之臣,爲武力所毌持者謂之虜,語源同則字義同也。《韓非子·五蠹》篇云："雖臣虜之勞,不苦於此矣。"臣虜同義,故古人連用矣。

五十三　听　噱

听　《説文》二篇上"口部"云："听,笑貌也。从口;斤聲。"按听从斤聲,謂口開也。十篇下"心部"云："忻,閩也。从心,斤聲。引《司馬法》曰:善者忻民之善,閉民之惡。"十二篇上"門部"云："閩,開也。"按笑者必開口,《莊子·盜跖》篇云："人開口而笑者,一月之中,不過四五日而已矣。"是其證也。笑者口開,故听爲笑貌矣。説詳《釋听》篇。

卷一　說字之屬上凡四十三篇

嚛　"口部"又云："嚛,大笑也。从口,樂聲。"按樂聲去聲古多通假。十四篇上"且部"云："覷,且往也。从且;樂聲。"按樂假爲去,故覷訓且往。《莊子·秋水》篇云："口呿而不合。"《吕氏春秋·重言》篇云："君呿而不唫。"《釋文》引司馬注及高注並云："呿,開也。"《廣雅·釋詁三》云："袪,開也。"《莊子·胠篋》篇釋文引司馬注云："從旁開爲胠。"去聲字多有開義,嚛從樂聲,樂亦假爲去,蓋謂口開,故訓大笑矣。

五十四　罶　罝　罬　罟

罶　《說文》七篇下"网部"云："罶,曲梁寡婦之笱,魚所留也。从网留,留亦聲。"按十三篇下"田部"云："畱,止也。"罶从留,謂可以止魚也。互見前第十六"癰瘀疽瘤痤"條。

罝　"网部"又云："罝,兔网也。从网,且聲。"按且之爲言阻也。《吕氏春秋·知士》篇注云："阻,止也。"罝从且,謂可以止兔也。《一切經音義》二十三引《白虎通》云："罝,遮也,遮取兔也。"

罬　"网部"又云："罬,捕鳥覆車也。从网,叕聲。"按叕聲字多含止義。《論語·微子》云："耰而不輟。"《集解》引鄭注云："輟,止也。"《禮記·樂記》云："禮者,所以綴淫也。"鄭注云："綴猶止也。"《周禮·大宗伯》注云："郵表畷。"疏云："畷,止也。"罬从叕聲,亦謂可以止鳥也。

罟　"网部"又云："罟,网也。从网,互聲。"《廣雅·釋器》云："罟,兔罟也。"按互聲及音近之字多含止義。二篇下"辵部"云："迦,迦互令不得行也。"段注改互爲牙,非是。六篇上"木部"云："柜,行馬也。从木,互聲。"按柶或省作互。《周禮·秋官·脩閭氏》云:"掌比國中宿互欙者。"鄭司農云:"互謂行馬,所以障互禁止人也。"《左傳·宣公十二年》云:"屈蕩戶之。"杜注云:"戶,止也。"《小爾雅·廣詁》同。又昭公十七年云:"九扈爲九農正,扈民無淫者也。"杜注云:"扈,止也。"罜爲兔罟,亦謂可以止兔也。

(一九三五年七月三十日)

卷二　説字之屬下凡十七篇

説制

《説文》四篇下"刀部"云："制，裁也。从刀，从未。物成有滋味，可裁斷。一曰：止也。"按八篇上"衣部"云："裁，制衣也。""制，裁衣也。"通觀諸訓，制之訓裁，正謂裁衣。裁衣以刀，故從刀。其不從衣者，以初字從衣從刀，不可複也。然從刀從未，裁衣之義終嫌不顯，故後起復有從衣之製字。段君謂裁衣爲裁之本義，制訓裁之裁爲引伸義，殆非也。果如段君之説，則許君不當云一曰止矣。何者？以裁制即含止義，不容贅舉也。愚按《詩·東山》篇云："制彼裳衣。"《春秋》鄭石制字子服。《韓非子·難二》篇云："管仲善制割，賓胥無善削縫，隰朋善純緣，衣成，君舉而服之。"此皆用制字本義者也。裁衣者必量布帛之長短，故引伸之，制又訓匹長。《周禮·天官·内宰》云："出其度量淳制。"又《地官·質人》云："壹其淳制。"杜子春訓制爲匹長，是也。裁衣又必量布帛之廣狹，故制又訓布帛幅廣狹。《禮記·王制》云："度量數制。"鄭注云"制謂幅布帛廣狹"，是也。匹長必有定數，故或云四丈，《淮南子·天文》篇云"四丈而爲匹，一匹而爲制"，是也。或云丈八尺，鄭注《内宰》引

《天子巡狩禮》"製幣丈八尺",是也。緣其表長度,故制又爲表示單位之名,與言匹言端言兩言純爲類。如《管子·乘馬》篇云:"季絹三十三制當一鎰。"《韓非子·外儲説右上》篇云:"終歲布帛取二制焉。"《説苑·復恩》篇云"吳赤市使於智氏,假道於衛,甯文子具紵絺三百製,將以送之"是也制與製同。凡此皆由裁衣本義所得引伸之義也。如制之本義不爲裁衣而爲裁制之通言,則諸經注諸子所稱制字之義皆不得其源,用字展轉引伸之跡亦無由獲見矣。

(一九三二年三月十五日)

瞷戴目釋義

《説文》四篇上"目部"云:"瞷,戴目也。从目,閒聲。江淮之閒謂眄曰瞷。"段氏注云:"戴目者,上視如戴然,《素問》所謂戴眼也。"愚按段氏於戴目求其義於形,其説非也。《素問·診要經終論》云:"戴眼反折瘛瘲。"王冰注釋戴眼爲睛不轉而仰視,故段君取以爲證。不悟反折瘛瘲則人目上反,乃劇病之象,人平居無疾時不當有此,其不足取證甚明。愚謂戴目當求之於聲,不當求之於形,蓋戴目即側目也。《漢書·賈山傳》載山《至言》論秦政云:"貴爲天子,富有天下,賦斂重數,百姓任罷,赭衣半道,羣盜滿山,使天下之人戴目而視,傾耳而聽,一夫大謼,天下響應者,陳勝是也。"所謂戴目而視,即恒言之側目而視。其證一也。《方言》卷二瞷訓爲眄,云吳揚江淮之閒或曰眄。許君云江淮之閒謂眄曰瞷，即本《方言》。許書凡一字有二訓者必於第二義稱一曰以相別異，即以"目部"證之，眄下云："目偏合也。一曰衺視也。"衺視與目偏合爲二義，故言一曰以別之，是也。此云江淮之閒謂眄曰瞷，不稱一曰，則戴目與眄爲一義可知。眄既訓衺視，而《倉頡篇》亦云：眄，旁視也。衺視旁視正與側目義會。藉如段説，則戴目與眄爲二義，非許意矣。然則許既以戴目爲訓，復云江淮之閒謂眄曰瞷者，意欲明瞷爲方言，意重在江淮之閒而不重在眄。五篇上"竹部"云："籍，飯筥也。秦謂筥曰籍。"既以飯筥訓籍，又稱秦謂筥曰籍，意在明其爲秦語耳。"目部"云："睇，目小邪視也。《繫傳》本如此，大徐挩邪字。从目，弟聲。南楚謂眄曰睇。"按南楚謂眄曰睇，亦本《方言》，眄與邪視義同，故不稱一曰，而第言南楚謂眄曰睇，與此訓例正同。此其證二也。人惟側目衺視，故眼多白，故瞷引伸爲人目多白。《廣韻》云"瞷，人目多白"，是也。又引申爲馬一目白。《爾雅·釋畜》云"馬一目白，瞷"是也。此其證三也。然則戴目何以得爲側目也？按戴從𢦏聲，𢦏從才聲，𢦏才與側同屬齒音，是戴與側爲雙聲也。戴古韻屬咍部，則古韻屬德部，咍德古音爲平入，是戴與側爲疊韻也。且戴與載古恒通用，《左傳·隱公十年》經：宋人蔡人衛人伐戴，《穀梁經》作載。《禮記·月令》"戴勝"，《釋文》戴本作載。又《郊特牲》"戴冕璪"，《釋文》載本亦作戴。《荀子·解蔽》篇云"唐鞅蔽於欲權而逐載子"，楊注云："載讀爲戴。"《列子·黃帝》篇章載，《釋文》云："一本作章戴。"《詩·絲衣》載弁俅俅，《爾雅·釋言》注引作戴：此皆二字通用之證也。《詩·七月》、《湛露》諸箋屢言載之言則，載則通言，則戴側可通明矣。至顏師古注《漢書》釋戴目爲遠視，桂氏馥證《説文》謂當讀如馬顙戴星之戴,皆望文生訓,病與段氏同,不足信也。

(一九三三年四月二十九日)

臣牽解

《説文》三篇下"臣部"云:"臣,牽也,事君者。象屈服之形。"大徐音植鄰切。按許君以牽訓臣,乃以聲爲訓,明其語源。植鄰切之音與牽聲紐不同,古音殆不當爾。觀臤从臣聲,《白虎通·三綱六紀》篇及《孝經援神契》並云:"臣,堅也。"《廣雅·釋詁》云:"臣,墼也。"亦皆以聲爲訓。知臣古音當與臤牽堅墼音近矣。臣之所以受義於牽者,蓋臣本俘虜之稱,《禮記·少儀》云:"臣則左之。"注云"臣謂囚俘",是也。蓋囚俘人數不一,引之者必以繩索牽之,名其事則曰牽,名其所牽之人則曰臣矣。《吳越春秋》卷七《勾踐入臣外傳》云:"越王勾踐五月五日,與大夫種范蠡入臣於吳,羣臣皆送至浙江之上,臨水祖道,軍陣固陵。大夫文種前爲祝曰:皇天祐助,前沈後揚,禍爲德根,憂爲福堂。威人者滅,服從者昌。王雖牽致,其後無殃。君臣生離,感動上皇。衆夫哀悲,莫不感傷。臣請薦脯,行酒二觴。"夫勾踐入臣,而文種謂其牽致,此必有以表之如秦王子嬰繫頸以組之所爲者矣。《左傳·宣公十二年》云:"楚子圍鄭,克之。鄭伯肉袒牽羊以逆。"杜注曰:"肉袒牽羊,示服爲臣僕。"按臣牽之義本謂受牽,牽羊則屬主牽,事雖有異,其以牽表臣則一也。不然,臣僕所執之賤役亦多矣,奚必限於牽牲乎?及秦王子嬰降於漢高祖,亦係頸以組,亦以表牽致之義也。應劭乃云:"係頸者言欲自殺。"知仲遠俗儒爲不識古義矣。

（一九三四年八月二十日）

説云

　　《説文》十一篇下"雲部"云:"雲,山川气也。从雨,云象回轉形。或作云,古文省雨。又作𠃋,亦古文雲。"按𠃋爲最初古文,純象回轉形。云,段君云"从古文上,象自下回轉而上"是也。雲則加義旁之後起字矣。云受形義於回轉,故《詩·小雅·正月》云:"昏姻孔云。"《毛傳》云:"云,旋也。"云孳乳爲囩:六篇下"囗部"云:"囩,回也。从囗,云聲。"又孳乳爲沄:十一篇上"水部"云:"沄,轉流也。从水,云聲。"又孳乳爲澐:"水部"云:"江水大波謂之澐。从水,雲聲。"按"水部"淪下云:"小波爲淪。"《詩·魏風·伐檀》云:"河水清且淪猗。"《毛傳》云:"淪,小風水成文轉如輪也。"小波之淪以轉爲義,知大波之澐亦以轉爲義也。章君《文始》謂澐孳乳於沄,非是。云又孳乳爲芸:一篇下"艸部"云:"芸,艸也,似目宿。从艸,云聲。《淮南王》説:芸艸可以死復生。"章君云:"芸取回轉義。"是也。《説文》轉訓運,故云又孳乳爲運:二篇下"辵部"云:"運,移徙也。从辵,軍聲。"《吕氏春秋·圜道》篇高注、《釋名·釋天》並云:"云,運也。"是其義也。運又孳乳爲餫:五篇下"食部"云:"餫,野饋曰餫。"杜預注《左傳》謂"運食以爲餫",是也。此皆

131

从云之回轉義孳乳者也。《素問·陰陽應象大論》云："地气上爲雲。"虞翻注《易·小畜》"密雲不雨"云："坎升天爲雲。"故云又孳乳爲魂：《説文》九篇上"鬼部"云："魂，陽气也。從鬼，云聲。"《禮記·郊特牲》曰："魂气歸于天，形魄歸于地。"蓋地气之上升者爲云，人气之上升者爲魂，其義一也。此從云之上升義孳乳者也。章君謂魂亦取回轉義，非矣。

回又有周回之義，故云又孳乳爲軍：《説文》十四上"車部"云："軍，圜圍也。從車，從包省。"軍又孳乳爲暈：孟康《漢書注》云："暈，日旁氣也。"以車爲圜圍謂之軍，以气包日謂之暈，其義一也。或問曰：《書·微子》曰："我舊云刻子。"《論語》曰："牢曰：子云：吾不試，故藝。"以云爲言，其義何也？曰：云與曰同用。《説文》五篇上"曰部"云："曰，詞也。從口，乙象口气出也。"曰以气上出爲義，云以气上升爲義，義同故用法亦同矣。

（一九三四年十一月二十七日）

説檜

《説文》一篇下"示部"云："檜，會福祭也。從示，會聲。"按五篇下"會部"云："會，合也。從亼，從曾省。曾，益也。"檜字從會聲，許以會福祭爲訓，是聲兼義也。考會聲之字多含會合之義。四篇下"骨部"云："䯤，骨擿之可會髮者。從骨，會聲。"引《詩》曰："䯤弁如星。"此一事也。五篇下"會部"云："䢈，日月合宿爲䢈。

从會辰,會亦聲。"此二事也。十三篇上"糸部"云:"繪,會五采繡也。从糸,會聲。"此三事也。此許君明以會合爲訓,與檜下云會福祭同例者也。又有許雖不明言會合,而其訓解實含有會合之義者:六篇上"木部"云:"檜,柏葉松身。从木,會聲。"此言柏之葉與松之身相合會也。此四事也。六篇下"邑部"云:"鄶,祝融之後妘姓所封潧洧之閒,鄭滅之。从邑;會聲。"此言潧洧二水所會流也。此五事也。九篇下"广部"云:"廥,芻槀之藏也。从广,會聲。"此言芻槀所會聚也。此六事也。一篇下"艸部"云:"薈,艸多皃。从艸,會聲。"此亦言艸所會聚也。此七事也。又有許雖不言,而漢儒傳注言之足以補許之缺者。四篇下"肉部"云:"膾,細切肉也。从肉,會聲。"《釋名·釋飲食》云:"膾,會也。細切肉令散,分其赤白異切之,已乃會合和之也。"此八事也。八篇上"衣部"云:"襘,帶所結也。从衣,會聲。引《春秋傳》曰:衣有襘。"按文見《左氏·昭公十一年》傳,杜預注云:"襘,領會。"《漢書·五行志》注亦云:"襘,領之交會也。"此九事也。又有許泛爲訓説今當補正之者。七篇上"㫃部"云:"旝,旌旗也。从㫃,會聲。引《詩》曰:其旝如林。"按此言會合士衆也。説詳余《釋旝》篇。此十事也。其他有許載其字而義訓不同,或許無其字而他説詳其義者:如十一上"水部"澮訓爲澮水,而《釋名·釋水》云:"注溝曰澮,澮,會也,小溝之所聚會也。"此十一事也。又《一切經音義》六引《聲類》云:"儈,合市人也。"《後漢書·逢萌傳》注云:"儈謂平會兩家賣買之價。"此十二事也。舌與會古音近,故舌聲之字亦多含會合之義。八篇上"人部"云:"佸,會也。从人,舌聲。"此一事也。《詩·小雅·車舝》云:"德音來括。"《毛傳》云:"括;會也。"此二事也。《説文》三篇

133

上"言部"云:"話,會合善言也。从言,昏聲。"此三事也。《釋名·釋兵》云:"矢,其末曰栝。栝,會也,與弦會也。"此四事也。

(一九三四年十一月二十八日)

説馬

《説文》十篇上"馬部"云:"馬,怒也,武也。象馬頭髦尾四足之形。"《辨釋名》云:"大司馬,馬,武也,大總武事也。"以武釋馬,與許説同。蓋古音武與馬同,故司馬或稱司武。《左傳·襄公六年》云:"司武而栝於朝。"是也。馬孳乳爲驀。"馬部"云:"驀,上馬也。从馬,莫聲。"按古人名動同辭,獸名曰馬,上馬因亦曰馬,猶車乘曰乘,乘車亦曰乘也。後人欲爲識别,故於馬旁加莫字爲聲符,實則莫與馬古音爲同聲,故形雖殊而音讀仍與馬近也。此從馬本文孳乳者也。馬又孳乳爲禡:一篇上"示部"云:"禡,師行所止,恐有慢其神,下而祀之曰禡。从示,馬聲。"按禡爲師祭,見於《爾雅·釋天》,而究其語源,則爲説不一。應劭注《漢書·敍傳》云:"禡者,馬也。馬者,兵之首,故祭其先神也。"此以馬本字爲説者也。《周禮·春官·肆師》云:"凡四時之大甸獵祭表貉則爲位。"又《甸祝》云:"掌四時之田,表貉之祝號。"皆以音近假貉爲禡。杜子春鄭康成皆讀貉爲百,康成釋爲禱氣勢之增倍十百。此以武怒爲説者也。顧説雖殊異,其孳乳於馬則同。馬又孳乳爲罵,七篇下"网部"云:"罵,詈也。从网,馬聲。"按罵源於怒,此以怒義孳乳者也。

（一九三四年十二月三日）

説少

　　《説文》二篇上"小部"云："少，不多也。从小，丿聲。"按少字从小，故有小義，韋昭注《國語》，高誘注《國策》、《吕覽》，應劭注《漢書》皆釋少爲小，是也。緣是少聲之字皆含小義。《説文》六篇上"木部"云："杪，木標末也。从木，少聲。"《方言》二云："杪，小也，木細枝謂之杪。"此一事也。《説文》七篇上"禾部"云："秒，禾芒也。从禾，少聲。"此二事也。又四篇上"目部"云："眇，一目小也。从目，从少，少亦聲。"此三事也。又五篇上"竹部"云："篎，小管謂之篎。从竹，眇聲。"此四事也。又四篇上"鳥部"云："鵃，鸙鵃也。从鳥，眇聲。"段君謂鸙鵃謂其小，是也。此五事也。此皆从少聲之字也。然字有不从少聲，而以與少古音相近，亦含小義者，如刀聲兆聲盜聲諸字是也。《詩·衛風·河廣》篇云："誰謂河廣？曾不容刀。"《鄭箋》云："小船曰刀。"此一事也。《史記·李將軍傳》云："不擊刁斗以自衛。"《索隱》引荀悅云："刁斗，小鈴，如宮中傳夜鈴也。"按刀即刁字，俗書作刁，刁斗《方言》十三即作刀斗，郭璞注亦云："刀斗謂小鈴也。"此二事也。《説文》十四篇上"車部"云："軺，小車也。从車，召聲。"此三事也。《一切經音義》二十三二十五並引《説文》云："沼，小池也。"今本《説文》脱小字。此四事也。《禮記·中庸》篇云："今夫天，斯昭昭之多。"鄭注云："昭昭猶耿耿，小明也。"疏云："昭昭，狹小之貌。"《淮南子·繆稱》篇云："昭昭乎小哉。"此五事也。《爾雅·釋魚》云："魾小者鮂。"《說文》十一篇上"魚部"說同。此六事也。又云："麗小者魼。"此七事也。《說文》四篇上"羊部"云："羝，羊未卒歲也。从羊，兆聲。"此八事也。《周禮·夏官·校人》鄭眾注云："馬二歲曰駒，三歲曰駣。"《說文》十篇上"馬部"說同。此九事也。《詩·周頌·有瞽》篇云："鞉磬柷圉。"《毛傳》云："鞉，小鼓也。"此十事也。《爾雅·釋鳥》云："桃蟲，鷦。"《詩·周頌·小毖》傳同。《文選·鷦鷯賦》注引《毛詩義疏》云："桃蟲今鷦鷯，微小黃雀也。"此十一事也。《漢書·五行志》云："小者不究。"注云："究，輕小也。"此十二事也。《詩·小雅·巧言》篇云："君子信盜。"《箋》云："盜，小人也。"《列子·周穆王》篇云："盜驪之馬。"《廣雅·釋獸》作駣驪，《荀子·性惡》篇、《國策·秦策》作纖離。郭璞注《穆天子傳》云："為馬細頸。"此十三事也。夫鳥名鷦鷯，又名桃蟲，鷦鷯與桃皆以小為義，余向謂字義同則其組織往往相同，此又其一證矣。

（一九三四年十二月四日）

按：甲文小字或作⼮，由此字變易而為少，二文本一字，故少聲之字皆有小義。此文云少字从小故有小義，尚未窺見木原。故兼士先生序余書，意在糾正余說，其意是也。此文本應刪汰，以刪汰則讀兼士先生序文者將致疑不解，又欲存亡友攻錯之美，仍存之不刪云。一九五四年一月二十五日記於嶽麓山。

叟字段注駁

《說文》十四篇下"叟部"云："叟，镵也。"段注云："《爾雅·釋文》引《字林》：'嘼，犧也；《說文》：嘼，牲也。'今本《說文》作犧也，乃後人以《字林》改《說文》耳。嘼牲二字連文，《禮記》《左傳》皆云：名子者不以畜牲，是也。"牛部"犧字下亦曰：嘼，牲也。圈下云：養嘼之閑。𤜗下云：讀若嘼牲之嘼。今俗語多云畜牲，嘼今多用畜者，俗書假借而然。"段君之說如此，遂改犧也爲獸牲也。今按段改殊誤。前人引《說文》《字林》每多互誤，顏師古《匡謬正俗》卷二引《說文》正作嘼犧也，知《釋文》所稱不足深信矣。以許君本書證之，二篇上"牛部"云："犧，畜牲也。牲，牛完全。"嘼訓犧，犧訓畜牲，畜牲即嘼牲，正相證合，訓牲則非其義。且《爾雅釋文》引《說文》第云嘼牲也，段氏竟改爲嘼獸牲也，則尤失之專輒矣。段氏又引古書畜牲連文及今通言畜牲爲證，似足爲其說之助。不知漢人文字以畜產連文者多不可勝數，畜產即嘼犧也。今略舉之：《史記·秦本紀》云："繆公曰：君子不以畜產害人。"《漢書·宣帝紀》云："畜產大耗什八九。"又《鼂錯傳》云："攻城屠邑，敺略畜產。"又《韓安國傳》云："匈奴虜略千餘人及畜產去。"又《衛青傳》云："車輜畜產畢收爲鹵。"又《趙充國傳》云："虜以畜產爲命。"又《薛宣傳》云："禮：下公門，式路馬。君畜產且猶敬之。"又《匈奴傳》云："匈奴聞漢兵大出，老弱奔走，敺畜產遠遁逃。"又云："及冒頓以兵至，大破滅東胡王，虜其民衆畜產。"《後漢書·劉寬傳》云："嘗坐客遣蒼頭市酒，迂久，大醉而還。客不堪之，罵曰：畜產！寬須臾遣人視奴，疑必自殺，顧左右曰：此人也，罵言畜產，辱孰甚焉？故吾懼其死也。"又《梁慬傳》云："駱駝畜產數萬頭。"又《南蠻傳》云："滇有鹽池田漁之饒，金銀畜產之富。"段君第知畜牲連言，謂嘼犧當爲畜牲，不知古人富産亦復連言，可謂知二五不知一十矣。

（一九三五年三月二十一日）

説嬇

《史記·楚世家》索隱引《世本》云："陸終娶鬼方氏妹曰女嬇。"按《説文》十二篇下"女部"無嬇字，不知其義當云何。以意推之，蓋即媦字之一作也。媦下云："楚人謂女弟曰媦。从女，胃聲。"引《春秋公羊傳》曰："楚王之妻媦。"按《公羊傳》見桓公二年，何休注云："媦，妹也。"女嬇既爲鬼方氏之妹，與女弟之訓正合，此義訓之相合者一也。陸終爲楚之先世，世本所言正楚國故實，與許書稱楚人謂女弟曰媦方域正符，此語源之相合者二也。《説文》二篇上"口部"喟或作噧，知媦之或體亦可作嬇，此形音之相合者三也。特許君偶漏而不載，故媦下不見此重文耳。余去歲檢閲《史記》，偶見《索隱》是義，即爲此説。南歸省覲，會遭母喪，喪訖北來，於京漢道中憶及此説，自謂頗審諦，故特表而出之。

（一九三五年三月二十一日）

説廌

《説文》十篇上"廌部"云："廌，解廌獸也，似山羊，一角。古者決訟令觸不直。象形。从豸省。"決訟觸不直之說,王充《論衡‧是應》篇已疑之。近世餘杭章君著《文始》,謂此殆是《墨子‧明鬼》篇所記《齊春秋》羊觸十里徼事之類,非蔽獄之恒制。愚謂王章之說未然。夫解廌之所觸不必爲不直,而不直者或竟不爲解廌所觸,此在今日,夫人知之。其在初民,未必竟知,即一二賢智知之,亦不必人人悉喻也。當兩曹爭執之會,物徵人徵之制不立,無已而假無知之物以爲斷,使顓愚之民有所懾服而無辭,固古代人事之所宜有也。以文字證之,灋字从廌去,非以決訟觸不直之說釋之,斯義無所取。且以漢事言之,《漢書‧儒林傳》記轅固生得罪竇太后,太后使固入圈擊彘。景帝知太后怒而固直言無罪,假固利兵。固刺彘,正中其心,太后默然,亡以復罪。又《李廣傳》記李禹侵陵中貴人,中貴人愬之上,上召禹使刺虎。夫刺彘中心,則太后亡以復罪,知不中爲有罪矣。此制雖《刑法志》所不載,然孟堅一再述之,其爲事實甚明。夫能刺獸與否,豈足爲有罪無罪之衡!時至漢世,文治已大進,而猶有此制者,正古人以廌觸不直之遺法矣。特古人以獸觸人,漢世以人刺獸,時差後則制亦較進耳。王章二君以晚近之事疑古人,斯爲不達於理矣。夫今日俗習之所存,豈能一一悉衷諸理!吾輩雖知其不衷諸理,而以其積重之勢,莫如何也。千百年後,文物大進,吾輩今日莫如之何者勢不復存,而彼時人士乃以當時之所無,疑今人之所有,不爲惑乎?

(一九三五年三月二十五日)

説丨

《説文》一篇上"丨部"云:"丨,下上通也。引而上行讀若囟,引而下行讀若退。"按此字爲囟退二字之初文,其以引而上行讀若囟孳乳者皆有上義,以引而下行讀若退孳乳者皆有下義。今分別言之。

《説文》十篇下"囟部"云:"囟,頭會腦蓋也。象形。"按《釋名·釋形體》云:"囟,峻也,所生高峻也。"是囟在上之説也。古人名動相因,在上爲囟,向上陟高亦爲囟,故囟孳乳爲奧。三篇上"舁部"云:"奧,升高也。从舁,囟聲。"或从卩作嬶。又孳乳爲遷:《二篇下》《辵部》云:"遷,登也。从辵,嬶聲。"按二篇上"癶部"云:"登,上車也。"又孳乳爲僊:八篇上"人部"云:"僊,長生僊去。从人嬶,嬶亦聲。"《史記·封禪書》記黃帝僊去,乘龍上天,是長生僊去者必升高,此僊从嬶聲之説也。囟古音在真,嬶遷僊古音在寒,部居雖異,然奧从囟聲,其爲囟之孳乳字無疑。僊遷真又孳乳爲真:八篇上"匕部"云:"真,僊人變形而登天也。"从真聲類孳乳之字有顛:九篇上"頁部"云:"顛,頂也。从頁,真聲。"顛又孳乳爲槙:六篇上"木部"云:"槙,木頂也。从木,真聲。"按囟爲頭會腦蓋,顛爲頂,義相近。僊爲長生僊去,真爲僊人變形而登天,義又相同。古字義訓之交流互映有如此者。

其以引而下行讀若退孳乳者,丨孳乳爲復:二篇下"彳部"云:"復,卻也。从彳日夂。"或作衲,又或作退。又孳乳爲隊磙隤雁:十四篇下"自部"云:"隊,从高隊也。从自,㒸聲。"九篇下"石部"

云:"磙,陊也。从石,豕聲。"又"𨸏部"云:"隤,下隊也。从𨸏,貴聲。"九篇下"广部"云:"厜,屋从上傾下也。从广,隹聲。"十四篇上"金部"云:"鐜,下𠂹也。从敦聲而讀音在微,此皆引而下行之義也。又人體最下者爲脽,故丨又孳乳爲脽。"四篇下"肉部"云:"脽,尻也。从肉,隹聲。"體之在最下者爲脽,猶體之在最上者爲囟矣。十四篇下"金部"又有鐓,云:矛戟柲下銅鐏也,从敦聲而讀音亦在微,亦以在下義受名。脽對轉痕孳乳爲屍。八篇上"尸部"云:"屍,髀也。从尸下丌凥几。"或作𦠄,又或作臀。對轉痕又孳乳爲頓:九篇上"頁部"云:"頓,下首也。从頁,屯聲。"其在痕部而聲變不在舌音者有隕碩二文:十四篇下"𨸏部"云:"隕,从高下也。从𨸏,員聲。"九篇下"石部"云:"碩,落也。从石,員聲。"

丨本義爲下上通,故丨又孳乳爲縋:十三篇上"糸部"云:"縋,以繩有所縣也。从糸,追聲。引《春秋傳》曰:夜縋納師。"縋者懸繩以下,亦懸繩以上,與下上通義合。其以下上通之上義孳乳者有自崔睢蜼諸文:九篇下"户部"云:"崔,高也。从户,隹聲。"十四篇上"自部"云:"自,小𨸏也。"此物之高上者也。四篇下"目部"云:"睢,仰目也。从目,隹聲。"十三篇上"虫部"云:"蜼,如母猴,卬鼻,長尾。从虫,隹聲。"按隹爲短尾鳥,蜼爲長尾,可以反義受名,然或亦受義於卬鼻,與隹本字無涉。或曰:讀若退者本引而下行,高仰諸字乃反義孳乳也。緣章君説丨之孳乳廣及抎損騫䘐壞毀塊諸文,其失既在濫,又不及厜鐜鐓脽屍縋脽雈蜼諸文,復嫌於漏,故復理董言之。

(一九三五年四月一日)

141

説覒

《説文》八篇下"見部"云："覒，擇也。从見，毛聲。讀若苗。"按毛聲之字多含選擇之義。《周禮·春官·大宗伯》云："毛六牲。"注云："毛，擇毛也。"《詩·周南·關雎》篇云："左右芼之。"《毛傳》云："芼，擇也。"《爾雅·釋言》云："髦，選也。"《説文》云：選，擇也。《詩·大雅·思齊》篇云："譽髦斯士。"謂選士也。説本王引之。髦訓選，故士之選者亦謂之髦。《詩·小雅·甫田》篇云："烝我髦士。"《大雅·棫樸》篇云："髦士攸宜。"是也。《白虎通義·田獵》篇云："夏謂之苗，何？擇去其懷任者也。"《周禮·大司馬》云："遂以苗田。"鄭注云："夏田爲苗，擇取不孕任者，若治苗去不秀實者。"《左傳·隱公五年》疏引孫炎《爾雅注》説與鄭同，皆足證成古義。因段桂諸家於此皆無所申證，故特言之。

（一九三五年九月二十六日）

説測

《説文》十一篇上"水部"云："測，深所至也。从水，則聲。"按測有二義：一爲動字，一爲名字。許訓深所至，亦兼二義言之。《淮南子·原道》篇注云："度深曰測。"此動字義也。動字義而説解云深所至者，《爾雅·釋言》云："潛，深，測也。"《商子·禁使》篇云："深淵者知千仞之深，縣繩之數也。"深淵謂測淵也。《列子·黃帝》篇云："彼將處乎不深之度而藏乎無端之紀。"不深謂不測也。蓋深从罙聲，罙字从穴，从火，从求省。人執火於穴中有所求，即今言探求之探之初文。深从罙得聲，宜有動字義；然則深所至猶言探水之所至，故爲動字訓矣。測又得爲名字義者，測从則聲，則有準則法則之義。《淮南子·說林》篇云："以篙測江，篙終而以水爲測，惑矣。"測江之測，動字也。以水爲測，謂以篙上之水爲水深之則度，然則測爲名字，謂水深所至之度。故郭璞注《爾雅》云："測亦水深之別名。"是也。今長沙俗言測度所得之準則爲則寸，即此義也。而深所至爲名字之訓釋，又不煩言矣。今人於測第用爲動字而不知其爲名，於深第用爲靜字而不知其爲動，古人名動相因，動靜亦相因，語本同源，初無二義，特其爲用異耳。段氏知測之有二訓而舉證未諦，故特言之。

（一九三五年九月二十六日）

說髮

《說文》九篇上"髟部"云："髮，根也。从髟，犮聲。"按髮訓根義頗難通，故段氏改爲頭上毛，蓋疑之也。然犮聲字多含根本之義。一篇下"艸部"云："茇，艸根也。"《方言》云："荄，杜，根也。東齊曰杜，或曰茇。"《淮南子·地形》篇云："凡根茇草者生於庶草，凡浮生不根茇者生於藻。"《山海經·中山經》云："青要之山有草

焉,其本如藁本。"又《西山經》云:"皋塗之山有草焉,其狀如藁
茇。"藁茇即藁本也。故郭璞注《上林賦》云:"藁本,藁茇。"是也。
《禮記·曲禮》篇云:"燭不見跋。"鄭注云:"跋,本也。"

(一九三五年十月一日)

説皤

　　《説文》七篇下"白部"云:"皤,老人白也。从白,番聲。引
《易》曰:賁如皤如。"按番聲及音近之字多含白義。《禮記·明堂
位》曰:"夏后氏駱馬黑鬣,殷人白馬黑首,周人黃馬蕃鬣。"蕃鬣,白
鬣也。此一事也。《玉篇》云:"鱕,白鼠也。"此二事也。《爾雅·
釋畜》云:"青驪繁鬣,騥。"繁鬣,白鬣也。《明堂位》蕃鬣及此皆王引之
説,見《經義述聞》卷十五及卷二十八。此三事也。《爾雅·釋艸》云:"蘩,
皤蒿。"孫炎注云:"白蒿也。"《詩·豳風·七月》傳云:"蘩,白蒿
也。"《説文》一篇下"艸部"云:"蘱,白蒿也。从艸,緐聲。"蘩蘱字
同。此四事也。《説文》四篇上"目部"云:"䀡,多白眼也。从目,
反聲。"此五事也。又云:"𥉁,小兒白眼視也。从目,辡聲。"此六
事也。

(一九三五年十月五日)

説骹骭

《説文》四篇下"骨部"云:"骹,脛也。从骨,交聲。"按交聲字多含直義。《爾雅・釋宫》云:"桷直不受檐謂之交。"此交爲直也。《爾雅・釋詁》云:"較,直也。"《書大傳》云:"覺兮較兮。"鄭注云:"較兮,謂直道者也。"《周禮・天官・司裘》云:"王大射則共虎侯熊侯豹侯,設其鵠。"注云:"鵠之言較,較者,直也,射所以直己志。"此較爲直也。《禮記・祭統》云:"夫人薦豆執校。"鄭注云:"校,豆中央直者也。"此校爲直也。《論語・陽貨》篇云:"好直不好學,其弊也絞。"絞非直而與直類,故古或訓絞爲直。《後漢書・李雲傳》注云"絞,直也",是也。此絞爲直也。然則脛形直,故言骹矣。

"骨部"又云:"骭,骹也。从骨,干聲。"按干聲及音近之字亦多含直立之義。《説文》五篇上"竹部"云:"竿,竹挺也。从竹,干聲。"七篇上"禾部"云:"稈,禾莖也。从禾,旱聲。"或作秆。古旱切。六篇上"木部"云:"榦,築牆耑木也。从木,倝聲。"按榦从倝聲,蓋假倝爲干也。《説文》三篇下"革部"云:"靬,乾革也。从革,干聲。"靬字从干而義爲乾革,實假干爲乾,干可假爲从倝之乾,則知倝可假爲干矣。然則骹形直,故言骭矣。

《説文》骭訓骹,骹訓脛,脛从巠聲。巠从𢀖聲,凡𢀖聲巠聲之字多含直義,余於《釋經》篇已詳言之。然則骭也,骹也,脛也,皆以直受名。余所謂字義同則其受名之故往往相同者,此又其一證矣。

(一九三五年十月六日)

説比

《説文》八篇上"比部"云:"比,密也。二人爲从,反从爲比。"古文作茀,象二人之形。篆必从反从者,从二人乃與从形不異,故反之以相避,其義固與从不別也。比以二人之義孳乳爲媲:十二篇下"女部"云:"媲,妃也。从女,皉聲。"又爲妃。"女部"云:"妃,匹也。从女,己聲。"第以二義孳乳者,其於人體則爲腓:四篇下"肉部"云:"腓,脛腨也。从肉,非聲。"又爲跰。二篇下"足部"云:"跰,踙也。从足,非聲。"於動物則爲騑。十篇上"馬部"云:"騑,驂也,旁馬也。从馬,非聲。"又爲犈。二篇上"牛部"云:"犈,兩壁耕也。从牛,非聲。一曰:覆耕穜也。"覆耕穜謂再穜,仍二字之義也。其於器則爲屝。八篇上"尸部"云:"屝,履屬。从尸,非聲。"又爲扉。十二篇上"户部"云:"扉,户扇也。从户,非聲。"皆兩兩相从之物也。又爲棐。六篇上"木部"云:"棐,輔也。从木;非聲。"按所以爲夾輔,亦二之義也。物二則不一,其泛以不一之義孳乳者,有斐氃坒輂諸文。九篇上"文部"云:"斐,分別文也。从文,非聲。"八篇上"毳部"云:"氃,毛紛紛也。从毳,非聲。"十三篇下"土部"云:"坒,塵也。从土,非聲。"十四篇上"車部"云:"輂,若軍發車百兩爲輂。从車,非聲。"比之孳乳可說者略具於此矣。

(一九三五年十月九日)

卷三　音韻之屬凡四篇

詩音有上聲説

　　近見黄君季剛《詩音上作平證》一文，舉《詩經》平上通韻百三十事爲例證，愚意恐其未然。竊意《詩經》用韻有正變之不同，平聲與平聲叶，上聲與上聲叶，入聲與入聲叶者，此正例也。平上入通叶者，此變例也。金壇段君稱古音平上爲一類，去入爲一類，又謂去聲備於魏晉，古實無之，近世學者率以爲然。由此言之，《詩》叶韻變例之中，又當別異。平與上通韻者，同類之通叶也，雖變而不失其正者也。平與入通韻者，不同類之通叶也，變之尤甚者也。今吾輩不能整齊平入，而欲劃通平上，豈古人去泰去甚之意乎！假令有人故欲與黄君違異，取黄君之百三十事證詩平音作上，不審黄君將何以難之？愚謂：《詩》音平上，界畫截然，略不相紊。何以明之？《大雅・公劉》篇三章云："京師之野，于時處處，于時廬旅，于時言言，于時語語。"處處廬旅，事類也；言言語語，事類也。廬旅二文音義全同，不同者，一平聲，一上聲耳。以上下文處處言言語語句例證之，于時廬旅本當云於時廬廬，第以廬是平音，與上文野處下文之語不叶，記詩者欲令句韻整齊，故寧令上下文句例參差，而用與廬同音同義之上聲旅字耳。藉令不爾，《詩》文四句之中，獨於此句同義變文，讀者將何以解之？頗欲質之黃君，不審果謂然否也。

(一九三三年四月八日)

之部古韻證

古韻之學始自明三山陳氏季立，其於古之咍部字，皆讀同支部之音。顧江二氏承之，因而不革。金壇段氏首明之脂支三部有分，而不能別其音讀。曲阜孔氏深服段義，而於之部音讀，云友古讀若矣，疚古讀若記，猶陳氏之説也。近定海黃氏以周撰《禮書通故》，謂當以該臺才來爲古正音，始正之部之讀。餘杭章氏撰《二十三部音準》承而用之。顧二家引而未發，於誤讀之字未遑一一糾舉，始學不免致疑。爰取今之誤讀五十餘文，爲明其正讀，或求之於經傳異文，或稽之於許書聲類。至若父本音爸，子原讀崽，嗚呼之爲阿哈，噫嘻之爲埃海，或名倫屬，或表嗞嗟，十口相傳，萬禩不易，以今證古，奄若合符。固知離析言文，未爲通識爾。

噫古讀如埃：《說文》二篇下"口部"云："噫，飽出息也。从口，意聲。"按經傳多用噫爲歎詞，今嘆詞皆云埃。

箕古讀如荄：《易·明夷》云："箕子之明夷。"《漢書·儒林傳》云："蜀人趙賓爲《易》，飾《易》文，以爲箕子明夷，陰陽氣亡箕子。箕子者，萬物方荄茲也。"《釋文》引劉向云："今《易》箕子作荄滋。"

芑古讀如該：《淮南子·時則》篇云："爨萁燧火。"高誘注云：

"萁讀該備之該也。"按該備字《説文》作晐,云:兼晐也,見七篇上"日部",《淮南注》用借字耳。

己古讀如改:《説文》三篇下"攴部"云:"改,更也。从攴,己聲。"

忌古讀如戒:《禮記·表記》云:"敬忌而罔有擇言在躬。"鄭注云:"忌之言戒也。"

記古讀亦如戒:《漢書·嚴助傳》云:"悲哀之氣,數年不息,長老至今以爲記。"謂長老至今以爲戒也。《説文》三篇上"言部"云:誋,誡也。按忌誋戒誡皆同字。

疑古讀如礙:《説文》九篇下"石部"云:"礙,止也。从石,疑聲。"又讀如懝:《説文》十篇下"心部"云:"懝,駭也。从心疑,疑亦聲。"

之古讀如臺:《説文》十二篇上"至部"云:"臺,觀四方而高者也。从至,从高省,之聲。"

寺古讀如待:《説文》二篇下"彳部"云:"待,竢也。从彳,寺聲。"

持古讀如臺:《釋名·釋宮室》云:"臺,持也,築土堅高,能自勝持也。"《淮南子·俶真》篇云:"臺簡以游太清。"高誘注云:"臺猶持也。"持與臺音同,故劉高皆以聲爲訓。又讀如待:《周禮·夏官·服不氏》云:"以旌居乏而待獲。"杜子春云:"待當爲持,書亦或爲持。"《儀禮·公食大夫禮》云:"左人待載。"注云:"古文待作持。"按持與待古音同,故互作。

時古讀如待:《易·蹇》云:"往蹇來譽,宜待也。"《釋文》云:"張本作宜時也。"又《歸妹》云:"愆期之志,有待而行也。"《釋文》云:"一本待作時。"按時待古同音,故互作。又讀如代:《莊子·徐無鬼》篇云："菫也,桔梗也,雞廱也,豕零也,是時爲帝者也。"《淮南子·説林》篇云："譬若旱歲之土龍,疾疫之芻狗,是時爲帝者也。"又《齊俗》篇云："見雨則裘不用,昇堂則蓑不御,此代爲帝者也。"三文句例並同,或作時,或作代,時代本同音也。

　　恃古讀如待:《吕氏春秋·審時》篇云："辟米不得恃定熟,仰天而死。"高注云:"恃或作待。"

　　侍古讀如待:《儀禮·士昏禮》云："媵侍於户外。"鄭注云:"今文侍作待。"《莊子·田子方》篇云："孔子便而待之。"《釋文》云:"待或作侍。"又《漁父》篇云："竊待於下風。"《釋文》云:"待或作侍。"按侍待古音同,故通作。

　　事古讀如才:《左氏·襄公四年》傳云："咨事爲諏。"《魯語》事作才。又讀如采:《史記·夏本紀》云"始事事",即《書·皐陶謨》之"載采采"。按事《廣韻》音鉏史切,本齒音字,故古音與才采同也。

　　止古讀如戴:《左氏·僖公五年》經云："會王世子於首止。"《公羊》、《穀梁》二家經皆作首戴。

　　芷古讀如茝:《史記·司馬相如傳》云："衡蘭芷若。"《索隱》引《本草》云："芷一名茝。"《禮記·内則》篇云："佩帨茝蘭。"《釋文》云:"茝本作芷。"《漢書·禮樂志》云："茝蘭芳。"注云:"茝即白芷。"此知芷與茝本一物,二字實一字也。

　　以古作目,古讀如台:《説文》二篇上"口部"云："台,説也。從口,目聲。"

　　矣古讀如唉:《説文》二篇上"口部"云："唉,應也。從口,矣聲。"又讀如欸:《説文》八篇下"欠部"云："欸,訾也。從欠,矣聲。"又讀如挨:《説文》十二篇上"手部"云："挨,擊背也。從手,矣聲。"

又讀如埃:《説文》十三篇下"土部"云:"埃,塵也。从土,矣聲。"

俟古讀如待:《儀禮·大射儀》云:"皆適次而俟。"鄭注云:"今文俟作待。"俟待古音同,故通作。《穀梁·莊公八年》傳云:"俟,待也。"以聲爲訓也。

竢古讀如待:《説文》二篇下"彳部"云:"待,竢也。"又十篇下"立部"云:"竢,待也。"二字音義皆同,實一字也。

㕢古讀如臺:《吕氏春秋·任數》篇云:"嚮者臺煤入甑中。"高注云:"臺讀作㕢。"今本誤,兹依王念孫校。

詒古讀如台:《説文》三篇上"言部"云:"詒,相欺詒也。从言,台聲。"又讀如紿:《列子·黄帝》篇云:"既而狎侮欺詒。"《釋文》云:"詒本作紿。"按《説文》十三篇上"糸部"云"紿,絲勞即紿",義與詒本有别。然《史記》酈寄紿吕禄,即假紿爲詒,緣古音二字本同,故得通假矣。

怡古讀如台:《説文》十篇下"心部"云:"怡,龢也。从心,台聲。"又讀如忹:《易·雜卦》云:"謙輕而豫怠也。"《釋文》云:"怠虞作怡。"

飴古讀如台:《説文》五篇下"食部"云:"飴,米糵煎者也。从食,台聲。"又讀如鮐:《左傳》"瑕吕飴甥",《國語·周語》韋注飴作鮐。

貽古讀如胎:《爾雅·釋魚》云:"玄貝,貽貝。"《釋文》云:"貽本作胎。"又讀如邰:《史記·曹相國世家》云:"初攻下辯故道雍斄。"《正義》云:"斄作邰,音貽。"

治古讀如台:《説文》十一篇上"水部"云:"治水出東萊曲城陽丘山,南入海。从水,台聲。"又讀如怠:《易·雜卦》云:"謙輕而豫怠也。"《釋文》云:"怠京作治。"又讀如殆:《荀子·彊國》篇云:"彊殆中國。"注云:"殆或爲治。"

始古讀如載:《孟子・梁惠王下》篇云:"湯一征,自葛始。"《滕文公下》篇作"湯始征自葛載"。《史記・夏本紀》云"始事事",即《書・皋陶謨》之載采采。又讀如臺:《孟子・萬章下》篇云:"繆公之於子思也,亟問,亟餽鼎肉。子思不悦,於卒也,摽使者出諸大門之外,北面稽首再拜而不受。曰:今而後知吾君之犬馬畜伋。蓋自是臺無餽也。"趙岐注云:"臺,賤官,主使令者。"義不可通。愚謂臺假爲始,始从台聲,古音與臺同,故《孟子》書假臺爲始矣。説詳余《〈孟子〉"臺無餽"解》)。

而古讀如耏耐:《説文》九篇下"而部"云:"耏,罪不至髡也。从而,从彡,而亦聲。"或體作耐。又讀如乃:《大戴禮・夏小正》云:"匽之興,五日翕,望乃伏。"乃伏《傳》作而伏。《書・堯典》云"試可乃已",《史記・五帝紀》作"試不可用而已"。《禮記・曲禮上》篇云"卒哭乃諱",《檀弓下》篇《雜記下》篇並作而諱。《左氏・僖公二十八年》傳云"數之以不用僖負羈而乘軒者三百人也",《史記・曹世家贊》而作乃。《史記・淮陰侯傳》云"相君之背,貴乃不可言",《漢書・蒯通傳》乃作而。《公羊・宣公十五年》傳云"吾今取此然後而歸爾",言然後乃歸也。《穀梁・莊公十二年》傳云:"國而曰歸,此邑也,其曰歸,何也?"國而曰歸即國乃曰歸也。《左氏・襄公七年》傳云:"吾乃今而後知有卜筮。"《論語・泰伯》篇云:"而今而後,吾知免夫。"而今而後即乃今而後也。

鴯古讀如怠:《莊子・山木》篇云:"東海有鳥焉,其名曰意怠。"又云:"鳥莫知於鷾鴯。"按古恒以而爲能:《齊策》云:"齊多知,而解此環否?"是其例也。又恒以能爲而:《晏子春秋・外篇》云:"入則求君之嗜欲能順之,君怨良臣,則具其往失而益之。"能順之,而順之也,是其例也。《説文》能台二字皆从目聲,故古書恆以能爲台:《漢書·天文志》云:"魁下六星兩兩而比者曰三能。"三能即三台。故注引蘇林曰"能音台",是也。而與能互相通作,能又可假爲台,則鶗鴂即意怠明矣。説詳余《莊子"意怠""鶗鴂"一鳥説》。

里古讀如趰:《説文》二篇上"走部"云:"趰,留意也。从走,里聲。讀若小兒咳。"又讀如埋:《莊子·則陽》篇云:"靈公奪而里之。"《釋文》云:"里本作埋。"

貍古讀如薶:《説文》一篇下"艸部"云:"薶,瘞也。从艸,貍聲。"又讀如霾:《説文》十一篇下"雨部"云:"風而雨土爲霾。从雨,貍聲。"又讀如埋:《周禮·夏官·校人》云:"及葬,貍之。"《釋文》云:"貍本亦作埋。"又讀如不來:《儀禮·大射儀》云:"奏貍首。"注云:"貍之言不來也。"《史記·封禪書》云:"貍首者,諸侯之不來者。"《集解》徐廣云:"貍一名不來。"按不來爲貍之合音,與薶霾埋皆唇音也。

理古讀如賚:《史記·殷本紀》云"予其大理女",即《書·湯誓》之"予其大賚汝"也。

兹古讀如才:《説文》七篇上"鼎部"云:"鼒,鼎之圜掩上者。从鼎,才聲。"或作鎡,从金,兹聲。又讀如哉:《詩·大雅·下武》云"昭兹來許",《續漢書·祭祀志》注引謝沈《後漢書》作昭哉來御。又讀如栽:《禮記·中庸》篇云:"故栽者培之。"鄭注云:"栽或爲兹。"又讀如采:《史記·周本紀》云"衛康叔封布兹",《齊太公世家》作衛康叔封布采席。又讀如載:《左傳·僖公十六年》云:"今兹魯多大喪,明年齊有亂。"杜注云:"今兹,此歲。"《孟子·滕文公下》篇云:"什一,去關市之征,今兹未能。請輕之,以待來年然後已。"趙岐注釋今兹爲今年。《吕氏春秋·任地》篇云:"今兹美禾,來茲美麥。"高誘注云："茲，年也。"《國策》二十六《韓策》云："今茲效之，明年又益求割地。"《後漢書·明帝紀》云："昔歲五穀登衍，今茲蟲麥善收。"皆稱今年爲今茲。按茲字無年歲義，凡年歲云茲者皆假爲載。《爾雅·釋天》云："載，歲也。"茲載古同音，故得相通假矣。

鼏古讀如才：《說文》七篇上"鼎部"云："鼏，鼎之圜掩上者。从鼎，才聲。"《爾雅·釋器》云："圜弇上謂之鼏。"《釋文》云："鼏郭音才。"又讀如災，如載：《爾雅·釋器》《釋文》云："鼏施音災，《字林》音載。"按《詩·周頌·絲衣》云："鼐鼎及鼏。"《毛傳》云："小鼎謂之鼏。"《藝文類聚》七十三引《爾雅》舊注云："鼏，子鼎。"按子爲幼小之稱，才子古同音，鼏文从才鼎，才鼎猶云子鼎矣。

菑古讀如𡿧：《說文》一篇下"艸部"云："菑，不耕田也。从艸田，𡿧聲。"又讀如災：《左氏·僖公十三年》傳云"天災流行"，災《史記·晉世家》作菑。《荀子·修身》篇云："菑然必以自惡也。"注云："菑讀爲災。"《爾雅·釋地》云："田一歲曰菑。"《詩·採芑》疏引孫炎注云："菑，始災殺其艸木也。"災菑音同，故孫以聲爲訓也。又讀如菜：《荀子·大略》篇云："爲幬菜敝而不反其常。"注云："菜讀爲菑。"菑或作甾，古讀如才：《禮記·玉藻》篇云："大夫佩水蒼玉而純組綬。"鄭注云："純當爲緇，古文緇字或作絲旁才。"《周禮·地官·媒氏》云："入幣純帛，無過五兩。"鄭注云："純實緇字也，古緇以才爲聲。"《詩·鄭風·丰》箋云："士妻紂衣纁袡。"《釋文》云："紂本作緇。"《禮記·檀弓上》篇云："天子之哭諸侯也，爵弁絰紂衣。"《釋文》云："紂本作緇。"王君啓湘云：菑字似當如海寧陳鱣說訓爲才耕田，故曰一歲曰菑。

子古讀如崽:《方言》十云:"崽者,子也。湘沅之間凡言是子者謂之崽,若東齊言子矣。"郭注云:"崽聲如宰。"樹達按今長沙語猶謂子爲崽,崽即子之後起字也。又讀如采:《莊子·大宗師》篇子桑户,《漢書·古今人表》作采桑羽。

梓古讀如宰:《説文》六篇上"木部"云:"梓,楸也。从木,宰省聲。"或作榟,从宰,不省。

思古讀如䚡:《説文》四下"角部"云:"䚡,角中骨也。从角:思聲。"又讀如偲:《説文》八篇上"人部"云:"偲,彊力也。从人,思聲。"按今語顋音亦同䚡偲。又讀如塞:《書·堯典》云"欽明文思安安",《魏受禪表》作欽明文塞,《後漢書》馮衍、第五倫、陳寵傳注引《尚書考靈燿》俱作文塞晏晏。

辭古讀如怠:《書·秦誓》云"俾君子易辭",《公羊·文公十二年》傳作俾君子易怠。

辝古讀如台:《説文》十四篇下"辛部"云:"辝,不受也。从受辛。"或體作辤,从台聲。

嗣古讀如台:《書·堯典》云:"舜讓于德弗嗣。"《史記·自序》云:"唐堯遜位,虞舜不台。"班固《典引》云:"有于德不台淵穆之讓。"馬班用堯典,弗嗣皆作不台。李善注《文選·典引》引《漢書音義》韋昭云:"古文台爲嗣。"

釐古讀如來:《書序》釐沃或作來沃。《詩·周頌·思文》篇云"貽我來牟",《漢書·劉向傳》引作飴我釐麰。顏注云:"釐讀與來同。"《儀禮·少牢饋食禮》云:"來汝孝孫。"注云:"來讀曰釐。"《史記·杞世家》云:"文公卒,弟平公鬱立。"《索隱》云:"一作郁釐,譙周云:名鬱來。"《左氏·隱公十年》經云"公會鄭伯于時來",《水經·濟水》注引來作釐。又讀如賚:《詩·大雅·江漢》云:"釐爾圭瓚。"《釋文》云:"釐沈又音賚。"

釐古讀如萊,如來:《左氏·襄公二十三年》傳云"獲晏氂",《魯語》作晏萊。《釋文》云:"氂徐音來。"

譆古讀如海:《説文》三篇上"言部"云:"譆,痛也。从言,喜聲。"段注云:"痛也當作痛聲。"按經傳多作嘻,今嘆痛之聲音如海。

有古讀如絠:《説文》十三篇上"糸部"云:"絠,彈彄也。从糸,有聲。"又讀如蛕:《説文》十三篇上"虫部"云:"蛕,腹中長蟲也。从虫,有聲。"又讀近䵋:《説文》十三篇下"黃部"云:"䵋,青黃色也。从黃,有聲。"又讀近洧:《説文》十一篇上"水部"云:"洧水出潁川陽城山,東南入潁。从水,有聲。"又讀近鮪:《説文》十一篇下"魚部"云:"鮪,鮥也。《周禮》:春獻王鮪。从魚,有聲。"按䵋洧鮪今音較斂,古音較侈。又古讀近灰,又近賄:《説文》五篇上"皿部"云:"盔,小甌也。从皿,有聲。讀若灰,一曰若賄。"按之微支三部音相近,咍部音最侈,微部少斂,支最斂。今讀灰賄近微部音,古音則在咍部,爲最侈之音也。

盇盇古讀如醓:《説文》盇或作盇。又十四篇下"酉部"云:"醓,肉醬也。从酉,盇聲。"醓或作𦞦。按从艸,从鹵,盇聲。

𧝑古讀如背:《釋名·釋衣服》云:"汗衣或曰鄙袒,或曰羞袒,作之用六尺,裁足覆胷背,言羞𧝑於袒而衣此耳。"按𧝑袒今言背袒,背字从北聲,北爲德部字,之咍部之入聲也。袒今讀同妲己之妲。

負古讀如陪,如倍:《書·禹貢》云"至于陪尾",《史記》作負尾,《漢書》作倍尾。《漢書·宣帝紀》云:"行幸負陽宮。"李斐云:

"負音倍。"又《東方朔傳》云:"倍陽宣曲尤幸。"師古曰:"倍陽即萯陽也。"又讀如背:《漢書·徐樂傳》云"南面背依",即負扆也。《釋名·釋姿容》云:"負,背也,置項背也。"以聲爲訓。

婦古讀與妃近:《説文》十二篇下"女部"云:"妃,匹也。從女,己聲。"按己聲在之咍部,今妃音變入微部。愚疑婦負妃三文實一字。《史記·高祖紀》云"嘗從王媼武負貰酒",以負爲婦。婦古音爲妃,猶負古音爲陪倍背也。

否古讀如婄:《説文》十二篇下"女部"云:"婄,不肖也。從女,否聲。"又讀近杏:《説文》五篇上"丨部"云:"杏,相與語唾而不受也。從丨,從否,否亦聲。"按今語唾而不受音如配之上聲,聲較斂,近微部。

母古音如每:《説文》一篇下"屮部"云:"毋,艸盛上出也。從屮,母聲。"大徐音武罪切,乃微部之音,非是。《一切經音義》六引《字林》云"每,莫改反",是也。

或問:之部諸文惟毐亥來宰再才采諸字迄今尚存古讀,他則多變爲支部之音,何也?曰:古人音讀寬緩而不迫,竊疑古讀之部之韻,蓋以啞始,以衣終。今音之衣。後世流變奪其始聲,斯流入支部矣。微部之字今亦多變入支,其理亦然。蓋微部古韻始於厄而終於衣,厄衣亦皆今音。厄音見奪,則入支部矣。由此推之,麻部今多變入模者,麻部古韻終於模也。侯部古韻今亦多變入模者,侯部古韻亦終於模也。蓋吾國聲音之變,陰聲則奪其始,入聲則奪其終,事雖相反,其由繁而之簡,由複而之單,則一也。

(一九三三年十月)

古音對轉疏證

古音對轉之說，發自孔君巽軒。孔君之殁，到今百五十年，雖部居略殊，其說漸成定論。顧孔君所爲詩聲類，例證無多。近日章太炎先生著《文始》，稍加疏證，仍嫌簡略，承學之士或用此致疑，斯大負孔君矣。不揣梼昧，頗爲疏通證明。韻部之分，取黄君季剛之說。蓋古音之學，後勝於前，計亦孔君所默許爾。

茲所疏證，凡得六宗：第一微没痕，第二歌曷寒，第三支錫青，第四模鐸唐，第五侯屋鍾，第六咍德登。自餘諸部，姑俟他日。

第一　微没痕

一之上　微痕

一　見於韻文通協者

類君比爲韻。

《詩·大雅·皇矣》云："其德克明，克明克類，克長克君。王此大邦，克順克比。"按：類比，皆微部；君，痕部。

君蔚爲韻。

《易·革象》傳云："君子豹變，其文蔚也；小人革面，順以从君也。"按：蔚，微部；君，痕部。回本師爲韻。

《荀子·致士》篇云："水深而回，樹落則糞本，弟子通利則思師。"按:回師,皆微部;本,痕部。衣汶爲韻。

《楚辭·漁父》云:"新沐者必彈冠,新浴者必振衣,安能以身之察察受物之汶汶者乎?"按:衣,微部;汶,痕部。

二　見於文字聲類者

甲　微部讀音字从痕部聲類

伊从尹聲。

《説文》八篇上"人部"云:"伊,殷聖人阿衡也,尹治天下者。从人尹。"於脂切。按:尹亦聲。尹,痕部;伊,讀入微部。

芛从尹聲。

《説文》一篇下"艸部"云:"芛,艸之皇榮也。从艸,尹聲。"羊捶切。按:尹,痕部;芛,讀入微部。祈从斤聲。

《説文》一篇上"示部"云:"祈,求也。从示,斤聲。"渠稀切。按:斤,痕部;祈,讀入微部。

旂从斤聲。

《説文》七篇上"㫃部"云:"旂,旗有衆鈴以令衆也。从㫃,斤聲。"渠希切。按:旂,讀入微部。

頎从斤聲。

《説文》九篇上"頁部"云:"頎,頭佳也。从頁,斤聲。"渠希切。按:頎,讀入微部。

沂从斤聲。

《説文》十一篇上"水部"云:"沂水出東海費東,西入泗。从水,斤聲。一曰:沂水出泰山,蓋青州浸。"魚衣切。按:沂,讀入微部。

蚚从斤聲。

《說文》十三篇上"虫部"云:"蚚,强也。从虫,斤聲。"巨衣切。按:蚚,讀入微部。

翬從軍聲。

《說文》四篇上"羽部"云:"翬,大飛也。从羽,軍聲。"許歸切。按:軍,痕部;翬,讀入微部。

樺從軍聲。

《說文》六篇上"木部"云:"樺,六叉犂。从木,軍聲。讀若緯。"呼歸切。按:樺,讀入微部。

煇從軍聲。

《說文》十篇上"火部"云:"煇,光也。从火,軍聲。"況韋切。按:煇,讀入微部。

揮從軍聲。

《說文》十二篇上"手部"云:"揮,奮也。从手,軍聲。"許歸切。按:揮,讀入微部。

墫從辜聲。

《說文》十篇下"立部"云:"磊墫,重聚也。从立,辜聲。"丁罪切。按:辜,痕部;墫,讀入微部。

焞從辜聲。

《說文》十篇上"火部"云:"焞,明也。从火,辜聲。"他昆切。按《詩·小雅·采芑》云"嘽嘽焞焞,如霆如雷",以焞與雷爲韻。《漢書·韋玄成傳》引《詩》作嘽嘽推推。據此,知古讀焞如推也。辜,痕部;焞,讀入微部。

憝從敦聲。

《說文》十篇下"心部"云:"憝,怨也。从心,敦聲。《周書》曰:

凡民罔不憝。"徒對切。按:敦,痕部;憝,讀入微部。

鐜从敦聲。

《説文》十四篇上"金部"云:"鐜,下垂也。从金,敦聲。"都回切。按:敦,痕部;鐜,讀入微部。

鐓从敦聲。

《説文》十四篇上"金部"云:"鐓,矛戟柲下銅鐏也。从金,敦聲。"徒對切。按:敦,痕部;鐓,讀入微部。

穧从糞聲。

《説文》七篇上"禾部"云:"穧,稻紫莖不黏者也。从禾,糞聲。"扶沸切。按:糞,痕部;穧,讀入微部。

玟从文聲。

《説文》一篇上"玉部"云:"玟,火齊玟瑰也。从玉,文聲。"莫桮切。按:文,痕部;玟,讀入微部。

乙　痕部讀音字从微部聲類

殷从㐭聲。

《説文》八篇上"㐭部"云:"殷,作樂之盛稱殷。从㐭,从殳。《易》曰:殷薦之上帝。"於身切。按:殷从㐭聲。㐭,微部;殷,讀入痕部。

衮从衣聲。

《説文》十篇上"火部"云:"衮,炮炙也,以微火温肉。从火,衣聲。"烏痕切。按:衣,微部;衮,讀入痕部。

員从口聲。

《説文》六篇上"員部"云:"員,物數也。从貝,口聲。"按:口,微部;員,古音與云同,讀入痕部。

胳从希聲。

《說文》四篇下"肉部"云:"胳,劊肉反出也。从肉,希聲。"香近切。按:希,微部;胳,讀入痕部。

餼从豈聲。

《說文》五篇下"食部"云:"餼,饋餼也。从食,豈聲。"五困切。按:豈,微部;餼,讀入痕部。

雛从隹聲。

《說文》四篇上"鳥部"云:"雛,祝鳩也。从鳥,隹聲。"或作隼。思允切。按:隹,微部;雛隼,讀入痕部。

牝从匕聲。

《說文》二篇上"牛部"云:"牝,畜母也。从牛,匕聲。《易》曰:畜牝牛,吉。"毗忍切。按:匕,微部;牝,讀入痕部。

三　見於文字重文者

甲　微部聲類之字或從痕部聲類

蚳或作𧓰。

《說文》十三篇上"虫部"云:"蚳,蟗子也。从虫,氐聲。"直尼切。或作𧓰。按:从辰聲。氐,微部;辰,痕部。

乙　痕部聲類之字或從微部聲類

蜦或作蜹。

《說文》十三篇上"虫部"云:"蜦,它屬也,黑色,潛於深淵,能興雲致雨。从虫,侖聲。"力屯切。或作蜹,云:"蜦或从戾。"按从戾聲。侖,痕部;戾,微部。

西或作棲。

《說文》十二篇上"西部"云:"西,鳥在巢上也。象形。"或作棲。按：棲从木，妻聲。西，古音與孫近，痕部；妻，微部。

四　見於經傳異文者

甲　微部字或作痕部字

慰或作㦴。

《詩·小雅·車舝》云："以慰我心。"《釋文》云："《韓詩》作以㦴我心。"按：慰，微部；㦴，痕部。

幾或作近。

《易·中孚》云："月幾望。"《釋文》云："幾京作近。"又《小畜》云："月幾望。"《釋文》云："幾《子夏傳》作近。"按：幾，微部；近，痕部。畿或作近。

《周禮·夏官·大司馬》云："以九畿之籍施邦國之政職。"注云："故書畿爲近。"按：畿，微部；近，痕部。

葷或作芹。

《說文》一篇下"艸部"云："葷，菜之美者，雲夢之葷。从艸，豈聲。"驅喜切。《呂氏春秋·本味》篇葷作芹。按：葷，微部；芹，痕部。

祇或作振。

《書·皋陶謨》云"日嚴祇敬六德"，《史記·夏本紀》祇作振。《禮記·內則》云："母某敢用時日祇見孺子。"鄭注云："祇或作振。"按：祇，微部；振，痕部。

祇或作震。

《書·無逸》云"治民祇懼"，祇《史記·魯世家》作震。按：祇，微部；震，痕部。

戾或作吝。

《禮記·大學》云："一人貪戾。"鄭注云："戾或爲吝。"按：戾，微部；吝，痕部。

乙　痕部字或作微部字

陻或作伊。

《書·洪範》云"鯀陻洪水"，陻《漢石經》作伊。按：陻，痕部；伊，微部。

運或作違。

《易·繫辭上》傳云："日月運行。"《釋文》云："運姚作違。"按：運，痕部；違，微部。

蘊或作委。

《左傳·昭公十年》云"蘊利生孽"，《大戴禮記·四代》篇作委利生孽。按：蘊，痕部；委，微部。

欣或作郗。

《左傳·成公十三年》云："使公子欣時逆曹伯之喪。"《漢書·古今人表》有曹郗時。師古注云："即曹欣時。"按：欣，痕部；郗，微部。

梱或作魁。

《儀禮·大射儀》云："既拾取矢，梱之。"又云："揚觶，梱復。"鄭注並云："古文梱作魁。"按：梱，痕部；魁，微部。

君或作威。

《爾雅·釋親》云："姑舅在，則曰君舅君姑。"《説文》十二篇下"女部"云："威，姑也。从女，从戌。《漢律》曰：婦告威姑。"按：威姑即君姑。君，痕部；威，微部。

辰或作夷。

《左氏·宣公十一年》經云:"夏,楚子陳侯鄭伯盟于辰陵。"辰陵《穀梁》經作夷陵。按:辰,痕部;夷,微部。

振或作楷。

《易·恒》云:"振恒,凶。"《説文》六篇上"木部"引作楷恒。按:振,痕部;楷,微部。

震或作衹。

《書·盤庚下》篇云:"爾謂朕:曷震動萬民以遷?"震《漢石經》作衹。按:震,痕部;衹,微部。

畛或作衹。

《禮記·曲禮下》篇云:"臨諸侯,畛於鬼神,曰有天王某甫。"鄭注云:"畛或爲衹。"按:畛,痕部;衹,微部。

準或作水。

《周禮·考工記·輈人》云:"輈注則利準。"鄭注云:"故書準作水。"按:準,痕部,水,微部。

洒或作潍。

《詩·邶風·新臺》云:"新臺有洒。"《釋文》云:"洒《韓詩》作潍。"按:洒,痕部;潍,微部。

分或作比。

《書·盤庚中》篇云:"女分猷念以相從。"分《漢石經》作比。按:分,痕部;比,微部。

浼或作渜。

《詩·邶風·新臺》云:"河水浼浼。"《釋文》云:"浼浼《韓詩》作渜渜。"按:浼,痕部,渜,微部。

五　見於傳注讀若者

甲　微部字讀若痕部字

衣讀若殷。

《禮記·中庸》篇云："壹戎衣而有天下。"鄭注云："衣讀如殷，聲之誤也。"按：衣，微部；殷，痕部。

敳讀若狠。

《說文》三篇下"攴部"云："敳，有所治也。从攴，豈聲。讀若狠。"五來切。按：敳，微部；狠，痕部。

蜼讀若隼。

《周禮·春官·司尊彝》云："祼用虎彝蜼彝。"鄭注云："蜼讀爲公用射隼之隼。"按：蜼，微部；隼，痕部。

匪讀若分。

《周禮·地官·廩人》云："掌九穀之數以待國之匪頒。"鄭注云："匪讀爲分。"按：匪，微部；分，痕部。

乙　痕部字讀若微部字

巹讀若几。

《說文》十四篇下"己部"云："巹，謹身有所承也。从己丞。讀若《詩》云赤舃几几。"居隱切。按：巹，痕部；几，微部。

莙讀若威。

《說文》一篇下"艸部"云："莙，牛藻也。从艸，君聲。讀若威。"渠殞切。按：莙，痕部；威，微部。䡇音巨畏反。

按：《說文》䡇从君聲，痕部。《字林》云"䡇音巨畏反"，讀入微部。

昕讀若希。

《説文》七篇上"日部"云:"昕,旦明也。从日,斤聲。讀若希。"許斤切。按:昕,痕部;希,微部。

釁讀若徽。

《周禮·春官·鬯人》云:"共其釁鬯。"鄭司農云:"釁讀爲徽。"又《雞人》云:"面禳釁。"《天府》云:"釁寶鎮。"注並同。按:釁,痕部;徽,微部。

蜦讀若戾。

《説文》十三篇上"虫部"云:"蜦,它屬也,黑色,潛於神淵,能興雲致雨。从虫,侖聲。讀若戾艸。"力屯切。按:侖,痕部;戾,微部。

六 見於語言遷變者

鬼之與昆葷。

王君國維説鬼方即昆夷,亦即葷鬻,見《觀堂集林》卷十三《鬼方昆夷玁狁考》。按:鬼,微部,昆葷,皆痕部。

脃之與屍。

《説文》四篇下"肉部"云:"脃,屍也。从肉,隹聲。"示隹切。按:脃,微部;屍,痕部。

維之與允。

《史記·匈奴傳》云:"夏后曰淳維。"晋灼曰:"周曰獫允。"按:維,微部;允,痕部。

飛之與奮。

《説文》四篇上"奞部"云:"奮,翬也。"按翬下云:"大飛也。"《詩》云:"不能奮飛。"飛,微部;奮,痕部。

一之下　没痕

一　見於文字聲類者

甲　没部讀音字从痕部聲類

嗢从昷聲。

《說文》二篇上"口部"云："嗢,咽也。从口,昷聲。"烏没切。按:昷,痕部;嗢,讀入没部。

愠从昷聲。

《說文》四篇下"歺部"云："愠,暴無知也。从歺,昷聲。"烏没切。按:昷,痕部;愠,讀入没部。

捆从囷聲。

《說文》十二篇上"手部"云："捆,手推之也。从手,囷聲。"戶骨切。按:囷,痕部;捆,讀入没部。

腯从盾聲。

《說文》四篇下"肉部"云："腯,牛羊曰肥,豕曰腯。从肉,盾聲。"他骨切。按:盾,痕部;腯,讀入没部。

乙　痕部讀音字从没部聲類

髡从兀聲。

《說文》九篇上"髟部"云："髡,鬎髮也。从髟,兀聲。"苦昆切。按:兀,没部;髡,讀入痕部。

奔从卉聲。

《說文》十篇下"夭部"云："奔,走也。从夭,卉聲。與走同意,故从夭。"博昆切。按:卉,没部;奔,讀入痕部。

蘪从卉聲。

《説文》五篇上"鼓部"云:"鼖,大鼓謂之鼖鼓,八尺而兩面,以鼓軍事。从鼓,卉聲。"符分切。按:卉,没部;鼖,讀入痕部。

饙从奔聲。

《説文》五篇下"食部"云:"饙,滫飯也。从食,奔聲。"府文切。按:奔音呼骨切,没部;饙,讀入痕部。

鯀从系聲。

《説文》十一篇下"魚部"云:"鯀,鯀魚也。从魚,系聲。"古本切。按:系,没部;鯀,讀入痕部。

吻从勿聲。

《説文》二篇上"口部"云:"吻,口邊也。从口,勿聲。"武粉切。按:勿,没部;吻,讀入痕部。

二　見於文字重文者

甲　没部聲類之字或從痕部聲類

吻或作脗。

《説文》二篇上"口部"云:"吻,口邊也。从口,勿聲。"武粉切。或作脗:云:"吻或从肉从昏。"按从昏聲。勿,没部;昏,痕部。

乙　痕部聲類之字或從没部聲類

未見。

三　見於經傳異文者

甲　没部字或作痕部字

掘或作穿。

《易·繫辭》云:"掘地爲臼。"《衆經音義》十引掘作穿。按:掘,没部;穿,痕部。

祁或作麎。

《詩·小雅·吉日》云"其祁孔有"。《鄭箋》云"祁當作麎"。按：祁，沒部；麎，痕部。

乙　痕部字或作沒部字

允或作術。

《詩·小雅·十月之交》云"仲允膳夫"，《漢書·古今人表》作膳夫中術。按：允，痕部；術，沒部。

蘊或作鬱。

《詩·大雅·雲漢》云："蘊隆蟲蟲。"《釋文》云："蘊《韓詩》作鬱。"按：蘊，痕部；鬱，沒部。

巡或作述。

《周禮·地官·鄉師》云："巡其前後之屯。"鄭注云："故書巡作述。"按：巡，痕部；述，沒部。

勉或作勿。

《詩·邶風·谷風》云"黽勉同心"，《文選》傅亮《爲宋公求加贈劉將軍表》李注引《韓詩》作密勿同心。又《小雅·十月之交》云："黽勉從事。"《漢書·劉向傳》引作密勿從事。按：勉，痕部；勿，沒部。

四　見於傳注讀若者

甲　沒部字讀若痕部字

狋讀若銀。

《説文》十篇上"犬部"云："狋，犬怒貌。从犬，示聲。一曰：犬難附。讀又若銀。"語其切。按：狋从示聲，本沒部字；銀，痕部。

乙　痕部字讀若沒部字

準音拙。

《漢書·高帝紀》云："高祖爲人隆準而龍顔。"服虔曰："準音拙。"按：準本痕部字，音拙，則讀入没部。

第二　歌曷寒

二之上　歌寒

一　見於韻文通協者

差原麻娑爲韻。

《詩·陳風·東門之枌》二章云："穀旦于差，南方之原。不績其麻，市也婆娑。"按：差麻娑，皆歌部；原，寒部。

阿難何爲韻。

《詩·小雅·隰桑》一章云："隰桑有阿，其葉有難，既見君子，其樂如何。"按：阿何，皆歌部；難，寒部。

翰憲難那爲韻。

《詩·小雅·桑扈》三章云："之屏之翰，百辟爲憲。不戢不難，受福不那。"按：翰憲難，皆寒部；那，歌部。

嫄何爲韻。

《詩·大雅·生民》一章云："厥初生民，時維姜嫄，生民如何。"按：嫄，寒部；何，歌部。

二　見於文字聲類者

甲　歌部讀音字从寒部聲類

鼉從單聲。

《説文》十三篇下"黽部"云："鼉，水蟲，似蜥易長大。从黽，單聲。"徒何切。按：單，寒部；鼉，讀入歌部。

驒从單聲。

《説文》十篇上"馬部"云："驒騱，野馬屬。从馬，單聲。一曰：驒，馬青驪白鱗，文如鼉魚也。"代何切。按：驒，讀入歌部。

奲从單聲。

《説文》十篇下"奢部"云："奲，富奲奲貌。从奢，單聲。"丁可切。按：奲，讀入歌部。

癉从單聲。

《説文》七篇下"疒部"云："癉，勞病也。从疒，單聲。"丁幹丁賀二切。按：丁賀切讀入歌部。

稏从岢聲。

《説文》七篇上"禾部"云："稏，禾丞皃。从禾，岢聲。"丁果切。按：岢，寒部；稏，讀入歌部。

楕从岢聲。

《説文》六篇上"木部"云："楕，篋也。从木，岢聲。一曰：度也。一曰：楕，剫也。"兜果切。按：岢，寒部；楕，讀入歌部。

儺从難聲。

《説文》八篇上"人部"云："儺，行有節也。从人，難聲。《詩》曰：佩玉之儺。"諾何切。按：難，寒部；儺，讀入歌部。

魌从難聲。

《説文》九篇上"鬼部"云："魌，見鬼驚詞。从鬼，難省聲。"諾何切。按：魌讀入歌部。

覶从矞聲。

《説文》八篇下"見部"云："覶，好視也。从見，矞聲。"洛戈切。

按：闋，寒部；觀，讀入歌部。

媻从般聲。

《說文》十二篇下"女部"云："媻，奢也。从女，般聲。一曰：小妻也。"薄波切。按：般，寒部；媻，讀入歌部。又按：今人呼小妻爲小媻子，字作婆，即此字也。

鄱从番聲。

《說文》六篇下"邑部"云："鄱，鄱陽豫章縣。从邑，番聲。"薄波切。按：番，寒部；鄱，讀入歌部。

皤从番聲。

《說文》七篇下"白部"云："皤，老人白也。从白，番聲。《易》曰：賁如皤如。"薄波切。按：皤，讀入歌部。

磻从番聲。

《說文》九篇下"石部"云："磻，以石箸隿繁也。从石，番聲。"博禾切。按：番，寒部；磻，讀入歌部。

播从番聲。

《說文》十二篇上"手部"云："播，穜也。从手，番聲。一曰：布也。"補過切。按：番，寒部；播，讀入歌部。

乙　寒部讀音字从歌部聲類

閴从戈聲。

《說文》三篇下"鬥部"云："閴，試力士錘也。从鬥，从戈，或从戰省。讀若縣。"胡畎切。今按：字从戈聲。戈，歌部；閴，讀入寒部。

庋从戈聲。

《說文》九篇下"广部"云："庋，屋牡瓦也。一曰：維綱也。从广，閴省聲。讀若環。"户關切。今按：字从戈聲。戈，歌部；庋，讀入寒部。

裸从果聲。

《說文》一篇上"示部"云:"祼,灌祭也。从示,果聲。一古玩切。按:果,歌部;祼,讀入寒部。

三 見於文字重文者

甲 歌部聲類之字或从寒部聲類

轙或作鑽。

《說文》十四篇上"車部"云:"轙,車衡載轡者。从車,義聲。"或作鑽,云:"轙或从金獻。"魚綺切。按:鑽从金獻聲也。義,歌部;獻,寒部。

地或作墬。

《說文》十三篇下"土部"云:"地,元氣初分,輕清陽爲天,重濁陰爲地,萬物所陳列也。从土,也聲。"或作墬,云:"籀文地从自土,彖聲。"徒四切。按也古音它,歌部;彖,寒部。又按:此字小徐从彖聲,本不誤。段氏不知也古音在歌,地重文从彖聲,由於歌寒對轉,故改彖爲豕,以與蠡傢並論,謂也本間於支歌兩部之間,大誤。

乙 寒部聲類之字或从歌部聲類

未見。

四 見於經傳異文者

甲 歌部字或作寒部字

施或作延。

《詩·大雅·旱麓》云:"施于條枚。"《呂覽·知分》篇《韓詩外傳》卷二引《詩》及《後漢書·黃琬傳》注引《新序》施並作延。按:施,歌部;延,寒部。

蔿或作薳。

《左傳》蔿賈蔿敖作蔿，薳子馮作薳。又襄公二十五年云："楚蔿掩爲司馬。"《漢書·古今人表》作薳奄。按：蔿，歌部；薳從遠聲，寒部。

僞或作然。

《莊子·齊物論》云："道惡乎隱而有眞僞？"《釋文》云："眞僞崔本作眞然。"按：僞，歌部；然，寒部。

麗或作連。

《儀禮·士喪禮》云："設決麗於掔。"鄭注云："古文麗亦爲連。"按：麗，歌部；連，寒部。

皮或作繁。

《儀禮·鄉射禮》云："君國中射，則皮樹中。"鄭注云："今文皮樹爲繁豎。"按：皮，歌部；繁，寒部。

披或作藩。

《儀禮·旣夕禮》云："設披。"鄭注云："今文披皆爲藩。"按：披，歌部；藩；寒部。

乙　寒部字或作歌部字

焉或作爲。

《禮記·三年問》云："加隆焉爾也。"《釋文》云："焉一本或作爲。"按：焉，寒部；爲，歌部。

韓或作何。

《史記》四《周本紀》云："何不令人謂韓公叔？"《集解》徐廣曰："韓一作何。"應劭曰："《氏姓注》云，以何姓爲韓後。"按：韓，寒部；何，歌部。

獻或作儀。

《書·大誥》云"民獻有十夫",民獻《尚書大傳》作民儀。又《皋陶謨》云"萬邦黎獻",黎獻漢《孔宙碑》《田君碑》作黎儀。按:獻,寒部;儀,歌部。

灌或作戈。

《左傳·襄公四年》云:"使澆用師滅斟灌及斟鄩氏。"《史記·夏本紀》贊灌作戈。按:灌,寒部;戈,歌部。

嘽或作痑。

《詩·小雅·四牡》云:"嘽嘽駱馬。"《説文》七篇下"疒部"痑下引作痑痑駱馬。痑,丁可切。按:嘽,寒部;痑,歌部。

愆或作過。

《書·牧誓》云:"不愆於六步七步。"愆《史記·周本紀》作過。按:愆,寒部;過,歌部。

騫或作虧。

《詩·小雅·天保無羊》皆云:"不騫不崩。"《毛傳》云:"騫,虧也。"《魯頌·閟宮》云:"不虧不崩。"按:騫,寒部;虧,歌部。

欑或作挫。

《儀禮·士喪禮》注云:"君殯用輴,欑至於上。"《釋文》云:"欑劉本作挫。"按:欑,寒部;挫,歌部。

酇或作醝。

《周禮·天官·酒正》云:"三曰盎齊。"注云:"盎猶翁也,成而翁翁然蔥白色如今酇白矣。"《釋文》云:"酇白即今之白醝酒也,宜作醝。"按:酇,寒部;醝,歌部。

爨或作炊。

《左傳·宣公十五年》云:"析骸以爨。"《史記·楚世家》作析骨而炊。按:爨,寒部;炊,歌部。

番或作皮。

《詩·小雅·十月之交》云:"番維司徒。"《漢書·古今人表》作司徒皮。按:番,寒部;皮,歌部。

五 見於傳注讀若者

甲 歌部字讀若寒部字

酏讀若餐。

《禮記·内則》云:"羞,糗餌粉酏。"鄭注云:"酏當爲餐。"《釋文》云:"酏讀爲餐。"按:酏,歌部;餐,寒部。

撝讀爲宣。

《易·謙卦》云:"撝謙。"釋文云:"撝鄭讀爲宣。"按:撝,歌部;宣,寒部。

和讀爲桓。

《書·禹貢》云。"和夷底績。"鄭注云:"和讀爲桓。"按:和,歌部;桓,寒部。

乙 寒部字讀若歌部字

棳讀若撝。

《說文》六篇上"木部"云:"棳,履法也。从木,爰聲。讀若指撝。"吁卷切。按:棳,寒部;撝,歌部。

雚讀若和。

《說文》四篇上"雚部"云:"雚,雗屬。从隹,从𠂇,有毛角。所鳴,其民有旤。讀若和。"胡官切。按:雚,寒部;和,歌部。

獻讀爲犧。

《周禮·春官·司尊彝》云:"其朝踐用兩獻尊。"鄭司農云:"獻讀爲犧。"按:獻,寒部;犧,歌部。

獻讀爲儀，又讀爲莎。

《周禮·春官·司尊彝》云："鬱齊獻酌。"注云："鄭司農云：獻讀爲儀。玄謂獻讀爲摩莎之莎。"按：儀莎，皆歌部。

獻讀爲沙。

《儀禮·大射儀》云："兩壺獻酒。"鄭注云："獻讀爲沙。"按：沙，歌部。

窾讀曰科。

《淮南子·説山》篇云："見窾木浮而知爲舟。"注云："窾，穴，讀曰科也。"按：窾，寒部；科，歌部。

厃讀若捶。

《説文》九篇上"厃部"云："厃，小厂也。从厂，耑聲。讀若捶擊之捶。"旨沇切。按：厃，寒部；捶，歌部。

六　見於語言轉變者

鏃之與鋋。

《方言》九云："矛，吳揚江淮南楚五湖之閒謂之鏃，或謂之鋋。"按：鏃，歌部；鋋，寒部。

桓之與和。

《漢書·酷吏·尹賞傳》云："安所求子死？桓東少年場。"注如淳曰："陳宋之俗言桓聲如和。"《史記·文帝紀》索隱云："陳楚俗：桓聲近和。"

言之與我。

《爾雅·釋詁》云："言，我也。"按：言音語軒切，疑母寒部字，聲轉爲歌部之我。

鴈之與鵝。

《説文》四篇上"鳥部"云:"鴈,䳺也。从鳥人,厂聲。"五晏切。按:鴈,寒部;䳺,歌部。

蠻之與麻。

《史記》四《周本紀》云:"楚莊王伐陸渾之戎。"《正義》云:"《括地志》云:故麻城謂之蠻中。"《左傳·哀公四年》云:"單浮餘圍蠻氏。"杜預云:"城在河南新城東南。伊洛之戎陸渾,蠻氏城也,俗以爲麻,蠻聲相近故耳。"按:蠻,寒部;麻,歌部。

二之下　曷寒

一　見於韻文通協者

勸列藝爲韻。

《禮記·禮運》云:"以四時爲柄,故事可勸也;以日星爲紀,故事可列也;月以爲量,故功有藝也。"按:勸,寒部;列藝,皆曷部。

勸鉞爲韻。

《禮記·中庸》云:"是故君子不賞而民勸,不怒而民威於斧鉞。"按:勸,寒部;鉞,曷部。

達僈爲韻。

《荀子·脩身》篇云:"凡用血氣志意知慮,由禮則治達,不由禮則勃亂提僈。"按:達本誤作通,茲依王引之校正。下文節疾爲韻,雅野爲韻,生成甯爲韻,通與僈不韻,故王校改也。達,曷部;僈,寒部。

二　見於文字聲類者

甲　曷部讀音字从寒部聲類

兑从𠔿聲。

《説文》八篇下"儿部"云："兌，説也。从儿，㕣聲。"大外切。按：㕣，寒部；兌，讀入曷部。

挹从匽聲。

《説文》十二篇上"手部"云："挹，拔也。从手，匽聲。"烏黠切。按：匽，寒部；挹，讀入曷部。

頞从安聲。

《説文》九篇上"頁部"云："頞，鼻莖也。从頁，安聲。"烏割切。按：安，寒部；頞，讀入曷部。

焆从肙聲。

《説文》十篇上"火部"云："焆，焆焆，烟貌。从火，肙聲。"因悦切。按：肙，寒部，焆，讀入曷部。

黦从宛聲。

《説文》十篇上"黑部"云："黦，黑有文也。从黑，宛聲。"於月切。按：宛，寒部；黦，讀入曷部。

岸从厂聲。

《説文》九篇下"屵部"云："岸，岸高也。从山屵，厂亦聲。"五葛切。按：厂，寒部；岸，讀入曷部。

觼从夐聲。

《説文》四篇下"角部"云："觼，環之有舌者。从角，夐聲。"古穴切。按：夐，寒部；觼，讀入曷部。

齾从獻聲。

《説文》二篇下"齒部"云："齾，缺齒也。从齒，獻聲。"五鎋切。按：獻，寒部；齾，讀入曷部。

櫱从獻聲。

《説文》六篇上"木部"云："櫱，伐木餘也。从木，獻聲。"五葛切。按：櫱，讀入曷部。

瀶从獻聲。

《説文》十一篇上"水部"云："瀶，議辠也。从水獻，與灋同意。"魚列切。按：瀶字从獻聲也，讀入曷部。

轈从獻聲。

《説文》十四篇上"車部"云："轈，載高皃。从車，獻聲。"五葛切。按：轈，讀入曷部。

舌从干聲。

《説文》三篇上"舌部"云："舌，在口所以言別味者也。从干口，干亦聲。"食列切。按：干，寒部；舌，讀入曷部。

訐从干聲。

《説文》三篇上"言部"云："訐，面相斥罪告訐也。从言，干聲。"居謁切。按：訐，讀入曷部。

斡从𠦝聲。

《説文》十四篇上"斗部"云："斡，蠡柄也。从斗，𠦝聲。楊雄杜林説皆以爲軺車輪斡也。"烏括切。按：𠦝，寒部；斡，讀入曷部。

捾从官聲。

《説文》十二篇上"手部"云："捾，搯捾也。从手，官聲。一曰：援也。"烏括切。按：官，寒部；捾，讀入曷部。

軏从元聲。

《説文》十四篇上"車部"云："軏，車轅耑持衡者。从車，元聲。"魚厥切。按：元，寒部；軏，讀入曷部。

靼从旦聲。

《説文》三篇下"革部"云："靼，柔革也。从革，旦聲。"旨熱切。

181

按:旦,寒部;靼,讀入曷部。

怛从旦聲。

《說文》十篇下"心部"云:"怛,憯也。从心,旦聲。"得案當割二切。按:當割切讀入曷部。

笪从旦聲。

《說文》五篇上"竹部"云:"笪,笞也。从竹,旦聲。"當割切。按:笪,讀入曷部。

點从旦聲。

《說文》十篇上"黑部"云:"點,白而有黑也。从黑,旦聲。"當割切。按:點,讀入曷部。

瑞从耑聲。

《說文》一篇上"玉部"云:"瑞,以玉爲信也。从玉,耑聲。"是偽切。按:耑,寒部;瑞,讀入曷部。大徐不知曷寒對轉之故,乃改耑聲爲从耑,非也。

惴从耑聲。

《說文》十篇下"心部"云:"惴,憂懼也。从心,耑聲。"之瑞切。按:揣讀入曷部。

揣从耑聲。

《說文》十二篇上"手部"云:"揣,量也。从手,耑聲。"初委切。按:揣,讀入曷部。小徐不知對轉之故,故云當从瑞省,非也。

喙从彖聲。

《說文》二篇上"口部"云:"喙,口舌也。从口,彖聲。"許穢切。按:彖,寒部;喙,讀入曷部。

幭从蔑聲。

《說文》七篇下"巾部"云:"幭,帬也。一曰:帔也。一曰:婦人臠衣。从巾，戔聲。讀若末殺之殺。"所八切。按：戔，寒部；幧，讀入曷部。

黱从算聲。

《說文》十篇上"黑部"云："黱，黃黑而白也。从黑，算聲。一曰：短黑。讀若以芥爲齏名曰芥蒫也。"初刮切。按：算，寒部；黱，讀入曷部。

潨从算聲。

《說文》十一篇上"水部"云："潨，歠歠也。从水，算聲。一曰：吮也。"先刮切。按：潨，讀入曷部。

邁从萬聲。

《說文》二篇下"辵部"云："邁，遠行也。从辵，萬聲。"莫話切。按：萬，寒部；邁，讀入曷部。又按：萬聲从小徐本，大徐作蠆省聲，非也。

糲从萬聲。

《說文》七篇上"米部"云："糲：粟重一柘爲十六斗大半斗，舂爲米一斛，曰糲。从米，萬聲。"洛帶切。按：糲，讀入曷部。

蠣从萬聲。

《說文》十三篇上"虫部"云："蠣：蚌屬，似蠊，微大，出海中，今民食之。从虫，萬聲。讀若賴。"力制切。按：蠣，讀入曷部。

勱从萬聲。

《說文》十三篇下"力部"云："勱，勉力也。从力，萬聲。《周書》曰：用勱相我國家。讀與厲同。"莫話切。按：勱，讀入曷部。

乙　寒部讀音字从曷部聲類

堅从臤聲。

《説文》一篇上"玉部"云:"瑓,石之似玉者。从玉,眅聲。"烏貫切。按:眅,曷部;瑓,讀入寒部。

掔从眅聲。

《説文》十二篇上"手部"云:"掔,手掔也。从手,眅聲。"烏貫切。按:掔,讀入寒部。

憲从害聲。

《説文》十篇下"心部"云:"憲,敏也。从心目,害省聲。"許建切。按:害,曷部;憲,讀入寒部。

嬾从賴聲。

《説文》十二篇下"女部"云:"嬾,懈也。从女,賴聲。一曰:臥也。"洛旱切。按:賴,曷部;嬾,讀入寒部。

憨从毄聲。

《説文》十篇下"心部"云:"憨,精戇也。从心,毄聲。"千短切。按:毄,曷部;憨,讀入寒部。

叡从歺聲。

《説文》四篇下"叡部"云:"叡,殘穿也。从又歺,歺亦聲。讀若殘。"昨干切。按:歺,曷部;叡,讀入寒部。

莧从苜聲。

《説文》十篇上"莧部"云:"莧,山羊細角者。从兔足,苜聲。"按:苜,曷部;莧,讀入寒部。

三 見於文字重文者

甲 曷部聲類之字或從寒部聲類

鋭或作剡。

《説文》十四篇上"金部"云:"鋭,芒也。从金,兌聲。"以芮切。

或作剈,云:"籀文鋭从厂剡。"段氏曰:剈从剡,厂聲,合韻。按:兌,曷部;厂,寒部。

駾或作瘝。

《詩·大雅·緜》云:"混夷駾矣。"《廣韻》引作昆夷瘝矣。按:説文十篇上駾从兌聲,曷部;瘝从象聲,象在寒部。

璿或作琁。

《説文》一篇上"玉部"云:"璿,美玉也。从玉,睿聲。"或作琁,云:"璿或从旋省。"從段校按:此从旋省聲也。睿爲叡之重文,曷部;旋,寒部。

乙　寒部聲類之字或從曷部聲類

頞或作齃。

《説文》九篇上"頁部"云:"頞,鼻莖也。从頁,安聲。"烏割切。或作齃,云:"或从鼻曷。"按:从鼻,曷聲。安,寒部,曷,曷部。

四　見於經傳異文者

甲　曷部字或作寒部字

鶡或作鴠,或作侃。

《禮記·月令》云:"鶡旦不鳴。"鶡旦《方言》八作鴠鳰,《廣志》作侃旦。按:鶡,曷部;鴠、侃,皆寒部。又按:《説文》四篇上"鳥部"云:"鳰,渴鳰也。"《太平御覽》九百二十一引作可旦。按:可,歌部。或作可,或作曷、渴,或作鴠、侃,歌曷寒之轉也。

會或作冠。

《詩·衛風·淇奥》云:"會弁如星。"《吕氏春秋·上農》篇注引作冠弁如星。按:會,曷部;冠,寒部。

刮或作捥。

《周禮·考工記》云："刮摩之工五。"鄭注云："故書刮作捖。"按：刮，曷部；捖，寒部。

闕或作關。

《左傳·昭公二十六年》云："王使女寬守闕塞。"《釋文》本作關塞。按：闕，曷部；關，寒部。

大或作奲。

《易·繫辭上》傳云："成天下之亹亹者莫大乎蓍龜。"大《釋文》本作奲，云："本亦作莫大。"《漢書·藝文志》、《白虎通·蓍龜》篇、《公羊傳·定公八年》注、《禮記·禮運》篇注、《儀禮·士冠禮》疏引皆作奲。按：大，曷部；奲，寒部。

稅或作祿。

《禮記·喪大記》云："士妻以稅衣。"稅《周禮·内司服》注引作祿。按：稅，曷部；祿，寒部。

滯或作廛。

《周禮·地官·廛人》云："凡珍異之有滯者。"鄭注云："故書滯或作廛。"按：滯，曷部；廛，寒部。

滯或作癉。

《周禮·地官·泉府》云："斂市之不售貨之滯于民用者。"鄭注云："故書滯爲癉。"按：滯，曷部；癉，寒部。

截或作諓。

《書·秦誓》云："惟截截善諞言。"截截王逸《楚辭·九歎注》引作諓諓。按：截，曷部；諓，寒部。

乙　寒部字或作曷部字

延或作誓。

《禮記·射義》云："使子路執弓矢出延射。"鄭注云："延或爲誓。"按：延，寒部；誓，曷部。

安或作喝。

《説文》七篇上"日部"云："曥，安曥，温也。"《廣雅·釋詁》云："喝曥，煖也。"安作喝。按：安，寒部；喝，曷部。

按或作遏。

《詩·大雅·皇矣》云："以按徂旅。"《孟子·梁惠王》篇引作以遏徂莒。按：按，寒部；遏，曷部。

舘或作鎋。

《儀禮·既夕》記云："木舘。"鄭注云："今文舘爲鎋。"按：舘，寒部；鎋，曷部。

纁或作韎。

《爾雅·釋器》云："一染謂之纁。"《説文》五篇下"韋部"云："韎，茅蒐染韋也，一入曰韎。从韋，末聲。"按：纁，寒部；韎，曷部。

睆或作刮。

《禮記·檀弓上》篇云："華而睆。"鄭注云："説者以睆爲刮節目，字或爲刮。"按：睆，寒部；刮，曷部。

褖或作税。

《禮記·玉藻》云："士褖衣。"鄭注云："褖或作税。"按：褖，寒部；税，曷部。

五　見於傳注讀若者

甲　曷部字讀若寒部字

衊讀若漫。

《漢書·文三王傳》云："污衊宗室。"孟康曰："衊音漫。"按《説文》五篇上"血部"衊从蔑聲，莫結切，曷部；漫，寒部。

乙　寒部字讀若曷部字

捖讀若刮。

《周禮·考工記》云:"刮摩之工五。"鄭注云:"故書刮作捖。"鄭司農云:"捖讀爲刮。"按:捖,寒部;刮,曷部。

觼讀若繣。

《說文》四篇下"角部"云:"觼,揮角貌。從角,雚聲。又讀若繣。"況袁切。按:觼,寒部;繣,曷部。

蠸讀若繣。

《說文》十三篇上"虫部"云:"蠸,蟲也。讀若蜀郡布名。從虫,雚聲。"巨員切。按十三篇上"糸部"云:"繣,蜀細布也。"此與觼讀若繣正同。蠸,寒部;繣,曷部。

嬽讀若繣。

《說文》十二篇下"女部"云:"嬽,好也。從女,奰聲。讀若蜀郡布名。"委員切。按:此亦讀若繣也。嬽,寒部;繣,曷部。

六　見於語言轉變者

乙之與燕。

《說文》十二篇上"乙部"云:"乙,玄鳥也。"又十一篇下"燕部"云:"燕,玄鳥也。"按:乙,曷部;燕,寒部。

嶡之與梡。

《禮記·明堂位》云:"俎,有虞氏以梡,夏后氏以嶡。"又云:"俎用梡嶡。"疏云:"嶡亦如梡,而橫柱四足中央如距也。賀云:直有腳曰梡,加腳中央橫木曰嶡。"按:嶡,曷部;梡,寒部。

闕之與觀。

《說文》十二篇上"門部"云:"闕,門觀也。"按:闕,曷部;觀,寒部。

聐之與讙。

《說文》十三篇上"耳部"云："聐，讙語也。"按：聐，曷部；讙，寒部。

闊之與寬。

《漢書·王莽傳上》注云："闊，寬也。"按：闊，曷部；寬，寒部。

蕝之與纂。

《史記·叔孫通傳索隱》引《纂文》云："蕝，今之纂字。"按：蕝，曷部；纂，寒部。

第三　支錫青

三之上　支青

一　見於文字聲類者

甲　支部讀音字从青部聲類

盱从幵聲。

《說文》四篇上"目部"云："盱，蔽人視也。从目，幵聲。讀若攜手。"古兮切。《廣韻》云："戶圭切。"按：幵，青部；盱，讀入支部。

笄从幵聲。

《說文》五篇上"竹部"云："笄，簪也。从竹，幵聲。"古兮切。按：笄，讀入支部。

乙　青部讀音字从支部聲類

烓从圭聲。

《説文》十篇上"火部"云："烓,行竈也。从火,圭聲。讀若回。"口迴切。按:圭,支部;烓,讀入青部。

鞞从卑聲。

《説文》三篇下"革部"云："鞞,刀室也。从革,卑聲。"并頂切。按:卑,支部;鞞,讀入青部。

蠠从庫聲。

《説文》十三篇上"虫部"云："蠠,陛也,脩爲廳,圜爲蠤。从虫,庫聲。"蒲猛切。按:庫,支部;蠠,讀入青部。

二　見於經傳異文者

甲　支部字或作青部字

赳或作頃頲。

《説文》二篇上"走部"云："赳,半步也。从走,圭聲。"丘弭切。《禮記·祭義》篇云："故君子頃步而弗敢忘孝也。"《荀子·勸學》篇云："故不積頲步,無以至千里。"按頃頲皆赳之假字。赳,支部;頃、頲,青部。

軹或作軝。

《周禮·夏官·大馭》云："僕左執轡,右祭兩軹,祭軓。"鄭注云："故書軹爲軝。"按:軹,支部;軝,青部。

乙　青部字或作支部字

未見。

三　見於傳注讀若者

甲　支部字讀若青部字

未見。

乙　青部字讀若支部字

頃讀爲跬。

《禮記・祭義》篇云："故君子頃步而弗敢忘孝也。"鄭注云："頃讀爲跬，聲之誤也。"按：頃，青部；跬，支部。

三之下　錫青

一　見於文字聲類者

甲　錫部讀音字从青部聲類

蓂从冥聲。

《説文》一篇下"艸部"云："蓂，析蓂，大薺也。从艸，冥聲。"莫歷切。按：冥，青部；蓂，讀入錫部。

幎从冥聲。

《説文》七篇下"巾部"云："幎，幔也。从巾，冥聲。《周禮》有幎人。"莫狄切。按：幎，讀入錫部。

䖑从冥省聲。

《説文》五篇上"虎部"云："䖑，白虎也。从虎，冥省聲。讀若鼏。"莫狄切。按：䖑，讀入錫部。冥省聲本誤作昔省聲，此從段氏校正。

汨从冥省聲。

《説文》十一篇上"水部"云："汨，長沙汨羅淵也。从水，冥省聲。屈原所沈水。"莫狄切。按：汨，讀入錫部。

乙　青部讀音字从錫部聲類

餳从易聲。

《説文》五篇下"食部"云："餳，飴和饊者也。从食，易聲。"徐盈切。按：易，錫部；餳，讀入青部。

冥从冖聲。

《説文》七篇上"冥部"云："冥，幽也。从日，从六，冖聲。日數十，十六日而月始虧幽也。"莫經切。按：冖，錫部；冥，讀入青部。

二　見於經傳異文者

甲　錫部字或作青部字

役或作穎。

《詩·大雅·生民》云："禾役穟穟。"《説文·禾部》兩引皆作禾穎。按：役，錫部；穎，青部。

乙　青部字或作錫部字

螟蚓或作䗲。

《禮記·月令》云："季夏之月，腐草爲螢。"《吕氏春秋·季夏紀》《淮南·時則》篇皆云："腐草化爲蚓。"《説文》十三篇上"虫部"引《明堂月令》曰："腐草爲䗲。"按：螢、蚓，皆青部；䗲从益聲，本錫部字。

三　見於傳注讀若者

帝讀若定。

《周禮·春官·瞽矇》云："世奠繫。"鄭注云："故書奠或爲帝。杜子春云：帝讀爲定。"按：帝，錫部；定，青部。

四　見於語言轉變者

脊之與雅，與精。

《詩·小雅·常棣》云："脊令在原。"《毛傳》云："脊令，雝渠也。"《説文》四篇上"隹部"云："雅，石鳥，名雝渠，一曰精列。"按：脊令語轉爲雅，又爲精列。脊，錫部；雅、精，皆青部。

第四　模鐸唐

四之上　模唐

一　見於韻文通協者

旅廣簧鼓武相雅語古家下爲韻。

《禮記・樂記》篇云："子夏對曰：今夫古樂，進旅退旅，和正以廣，弦匏笙簧，會守拊鼓，始奏以文，復亂以武，治亂以相，訊疾以雅。君子於是語，於是道古，脩身及家，平均天下，此古樂之發也。"按：旅、鼓、武、雅、語、古、家、下，皆模部；廣、簧、相，皆唐部。

雨影處楚所爲韻。

《呂氏春秋・應同》篇云："故以龍致雨，以形逐影，師之所處，必生棘楚。禍福之所自來，衆人以爲命，安知其所。"按：雨、處、楚、所，皆模部；影，唐部。

與莽序暮度路爲韻。

《楚辭・離騷》云："汨余若將不及兮，恐年歲之不吾與。朝搴阰之木蘭兮，夕攬洲之宿莽，日月忽其不淹兮，春與秋其代序，惟草木之零落兮，恐美人之遲暮，不撫壯而棄歲兮，何不改此度？乘騏驥以馳騁兮，來吾道夫先路。"按：與、序、暮、度，皆模部；莽，唐部。路今爲鐸部，古平入可通協也。

莽土爲韻。

《楚辭・懷沙》云："滔滔孟夏兮，草木莽莽；傷懷永哀兮，汨徂南土。"按：莽，唐部；土，模部。

迎故爲韻。

《楚辭·離騷》云:"百神翳其備降兮,九疑繽其並迎;皇剡剡其揚靈兮,告余以吉故。"按:迎,唐部;故,模部。

下怒迕莽爲韻。

宋玉《風賦》云:"緣泰山之阿,舞於松柏之下,飄忽淜滂,激颺熛怒,耿耿雷聲,迴穴錯迕,礫石伐木,梢殺林莽。"按:下、怒、迕,皆模部;莽,唐部。

呂廣爲韻。

《春秋寶乾圖》云:"移河爲界在齊呂,填闕八流以自廣。"按:呂,模部;廣,唐部。

二　見於文字聲類者

甲　模部讀音字从唐部聲類

觕从爿聲。

《說文》四篇下"角部"云:"觕,角長貌。从角,爿聲。讀若麤觕。"徂古切。按:此字从段說。爿,唐部;觕,讀入模部。

普从竝聲。

《說文》七篇上"日部"云:"普,日無色也。从日,竝聲。"滂古切。按:竝,唐部;普,讀入模部。

莫从茻聲。

《說文》一篇下"茻部"云:"莫,日且冥也。从日在茻中,茻亦聲。"莫故切。按:茻,唐部;莫,讀入模部。

攻从亡聲。

《說文》三篇下"攴部"云:"攻,撫也。从攴,亡聲。讀與撫同。"芳武切。按:亡,唐部;攻,讀入模部。

乙　唐部讀音字从模部聲類

帑从奴聲。

《玉篇》下二十八"巾部"云："帑,乃胡切。金布所藏之府。又他朗切。"按：奴,模部；帑,他朗切,讀入唐部。

駔从且聲。

《說文》十篇上"馬部"云："駔,壯馬也。从馬,且聲。一曰：駔,會也。"子朗切。按：且,模部；駔,讀入唐部。

三　見於文字重文者

甲　模部聲類之字或从唐部聲類

撫或作㧅。

《說文》十二篇上"手部"云："撫,安也。从手,無聲。"或作㧅,云："古文撫从亡疋。"按：从亡聲。無,模部；亡,唐部。舞或作䍃。《說文》五篇下"舛部"云："舞,樂也。用足相背。从舛,無聲。"或作䍃,云："古文舞从羽亡",按：从亡聲。無,模部；亡,唐部。

乙　唐部聲類之字或从模部聲類

未見。

四　見於經傳異文者

甲　模部字或作唐部字

序或作象。

《易·繫辭上》傳云："是故君子所居而安者,《易》之序也。"《釋文》云："序虞作象。"按：序,模部；象,唐部。

無或作亡。

《詩·鄘風·相鼠》云："人而無儀。"《漢書·五行志》引無作亡。又《陳風·宛丘》云："無冬無夏。"《漢書·地理志》引無皆作亡。又《大雅·文王有聲》云："無思不服。"《漢書·平帝紀》引無作亡。又《大雅·抑》云："無言不讎，無德不報。"《漢書》王莽、丙吉傳兩引無並作亡。按：無，模部；亡，唐部。

憮或作荒。

《禮記·投壺》篇云："無憮無敖。"憮《大戴禮記》作荒。按：憮，模部；荒，唐部。

乙　唐部字或作模部字

荒或作憮。

《詩·魯頌·閟宫》云："遂荒大東。"《爾雅·釋詁》郭注引荒作憮。按：荒，唐部；憮，模部。

迎或作御。

《史記·天官書》云："迎角而戰，不勝。"徐廣曰："迎一作御。"按：迎，唐部；御，模部。

五　見於語言轉變者

于之與往。

《詩·周南·桃夭》云："之子于歸。"《毛傳》云："于，往也。"按：于，模部；往，唐部。

汙之與汪。

《説文》十一篇上"水部"云："汙，小池爲汙。"又云："汪，池也。"按：汙，模部；汪，唐部。

予之與陽。

《爾雅·釋詁》云："陽，予也。"按：陽予一聲之轉。予，模部；陽，唐部。

吾之與卬。

《爾雅·釋詁》云："卬，吾，我也。"按：卬吾一聲之轉。吾，模部；卬，唐部。

徒之與黨。

《淮南子·俶真》篇云"分徒而訟。"高注云："徒，黨也。"按：徒，模部；黨，唐部。

且之與將。

且將同義。按：且，模部；將，唐部。

胥之與相。

《穀梁·桓公三年》傳云："胥之爲言猶相也。"按：胥，模部；相，唐部。

序之與庠。

《孟子·滕文公上》篇云："夏曰校，殷曰序，周曰庠。"按：序，模部；庠，唐部。

甫之與昉。

《儀禮·鄉射禮》注云："甫，始也。"《列子·黃帝》篇注云："昉，始也。"按：甫，模部；昉，唐部。

逋之與亡。

《説文》二篇下"辵部"云："逋，亡也。"按：逋，模部；亡，唐部。

溥之與旁。

《説文》一篇上"上部"云："旁，溥也。"按：溥，模部；旁，唐部。

蟆之與黽。

《説文》十三篇上"虫部"云："蟆，蝦蟆也。从虫，莫聲。"莫遐切。又十三篇下"黽部"云："黽，鼃黽也。"莫杏切。"鼀，蝦蟆也。"按：蟆，模部；黽，唐部。

輔之與榜。

《說文》六篇上"木部"云:"枈,輔也。"徐鍇曰:"輔即弓檠也。"《說文》又云:"榜,所以輔弓弩。"又云:"檠,榜也。"《鹽鐵論·申韓》篇云:"若隱栝輔檠之正弧剌也。"《韓非子·外儲說右》篇云:"榜檠者,所以矯不直也。"輔檠榜檠同。按:輔,模部;榜,唐部。

四之下　鐸唐

一　見於文字聲類者

甲　鐸部讀音字从唐部聲類

彉从黃聲。

《説文》十二篇下"弓部"云:"彉,滿弩也。从弓,黃聲。讀若郭。"苦郭切。按:黃,唐部;彉,讀入鐸部。

擴从廣聲。

《玉篇》云:"擴,古莫切,引張之意。"按:字从廣聲。廣,唐部;擴,讀入鐸部。

乙　唐部讀音字从鐸部聲類

宕从石聲。

《説文》七篇下"宀部"云:"宕,過也。一曰:洞屋。从宀,碭省聲。汝南項有宕鄉。"樹達按:當從石聲,許說非是。石,鐸部;宕,讀入唐部。

二　見於經傳異文者

甲　鐸部字或作唐部字

逆或作迎。

《左傳·襄公二十六年》云:"逆於門者,頷之而已。"《說文》九篇上"頁部"引逆作迎。又昭公十三年云:"歸楚而不逆。"《史記·

楚世家》作不迎。又哀公二年云："八人衰絰僞自衛逆者。"《史記·孔子世家》逆作迎。又哀公六年云："逆越女之子章立之而後還。"《史記·楚世家》逆作迎。按：逆，鐸部；迎，唐部。

阼或作堂。

《禮記·坊記》云："大斂於阼。"鄭注云："阼或爲堂。"按：阼，鐸部；堂，唐部。

乙　唐部字或作鐸部字

未見。

三　見於傳注讀若者

甲　鐸部字讀若唐部字

矍讀如穬。

《說文》四篇上"瞿部"云："矍，隹欲逸走也。从又，持之矍矍也。讀若《詩》云穬彼淮夷之穬。一曰：視遽貌。"九縛切。按：矍，鐸部；穬从廣聲，廣，唐部。今《詩·魯頌·泮水》篇作憬彼淮夷，憬亦唐部字也。

乙　唐部字讀若鐸部字

未見。

第五　侯屋鍾

五之上　侯鍾

一　見於韻文通協者

後鞏後爲韻。

《詩·大雅·瞻卬》云:"不自我先,不自我後,藐藐昊天,無不克鞏,無忝皇祖,式救爾後。"按:後,侯部;鞏,鍾部。

二　見於文字聲類者

甲　侯部讀音字从鍾部聲類

酗从凶聲。

酗爲酌之或體,詳見下重文條。酗从凶聲,讀香遇切。凶,鍾部;酗,讀入侯部。

乙　鍾部讀音字从侯部聲類

缿从后聲。

《說文》五篇上"缶部"云:"缿,受錢器也。从缶,后聲。古以瓦,今以竹。"胡講切。按:后,侯部;缿,讀入鍾部。

講从冓聲。

《說文》三篇上"言部"云:"講,和解也。从言,冓聲。"古項切。按:冓,侯部;講,讀入鍾部。

喁从禺聲。

《說文》二篇上"口部"云:"喁,魚口上見。从口,禺聲。"魚容切。按:禺,侯部;喁,讀入鍾部。

顒从禺聲。

《說文》九篇上"頁部"云:"顒,大頭也。从頁,禺聲。《詩》曰:其大有顒。"魚容切。按:顒,讀入鍾部。

鰅从禺聲。

《說文》十一篇下"魚部"云:"鰅,鰅魚也,皮有文,出樂浪東暆。神爵四年,初捕收,輸考工。周成王時,揚州獻鰅。从魚,禺聲。"魚容切。按:鰅,讀入鍾部。

叢从取聲。

《説文》三篇下"丵部"云:"叢,聚也。从丵,取聲。一徂紅切。"按:取,侯部;叢,讀入鍾部。

軵从付聲。

《説文》十四篇上"車部"云:"軵,反推車令有所付也。从車付。讀若茸。"而隴切。按:从付聲。付,侯部;軵,讀入鍾部。字从付聲讀若茸者,侯鍾對轉,與鮦講喁顒鰫叢諸字同也。以其聲相遠,不言从付聲,近世小學諸儒遂不知其爲从付得聲矣。

三　見於文字重文者

甲　侯部聲類之字或从鍾部聲類

酗或作酶。

《説文》十四篇下"酉部"云:"酗,酒餚也。从酉,句聲。"香遇切。按《書》云:"酗於酒德哉。"《周禮》注云:"酗,醬。"《玉篇》云:"酗,同酶。"按:酗从句聲,句,侯部;酶从凶聲,凶,鍾部。

乙　鍾部聲類之字或从侯部聲類

未見。

四　見於經傳異文者

甲　侯部字或作鍾部字

臾或作容。

《史記·封禪書》云:"黃帝得寶鼎宛朐,問於鬼臾區。"《漢書·藝文志》"兵陰陽"有《鬼容區》三篇,臾作容。按:臾,侯部;容,鍾部。

句或作工。

《左傳·宣公八年》云:"盟吳越而還。"疏云:"荆蠻自號句吳,句或爲工。"按：句，侯部；工，鍾部。金文有攻吳王夫差。

朱或作東。

《左氏·昭公二十一年》經云："蔡侯朱出奔楚。"《穀梁》經作蔡侯東。按；朱，侯部；東，鍾部。

數或作摠，或作緫。

《詩·小雅·魚麗》傳云："庶人不數罟。"疏云："集本摠作緫，依《爾雅》定本作數。"按：數，侯部；摠、緫，皆鍾部。

拊或作擁。

《左傳·襄公二十五年》云："公拊楹而歌。"拊楹《史記·齊世家》作擁柱。按：拊，侯部；擁，鍾部。

乙　鍾部字或作侯部字

項或作后。

《史記·甘茂傳》云："項橐生七歲爲孔子師。"項橐《漢童子逢盛碑》作后橐。按：項，鍾部；后，侯部。

共或作具。

《書·皋陶謨》云："萬邦黎獻，共惟帝臣。"張衡《東京賦》云："具惟帝臣。"李善注引《書》作具。按：共，鍾部；具，侯部。

鴻或作候。

《禮記·月令》云："鴻雁來。"鄭注云："今《月令》鴻皆作候。"按：鴻，鍾部；候，侯部。

嘏或作奏。

《詩·商頌·烈祖》云："既戒既平，嘏假無言。"《禮記·中庸》篇引作奏假。按：嘏，鍾部；奏，侯部。

叢或作菆，或作鄒。

《公羊·僖公三十三年》經云："公伐邾婁，取叢。"《釋文》云：

"本作取菆。"疏云:"叢有作鄒字者。"又《文公七年》疏云:"彼叢字多作鄒字。"按:叢,鍾部;菆、鄒,皆侯部。

五　見於傳注讀若者

甲　侯部字讀若鍾部字

奧讀若勇。

《漢書·衡山王賜傳》云:"日夜縱奧王謀反事。"注引如淳云:"奧讀曰勇。"按:奧,侯部;勇,鍾部。

䩜讀若鍾。

《莊子·田子方》篇云:"䩜斛不敢入于四境。"《釋文》引《司馬彪注》云:"䩜讀曰鍾。"按:䩜,侯部;鍾,鍾部。

絭音竦。

《說文》十三篇上"糸部"云:"絭,絆前兩足也。从糸,須聲。"相主切。《莊子·馬蹄》篇云:"連之以羈馽。"《釋文》云:"馽司馬向崔本并作絭。向云:馬氏音竦。"按:絭,侯部;竦,鍾部。

乙　鍾部字讀若侯部字

共讀爲具。

《周禮·天官·内饔》云:"凡掌共羞。"鄭注云:"共當爲具。"按:共,鍾部;具,侯部。

蒙音亡鉤反。

《書·洪範》云:"曰蒙。"釋文云:"蒙,徐仙民音亡鉤反。"按:蒙,鍾部;亡鉤反,侯部。

六　見於語言轉變者

枸之與簍,篝之與籠。

《方言》九云:"車枸簍,宋魏陳楚之間或謂之籧籠。"按:枸、篗,皆侯部;籔、籠,皆鍾部。

斗之與東。

《爾雅·釋魚》云:"科斗,活東。"按:斗,侯部;東,鍾部。

須之與蕵。

《爾雅·釋艸》云:"須薞蕪。"舊注云:"江東呼爲蕪菁,或爲蕵,蕵須音相近。"按:須,侯部;蕵,鍾部。

五之下　屋鍾

一　見於文字聲類者

甲　屋部讀音字从鍾部聲類

羮从奴聲。

《說文》三篇上"鬻部"云:"羮,濆羮也。从𦫳,从奴,奴亦聲。"蒲沃切。按:奴,鍾部;羮,讀入屋部。

𨏉从共聲。

《說文》十四篇上"車部"云:"𨏉,大車駕馬者也。从車,共聲。"居玉切。按:共,鍾部;𨏉,讀入屋部。

㲋从肯聲。

《說文》三篇下"殳部"云:"㲋,從上擊下也。从殳,肯聲。一曰:素也。"苦角切。按:肯,苦江切,鍾部。㲋,讀入屋部。

乙　鍾部讀音字从屋部聲類

容从谷聲。

《說文》七篇下"宀部"云:"容,盛也。从宀,谷聲。"余封切。按:谷,屋部;容,讀入鍾部。

冡从豕聲。

《説文》九篇上"冂部"云："冡,高墳也。从冂,豖聲。"知隴切。按:豖,屋部;冡,讀入鍾部。

竦从束聲。

《説文》十篇下"立部"云："竦,敬也。从立,从束,束,自申束也,亦聲。"大徐無亦聲字,此从《繫傳》。息拱切。按:束,屋部;竦,讀入鍾部。

二　見於文字重文者

甲　屋部聲類之字或从鍾部聲類

容或作㓛。

《説文》七篇下"宀部"云："容,盛也。从宀,谷聲。"或作㓛,云："古文容从公。"按从公聲。谷,屋部;公,鍾部。

乙　鍾部聲類之字或从屋部聲類

襱或作襩。

《説文》八篇上"衣部"云："襱,絝踦也。从衣,龍聲。"丈冡切。或作襩,云："襱或从賣。"按:从賣聲。龍,鍾部;賣,屋部。

訟或作䛦。

《説文》三篇上"言部"云："訟,爭也。从言,公聲。"或作䛦,云："古文訟。"按,䛦从古文言,谷聲。公,鍾部;谷,屋部。

三　見於經傳異文者

甲　屋部字或作鍾部字

赴或作從。

《左傳·昭公二十五年》云："故人之能自曲直以赴禮者,謂之成人。"《釋文》云："赴或作从。"按:赴,屋部;從,鍾部。

乙　鍾部字或作屋部字

踊或作哭，或作浴。

《禮記·喪大記》云："君弔，見尸柩而後踊。"注云："踊或爲哭，或爲浴。"按：踊，鍾部；哭、浴，皆屋部。踊之或作浴，猶容从谷聲讀入鍾也。俞樾異文箋謂踊浴雙聲，不知爲韻之對轉，非也。

種或作穀。

《詩·大雅·生民》篇云："誕降嘉種。"《説文·禾部》秠字下引作誕降嘉穀。按：種，鍾部；穀，屋部。

四　見於傳注讀若者

甲　屋部字讀如鍾部字

摝讀如弄。

《周禮·夏官·大司馬》云："三鼓，摝鐸。"注引鄭司農云："摝讀如弄。"按：摝，屋部；弄，鍾部。

五　見於語言轉變者

愨之與䢼恭。

《説文》十篇下"心部"云："愨，謹也。从心，㱿聲。"又三篇上"奴部"云："䢼，愨也。恭，肅也。"按：愨，屋部；䢼恭，皆鍾部。

浝之與涷。

《方言》七云："瀧浝謂之霝潰。"《廣韻·一東》涷下瀧下並云："瀧涷，沾漬。"按：浝，屋部；涷，鍾部。

霂之與濛。

《説文》十一篇下"雨部"云："霂，霢霂，小雨也。从雨，沐聲。"又"水部"云："濛，微雨也。从水，蒙聲。"按：霂，屋部；濛，鍾部。

第六　哈德登

六之上　哈登

一　見於韻文通協者

事紀極德疑徵福極爲韻。

《書·洪範》云："初一曰五行，次二曰敬用五事，次三曰農用八政，次四曰協用五紀，次五曰建用皇極，次六曰乂用三德，次七曰明用稽疑，次八曰念用庶徵，次九曰嚮用五福，威用六極。"按此文惟行政二字非韻，事、紀、疑，皆哈部；極、德、福、極，皆德部；徵，登部。

來贈爲韻。

《詩·鄭風·女曰雞鳴》云："知子之來之，雜佩以贈之。"按：來，哈部；贈，登部。

二　見於文字聲類者

甲　哈部讀音字从登部聲類

黱从朕聲。

《説文》十篇上"黑部"云："黱，畫眉墨也。从黑，朕聲。"徒耐切。按：朕，登部；黱，讀入哈部。

態从能聲。

《説文》十篇下"心部"云："態，意態也。从心能。"他代切。按：从能聲。能，登部；態，讀入哈部。

䏻从能聲。

《説文》七篇上"日部"云："䏻，埃䏻，日無光也。从日，能聲。"

奴代切。按：䏽，讀入咍部。

䣙从崩聲。

《說文》六篇下"邑部"云："䣙，右扶風鄠鄉。从邑，崩聲。沛城父有䣙鄉。讀若陪。"薄回切。按：崩，登部；䣙，讀入咍部。

乙　登部讀音字从咍部聲類

凝从疑聲。

《說文》十一篇下"仌部"云："冰，水堅也。从水仌。"或作凝，云："俗冰从疑。"魚陵切。按：从疑聲。疑，咍部；凝，讀入登部。

能从㠯聲。

《說文》十篇上"能部"云："能，熊屬，足似鹿。从肉，㠯聲。能獸堅中，故稱賢能，而彊壯稱能傑也。"奴登切。按：㠯，咍部；能，讀入登部。

芿从乃聲。

《說文》一篇下"艸部"云："芿，艸也。从艸，乃聲。"如乘切。按：乃，咍部；芿，讀入登部。

訒从乃聲。

《說文》三篇上"言部"云："訒，厚也。从言，乃聲。"如乘切。按：訒，讀入登部。

杤从乃聲。

《說文》六篇上"木部"云："杤，杤木也。从木，乃聲。讀若仍。"如乘切。按：杤，讀入登部。

仍从乃聲。

《說文》八篇上"人部"云："仍，因也。从人，乃聲。"如乘切。按：仍，讀入登部。

扔从乃聲。

《説文》十二篇上"手部"云:"扔,椢也。从手,乃聲。"如乘切。按:扔,讀入登部。

孕从乃聲。

《説文》十四篇下"子部"云:"孕,裹子也。从子,乃聲。"以証切。按:孕,讀入登部。

陑从而聲。

《説文》十四篇下"𨸏部"云:"陑,築牆聲也。从𨸏,而聲。《詩》曰:捄之陑陑。"如乘切。按:而,咍部;陑,讀入登部。又按陑今《説文》誤作陾,兹從江沅據《玉篇》校改。

等从寺聲。

《説文》五篇上"竹部"云:"等,齊簡也。从竹,从寺。寺,官曹之等平也。"多肯切。按从寺聲。寺,咍部;等,讀入登部。

三　見於文字重文者

甲　咍部聲類字或从登部聲類

眙或作瞪。

《説文》四篇上"目部"云:"眙,直視也。从目,台聲。"丑吏切。玄應《一切經音義》引《通俗文》云:"直視曰瞪。"《廣韻·四十七證》云:"瞪,陸本作眙。"據此,眙瞪本一字。按:眙從台聲,台,咍部;瞪从登聲,登,登部。

乙　登部聲類字或从咍部聲類

繒或作綷。

《説文》十三篇上"糸部"云:"繒,帛也。从糸,曾聲。"疾陵切。或作綷,云:"籀文繒从宰省。"按从宰省聲。曾,登部;宰,咍部。

四　見於經傳異文者

甲　哈部字或作登部字

熙或作興。

《書·堯典》云："庶績咸熙。"《史記·五帝紀》作衆功皆興。按：熙,哈部；興,登部。

䣙或作馮。

《漢書·周緤傳》云："更封緤爲䣙城侯。"顏注云："䣙,呂忱音陪,而《楚漢春秋》作馮城侯。"按：䣙音陪,哈部；馮,登部。

倍或作崩。

《墨子·尚賢》篇云："守城則倍畔。"《非命》篇作崩畔。按：倍,哈部；崩,登部。

㽏或作甍。

《方言》卷十三云："㽏謂之甋。"注云："㽏即屋檼也,今字作甍。"按：㽏,哈部；甍,登部。

乙　登部字或作哈部字

橙或作持。

《史記·司馬相如傳》云："箴橙若蓀。"橙《漢書》作持。按：橙,登部；持,哈部。

承或作時。

《國策·楚策》云"仰承甘露而飲之",承《新序·雜事》篇作時。按：承,登部；時,哈部。

仍或作乃。

《周禮·春官·司几筵》云："凡吉事,變几；凶事,仍几。"鄭注云："故書仍爲乃。"按：仍,登部；乃,哈部。

仍或作耳。

《爾雅・釋親》云：" 罢孫之子爲仍孫。"《漢書・惠帝紀》作耳孫。按：仍，登部；耳，咍部。

馮或作每。

《史記・賈誼傳》云：" 品庶馮生。"《漢書・賈誼傳》作每生。《索隱》云：" 鄒誕本亦作每。"《史記・伯夷傳》云：" 衆庶馮生。"《索隱》云：" 鄒誕本作每生。"按：馮，登部；每，咍部。

五　見於傳注讀若者

甲　咍部字讀若登部字

乃讀爲仍。

《周禮・春官・司几筵》云：" 凶事，仍几。" 注云：" 故書仍爲乃。鄭司農云：乃讀爲仍。"按：乃，咍部；仍，讀入登部。

乙　登部字讀若咍部字

徵音張里反。

《左傳・文公十年》云：" 秦伯伐晉，取北徵。"《釋文》云：" 徵，如字。《三蒼》云：縣屬馮翊，音懲，一音張里反。" 按：徵本音在登部，而五音宮商角徵羽之徵則讀如止，張里反之音與止同，故《管子・地員》篇以徵駭爲韻，宋玉《笛賦》以齒起徵子爲韻也。

倗讀若陪。

《說文》八篇上" 人部" 云：" 倗，輔也。从人，朋聲。讀若陪位。" 步崩切。按：倗，登部；陪，咍部。

倗音朋，又音倍。

《漢書・王尊傳》云：" 南山羣盜倗宗等。" 蘇林曰：" 倗，音朋。晉灼曰：音倍。" 按：朋，登部；倍，咍部。

六　見於語言轉變者

台之與朕。

《爾雅·釋詁》云："台，朕，我也。"按：台朕一聲之轉。台，咍部；朕，登部。

詩之與承。

《禮記·內則》云："詩負之。"注云："詩之言承也。"《儀禮·特牲·饋食禮》云："詩懷之。"注云："詩猶承也。"按：詩，咍部；承，登部。

載之與乘。

《說文》十四篇上"車部"云："載，乘也。"按：載，咍部；乘，登部。

六之下　德登

一　見於文字聲類者

甲　德部讀音字从登部聲類

螣从朕聲。

《詩·小雅·甫田》云："去其螟螣，及其蟊賊。"以螣賊爲韻，讀螣音如特也。按：螣从朕聲，朕，登部；螣，讀入德部。

乙　登部讀音字从德部聲類

未見。

二　見於經傳異文者

甲　德部字或作登部字

陟或作登。

《書·堯典》云："女陟帝位。"《史記·五帝紀》陟作登。按：

陟,德部;登,登部。

伏或作馮。

《戰國策》云："伏軾撙銜。"《漢書·王吉傳》伏作馮。按:伏,德部;馮,登部。

乙　登部字或作德部字

肎或作克。

《書·大誥》云："厥子乃弗肎堂,矧肎構。"《後漢書·章帝紀》云："不克堂構。"注引《尚書》乃不肎堂矧肎構,《三國志》用克構字。孫星衍云:今文肎爲克也。按:肎,登部;克,德部。

馮或作伏。

《史記·魏世家》云："中旗馮琴而對。"《春秋後語》作伏琴。按:馮,登部;伏,德部。

三　見於傳注讀若者

甲　德部字讀若登部字

未見。

乙　登部字讀若德部字

棱讀若棘。

《説文》五篇上"厺部"云:"棱,去也。从去,夌聲。讀若棘陵。"《玉篇》云:"居力切,又力膺切。"《廣韻》入蒸職二韻。按:棱讀力膺切,登部;居力切,德部。

登讀若得。

《公羊·隱公五年》傳云："登來之也。"何注云："登讀言得來,得來之者,齊人語也。齊人名求得爲得來,作登來者,其言大而急,由口授也。"按:登,登部;得,德部。

四　見於語言轉變者

箙之與掤。

《說文》五篇上"竹部"云："箙,弩矢箙也。从竹,服聲。《周禮》：仲秋獻矢箙。"房六切。又十二篇上"手部"云："掤,所以覆矢也。从手,朋聲。《詩》曰：抑釋掤忌。"筆陵切。按：箙,德部；掤,登部。

憑之與畐愊。

《楚辭·離騷》云："憑不厭乎求索。"王逸注云："憑,滿也。"《說文》五篇下"畐部"云："畐,滿也。"《玉篇》云："腸滿謂之畐。"《廣雅·釋詁》云："愊,滿也。"按憑與畐愊一聲之轉。憑,登部；畐、愊,皆德部。

（一九三四年十一月）

古音咍德部與痕部對轉證

咍德部與登部對轉,余前撰《古音對轉疏證》已詳爲證明矣。然二部又恆與痕部相轉,茲證明之。其見於文字聲類者：

允从㠯聲。

《說文》八篇下"儿部"云："允,信也。从儿,㠯聲。"余準切。按：㠯,咍部；允,讀入痕部。

狺从來聲。

《說文》十篇上"犬部"云："狺,犬張齗怒也。从犬,來聲。讀又若銀。"魚僅切。按:來,哈部;犾,讀入痕部。

存从才聲。

《說文》十四篇下"子部"云:"存,恤問也。从子,才聲。"徂尊切。按:才,哈部;存,讀入痕部。

敏从每聲。

《說文》三篇下"攴部"云:"敏,疾也。从攴,每聲。"眉殞切。按:每,哈部;敏,讀入痕部。

其見於文字重文者:

墾从艮聲,或从喜聲。

《說文》十三篇下"堇部"云:"墾,土難治也。从堇,艮聲。"或作譆,云:"籀文墾从喜。"按从喜聲。艮,痕部;喜,哈部。

其見於經傳異文者:

期或作勤。

《禮記·射義》篇云:"耄期稱道不亂者。"耄期《詩·大雅·行葦》篇《毛傳》作耄勤。按:期,哈部;勤,痕部。

騏或作驎。

《穆天子傳》記周穆王八駿有騏驥。《荀子·性惡》篇云"騹騮、驎驥、纖離、綠耳,此皆古之良馬也",騏驥作驎驥。按:騏,哈部;驎,痕部。

意或作隱。

《左氏春秋經·昭公十年》云:"季孫意如叔弓仲孫貜帥師伐莒,"意如《公羊》經作隱如。《史記·文帝紀》云:"故楚相蘇意。"《漢紀》作蘇隱。按:意,德部;隱,痕部。

皸跟或作龜。

《説文》二篇下"足部"云："踾，足瘃也。从足，困聲。"苦本切。《漢書・趙充國傳》云"手足皸瘃"，皸即踾字。《莊子・逍遙游》云："宋人有善爲不龜手之藥者。"向秀云："龜，拘坼也。"《釋文》云："徐音舉倫反。"按《莊子》實假龜爲踾。踾、皸，皆痕部；龜，咍部。

欣或作喜。

《左傳・成公十三年》曹公子欣時，《公羊傳・成公十六年》作喜時，按：欣，痕部；喜，咍部。

其見於經傳讀若者：

訢讀若熹。

《禮記・樂記》云："天地訢合。"鄭注云："訢讀爲熹。"按：訢，痕部；熹，咍部。

其見於語言轉變者：

譆之與慇。

《説文》三篇上"言部"云："譆，痛也。从言，喜聲。"火衣切。又十篇下"心部"云："慇，痛也。从心，殷聲。"於巾切。按：譆，咍部；慇，痕部。

攼之與釁。

《説文》三篇下"攴部"云："攼，坼也。从攴，从厂，厂之性坼，果孰有味亦坼，故謂之攼。从未。"許其切。《國語・晉語》云："聲章過數則有釁。"注云："釁，隙也。"按：攼，咍部；釁，痕部。

悔之與恨。

《説文》十篇下"心部"云："悔，恨也。从心，每聲。"荒內切。按：悔，咍部；恨，痕部。

晦之與昏。

《詩·鄭風·風雨》篇云："風雨如晦。"《毛傳》云："晦,昏也。"《爾雅·釋言》云："晦,冥也。"《說文》七篇上"日部"云："昏,日冥也。从日氏省,氏者,下也。"呼昆切。按：晦,咍部；昏,痕部。

欪之與欣。

《說文》八篇下"欠部"云："欪欪,戲笑皃。从欠,之聲。"許其切。又云："欣,笑喜也。从欠,斤聲。"許斤切。按：欪,咍部；欣,痕部。

荄之與根。

《說文》一篇下"艸部"云："荄,艸根也。从艸,亥聲。"古哀切。按：荄,咍部；根,痕部。

萁之與箘。

《說文》六篇上"木部"云："萁,簿萁。从木,其聲。"渠之切。又五篇上"竹部"云："箘,箘簬,竹也。一曰：簿萁也。从竹,囷聲。"渠隕切。按：萁,咍部；箘,痕部。

鴿之與涒。

《說文》二篇下"齒部"云："鴿,吐而噍也。从齒,台聲。"丑之切。十一篇上"水部"云："涒,食已而復吐之。从水,君聲。《爾雅》曰：太歲在申曰涒灘。"他昆切。按二字義同,聲亦相近。鴿,咍部；涒,痕部。

嬯之與鈍。

《說文》十二篇下"女部"云："嬯,遲鈍也。从女,臺聲。闟嬯亦如此。"徒哀切。又十四篇下"金部"云："鈍,錭也。从金,屯聲。"徒困切。按：嬯,咍部；鈍,痕部。

理朸阞汶之與侖。

《説文》一篇上"玉部"理訓治玉,然六篇上"木部"朸訓木之理,十四篇下"𨸏部"阞訓地理,十一篇上"水部"汶訓水之理,則理有文理條理之義甚明。又五篇下"亼部"侖訓思,按思謂䚡理。理、朸、阞、汶、侖諸文皆一聲之轉,實咍德痕之轉也。理,咍部;朸、阞、汶,德部;侖,痕部。

在之與存。

《説文》十三篇下"土部"云:"在,存也。从土,才聲。"昨代切。按:在,咍部;存,痕部。

烖之與燊。

《説文》十篇下"火部"云:"烖,天火曰烖。从火,𢦏聲。"祖才切。又云:"燊,火也。从火,㶕聲。"蘇典切。按:烖,咍部;燊,痕部。

滓之與澱。

《説文》十一篇上"水部"云:"滓,澱也。从水,宰聲。"阻史切。又云:"澱,滓垽也。从水,殿聲。"按:滓,咍部;澱,痕部。

絲之與純。

《説文》十三篇上"絲部"云:"絲,蠶所吐也。从二糸。"息茲切。又"糸部"云:"純,絲也。从糸,屯聲。"《論語》曰:"今也純,儉。"常倫切。按:絲,咍部;純,痕部。

剖之與分。

《説文》四篇下"刀部"云:"剖,判也。从刀,咅聲。"浦后切。按《説文》判下云:"分也。"又二篇上"八部"云:"分,別也。从八刀。刀,以分別物也。"撫文切。按:剖,咍部;分,痕部。

趠之與僨。

《説文》二篇上"走部"云:"趙,僵也。从走,音聲。讀若匐。"朋北切。又八篇上"人部"云:"僨,僵也。从人,賁聲。"匹問切。按:趙,哈部;僨,痕部。

悶之與捫。

《説文》十篇下"心部"云:"悶,悶撫也。从心,某聲。讀若侮。"囚甫切。又十二篇上"手部"云:"捫,撫持也。从手,門聲。《詩》曰:莫捫朕舌。"莫奔切。按:悶,哈部;捫,痕部。

閾之與限。

《説文》十二篇上"門部"云:"閾,門榍也。从門,或聲。《論語》曰,行不履閾。"于逼切。又十四篇下"自部"云:"限,阻也。从自,艮聲。一曰:門榍也。"乎簡切。按:閾,德部;限,痕部。

黑之與熏。

《説文》十篇上"黑部"云:"黑,火所熏之色也。从炎上出囧。囧,古囱字。"呼北切。一篇下"屮部"云:"熏,火煙上出也。从屮,从黑,中黑,熏象。"許云切。按:黑,德部;熏,痕部。

副牅之與分。

《説文》四篇下"刀部"云:"副,判也。从刀,畐聲。《周禮》曰:副辜祭。"芳逼切。又七篇上"片部"云:"牅,判也。从片,畐聲。"芳逼切。按"刀部"云:"判,分也。"二篇上"八部"云:"分,別也。从八刀,刀,以分別物也。"撫文切。按:副、牅,皆德部;分,痕部。

畐愊之與憤。

《説文》五篇下"畐部"云:"畐,滿也。从高省,象高厚之形。讀若伏。"芳逼切。又十三篇下"心部"云:"愊,誠志也。从心,畐聲。"芳逼切。又云:"憤,懣也。从心,賁聲。"房吻切。按:畐、愊,

219

皆德部；憒，痕部。

訢欣之與喜。

《説文》三篇上"言部"云："訢，喜也。从言，斤聲。"許斤切。八篇下"欠部"云："欣，笑喜也。从欠，斤聲。"許斤切。按：訢、欣，皆痕部；喜，哈部。

忍之與能。

《説文》十篇下"心部"云："忍，能也。从心，刃聲。"而軫切。按能从㠯聲，古讀如耐，今言忍耐，忍能即忍耐也。忍，痕部；能，哈部。

其以相近或相反之義轉變者：

子之與孫。

《説文》十四篇下"子部"云："子，十一月陽氣動，萬物滋，人以爲稱。象形。"即里切。又十二篇下"系部"云："孫，子之子曰孫。从系子。系，續也。"按：子，哈部；孫，痕部。

貧之與富。

《説文》六篇下"貝部"云："貧，財分少也。从貝分，分亦聲。"符巾切。又七篇下"宀部"云："富，備也。一曰厚也。从宀，畐聲。"方副切。按：貧，痕部；富，德部。

(一九三五年十月十三日)

卷四　方言文法之屬凡四篇

長沙方言考

一　人字古音

章君太炎謂古無日紐，日紐皆歸泥紐。今長沙鄉間讀人字如娘紐（ㄋㄧㄣ），乃泥紐音（ㄋㄧㄣ）之變音也。

二　贏文

《淮南·本經》篇高注云："贏讀指端贏文之贏。"按指端贏文，今長沙語猶然。

三　脬

《一切經音義》引《倉頡篇》云：脬，盛尿者也。今長沙猶云尿脬，脬讀如拋。

四 公

《呂氏春秋·異用》篇云：孔子之弟子從遠方來者，孔子荷杖而問曰：子之公不有恙乎？搏杖而揖之，問曰：子之父母不有恙乎？公謂祖也。今長沙或稱祖父曰公公。

五 婋

《説文》十二篇下"女部"云：婋，不肖也。徐音匹才切，篇韻皆布美切。按長沙今指人之不肖者曰婋子，通書痞字。痞《説文》訓痛，非此義也。

六 劥

劥，《玉篇》音靳，引《埤蒼》云：劥，多力也。《廣雅·釋詁》云：劥，力也。按今長沙猶謂力爲劥，音正如靳。

七 唐

《説文》二篇上"口部"云：唐，大言也。今長沙謂言語誇誕不實者曰扯唐。

八　采

《史記·日者傳》記宋忠賈誼試之卜數中以觀采，按采謂吉凶之先兆也。今長沙云采頭，有看采頭，抽采頭之語。

九　當

太史公《報任少卿書》云：彼，觀其意，且欲得其當而報漢。當者，猶今言機會。長沙今云當口，當字讀平聲。蓋當可之訛也。

十　幕

《漢書·西域傳》云：以金銀爲錢，文爲騎馬，幕爲人面。如淳曰：幕音漫。今長沙謂錢背面曰幕子，幕音正如漫。又顏注云：今所呼幕皮者，亦謂其平而無文也。今長沙猶謂薄膜曰幕皮，幕亦讀如漫，惟讀平聲耳。此字亦作動詞用，蒙物以薄層時用之。班固《賓戲》云：幪龍虎之文舊矣。孟康曰：幪，被也。顏音莫限反。正作動詞用。

十一　櫼

《說文》六篇上"木部"云：櫼，楔也。子廉切。今長沙猶言打櫼，俗書作尖。櫼字亦作鉆，《戰國策·趙策》云：蘇秦謂趙王曰：今臣使於秦而三日不見，無有爲臣鐵鉆者乎？以鐵鉆喻讒間。今長沙謂增毀人曰加鉆，正與之合。

十二 當

顏注《司馬相如傳》云：以玉飾瓦之當也。今長沙猶謂物之端曰當，讀去聲。

十三 匡當

《說文·木部》云：梱，匡當也。今長沙謂百物之輪廓曰匡當。

十四 盎盞

《方言》云：盂謂之柜，河濟之閒謂之盎盞。按今長沙云盌盞，義與盎盞同。

十五 鹽

《說文》五篇上"皿部"云：鹽，器也。从皿，从缶，古聲。按今俗有甕鹽。

十六 坏

《說文》十三篇下"土部"云：坏，瓦未燒。按今長沙猶云。

十七　簰

慧琳《一切經音義》引《集訓》云：縛竹木浮於水上運載，名之爲撥，南土吳人或謂之簰，即筏也。簰音排。按長沙今云木簰，簰猶作排音。

十八　箅

《説文》五篇上"竹部"云：箅，蔽也，所以蔽甑底。從竹，畀聲。《玉篇》云：箅，博計切。《世説》云：客詣陳大邱，使元方季方炊，二人委而竊聽，炊忘箸箅，飯落釜中。按今長沙猶謂蔽甑爲底者曰甑箅子，箅讀平聲。

十九　緅

《説文》十三篇上"糸部"云：緅，帛如紺色。或曰，深繒。讀若^(略)梟。徐音親小切。《禮記·檀弓》云：布幕，衛也；緅幕，魯也。緅字今本誤作縿，兹從王引之校。以緅與布爲對文。《墨子·非樂》篇云：多治麻絲葛緒綑布緅。緅今本亦誤作縿，亦從王校。按今長沙謂布曰布緅，恒言布緅衣服，讀緅爲去聲。

二十　襦

《説文》七篇下"巾部"云：襦，正裺裂也。引申爲凡裂之稱。

字或作繻,又作𦅘。《春秋》,紀裂繻,《公羊》《穀梁》二家經作𦅘。《漢書·終軍傳》云:關吏與軍繻。蘇林云:繻,帛邊也。今長沙謂裂帛之散絲曰繻,讀與需同。

二十一 襜

《說文》八篇上"衣部"云:襜,衣蔽前也。《周禮》云:巾車皆有容,先鄭以容爲幨車,即《詩》之帷裳也。《儀禮·士昏禮》云:婦車有裧,裧襜字同,蓋凡所以爲蔽者皆曰裧也。今長沙謂蔽窗之布帛曰窗裧,車輿中所以爲蔽者亦曰裧。或讀裧如炎,曰炎子。

二十二 䩹

《說文》三篇下"革部"云:䩹,補履丁也。今長沙猶曰打補丁,衣履皆言之。

二十三 牙條

《漢書·賈誼傳》云:偏諸緣。服虔云:偏諸如牙條。按今長沙猶云牙條。

二十四 韜

《說文》五篇下"韋部"云:韜,劍衣也。按今俗變作套字。

二十五　圳

《廣益玉篇·土部》云：圳，必駕切，蜀人謂平川曰圳。《廣韻·四十禡》亦云然。按今長沙鄉間多言圳。

二十六　潭

《文選》謝靈運《述祖德詩》注云：楚人謂深水爲潭。按今長沙語猶然。

二十七　泥塯

《説文》十三篇下"土部"云：塯，凷也。江沅云：今人泥凷謂之泥塯，即此字。按今長沙亦言泥塯，塯音變如巴。

二十八　方

《漢書·張湯傳》云：治方中。師古注云：古謂掘地爲阬曰方，今荆楚俗土功築作算程課者猶以方計之。按今長沙語猶然，知自唐以來即有此語。

二十九　桊

《説文》六篇上"木部"云：桊，牛鼻環也。居倦切。今長沙名牛

桼子，桼讀居倦切之送氣音。(ㄑㄩㄢ)

三十　馬蟻

《酉陽雜俎》云：秦中多巨黑蟻，好鬭，俗呼爲馬蟻。按今長沙猶云馬蟻。

三十一　班鳩

《爾雅》郝疏引犍爲文學注云：鳩一名鶻鵃，今之班鳩也。按今長沙有班鳩，鄉俗謂班鳩鳴則天將雨。

三十二　烏

近日汪君榮寶謂魚虞模韻古讀如麻韻，證據頗確。按長沙謂烏爲老烏，烏讀如窐，猶古音也。《漢書·西域傳》有烏秅國。注云：烏音一加反。

三十三　柍梅

《說文》六篇上"木部"云：柍，梅也。《類篇》：柍，杏也。《齊民要術》引《詩義疏》云：柍梅，杏類也，樹木葉皆如杏而黑耳。實赤，似杏而酸，亦生噉也。按長沙有呼楊梅者，正如《詩義疏》所云，殆即柍梅也，柍聲變爲楊耳。《子虛賦》云：樗棗楊梅，則楊梅之稱亦早矣。

三十四　檓

《廣韻·一先》云:檓,小栗名,趙魏閒語云。按今長沙謂栗之小者曰檓栗子,讀檓如箭。

三十五　茅栗

《廣韻·十七薛》云:栵楚呼爲茅栗也。按今長沙正云茅栗。

三十六　茈薑

相如《子虛賦》云:茈薑蘘荷。師古注云:薑之息生者,連其株本,則紫色也。茈音紫。《文選》注引張揖曰:茈薑,子薑也。今長沙仍呼茈薑。

三十七　迷陽

南陽先生云:今長沙鄉間輿夫相警戒之詞,凡逢人及牛羊動物曰活踢,樹枝低下礙輿者曰掛踢,地上有荊棘曰芒陽踢,芒陽即《莊子·人閒世》篇迷陽迷陽毋傷吾行之遺語也。王葵園《莊子集解》云:迷陽謂棘刺也,至今吾楚輿夫遇之猶呼迷陽踢也,迷音讀如麻。

三十八　核

《玉篇》云：核，爲革戶骨二切，果實中也。今長沙言核音如戶骨切。

三十九　梂

《詩·椒聊》箋云：一梂之實，蕃衍滿升。今長沙猶言簇聚成房之物曰一梂。

四十　瞟

《說文》四篇上"目部"云：瞟，瞟也。敷沼切。又云：瞟，察也。戚細切。《魏都賦》云：瞟呂梁。今長沙謂不正目而視曰瞟，謂從隙窺視亦曰瞟，讀入聲。

四十一　眨

《說文》新附云：眨，目動也。側洽切。按今長沙謂動目爲眨。

四十二　聑

《說文》二篇上"口部"云：聑，聶語也。从口，从耳。《詩》曰：

咠咠幡幡。七入切。按从口从耳者，謂以口附耳有言也。今長沙謂耳語爲咠，作動詞用。又謂耳語者爲講咠咠話，作形容詞用，咠皆讀平聲。

四十四　掐

《魏志·蘇則傳》云：則謂爲見問，鬚髯悉張，欲正論以對。侍中傅巽掐則，曰：不謂卿也。按《説文》十二上"手部"新附云：掐，爪刺也。苦洽切。今長沙猶謂以爪刺人曰掐。

四十五　扽

《廣雅·釋詁》云：扽，引也。《玉篇》云：扽，引也，撼也。古字作頓。《鹽鐵論·散不足》篇云：吏捕索掣頓，不以道理。褚先生《補史記滑稽傳》云：當道掣頓人車馬。《釋名》曰：掣，制也，制頓之使順已也。按今長沙猶謂引繩曰扽，讀陰平聲。

四十六　扡

《説文·手部》云：扡，曳也。托河切。今長沙謂曳爲扡，書其字作拖。

四十七　縈

《説文·糸部》云：縈，收卷也。卷字从段校。《詩·周南》傳云：

縈,旋也。今長沙謂收繩卷之爲縈,讀如央。庚耕青古音近陽唐也。

四十八　跐

《廣雅·釋詁》云:跐,蹋也。又云:跐,履也。《列子·天瑞》篇云:若躇步跐蹈。今長沙謂足踐地曰跐,音如采。(ㄘㄞ)

四十八　赽

《說文》二篇上"走部"云:赽,僵也。讀若匐。徐音朋北切。又"足部"云:踣,僵也。引《春秋傳》曰:晉人踣之。蒲北切。二字音義皆同。又六篇上"木部"云:棓,梲也。徐音步項切。今長沙謂赽仆曰赽,讀與棓字音同,(ㄅㄤ)不作蒲北音。

四十九　逿

《漢書·儒林·王式傳》云:式恥之,陽醉逿地。顏注云:逿,失據而倒也,音徒浪反。官本引宋祁云:服虔音湯去豆皮之湯,蕭該音勑宕反。今長沙猶謂倒臥爲逿,讀平上二聲。讀平聲者,罵人臥者爲逿屍是也。按《說文》無逿字,俗不知有逿字,故以躺字爲之。

五十　將

古音庚清陽唐相近。《詩》云:將子無怒,將伯助予,將即請也。

今長沙東鄉及瀏陽皆讀請如搶,即將字也。

五十一 如

如字據近日章太炎汪榮寶二君之說,當爲泥紐麻韻。如之孳衍字有挐,讀女加切,正如字之古音也。段氏《說文注》互易挐挐二篆文,謂奴聲之字讀女加切,如聲之字讀女居切,非也。今通語謂如我何爲如我怎樣,如正讀如挐,俗遂書作拿字。

五十二 糴

糴字從耀聲,爲蕭肴韻部字。今音同狄,乃以求別於糶而異其音耳。今長沙鄉人猶謂買穀爲糴穀,正讀他弔切,乃古音也。東安席魯思云:東安縣亦云糴穀,亦讀他弔切。

五十三 梧

《方言》云:僉,宋魏之間謂之欇殳,或謂之度。自關而西謂之梧,(蒲項反)或謂之柫。齊楚江淮之間謂之桠。郭注云:僉,今連枷,所以打穀者。度、梧、柫、桠皆僉之別名也。今長沙謂擔穗出穀曰梧穀,梧讀如磅。

五十四 覆 逢

古無輕脣音,覆讀如僕,逢讀如蓬。今長沙語猶言覆如僕,言逢如蓬，逢轉爲去聲。

五十五　震

搖動曰震，今長沙讀如吞上聲。按古無舌上音，此正震之古音也。

五十六　念

《漢書·張禹傳》云：學《魯論》，念張文。鄉先輩周壽昌云：念，背誦也，今猶云讀書爲念書。

五十七　汗

《漢書·西域傳》注云：胡桐，蟲食其樹而沫出下流者，俗名爲胡桐淚，言似眠淚也，可以汗金銀，今工匠皆用之。按今長沙猶謂黏合金屬裂縫曰汗。據顏注，則此語唐已有之矣。

五十八　萎

《說文》一篇下"艸部"云：萎，食牛也。按今俗作餧字。

五十九　料

《鬼谷子·捭闔》篇云：捭之者，料其情也。陶弘景注云：料謂簡擇。按今長沙謂棄去曰籵,蓋始謂簡選不用者曰籵,引伸而爲凡棄去之稱矣。

六十　抵

《漢書·田延年傳》云:延年抵曰:本出將軍之門,蒙此爵位,無有是事。師古曰:抵,拒諱也。按長沙猶謂有惡不自承曰抵賴。

六十一　組

《説文·糸部》云:組,補縫也。丈莧切。《古豔歌行》云:故衣誰當補?新衣誰當綻?賴得賢主人,攬取爲我組。謂縫補爲綻爲組,今長沙語猶然。又或讀綻如定。

六十二　絎

《玉篇》云:絎,行孟切,縫紩也。《廣韻》云:刺縫也。按今長沙謂縫紩曰絎,讀音如行列之行。(ㄏㄤˊ)

六十三　柴

《莊子·外物》篇云:柴生乎守。注云:柴,塞也。《後漢書·周紆傳》云:乃柴門自守以待其禍。《楊震傳》云:於是柴門絶賓客。案柴字古音與棧近,《漢書·賈誼傳》柴奇,《新書·淮難》篇作棧奇。《韓詩外傳》柴車,《晏子春秋》作棧車。《史記·司馬相如傳》

云:柴池茈虒。徐廣注云:柴池,參差也,此謂柴池即參差。池差音近,參與棧亦音近。今長沙謂塞門曰棧門,即《後漢書》之柴門也。

六十四 賺䞃

《廣韻》云:賺䞃,貪財之貌。今長沙謂多以物入己曰賺,又曰䞃。

六十五 歨

《説文・止部》云:歨,距也。丑庚切。今長沙謂以言抵距人者曰歨,音變如村。又牆傾邪欲倒以大木抵距之曰打歨,讀去聲。

六十六 舀

《廣雅・釋詁》云:舀,抒也。《玉篇》舀音翼珠弋周以沼三切。按今長沙謂取水曰舀水,讀以沼切。

六十七 刮

《廣雅・釋詁》云:刮,抒也。《玉篇》音呼活烏活二切。《廣韻》云:舀水也。按今長沙謂取水曰刮水,讀如烏活切而變譌爲上聲。

六十八　齌

《玉篇》云：齌，手出其汁也。古但作齊。鄒陽《酒賦》云：且筐且㴞，載茜載齊，是也。按今長沙謂笮汁曰齌，上聲讀。

六十九　笮

《玉篇》云：笮音仄乍切，云：笮酒也。《後漢書·耿恭傳》云：笮馬糞汁而飲之。李賢注云：笮謂壓笮也。嵇康《聲無哀樂論》云：猶茈酒之囊㴞，雖笮具不同，而酒味不變也。今長沙猶云笮油，字作榨，蓋漢晉人只作笮，而榨爲後起字也。

七十　滰

《心明經音義》引《通俗文》云：去汁曰滰。按今長沙正謂去水曰滰。

七十一　洮

慧琳《一切經音義》七十五云：《通俗文》云：汰米曰浙，浙，洮也。江南言浙，中國言洮。按今長沙猶言洮米，讀洮如桃。

七十二　漚

《詩·陳風》云:東門之池,可以漚麻。《考工記》云:慌氏以涗水漚其絲。鄭注云:漚,漸也,楚人曰漚。《說文》云:漚,久漬也。按今長沙猶謂以水漬物曰漚。

七十三　溢

《漢書·溝洫志》云:河水溢溢。師古曰:溢,踊也。崔瑗《河隄謁者箴》云:溢溢滂汩。《後漢書·陳忠傳》云:徐岱之濱,海水溢溢。今長沙謂水溢曰溢。《文選·江賦》注引許慎曰:楚人謂水暴溢曰㵺。扶園切。古無輕脣音,㵺當讀如潘,與溢爲一聲之轉。然則溢之爲楚言,其來久矣。

七十四　㷶

《方言》云:㷶,火乾也。凡以火而乾五穀之類,關西隴冀以往謂之㷶。《說文》云:䆃,以火乾肉也。《周官·籩人》注云:鮑者,於楅室中糗乾之。䆃䭰與㷶同,此猶福之爲備也。今長沙猶謂以火乾物曰㷶。

七十五　炕

《說文》十篇上"火部"云:炕,乾也。《廣雅·釋詁》云:炕,曝也。今長沙謂以火乾物曰炕,去聲讀。

七十六　炘

《玉篇》云:炘,許勤切。又許靳切,炙也。字或作焮。《左傳·昭公十八年》云:行火所焮。杜注云:焮,炙也。按今長沙謂置物於火旁乾之曰焮,讀許靳切。

七十七　㘸

《說文》十三篇下"卵部"云:㘸,卵不孚也。孚古音如包,今長沙猶言抱蛋。玄應《一切經音義》十八引服虔《通俗文》曰:雞伏卵,北燕謂之菢。《方言》八文同。

七十八　䵳

《說文》十三篇下"黃部"云:䵳,青黃色也。徐音呼罪切。段注云:謂青色敝而成黃色也。按今長沙猶謂顏色久而敗曰䵳色,讀如賄。

七十九　蘀

《說文》一篇下"艸部"云:草木凡皮葉落陊地爲蘀,引《詩》十月隕蘀。徐音它各切。按今長沙凡物折斷皆曰蘀。

八十　黏

今長沙語謂黏著之黏音如玷點而略侈,與讀占音者不同,(占讀舌上)亦占字之古音也。

八十一　倗

《說文》八篇上"人部"云:倗,市也。段氏云:蓋即今之兌換字也。按今長沙猶言互換曰倗。

八十二　仳離　纰

《詩·王風》云:有女仳離。《毛傳》云:仳,別也。《方言》云:披,散也。《說文·糸部》云:纰,散絲也。匹卦切。今長沙言物凌亂不整理者曰仳離纰賴。或單言纰,作動詞用,曰纰在四路裏。

八十三　嫽

《廣雅·釋詁》云:嫽,嬈也。《說文·女部》云:嬈擾,戲弄也。《一切經音義》四引《三倉》云:嬈,弄也。按今長沙謂小兒互相弄曰嫽,或云嫽打。

八十四　宛

《說文》七篇下"宀部"云：宛，屈草自覆也。此當連篆文讀，於屈字度句。《漢書·揚雄傳注》云：宛，屈也。《說文》乙下云：象春艸木冤曲而出。宛曲即冤曲也。《列女傳》陶嬰寡作歌曰："黄鵠早寡兮，七年不雙，宛頸獨宿兮，不與衆同。"宛頸謂屈頸也。《禮記·內則》云：兔爲宛脾。注云：宛或作鬱。古宛鬱同音。《說文》云："奧，宛也。"亦以同音爲訓。奧當讀如燠。故宛聲之字如菀如豌今皆讀如鬱。《說文》宛屈乃疊韻字也。今長沙謂折物使屈曲爲宛，音正讀如鬱。《荀子·富國》篇云：使民夏不宛暍。楊注引或說云："宛當爲奧，篆文宛字與奧字略相似，遂誤耳。奧，如六反。"按楊讀奧爲如六反，是也，以宛爲誤字，則非。蓋古讀奧宛本同音，可通用也。又物自曲亦曰宛，則讀如宛今音之平聲，音如彎。

八十五　行

《潛夫論·浮侈》篇云：以完爲破，以牢爲行，以大爲小，以易爲難。完破，牢行，大小，難易，皆相反之義也。《羣書治要》載崔寔《政論》云：器械行沽。《周禮·司市》云：害者使亡。鄭注云：害，害於民，謂物行苦者。沽苦皆盬之假文，謂不堅牢也。行沽行苦連文，則行亦盬也。今長沙謂不堅牢之貨物曰行貨子，猶行苦之遺言矣。友人王君啓湘云：商君亦以行苦爲工之二蠹。

八十六　哆

《慧琳音義》六十引《倉頡篇》云：哆，脣縱緩也。《説文·口部》云：哆，張口也。丁可切。《廣韻》云：哆，張口也。敕加切。按此轉歌入麻也。今長沙猶謂張口曰哆口，讀哆爲馬韻。敕加切上聲。

八十七　孝

《釋名·釋言語》云：孝，好也。孝古音與好同，此以同音字爲訓也。今長沙鄉間讀喪服時所著孝衣曰好衣，好讀去聲。

八十八　勞

《説文》十三篇下"糸部"紿下云：絲勞則紿。又緦下云：絲勞也。段謂勞當作縈，非是，《廣韻》亦云絲勞貌。今長沙謂果物經久曰勞。

八十九　廝

《方言》云：東齊聲散曰廝。今長沙猶謂出聲散曰喉嚨廝。

九十　黴

《列子·黄帝》篇云：焦然肌色皯黣。按《説文·皮部》云：皯，面黑氣也。《楚辭・漁父》云：顏色憔悴。王逸注云：衧黴黑也。《説文》云：黴，中久雨青黑。武悲切。黳與黴聲義俱近，王注之衧黴，即《列子》之衧黳也。今長沙猶謂人顏色憔悴爲黴。

九十一　康

《穀梁傳・襄公二十四年》云：四穀不升謂之康。范注云：康，虛也。長沙今謂物少不滿器曰康。《賈子・憂民》篇云：五歲小康，三十歲而一大康，康亦虛義。

九十二　鬼

《方言》云：趙魏之間或謂慧曰鬼。按今長沙猶謂行小慧者曰鬼。

九十三　幺

《説文》四篇下"幺部"云：幺，小也。象子初生之形。《字林》云：幺，小豚。郭注《爾雅・釋獸》云：豕子最後生者，俗呼爲幺豚。湘西四川呼幼子曰幺。

九十四　灕

《説文・水部》云：灕，水盡也。《爾雅》云：水醮曰屚。郭璞注云：謂水醮盡。今長沙謂乾涸曰灕乾。又《説文・欠部》云：欟，盡酒也。"酉部"云:醧,飲酒盡。《荀子·禮論》篇云:利爵之不醮也。《史記·遊俠·郭解傳》云:與人飲,使之嚼。橄醧醮嚼音並同,皆盡義也。按今長沙謂人貧窮者曰醮,蓋謂其財盡也。

九十五 癠

《方言》云:鱉耀,短也。江湘之會謂之鱉,凡物之生而不長大亦謂之鱉,又曰癠。桂林之中謂短耀。郭璞注云:今俗呼小爲癠。按今長沙謂小物曰癠。

九十六 儜

《說文》八篇上"人部"云:儜,嬾懈也。《廣韻·十八隊》云:儜,盧對切,極困也。《廣雅·釋詁》僳疲勞懈同訓爲嬾,又儜儜,疲也。《家語》云:孔子儜儜若喪家之狗。按今長沙謂人疲勞爲儜。

九十七 瞎

《說文》四篇上"目部"云:瞎,短深目貌也。烏括切。今長沙猶謂深目者曰瞎,讀平聲。

九十八 佩

《廣雅·釋詁》三云:佩,輕也。左思《魏都賦》云:遏以汎剽之單慧。張載注引《方言》云：氾，㲻輕也。按今長沙謂相戲謔曰伋子，即輕薄子之意也。

九十九　區㾑

玄應《一切經音義》引何承天《纂文》云：區㾑，薄也。今俗呼廣薄爲區㾑，關中呼婢㾑。按今長沙謂短而肥之人與物曰區㾑家。

一百　寁康

《說文》七篇下"宀部"云：康，屋康寁也。寁，康寁也。《方言》云：康，空也。今湘俗言物之大而空者曰寁康，作形容詞用。

百一　泡

《方言》二云：泡，盛也。長沙今言事業盛大者曰夥泡。

百二　納

《說文·糸部》云：納，絲溼納納也。繺，絲勞也。如延切。劉向《九歎》云：衣納納而掩露。王逸注云：納納，濡溼貌。今長沙謂衣服及百物濡柔者曰納繺。

百三　繟

《說文·糸部》云:繟,偏緩也。昌善反。《爾雅·釋訓》云:繟繟,緩也。《說文》云:繟,帶緩也。亦昌善反。按《毛詩》檀車幝幝,《釋文》云:幝幝《韓詩》作繟繟。《樂記》:其聲嘽以緩。鄭注云:嘽,寬綽貌。繟繟幝幝皆寬緩之貌,實一字也。今長沙謂人之寬厚可欺者曰繎繟。

百四　剌䟺

《說文·䟺部》云:䟺,足剌䟺也。从止屮。讀若撥。北末切。按止下云:下基也,象艸木出有阯,故以止爲足。䟺从止屮,謂兩足相背,猶二人相背爲北也。今長沙猶謂人兩足相背向外而行者爲剌䟺。

百五　浮

浮古音如袍。《漢書·楚元王傳》浮邱伯,鹽鐵論作包丘子。今長沙謂躁妄不定之人曰浮動子,浮尚如古音讀。又物浮於水亦讀如袍,不作輕脣音也。

百六　砰磷

《漢書·司馬相如傳》載《大人賦》云:徑入雷室之砰磷鬱律兮。

葵園《補注》云：砰磷，雷聲，今楚人方言猶謂有聲曰砰磷。

百七　蝦背

《爾雅·釋詁》云：鮐背、耇、老壽也。《釋名》云：九十曰鮐背，背有鮐文也。郝懿行云：鮐魚背有黑文，老人背亦發斑，似此魚然。長沙今謂人背傴曲者爲蝦背，以蝦體曲，故以爲喻，猶古言鮐背也。蝦讀如古音。（ㄏㄚ）

百八　墨黑

《國策》云：粉白墨黑，謂如粉之白，如墨之黑也。今長沙謂甚黑曰墨黑，墨變作去聲。

百九　罄

《詩》云：缾之罄矣，惟罍之恥。《淮南子·覽冥》篇云：罄龜無腹。高注云：罄，空也。今長沙言空無所有曰罄空。

百十　蓬飽

高誘序《淮南王書》引民歌云：一升粟，飽蓬蓬。按今長沙俗謂腹甚飽云蓬飽。

247

百十一　緢

《說文·糸部》云：緢，氂絲也。從段校篆次纖細二字之後。段玉裁云：氂牛之絲，至細者也。今長沙人狀細物曰細緢緢。

百十二　左右

《史記·倉公傳》云：臣意家貧，欲爲人治病，然恐吏以除拘臣意也，故移名數，左右不脩家生，出行游國中。《正義》云：以名籍屬左右，是於左右斷句。吳汝綸評《史記》亦如此讀。今按左右猶言反正始終橫豎之類，今長沙猶有此言，惟右音變如也。此當以移名數爲句，左右不脩家生，言始終不脩家生也。同傳又云：爲人治病，決死生多驗，然左右游行諸侯，不以家爲家。亦言始終游行諸侯也。張吳皆誤讀。

百十三　台

《尚書》云：夏罪其如台？又云：今王其如台？如台《史記》俱釋作奈何，是台有何義也。今湘潭謂何爲台的。

百十四　波

《漢書·西域傳》云：從鄯善傍南山，北波河，西行至莎車，爲南道。顏注云：波河，循河也。《後漢書·班超傳》注云：波，傍也。今長沙謂循傍曰波，讀如伴，蓋由歌韻轉爲寒韻矣。

百十五　夥

《史記·陳涉世家》云：夥頤！涉之爲王沈沈者！鄉先輩周壽昌云：今楚人乍見物之盛多者驚呼曰阿意，俗轉作呵呀，皆此音也。

百十六　操心

孟子云：其操心也危，其慮患也深。今長沙人謂人事煩思慮多者曰操心重。

百十七　自在

《魏志·齊王芳紀》注引《魏書》云：令狐景諫齊王，帝言：我作天子，不得自在耶？自在，自由也。今長沙猶言不自在。

百十八　不如法

《禮記·曲禮上》篇云：國君不乘奇車。《釋文》引何注云：奇車，不如法之車也。按今長沙謂事物不密合者爲不如法。

百十九　何解

《漢書·外戚傳》云：張辟疆謂陳平曰：太后獨有帝，今哭而不悲,君知其解未?陳平曰:何解?按今長沙語猶言何解,何音變如俄。

百二十　不會

《太平御覽》三百八十五引劉向《別錄》云:楊信,字子烏,雄第二子。幼而聰慧,雄算《玄經》不會,于烏令作九數而得之。按長沙今謂不能曰不會。

百二十一　一下

《呂氏春秋·長攻》篇云:反斗而擊之一成,腦塗地。高注云:一成,一下也。今長沙云一下,讀下如哈,下之古音也。

百二十二　瓵

《爾雅·釋器》云:甌瓿謂之瓵。郭注云:瓿甊,小罌,長沙謂之瓵,瓵音移。按今長沙無此語。

百二十三　穊

《玉篇》云:穊,長沙云:禾把也。《廣韻·五支》云:長沙人謂禾二把爲穊。按《説文》無此字,桂氏《義證》據《玉篇》補之。按今長沙似無此語。

百二十四　瓨

《廣韻·三十四果》云：瓨，長沙呼甌也。今長沙亦無此語。

百二十五　埬塘

玄應《一切經音義》十三引《埤蒼》云：長沙謂隄爲埬。又十七引云：長沙謂隄爲塘。按今亦無此語。

（一九三一年二月）

長沙方言續考

余往嘗考長沙方言百餘事，已入余所著《積微居文錄》矣。後續有所得，藏之篋中，未及整理也。比者老友曹君孟其見余《文錄》，迻書商榷，且有補述。余觸舊興，遂取曩記，略加排比。毒癆挨擊二義，余所記適同曹說，刊已存人，庶無攘善。曹君勝義，附見於篇。凡所考核，通語頗多，不必局於長沙云。按《積微居文錄》今已併入本書。

一　吾子

鄉先輩周自菴先生《思益堂日札》卷八云：《管子·海王》篇：吾

子食鹽二升少半。注：吾子謂小男小女也。此吾子正音作牙，今楚俗尚如此稱。《漢書·地理志》：金城允吾縣。應劭注曰：音鈆牙。《詩》：吁嗟乎騶虞。《山海經》：林氏國有珍獸，尾長於身，名曰騶吾。《新語》云：文王騶牙名囿，《史記·東方朔傳》所謂騶牙者也。騶牙即騶吾。樹達按周說甚核。《後漢書·崔駰傳》注云：童牙謂幼小也。今長沙牙讀疑母，(兀丫)牙字古本在疑母也。

二　戚施

《詩·邶風·新臺》云：得此戚施。《毛傳》云：戚施，不能仰者。《箋》云：戚施，面柔，下人以色，故不能仰也。《爾雅·釋訓》釋文云：戚施字書作䟽䠊。按《玉篇·見部》作䟽䠊，云：面柔也，且狄式支二切。按長沙言人背有疾傴僂不能伸者爲䠊子，讀䠊如駝，正謂戚施，施古音本如駝也。《毛傳》云不能仰者，良是。《鄭箋》以面柔下人以色伸毛，大誤。鄭氏之誤，王氏《經義述聞》亦已糾之。

三　𥄎

《說文》四篇上"䀠部"云：𥄎，目圍也。从䀠𠂋。讀若書卷之卷。居倦切。按今長沙謂周圍曰團圍四𥄎，𥄎音正如卷。

四　瞖

《說文》四篇上"目部"云：眚，目病生瞖也。玄應《一切經音義》引《三蒼》郭璞注云：瞖，目瞖病也。《說文》無瞖字，以字義言之，瞖當爲本字，翳則同音假借字也。長沙今言目病曰瞖子。

五　次

《說文》八篇下"次部"云：次，慕欲口液也。从欠，从水。敘連切。按長沙今謂欲食而不得口中所生液曰次，正讀敘連切。次字从欠，長沙又言欲食而不得者曰欠。

六　䐜

《說文》四篇下"肉部"云：䐜，起也。从肉，眞聲。昌眞切。按長沙今言肉突墳起者爲䐜，讀上聲。或以爲疹，《說文》胗疹同字，訓爲脣瘍，非起義也。

七　胯

《爾雅・釋畜》云：驪馬白跨，騴。郭注云：跨，髀間。《漢書・韓信傳》記淮陰少年謂信曰：能死，刺我；不能，出跨下。按跨《說文》訓渡，字當作胯。《說文》四篇下"肉部"云：胯，股也。从肉，夸聲。苦故切。段氏云：合兩股言曰胯。今長沙言兩股間曰胯，變合口爲開口，讀如卡之去聲。（ㄎㄚ）

八　髀

《説文》八篇上"尸部"云：屍，髀也。从尸下丌凥几。或作臀。徒魂切。今俗作臀。四篇下"骨部"云：髀，股外也。从骨，卑聲。并弭切。今通俗稱臀部爲髀股，髀作去音讀，俗書作屁，誤也。

九　餾

《説文》五篇下"食部"云：餾，飯氣蒸也。从食，留聲。力救切。按長沙今言飯蒸氣曰餾。

十　餈

《周禮·天官·籩人》云：羞籩之實，糗餌粉餈。鄭注云：此二物皆粉稻米黍米所爲也。合蒸曰餌，餅之曰餈。按今長沙新年粉稻爲餅曰餈餑，讀餈如慈，讀餑如巴。

十一　襡

《説文》八篇上"衣部"云：襡，袲衣也。袲本作短，從桂氏《義證》校正。从衣，蜀聲。按袲下云：豎使布長襦。《廣雅·釋器》云：襡，長襦也。《晉書·夏統傳》云：使妓女服袿襡。《音義》引《字林》云：襡，連要衣也。《釋名》字作襩，云：襩，屬也，衣裳上下相連屬也。荆州謂襌衣曰布襡。《玉篇》云：襡，長衣也。《禮記·雜記》

篇注云：繭衣裳者，若今大襦也。按長沙今謂長衫爲襦子。（音如彳己）

十二　袳

《説文》八篇上"衣部"云：袳，衣張也。从衣，多聲。引《春秋傳》曰：公會齊侯于袳。尺氏切。今長沙謂衣開縫處曰袳，俗書作衪，讀如义去聲。

十三　樞

《説文》八篇上"衣部"云：樞，次裏衣。从衣，區聲。於武於侯二切。《方言》卷四云：繄袼謂之樞。郭注云：即小兒次衣也。《廣韻》十九侯云：樞，小兒涎衣。按長沙謂小兒涎衣爲涎樞，讀涎如鼉，讀樞如溝。

十四　靸

《説文》三篇下"革部"云：靸，小兒履也。讀若沓。穌合切。桂氏《義證》卷八云：小兒履，履之無跟者也。又引陶氏《輟耕錄》云：西浙之人以草爲履而無跟，名曰靸鞵。樹達按今長沙謂著履臥其跟爲靸，作動字用，正如穌合切之音，或亦讀如沓。蓋無跟之履曰靸，名字也。雖有跟之履，著履者臥其跟，與無跟之履同，則引伸謂其動作曰靸，名動字之相因往往如此。

十五　檁

玄應《一切經音義》一云：檁，正言棟，居屋中也，亦言梁，或言極。長沙今言屋梁曰檁子。

十六　關

《說文》十二篇上"門部"云：關，以木橫持門戶也。从門，丱聲。古還切。又戶部云：肩，外閉之關也。按今通用關爲閉門之義，作動字用也。然關字實爲名字，《說文》亦指橫持門戶之木而言。《呂氏春秋·權勳》篇言孔子之勁能舉國門之關，亦作名字用也。今長沙稱關門之木曰門幹，門幹即門關也。關與幹異者，一合口，一開口耳。大抵長沙於合口音字往往變爲開口音，如胯下之胯本合口音，今變爲開口音，與關讀爲幹正是一例。

十七　鑿

《莊子·天下》篇云：鑿不圍枘。《釋文》云：鑿，曹報反。按長沙今謂容枘之孔鑿曰曹，蓋曹報反爲去聲，變爲平音，故云曹耳。

十八　筍

《史記》孟子、荀卿傳云：持方枘欲內圜鑿，其能入乎？《索隱》云：方枘是筍也，圜鑿是孔也。按長沙今言枘曰筍頭。

十九　鎖須　鎖匙

《禮記·檀弓下》篇云：所舉於晉國管庫之士七十有餘家。疏云：鍵謂鎖之入內者，俗謂之鎖須，管謂夾取鍵，今謂之鑰匙。按長沙今尚言鎖須，又言鑰匙。

二十　䇳

《說文》五篇下"缶部"云：䇳，下平缶也。从缶，乏聲。讀若易。土盍切。長沙今言下平瓦缶曰䇳。

二十一　函子

《廣韻·一屋》云：櫝，函也，又曰小棺。按長沙今謂小棺爲函子。

二十二　甽

《說文》十一篇下"巜部"云：巜，小流也。或體作甽，云：古文巜从田川。《呂氏春秋》二十六《辨土》篇云：畮欲廣以平，甽欲小以深。《漢書·劉向傳》云：忠臣雖在甽畝，猶不忘君。顏注云：甽，田中之溝也。今長沙鄉間謂田間溝曰甽，讀去聲，音如窨。

257

二十三 一駞

曹君孟其云:《香祖筆記》有陳後主賷天台智者大師物中有中藤紙一墮。一墮者,不知其數,折疊加高,略如一函,蓋六朝語也。今長沙言書一函曰一墮。樹達按《説文》七篇上"多部"云:多,重也。从重夕。又六篇下"貝部"云:貤,重次弟物也。从貝,也聲。以豉切。《漢書·武帝紀》注云:今俗謂凡物一重爲一貤。左思《魏都賦》云:兼重性以貤繆。李注云:言既重其性而又累其繆也。按多墮貤並同,貤之古音如多。以《説文》貤字觀之,語殆不始於六朝也。

二十四 一頓

曹君孟其云:《通雅》:劉世讓謂突厥,以馬邑爲之中頓。注:頓,食也。今長沙言一餐爲一頓。

二十五 臕

曹君孟其云:《梁横吹曲》云:待艸好,馬著臕。今長沙言牲畜肥腴曰有臕。樹達按《説文》四篇下"肉部"云:膘,牛脅後髀前合革肉也。从肉,票聲。敷紹切。徐鍇《繫傳》曰:今謂馬肥爲膘肥也。

二十六 毼

《説文》八篇上"毛部"云:毼,獸豪也。从毛,曷聲。侯幹切。

《爾雅·釋畜》云：犬未成豪，狗。郭注云：狗子未生輐毛者。《釋文》云：輐謂長毛也。按長沙謂人身上之毫曰輐毛，讀輐如寒。

二十七　株　杜

今長沙謂根爲兜，株之古音也。或曰：字當作杜。《方言》卷三云：杜，根也，東齊曰杜。郭注云：《詩》曰：徹彼桑杜。按今詩作桑土，《釋文》云：《韓詩》作杜。樹達按：杜乃株之音變，模侯二部相轉也。

二十八　顫

《説文》九篇上"頁部"云：顫，頭不定也。从頁，亶聲。之繕切。按長沙今言人體搖擺不定曰顫。

二十九　覘

《説文》八篇下"見部"云：覘，私出頭視也。从見，舟聲。丑林切。按長沙今言伸首伸頸曰覘。

三十　頞　搵

《説文》九篇上"頁部"云：頞，內頭水中也。从頁，爻聲。烏没切。又十二篇上"手部"云：搵，没也。从手，昷聲。《廣韻》音烏困烏没二切。按長沙今言人全身潛居水中曰頖,音正如烏没切。

三十一　睒

《説文》四篇上"目部"云:睒,暫視貌。从目,炎聲。失冉切。又八篇下"見部"云:覢,暫見也,从見,炎聲。失冉切。按長沙今謂人略一瞥視曰睒。

三十二　浖

《説文》十一篇上"水部"云:浖,飲歃也。从水,丣聲。綤婢切。杜子春注《周禮·小宗伯》讀浖爲泯。今長沙謂以口飲酒少許爲浖,音正如泯。

三十三　唉

《説文》二篇上"口部"云:唉,䧹也。讀若埃。烏開切。玄應《一切經音義》十二引《説文》作䧹聲也。《方言》卷十云:欸,然也,南楚凡言然者曰欸。欸唉字同。《莊子·知北遊》篇云:狂屈曰:唉。李頤注云:唉,應聲。按今長沙應聲曰唉。

三十四　喦

《説文》二篇上"口部"云:喦,呻也。从口,嚴聲。五銜切。今長沙尚言口有所呻吟爲喦,讀上聲。

三十五　媎

《説文》十二篇下"女部"云：媎，疾言失次也。从女，舀聲。丑聶切。按長沙今言人語未畢而儳言曰媎嘴。

三十六　訬

《説文》三篇上"言部"云：訬，訬擾也。从言，少聲。楚交切。長沙今言人聲雜擾曰訬，讀上聲。

三十七　詵

《吕氏春秋》卷十六《先識覽·知接》篇云：瞑者，目無由接也，無由接而言見，詵。高注云：詵讀誣忘之誣，億不詳審也。今通語謂欺人之語曰詵，讀如荒之上聲。

三十八　謾

《漢書·灌夫傳》云：福惡兩人有隙，乃謾好謝蚡。師古注云：謾猶詭也，詐爲好言也，謾讀與慢同，又音莫連反。今長沙謂諱言曰謾，讀如莫連反。

三十九　訊

《説文》三篇上"言部"云：訊，扣也，如求婦先訊叕之，从言，从口,口亦聲。苦后切。《廣韻·四十五厚》云：訆,先相訆可。長沙今言與人交涉先行嚴約曰訆齒。

四十 擉

《莊子·則陽》篇云：冬則擉鼈于江。成玄英疏云：擉,刺也。今長沙謂刺爲擉。

四十一 挨

曹君孟其云：《說文》：挨,擊背也。今長沙言被打曰挨打。

四十二 捶

《說文》十二篇上"手部"云：捶,以杖擊也。从手,垂聲。之壘切。趙岐注《孟子·梁惠王》篇云：可使國人作杖以捶敵國堅甲利兵。《太平御覽》八百四十六引《風俗通》云：杜士家娶婦,張妙縛杜士,捶二十下。《晉書·庾冰傳》云：子襲嘗貸官絹十匹,冰怒,捶之。今長沙謂擊人爲捶,讀平聲,音如垂。

四十三 彀

《說文》三篇下"殳部"云：彀,从上擊下也。从殳,㐁聲。苦角切。長沙今謂曲指擊人頭曰彀力彀,上彀讀上聲,下彀讀入聲。

四十四　捾

《說文》十二篇上"手部"云：捾，搯捾也。从手，官聲。烏括切。按長沙今云捾水，讀烏括切之上聲。參前考六十七科。

四十五　櫟

《漢書·楚元王傳》云：嫂厭叔與客來，陽爲羹盡，櫟釜。服虔云：櫟音勞。師古曰：以勺櫟釜令爲聲也。按今長沙猶云櫟。

四十六　釃

《說文》十四篇上"酉部"云：釃，下酒也。从酉，麗聲。所綺切。按今長沙謂出酒於壺曰釃，讀之如顋，此猶曬之讀所賣切也。

四十七　歜

《說文》八篇下"欠部"云：歜，心有所惡若吐也。从欠，烏聲。哀都切。《太玄·竈次七》云：脂牛正肪，不濯釜而烹，則歐歜之疾至。注云：歐歜，吐逆聲。按今長沙言胸中作逆欲吐而不吐曰打歜，讀歜音如窐之上聲，此讀乃歜字之古音，模部字古皆讀如麻也。

四十八　湧

《素問·五常政大論》云：其動瘍湧。注云：嘔吐也。今長沙謂胸欲嘔吐曰作湧。

四十九　僇

《說文》八篇上"人部"云：僇，癡行僇僇也。从人，翏聲。力救切。按長沙今言行步輕忽似不欲人見者曰僇，讀平聲。北人言僇躂，亦讀平音。

五十　躂

《玉篇·足部》云：躂，足跌也。今長沙言仆地爲躂。

五十一　跌踼

《說文》二篇下"足部"云：跌，踼也。从足，失聲。徒結切。又云：踼，跌也。从足，易聲。徒朗切。按踼《漢書·儒林傳·王式》篇作遏，从足从辵字義多同也。云：式恥之，陽醉遏墜。師古曰：遏，失據而倒也。墜，古地字。今長沙謂人仆倒地上曰跌，又曰踼，踼讀音如儻。余前考第四十九據《漢書》，茲增補記之。

264

五十二　趯

《説文》二篇上"走部"云：趯，行趯趀也。从走，蘀聲。一曰：行曲脊貌。巨員切。按長沙今謂曲腰行者曰趯腰，讀趯如官之陽平聲。

五十三　窒

曹君孟其云：窒音祝，《廣韻·一屋》云：塞也。今長沙言呼吸不通曰窒鼻子。

五十四　佻　釣　秒

《方言》卷七云：佻、抗，縣也。趙魏之間曰佻，自山之東西曰抗，燕趙之郊縣物於臺之上謂之佻。郭注云：了佻，縣物貌。《音義》云：佻，丁小反。《漢書·郊祀志》云：束馬縣車上卑耳之山。韋昭云：將上山，纏束其馬，縣鉤其車也。《玉篇·禾部》云：秒，懸物也。丁皎切。《廣韻·二十九篠》云：秒，禾穗垂貌。佻釣秒並同。按長沙言懸繫爲佻，讀去聲，如言佻在樹上是也。又謂物下垂曰佻，如云佻下來是也。又謂所懸之物搖動不定曰佻，如云兩邊打佻是也。

五十五　緷　稛

《爾雅·釋器》云：百羽謂之緷。《釋文》云：緷，古本反，又戶本苦本二反。引《埤蒼》云：大束也。《説文》七篇上"禾部"云：稛，絭束也。从禾，囷聲。苦本切。按長沙今言以繩束物曰稛，又言一稛兩稛，皆讀苦本切。

五十六　萎　餧

《説文》一篇下"艸部"云：萎，食牛也。从艸，委聲。《公羊傳·昭公二十五年》云：且夫牛馬維婁委己者也而柔焉。何休注云：委，食己者。《楚辭·九辯》云：鳳不貪餧而妄食。萎委餧並同。今長沙謂以物哺兒或食鳥曰餧，書其字作餵。補前考第五十八。

五十七　洮

《爾雅·釋訓》云：溞溞，淅也。郭注云：洮米聲。《詩·大雅·生民》篇云：釋之叟叟。《釋文》云：叟字又作溲。淘米聲也。按長沙今言以水淅米爲洮米。補前考七十一洮。

五十八　料

《莊子·盜跖》篇云：疾走，料虎頭。《釋文》云：料音聊。成玄英疏云：料觸虎頭，訓料爲觸。長沙今謂小兒觸人爲料，云料料打打,音正如聊。參前考八十三嘹。

五十九　黬

《説文》十篇上"黑部"云:黬,白而有黑也。从黑,旦聲。當割切。按長沙今云以不同之物相參雜曰黬,如云大黬小,肥黬瘦,疑即此字也。

六十　覞

玄應《一切經音義》卷六云:電,關中名覞。按長沙今言電曰扯覞,書作閃。

六十一　鑯　壯

《説文》十四篇上"金部"云:鑯,鋭也。从金,韱聲。士銜切。按鋭謂之鑯,以鋭物刺人亦謂之鑯。《一切經音義》四云:鑯,以錐刺物者也,是其義也。字或作攕。《魏末傳》云:諸葛誕殺樂綝,有典農都尉數説誕,誕罵曰:卿坐舌先人,以竹攕其舌,然後殺之。今長沙言以針刺人曰鑯。又按《方言》云:凡艸木刺人,北燕朝鮮之間謂之䇲,亦或謂之壯。亦或當為壯字。

六十二　攲

《説文》三篇下"攴部"云:攲,擇也。从攴,柬聲。洛蕭切。

《書·費誓》云：善敹乃甲胄。《僞孔傳》云：敹，簡也。長沙今言選擇而有所棄爲敹。參前考五十九料。

六十三　燖

《周禮·地官·封人》注云：毛炮豚者，燖去其毛而炮之。《釋文》云：燖，似鹽反。字或作燅。《通俗文》云：以湯去毛曰燅。《廣韻》云：燅，徐鹽切。按長沙今以熱湯去毛曰燖毛。（讀如ㄔㄧㄢ）

六十四　隋

《說文》四篇下"肉部"云：隋，裂肉也。从肉，从隓省。徒果切。長沙今言以刀碎肉曰隋肉。

六十五　敦

《莊子·列禦寇》篇云：伯昏瞀人北面而立，敦杖蹙之乎頤。《釋文》云：敦音頓。司馬云：豎也。今長沙謂豎物爲頓。

六十六　佗

《小雅·小弁》篇云：舍彼有罪，予之佗矣。《毛傳》云：佗，加也。《箋》云：舍褒姒讒言之罪，而妄加我大子。案佗字又作拕。《廣雅·釋詁二》云：拕：加也。《集韻》云：拕，他可切。拕之爲言移也。《韓子·十過》篇云：知伯來請地，不與，必移兵於韓矣，《趙策》移作加。今長沙謂人不自承其過而移加於人曰佗，正讀上聲，（ㄉㄨㄛˇ）又以物纍積相加亦曰佗。二十三條記一虵，亦即此義。

六十七 推

《漢書·蕭望之傳》云：朋，楚士，怨恨，更求入許史，推所言許史事曰：皆周堪劉更生教我。我，關東人，何以知此？蓋鄭朋初附蕭望之，嘗上疏言許史子弟罪過。後朋爲望之所絶，又附入許史，而以前言許史之事歸之於周蕭也。今長沙稱諉責於人曰推。

六十八 䰽

《説文》三篇下"鬻部"云：䰽，炊釜溢也。蒲没切。段君云：今江蘇俗謂火盛水䰽溢出爲鋪出，䰽之轉語也，正當作䰽字。按段説是也。今長沙亦言水鋪出。

六十九 猋

曹君孟其云：《集韻》：猋，馬行疾也。長沙言馬行疾曰發猋。

七十 豤

《説文》九篇下"豕部"云：豤，齧也。康狠切。今長沙謂齧骨爲豤。

七十一 瘾

曹君孟其云：《方言》：凡飲藥而毒，北燕朝鮮之閒謂之瘾。今長沙以藥毒魚毒鼠曰瘾魚瘾鼠。樹達按語其藥則曰瘾藥。

七十二 灌

《禮記‧投壺》篇云：當飲者皆跪，奉觴，曰：賜灌。鄭注云：灌猶飲也。《史記‧游俠傳》云：與人飲，使之嚼，非其任，强必灌之。今長沙謂强人飲酒曰灌酒。

七十三 嚼

《說文》二篇上"口部"云：嚼，嗛也。子答切。《玉篇‧口部》云：錯感子感子合三切，引《莊子》云：蟁蝱嚼膚。今長沙謂蚊蟲以利口噬人肌膚曰嚼，讀子答切。

七十四 冎

《說文》四篇下"冎部"云：冎，剔人肉置其骨也。古瓦切。按今通語云冎皮冎肉，字作剮。

七十五 伴

曹君孟其云：《說文》云：伴，大也。《禮記‧大學》：心廣體胖。

注:胖猶大也。今長沙言肥人曰胖子。

七十六　勢

《説文》十三篇下"力部"云:勢,健也。从力,敖聲。讀若豪。五牢切。今長沙謂伉健不屈爲勢,有稱勢老之語。

七十七　鄒鯫

《思益堂日札》卷九云:吾鄉謂有村氣不冠冕者曰鄒,不知何解。宋朱新仲(名翌)《猗覺寮雜記》云:俗以富爲鄒,不知何義,亦不知用何字,則知此字不始吾鄉,且不始今日。樹達按《史記·項羽本紀》云:鯫生説我。《集解》引服虔曰:鯫音淺鯫,小人貌也。周説鄒,當作此字。至宋人以富爲鄒,別是一義,周以爲一事,似非。

七十八　長

《吕覽·觀世》篇云:亂世之所以長也。高注云:長,多也。《漢書·高祖紀》十年注引晉灼云:明此長夏五月太上皇后崩八字也,亦以長爲多。《世説新語》云:生平無長物。按今長沙猶謂多餘者爲長。

七十九　毛

《後漢書·馮衍傳》云:飢者毛食。李注云:案衍集毛字作無,今俗語猶然,或者古亦通用。錢大昕云:古音無如模,聲轉爲毛,今荊楚猶有此音。王君啓湘云:宋人以無飯無鹽無菜爲毻飯相謔,亦讀無如毛也。

八十　弸

《說文》十二篇下"弓部"云:弸,弓彊貌。从弓,朋聲。父耕切。長沙今言緊張布帛曰弸,讀如蓬之陰平聲。(ㄅㄨㄥ)

八十一　槍

《說文》六篇上"木部"云:槍,歫也,从木,倉聲。七羊切。按長沙今謂與人意見不合爲槍,音七羕切。

八十二　疝

《說文》七篇下"疒部"云:疝,腹中急痛也。从疒,丩聲。古巧切。按今長沙言腹痛急曰疝。

八十三　獠

曹君孟其云:《南史》:王琨獠婢所生,獠猶媚說人也。今長沙猶曰獠丫頭。

八十四　曉

曹君孟其云：曉音歐。《玉篇·目部》云：深目貌。今長沙言睛陷曰落曉，或曰曉眼。

八十五　化

《公羊傳·桓公六年》云：曷爲慢之？化我也。何休注云：齊人謂行遇無禮謂之化。今長沙斥人爲無賴之行者曰化，罵人爲化哥，或云化生子。

八十六　鼓

《漢書·楊雄傳》云：惟彌㸂其拂汩兮。注引孟康云：彌㸂，風吹帷帳鼓貌。按長沙今言帷帳因風向外張起曰鼓。

八十七　閅

《說文》十二篇上"門部"云：閅，大開也。從門，可聲。火下切。按今長沙謂門開爲閅開，讀閅爲疑母陰平音。（兀丫）

八十八　餕

曹君孟其云：《玉篇》云：餕，飯壞也。今長沙言飯菜陳腐皆曰餕。

八十九　胺

《廣雅·釋詁》云：胺，敗也。《玉篇·肉部》云：胺，一曷切，肉敗也。《爾雅·釋器》云：食饐謂之餲。郭注云：飯餲臭也。《釋文》云：餲又音遏。今長沙謂飲食壅遏臭敗爲胺壞。

九十　澆

澆通訓爲薄，今長沙謂布帛薄不堅緻曰澆，音如囂。

九十一　戾

《説文》十篇上"犬部"云：戾，曲也。从犬出户下。犬出户下爲戾者，身曲戾也。郎計切。按《説文》二篇上"口部"云：呙，口戾不正也。《通俗文》云：斜戾曰呙。今長沙猶謂不正爲戾，讀如列之去聲。（ㄌㄧㄝ）

九十二　稱

長沙言輕重不相稱爲不稱，讀稱如騰之去聲，爲稱之古音，古無舌上音也。

九十三　涫

《説文》十一篇上"水部"云：涫，䰞也。从水，官聲。古丸切。段氏注云：今江蘇俗語䰞水曰滾水。滾水即涫，語之轉也。按段説甚是，寒痕二部音近，恒相亂也。今長沙亦言沸水曰滾水。

九十四　腯

《説文》四篇下"肉部"云：腯，牛羊曰肥，豕曰腯。他骨切。《左傳·桓公六年》疏引服虔説與《説文》同。長沙今言食物油膩太重不欲食曰腯人。

九十五　捼莏

《詩·葛覃》箋云：煩，煩撋之，用功深。《釋文》引阮孝緒《字略》云：煩撋猶捼莏也。捼音奴禾反，莏音素禾反。按長沙今謂人煩瑣曰捼莏。

九十六　嗻嘛

《説文》二篇上"口部"云：嗻，遮也。之夜切。按二篇下"辵部"云：遮，遏也。嗻訓遮者，蓋謂人方有言而已遏止之，《曲禮》所謂儳言者是也。《廣韻·四十禡》云：嗻，多語之貌。《集韻》云：嗻嚛,多言也。今長沙謂人多言爲囉嚛,嚛正讀之夜切。

九十七　磊䇞

《說文》十篇下"立部"云:䇞,磊䇞,重聚也。从立,辜聲。丁罪切。今長沙謂物之多而聚者曰磊䇞,二字皆讀平音。

九十八　陝輸

《後漢書・列女傳》云:視聽陝輸。李注云:陝輸,不定貌。張文虎《舒藝室隨筆》卷三云:陝輸今詞曲家作閃尸。《文選・海賦》云:蝄象暫曉而閃尸。注云:閃尸,暫見之貌。按今語通言閃鑠,本此。

九十九　拔密

長沙言簇密者爲拔密,余意蓋言迫密也。然《水經注》云:小竹細筍,被於山渚,蒙龍拔密,奇爲翳薈也。知拔密亦古語。

百　籠侗

《論語・泰伯》篇云:侗而不愿。孔安國云:侗,未成器之人也。皇疏云:侗謂籠侗未成器之人也。今通語謂語言不明析者曰籠侗。

百一　妝襐

《說文》十二篇下"女部"云：妝，飾也。宋玉《登徒子好色賦》云：體美容冶，不待飾裝。《漢書·司馬相如傳》云：靚莊刻飾。妝裝莊字並通。《說文》又云：襐，飾也。《急就篇》云：襐飾刻畫無等雙。顏師古注云襐飾，盛服飾也。《漢書·外戚傳》云：令立國將軍成新公孫建世子襐飾，將醫往問疾。顏注云：襐，盛飾也。音丈，又音象。按妝襐皆飾義，今長沙罵人衣冠不整齊者曰不妝襐，襐讀與象同。

百二　耳目長

《漢書·孫寶傳》云：稺季耳目長，聞知之，杜門不通水火。按長沙今言人之消息靈通者曰耳目長。

百三　小家子

《漢書·霍光傳》云：使樂成，小家子，得幸將軍，至九卿，封侯。按長沙今言小家子，讀家如卡之平音，(ㄎㄚ)罵人爲小家子種。

百四　多心

《呂氏春秋》卷十八《審應覽·精諭》篇云：口唫不言，以精相告，紂雖多心，弗能知矣，按長沙言人喜猜疑曰多心。

百五　塞北

《新序》卷八云：卞莊子好勇，養母，戰而三北，交遊非之，國君辱之。及母死，三年，冬與魯戰，卞莊子請從，見於魯將軍曰：初與母處，是以三北。今母死，請塞責而神有所歸。遂赴敵，獲一甲首而獻之，曰：此塞一北。又入，獲一甲首而獻之，曰：此塞再北。又入，獲一甲首而獻之，曰：此塞三北。按今長沙言塞北，本此。

百六　擇菜

《呂氏春秋》卷十四《孝行覽·慎人》篇云：孔子窮於陳蔡之間，七日不嘗食。孔子弦歌於室，顏回擇菜於外。按長沙今言擇菜，讀擇爲去聲。王君啓湘云：《毛詩》訓芼爲擇菜，《說文》訓若爲擇菜，足徵此語之古。

百七　當如

《後漢書》卷八十三《逸民·向長傳》云：建武中，男女嫁娶既畢，敕斷家事勿相關，當如我死也。按當如我死，謂我今雖未死，家事不必相告，假定作我已死也。長沙今言此正云當，讀去聲，或云似當。

百八　不分皂白

《詩·大雅·桑柔》云：匪不能言。《鄭箋》云：賢者見此事之是非，非不能分別皂白言之於王也。按今長沙猶言不分皂白，或又云分別青紅皂白。

百九　不齒

《詩·鄘風·蝃蝀》序云：衛文公能以道化其民，淫奔之恥，國人不齒也。《鄭箋》云：不齒者，不與相長稚。按今長沙謂不與人爲禮曰不齒。

百十　不答

《後漢書》卷八十三《逸民·梁鴻傳》云：及嫁，始以裝飾入門，七日而鴻不答。長沙今謂不禮人爲不答。

百十一　登時

《三國·吳志·孫策傳》注云：貢登時出其母。登時謂即時也，今長沙猶有此語。王君啓湘云：《魏志·管輅傳》云：登時之驗。

百十二　儺

長沙人有病者，往往請巫師祀神除殃，終夜金鼓之聲不絕。將訖,宰豚以終之,名曰充儺,儺蓋即《論語》鄉人儺之儺字也。

百十三　禓

《世本》云:微作禓。注云:微者,殷王八世孫。禓者,強死鬼也,謂時儺索室驅疫逐強死鬼也。《禮記·郊特牲》云:鄉人禓。注云:禓或爲儺。按《論語》:鄉人儺。鄭注云:十二月,命方相氏索室中驅疫鬼,與《世本》注略同。《周禮·春官》云:司巫下禓。《説文》云:禓,道上祭。與章切。樹達按:今長沙下神以治病問事曰打禓,讀禓如昌,蓋禓从易聲,讀音如昌,猶暢字之讀昌去聲也。又十二月淨室中曰打禓神,即鄭注十二月方相索室中之遺也。此義則讀禓爲與章切。

百十四　否

《説文》五篇上"丶部"云:否,相與語唾而不受也。今長沙斥人詈語正曰否,音如阫之上聲,正相與語唾而不受之義也。

百十五　削

長沙謂縫衣如峭之平聲,云補補峭峭,久疑不知當作何字。近讀《荀子·臣道》篇云:事暴君者有補削,無矯拂。王引之云:削者,縫也。《韓子·難二》篇曰:管仲善制割,賓胥無善削縫,隰朋善純緣。衣成,君舉而服之。制割,削縫,純緣,皆兩字同義。《呂氏春秋·行論》篇曰:莊王方削袂。《燕策》曰:身自削甲札,妻自組甲絣。蓋古者謂縫爲削,而後世小學書皆無比訓,失其傳久矣。樹達按:王氏發明削有縫義,石破天驚,精當無比。余因悟補峭當作補削字,蓋古音讀削如峭。《山海經·西山經》云:太華之山削成而四方。注云:削成,今山形上大下小,峭峻也。《釋名·釋兵》云:刀,其室曰削,削,陗也,其形陗殺裹刀體也。今長沙言削如峭,削之古音也。

百十六　愊

《方言》云:悀愊,澸也。凡以器盛而滿謂之悀,腹滿曰愊。《說文》五篇下"畐部"云:畐,滿也。《玉篇》云:畐,普逼切,腸滿謂之畐。又云:餔,飽也。今長沙謂飽曰愊飽,讀愊如迫字之音。

百十七　暴

《詩·邶風·終風》云:終風且暴。《爾雅·釋天》云:日出而風爲暴。《詩·小雅·魚麗》傳云:古者不風不暴不行火。今長沙謂大風爲風暴。

百十八　嫛

《說文》十二篇下"女部"云:嫛,奢也。从女,般聲。一曰:小妻也,薄波切。按長沙謂小妻爲小嫛子,讀嫛正如薄波切,故或書作婆。

百十九　測

則通言法則,《説文》十一篇上"水部"云:測,深所至也。从水,則聲。按測亦準則之義。今長沙言測量所得之準則曰則寸。

（一九三五年十一月十五日）

説所字之詞性

《説文・斤部》所載訓伐木聲之"所"字,與《論語・爲政》篇"居其所"之"所"字,皆名詞。《書經・無逸》篇"君子所其無逸"之"所"字是動字。古人誓詞必用所字,如《左傳》"所不歸爾孥者有如河"是也。此種所字是假設連詞,皆不在此文討論範圍以内。今所討論者,乃《馬氏文通》認爲接讀代字之所字,此種所字用法亦有數種,故今舉六例説明之。

一　此,吾所以取天下也。《漢書・高帝紀》

二　丞之職所以貳令。韓文《藍田丞廳壁記》

三　衛太子爲江充所敗。《漢書・霍光傳》

四　陰陽卜筮占相醫方氏族山經地志字書圖畫九流百家天人之書乃至浮屠老子外國之説皆所詳悉。韓文《毛穎傳》

五　高祖乃立爲沛公,祀蚩尤,而釁鼓旗,幟皆赤,由所殺蛇白帝子,殺者赤帝子故也。《漢書・高祖紀》

六　爵者,上之所擅。《漢書・食貨志》

第一例　此,吾所以取天下也。

此被動式文也。何以知之？以可換爲主動文故。試換爲主動文,則爲

吾以此取天下也。

又試取兩文比較之：

甲　吾　以　此　取　天下　也

乙　此　吾　所　以　取　天下　也

乙句主語之此,在甲句爲介字以之賓語,以兩句相比較。乙句僅僅多一所字,則所爲表被動之詞明矣。

第二例　丞之職所以貳令。

此亦被動文也。何以知之？以可換譯爲主動文

以丞之職貳令

故。試取兩句比較之：

甲　以　丞之職　貳　令

乙　丞之職　所　以　貳　令

丞之職在甲句爲介字以字之賓語,而在乙句則爲主語,兩相比較,乙句又僅僅多一所字,則所字爲表被動之詞又明矣。甲句無主語,可補人字爲主語,以其述一般之事故也。

第三例　衛太子爲江充所敗。

此又被動文也。何以知之？以可換譯爲主動文

江充敗衛太子

故。試取兩句比較之：

甲　江充　敗　衛太子

乙　衛太子　爲　江充　所　敗

衛太子在甲句爲外動詞敗之賓語,而在乙句則爲主語。兩

相比較，除乙句多一爲字外，又多一所字，則所字爲表被動之詞明矣。

然則爲字爲何詞？曰：爲，介字也。江充在甲句主動式之句爲主語，在乙句被動文之句必爲賓語，此各國文字之通例也。爲字者，所以介出賓語之江充者也。

而馬氏乃云："衛太子爲江充所敗。敗，外動也。江充，其起詞。所字指衛太子，而爲敗之止詞。故江充所敗實爲一讀。今蒙爲字以爲斷，猶云衛太子爲江充所敗之人，意與衛太子敗於江充無異，如此江充所敗乃爲之表詞。"《文通》卷四第二十三葉

馬氏謂所字指衛太子，今試將句中所字刪去，用衛太子三字填充之，文當爲：

衛太子爲江充衛太子敗。

文尚可通乎？

馬氏謂衛太子爲江充所敗，意與衛太子敗於江充無異，此語是也。但又謂猶云衛太子爲江充所敗之人，則今試各用相等之句證明之。

甲　衛太子爲江充所敗，等於

乙　衛太子見敗於江充。

此馬氏所言也。

丙　衛太子爲江充所敗之人，等於

丁　衛太子者，江充所敗之人也。

此亦當無疑問。然試取乙丁二句對照之，

乙　衛太子見敗於江充，

丁　衛太子者，江充所敗之人也。

乙句敍述衛太子見敗之事實，丁句則表明衛太子爲何如人，二句之

意思果相同乎？乙丁二句之意義既不相同，則等乙之甲與等丁之丙不能相等明矣。

且馬氏以爲爲斷詞之爲，則《漢書·張騫傳》云："大宛見騫，喜，問曰：若欲何之？騫曰：爲漢使月氏而爲匈奴所閉道。"則將譯爲漢使月氏而爲匈奴所閉道之人乎？

又如《黃霸傳》云："吏出，不敢舍郵亭，食於道旁，烏攫其肉。後日，吏還，謁霸。霸見，迎勞之曰，甚苦。食於道旁，乃爲烏所盜肉。"亦將譯爲食於道旁烏鳥所盜肉之人乎？此必不可通矣。且就

甲　衛太子　爲　江充　所　敗
乙　衛太子　見　敗　於　江充

二語相等觀之：甲之"爲江充"，等於乙之"於江充"；甲之"所敗"等於乙之"見敗"，則爲爲介字固可證明。而所等於見，其爲被動助動詞又明矣。

第四例　陰陽卜筮占相醫方氏族山經地志字書圖畫九流百家天人之書乃至浮屠老子外國之説，皆所詳悉。

此語亦被動文也。何以知之？以可換譯爲主動式文

毛穎詳悉陰陽卜筮占相醫方氏族山經地志字書圖畫九流百家天人之書乃至浮屠老子外國之説。

故。主語毛穎據文義增。

第五例　高祖乃立爲沛公，祀蚩尤而釁鼓旗，幟皆赤，由所殺蛇白帝子，殺者赤帝子故也。

所殺蛇者，被殺之蛇也。余引此例，便憶及《漢書》原文下句本作"所殺者赤帝子故也"。殺字上原亦有一所字，惟清校書家王氏念孫深通文法，彼知此所字不可通，故將此字校删，以漢高祖爲主

殺之人，不得爲被殺者，故不能有所字故也。今文法大明，不知所爲表被動之詞者，眞有愧於王氏矣。

第六例　爵者，上之所擅。

此所擅乃謂被擅之物事，蓋所下加動詞，與名詞同。此馬氏之說也。此說用於此例最爲適宜，蓋第三例若非如今文，而爲衛太子者，江充之所敗也。

則亦可適用此説，然而原文不如此，而馬氏亦以此説解之，故不可通耳。

（一九二九年十二月九日）

國文中之倒裝賓語

國文中賓語之位置居外動詞或介字之後者，常也。然有倒裝者，今詳述之：

一　疑問代名詞爲賓語時，必居動介之前：

終南何有？有條有枚。《詩·秦風·終南》

內省不疚，夫何憂何懼？《論語·顏淵》

寡人有子，未知其誰立焉？《左傳·閔二年》

吾誰欺？欺天乎！《論語·子罕》

王者孰謂？謂文王也。《公羊傳·隱元年》

問臧：奚事？則挾策讀書。《莊子·駢拇》

以上居外動詞之前者。

何由知吾可也？《孟子·梁惠王上》

誰爲爲之？《史記·自序》

曷爲先言王而後言正月？王正月也。《公羊傳·隱元年》

水奚自至？《呂覽·貴直》

以上居介詞之前者。

惟介詞于於爰三字介紹疑問代名詞時，爲例外，不倒置：

哀我人斯。于何從祿？《詩·小雅·正月》

彼人之心，于何其臻？又《菀柳》

此日而食，于何不臧？又《十月之交》

吾于何逃聲哉？《列子·湯問》

民衣霧，主吸霜，間可倚杵，于何臧？《易緯是類謀》

異類衆夥，于何不育？左太沖《蜀都賦》

所謂伊人，于焉逍遥？《詩·小雅·白駒》

所謂伊人，于焉嘉客？又

我視謀猶，伊于胡底？又《小旻》

于以采蘩？于沼于沚；于以用之？公侯之事。《詩·召南·采蘩》

于以采蘋？南澗之濱；于以采藻？于彼行潦。又《采蘋》

于以湘之？惟錡及釜；于以盛之？惟筐及筥。又

爰居爰處，爰喪其馬，于以求之？于林之下。又《邶風·擊鼓》

盜竊之行，於誰責而可乎？《莊子·則陽》

四海之議，於何逃責？任彥昇《爲齊明帝讓宣城郡公表》

小子後生於何考德而問業焉？韓文《送溫處士序》

推誠永究，爰何不臧？《漢書·外戚傳》

二　句中以無指代名詞莫字爲主語時，句中有代名詞爲動詞之賓語，則此爲賓語之代名詞居前。

子曰：莫我知也夫！《論語·憲問》

晉侯聞之而後喜可知也,曰:莫余毒也已!《左傳・僖二十八年》

不患莫己知,求爲可知也。《論語・里仁》

蟲蝀在東,莫之敢指!《詩・鄘風・蟲蝀》

夫子愎,莫之止,必不出。《左傳・襄二十四年》

夫以信召人而以僭濟之,必莫之與也。又襄二十六年

會同難,嘖有煩言,莫之治也。又定四年

故天下諸侯既許桓公,莫之敢背。《齊語》

狂者傷人,莫之怨也;嬰兒詈老,莫之疾也。《淮南子・説林》篇

雖使五尺之童適市,莫之或欺。《孟子・滕文公》

人皆曰予知,驅而納諸罟攫陷阱之中,而莫之知避也。《禮記・中庸》

福輕乎羽,莫之知載;禍重乎地,莫之知避。《莊子・人間世》

三　句中有否定副詞時,則爲賓語之代名詞先置。

居則曰:不吾知也。《論語・先進》

如有政,雖不吾以,吾其與聞之。又《子路》

季子雖來,不吾廢也。《史記・吳世家》

子不我思,豈無他人?《詩・鄭風・褰裳》

今鄭人貪賴其田而不我與,我若求之,其與我乎?《左傳・昭十二年》

日月逝矣,歲不我與!《論語・陽貨》

我留,匈奴必以我爲大軍之誘,不我擊。《史記・李廣傳》

始吾貧時,昆弟不我衣食,賓客不我内門。又《主父偃傳》

是區區者而不余畀,余必自取之。《左傳・昭十三年》

僂句不余欺也。又昭二十五年

不患人之不己知,患不知人也。《論語・學而》

豈不爾思！室是遠而。《論語·子罕》

先君之不爾逐，可知矣。《公羊傳·隱三年》

無適小國！將不女容焉！《左傳·僖七年》

余恐亂命以不女違。又襄十年

余不女忍殺，宥女以遠，勉速行乎！又昭元年

三代命祀，祭不越望。江漢睢漳，楚之望也，禍福之至，不是過也。又哀六年

以上用否定副詞不字之例。

管子對曰：未可，鄰國未吾親也。《齊語》

晉國之命，未是有也。《左傳·襄十四年》

蓋有之矣，我未之見也。《論語·里仁》

不好犯上而好作亂者，未之有也。又《學而》

望道而未之見。《孟子·離婁》

吾觀世俗之樂，舉羣趣者，誙誙然如將不得已，而皆曰樂者，吾未之樂也，亦未不之樂也。《莊子·至樂》

子路有聞，未之能行，惟恐有聞。《論語·公冶長》

以上用否定副詞未字之例。

爾無我詐，我無爾虞。《左傳·成元年》

志輕理而重物者，無之有也；外重物而不內憂者，無之有也。《荀子·正名》

以上用否定副詞無字之例。

馬驚，敗績，公隊，佐車授綏。公曰，末之卜也。《禮記·檀弓》

以上用否定副詞末字之例。

或曰：譊譊者天下皆說，奚其存？曰：曼是爲也。《法言·廣見》

以上用否定副詞曼字之例。

四　雖無上述之原因，人稱或指示代名詞爲賓語，亦間有先置者。

今命爾予翼，作股肱心膂。《書·君牙》

詳乃視聽，罔以側言改厥度，則予一人汝嘉。又《蔡仲之命》

爾貢包茅不入，王祭不共，無以縮酒，寡人是徵。昭王南征而不復，寡人是問。《左傳·僖四年》

有渝此盟以相及也，明神先君是糾是殛！又僖廿八年

五　有二事爲比較時，則賓語雖爲名詞亦先置。

飢寒之不恤，誰遑其後？《左傳·襄二十八年》

飢寒之不恤，誰能恤楚？又

右二例賓語與動詞之間有之字爲助。

寡人唯是一二父兄不能共億，其敢以許自爲功乎？《左傳·隱十一年》

老夫，其國家不能恤，敢及王室！又昭二十四年

臣死且不避，卮酒安足辭！《史記·項羽紀》

右無之字爲助者。

六　語氣側重時，則爲賓語之名詞先置。

陛下於淮南王不可謂薄矣。然而淮南王，天子之法，咫蹀促而弗用也；皇帝之令。咫批傾而不行也。《賈子·淮南》

右例外動詞賓語先置。

孝景時，每朝議大事，條侯魏其侯，諸列侯莫敢與亢禮。《史記·魏其侯傳》

右例介詞賓語先置。

七　賓語倒置在動介之前，以之字助之。

孟武伯問孝。子曰：父母唯其疾之憂。《論語·爲政》

吾以子爲異之問,曾由與求之問！又《先進》

東略之不知,西則否矣。《左傳·僖九年》

僑聞:君子非無賄之難。立而無令名之患。又昭十六年

僑聞:爲國非不能事大字小之難,無禮以定其位之患。又

華則榮矣,實之不知。《晉語》

右外動詞賓語先置者。

寡人之使吾子處此,不惟許國之爲,亦聊以固吾圉也。《左傳·隱十一年》

叔仲昭伯曰:我楚國之爲,豈爲一人行也！又襄廿八年

宋向戌曰:我一人之爲,非爲楚也。又

非夫人之爲慟,而誰爲?《論語·先進》

吾先君,固周室之不成子也。故濱於東海之陂,黿鼉魚鼈之與處,而鼃黽之與同陼。《越語》

擁腫之與居,鞅掌之爲使。《莊子·庚桑楚》

右介詞賓語先置者。

八　賓語倒置在動介之前,以是字助之。

除君之惡,唯力是視。《左傳·僖二十三年》

率師以來,唯敵是求。又宣十二年

余雖與晉出入,余唯利是視。又成十三年

寡人帥以聽命,唯好是求。又

唯吾子戎車是利,無顧土宜,其無乃非先王之命也乎！又成二年

荀偃命曰,雞鳴而駕,塞井夷竈,唯余馬首是瞻。又襄十四年

自今日既盟之後,鄭國而不唯有禮與强可以庇民者是從而敢有異志者,亦如之。又襄九年

以上助唯字者。

　　將虢是滅,何愛於虞!《左傳·僖四年》

　　慶鄭曰:愎諫違卜,固敗是求,又何逃焉?又僖十五年

　　寡人之從君而西,亦晉之妖夢是踐,豈敢以至!又

　　君亡之不恤,而羣臣是憂,惠之至也。又

　　親我無成,鄙我是欲,不可從也。又襄八年

　　王子相楚國,將善是封殖,而虐之,是禍國也。又襄三十年

　　若未嘗登車射御,則敗績厭覆是懼,何暇思獲!又襄卅一年

　　有君而臣是助,無乃不可乎!又昭二十一年

　　今土數圻而郲是城,不亦難乎!又昭二十五年

　　今吳是懼而城于郢,守已小矣。又

　　君人者,將禍是務去,而速之,無乃不可乎!又隱三年

　　子爲司寇,將盜是務去,若之何不能!又襄二十一年

以上不助唯字者。

以上外動詞之例。

　　齊侯曰:豈不穀是爲,先君之好是繼。與不穀同好,何如?《左傳·僖四年》

　　文武成康之建母弟以蕃屏周,亦其廢墜是爲,豈如弁髦而因以敝之!又昭四年

以上介詞之例。

　九　外動詞之賓語先置,以焉字助之。

　　我周之東遷,晉鄭焉依。《左傳·隱六年》按《周語》作晉鄭是依。

　　安定國家,必大焉先。又襄三十年

　　委蛇還旅,二守焉依。《後漢書·任李劉傳贊》

十　外動詞之賓語先置，以或字助之。

如松柏之茂，無不爾或承！《詩·小雅·天保》

十一　外動詞之賓語先置，以來字助之。

顯允方叔，征伐玁狁，荆蠻來威。《詩·小雅·采芑》

匪安匪游，淮夷來求。又《大雅·江漢》

匪安匪舒，淮夷來鋪。又

匪疚匪棘，王國來極。又

是用作歌，將母來諗。又《小雅·四牡》

不念昔者，伊余來墍。又《邶風·谷風》

既之陰女，反予來赫。又《大雅·桑柔》

十二　外動詞之賓語先置，以云字助之。

有皇上帝，伊誰云憎？《詩·小雅·正月》

伊誰云從？惟暴之云。又《何人斯》

無日不顯，莫予云覯。又《大雅·抑》

十三　外動詞之賓語先置，以于字助之。

赫赫南仲，玁狁于襄。《詩·小雅·出車》

赫赫南仲，玁狁于夷。又

四國于蕃，四方于宣。又《大雅·崧高》

十四　外動詞之賓語先置，以斯字助之。

朋酒斯饗，曰殺羔羊。《詩·豳風·七月》

十五　外動詞之賓語先置，以爲字助之。

女爲人臣子，不顧恩義，畔主背親，爲降虜於蠻夷，何以女爲見？《漢書·蘇武傳》

十六　外動詞之賓語先置，以之爲助之。

使弈秋誨二人弈，其一人專心致志，惟弈秋之爲聽。《孟子·告

子上》

　　故人苟生之爲見,若者必死;苟利之爲見,若者必害。《荀子·禮論》

　　惟行之爲守,唯義之爲行。又《不苟》

　　十七　外動詞之賓語先置,外動詞之下復補之字。

　　夏禮,吾能言之,杞不足徵也;殷禮,吾能言之,宋不足徵也。《論語·八佾》

　　百畝之田,匹夫耕之。《孟子·梁惠王上》

　　三里之城,七里之郭,環而攻之而不勝。又《公孫丑下》

　　拱把之桐梓,人苟欲生之,皆知所以養之者。又《告子上》

　　子變子言,則齊國吾與子共之。《呂氏春秋·恃君知分》

　　張廷尉,由此天下稱之。《史記·張釋之傳》

(一九三〇年一月)

卷五　經子考證序跋之屬凡五十九篇

《書·微子》"草竊姦宄"解

《書·微子》云："殷罔不小大好草竊姦宄，卿士師師非度。"傳釋"草竊"云："草野竊盜。"樹達按：經以"草竊姦宄"連文；"姦宄"義近，"草"與"竊"義亦當相近。又《盤庚上》篇云："乃敗禍姦宄以自災于厥身。"彼文"敗"與"禍"義近，則此文"草"與"竊"義亦當相近。傳説爲"草野竊盜"，"草野"與"竊盜"義不相屬，其説非也。今按"草"當讀爲"鈔"，《説文》十四篇上"金部"云："鈔，叉取也。从金，少聲。"《方言》十二云："虜、鈔，强也。"注云："虜鈔皆强取物也。"《後漢書》卷七十六《王涣傳》云："平常持米到洛，爲卒司所鈔。"注云："鈔，掠也。"鄭注《周官·射鳥氏》云："烏鳶善鈔盜。""鈔盜"猶"草竊"矣。"鈔"字又作"抄"。《一切經音義》二引《通俗文》云："摣取謂之抄掠。"《左傳·僖二年》杜注云："虢稍遣人分依客舍以聚衆抄晉邊邑。"《釋文》云："抄，强取物"，是也。字又作"勦"。《禮記·曲禮上》篇云："毋勦説。"鄭注云："勦猶擥也，謂取人之説以爲己説。"按今語强取人物謂之鈔，襲取人説亦謂之鈔，則古語之遺也。《康誥》云："凡民自得罪，寇攘姦宄，殺越人于貨。"此云"草竊姦宄"，猶彼云"寇攘姦宄"矣。按"草"古音在幽部，

295

"鈔"古音在豪部，二部音最近，故得通假。《説文》六篇上"木部"云："樔，澤中守艸樓。从木，巢聲。"字義爲守艸而文从巢，知造文時二部已通用無別矣。

（一九三六年五月十七日）

　　五月間余温尋《尚書》，時用鄉先達王氏先謙《尚書參正》本，於《微子》篇"草竊"，王氏采江聲所引《吕氏春秋》草竊之説，心不謂是，遂寫是篇。同時爲《多方叨懫解》一首，謂叨懫即《左傳》之饕餮。近日偶檢孫淵如《書疏》，知讀草爲鈔，淵如先有是説，此文殆可不存。惟余説立證較密，又淵如爲此説外，仍引江聲之説，其信道不篤，尤爲可異，故今仍存此文。叨懫之説，聞有先余立此義者，遂削去不復存稿云。七月十九日記。

《書·盤庚》"罔知天之斷命"解

　　《書·盤庚上》篇云："今不承於古，罔知天之斷命。矧曰其克從先王之烈。"《僞孔傳》云："今不承古而徙，是無知天將斷絶汝命；天將絶命，尚無知之，況能從先王之業乎！"今按：經意謂今不承古，則天將斷絶其命，於文不當言無知，傳逕以無知釋之，非也。愚疑：罔知者，古人成語，猶今人言"不保"或"難保"。此文意言：今不承於古，則不保天之將斷絶其命，況能從先王之烈乎！

　　"罔知"或言"弗知"。《左傳·昭公四年》云："晏子曰：此季世也，吾弗知齊其爲陳氏矣。"按晏子決言齊之將爲陳氏，於文亦不當云"弗知"。"吾弗知齊其爲陳氏"者，言不保齊之爲陳氏也。杜注云："不知其他，唯知齊將爲陳氏。"則不得其解，增字以釋之矣。

文或言"罔敢知"。《書·西伯勘黎》云："格人元龜,罔敢知吉。"言不敢保其吉也。

文又或言"不敢知"。《書·君奭》云："殷既墜厥命,我有周既受,我不敢知曰:厥基永孚于休,若天棐諶;我亦不敢知曰:其終出於不祥。"按此文"孚"當讀爲"保","棐諶"當如孫詒讓説釋爲"匪信",祥當讀爲永,永、長也。言我周雖已受殷命,因天不可信,我不敢保其基業將長保於休美,我亦不敢保其終出於不長也。《盤庚中》篇云："丕乃崇降弗祥。"漢《石經》作"丕乃興降不永。"知《書》中"祥"字本多爲"永"字矣。

又《召誥》云："我不敢知曰:有夏服天命,惟有歷年;我不敢知曰,不其延。惟不敬厥德,乃早墜厥命。我不敢知曰:有殷受天命,惟有歷年;我不敢知曰,不其延。惟不敬厥德,乃早墜厥命。"此文言:我不敢保曰:周家亦當如夏與殷服受天命,歷年享國;我亦不敢保曰,周家將不延長。不其今言將不。所敢言者,如不敬其德,則必早墜其命耳。《君奭》以"永孚于休"與"終出不祥"爲對文,《召誥》以"惟有歷年"與"不延"爲對文,文義正同。按夏殷歷年爲已然之事,於文不當言不敢知,而文言不敢知,故知夏殷爲喻周之辭,意指周言,非説二代耳。

諸言"罔知"、"弗知"、"罔敢知"、"不敢知",皆先乎所說之事者也。亦有後乎所説者:《左傳·昭四年》云："楚王方侈,天或者欲逞其心以厚其毒而降之罰,未可知也;其使能終,亦未可知也。"又哀十五年云："天或者以陳氏爲斧斤,既斲喪公室,而他人有之,不可知也;其使終饗之,亦不可知也。"是其例也。核之今言,則先所説者不存,而後乎所説者恒見。蓋先乎所説者嫌於真不知,而後乎所説者則否，此可知先民之於語言能擇善而從矣。

（一九三六年六月七日）

《詩》"上人執宮功"解

《詩·豳風·七月》七章云："嗟我農夫，我稼既同，上入執宮功。"《毛傳》云："入爲上，出爲下。"《鄭箋》云："既同，言已聚也，可以上入都邑之宅，治宮中之事矣。於是時男之野功畢。"今按毛釋"上"字爲"入爲上"，鄭君從之，其説非也。此"上"字與"尚"同，古書"上""尚"二字多通用。《説文》："尚，庶幾也。"乃有所冀望於人而命之之詞。《魏風·陟岵》篇云："上慎旃哉！"此行役者之父母冀望其子之辭也。與此"上"字正同。而彼文"上"字《漢石經》作"尚"，知今詩文"上""尚"二字多互作矣。入者，《漢書·食貨志》云："春，令民畢出在野，冬則畢入於邑。"又云："冬，民既入，婦人同巷相從夜績。"《毛傳》出入對言，與《漢志》義同。鄭君以其文簡不具，故申言爲入都邑之宅，與《志》云"冬則畢入於邑"者正合。蓋詩人言：嗟我農夫乎！今已冬時矣，我之禾稼既已聚積矣，汝庶幾其可以入於都邑治宮室之事矣。蓋上文已言十月納禾稼，此在既納之後，故云已聚積也。鄭君釋宮功爲宮中之事，宮中猶今言室內，對在野爲言，説固可通。然《詩》下文緊接云："晝爾于茅，宵爾索綯，亟其乘屋，其始播百穀！"則所謂宮功者殆即指乘屋葺治之事爲言也。毛鄭既誤釋"上"字，而近儒申毛者又不明《毛傳》出入二字之義，特正之如此。陳奂《毛詩傳疏》謂入字承五章入此室處而言。按五章云:"嗟我婦子。曰爲改歲,入此室處。"自是言婦子之事,與此章戒農夫者截然爲二事,絶不相蒙也。

讀上爲尚,俞樾《羣經平議》先有此説,惟俞以朱傳爲證,不及《漢石經》之證爲當耳。

(一九二八年四月二十七日)

《詩》"匪風發兮,匪車偈兮"解

《詩·檜風·匪風》篇云:"匪風發兮,匪車偈兮。"《毛傳》云:"發發,飄風,非有道之風;偈偈,疾驅,非有道之車。"《漢書·王吉傳》引此詩而釋之云:"是非古之風也,發發者,是非古之車也,偈偈者。"今按毛釋"匪風匪車"爲非有道之風、非有道之車,王吉釋爲非古之風、非古之車,皆不免增字釋經之病。王引之讀"匪"爲"彼"其説確當不可易矣。又毛釋發發爲飄風,釋偈偈爲疾驅,皆探下章"匪風飄兮,匪車嘌兮"爲説,亦非確詁。今按"發"當讀爲"冹"。《説文》十一篇下"仌部"云:"潷,風寒也。从仌,畢聲。""冹,一之日潷冹。从仌,发聲。"按一之日潷冹,乃《詩·豳風·七月》篇三家詩文,《毛詩》作"觱發",《傳》亦云:"觱發,風寒也。"潷冹爲本字,觱發爲假字。知《毛詩》恒假發爲冹,《匪風》正其一例矣。偈者,字當讀爲轄。《説文》十四篇上"車部"云:"轄,車聲也。从車,害聲。"所謂車聲者,乃肖聲之詞。害曷二字古音近。説具余《釋曷》篇。故《毛詩》假偈爲轄也。余嘗謂讀書當兼通訓詁文法,此詩文王氏讀匪爲彼,屬於文法者也;余讀發爲冹,讀偈爲轄,屬於訓詁者也。二事明，則古書無不可讀者矣。清華大學研究生張君清常從余治《詩經》文法，舉此爲例示之。

（一九三四年十一月二十九日）

《詩》"亶侯多藏"解

　　《詩·小雅·十月之交》云："皇父孔聖，作都于向；擇三有事，亶侯多藏。"《毛傳》云："擇三有事，有司，國之三卿，信維貪淫多藏之人也。"按毛以"信"釋"亶"，以"維"釋"侯"，於詩文未爲切合。今按《説文》五篇下"亩部"云："亶，多穀也。从亩，旦聲。"詩文言多藏，故以訓多穀之亶狀之。"亶侯"者，猶言"亶兮"也。《史記·樂書》云："高祖過沛，詩《三侯之章》。"《三侯之章》者，世所稱《大風歌》，即"大風起兮雲飛揚，威加海内兮歸故鄉，安得猛士兮守四方"之詩也。故《索隱》云"侯，語辭也。兮，亦語辭。沛詩有三兮，故云三侯"，是也。三兮可云三侯，侯兮同義明矣。侯兮同淺喉音字。《大雅·下武》篇云："媚兹一人，應侯順德。"應侯，亦應兮也。詩文言順德，故以應兮狀之。《左傳》所謂"今與王言如響"者也。《毛傳》訓"應"爲"當"，訓"侯"爲"維"，非是。《漢書·禮樂志》《房中歌》云："皇皇鴻明，蕩侯休德。"王先謙釋"蕩侯"爲"蕩兮"，是也。上文云："慈惠所愛，美若休德。"蕩侯休德，猶言美若休德，侯若皆語詞矣。服虔訓"侯"爲"惟"，師古釋"若"爲"順"，皆失之矣。

　　愚疑三家詩蓋有訓"亶"爲"多"者，許君本之，以文从亩，故云多穀。惜書闕有閒,末由證明吾說耳。

(一九三五年六月一日)

《詩》"于以采蘩"解

《詩·召南·采蘩》篇一章云:"于以采蘩?于沼于沚;于以用之?公侯主事。"二章云:"于以采蘩?于澗之中;于以用之?公侯之宮。"《正義》云:"言夫人往何處采此蘩菜乎?於沼池於沚渚之旁采之也。既采之爲菹,夫人往何處用之乎?於公侯之宮祭事,夫人當薦之也。"又《采蘋》篇一章云:"于以采蘋?南澗之濱;于以采藻?于彼行潦。"二章云:"于以盛之?維筐及筥;于以湘之?維錡及釜。"三章云:"于以奠之?宗室牖下;誰其尸之?有齊季女。"《正義》云:"言往何處采此蘋菜?於彼南澗之厓采之;往何處采此藻菜?於彼流潦之中采之。既得此菜,往何器盛之?維筐及筥盛之。既盛此菜而還,往何器烹煮之?維錡及釜之中煮之也。既煮之爲羹,往何處置設之?於宗子之室户外牖下設之。當設置之時,使誰主之?有齊莊之德少女主設之。"《邶風·擊鼓》三章云:"爰居爰處,爰喪其馬;于以求之?于林之下。"《正義》云:"若我家人於後求我,往於何處求之?當於山林之下。"按孔氏用《箋》説釋于爲往,非也。其釋以爲何,則是。惟以緣何得訓爲何,未嘗明記。今按以假爲台。《書·湯誓》篇云:"夏罪其如台?"《史記·殷本紀》作"有罪其奈何"。又《高宗肜日》篇云:"乃曰其如台?"《殷本紀》作"乃曰其奈何"。又《西伯戡黎》篇云:"今王其如台?"《殷本紀》作"今王其奈何"。此台訓爲何之證也。《書·盤庚》篇云："卜稽曰：其如台？"《法言·問道》篇云："莊周申韓不乖寡聖人而漸諸篇，則顏氏之子、閔氏之孫其如台？"《漢書·敍傳》云："矧乃齊民，作威作惠，如台不匡？禮法是謂。"班固《典引》云："伊考自邃古，乃降戾爰兹，作者七十有四人，今其如台而獨闕也？"王氏念孫釋"如台"皆爲"奈何"，是也。見《讀書雜志·漢書》及《經傳釋詞》卷三。金文台吕二字多通作：《陳侯午鐘》云"台羣台嘗"，即以蒸以嘗也。《齊大宰歸父盤》云"台䁖釁壽"，即以祈眉壽也。《説文》二篇上"口部"云："台，説也。从口，吕聲。"吕今隷變爲以，台从吕聲，故得假以爲台而有何義矣。

或謂以訓爲何，則爲問詞。詩言"于以"，與經傳恒言先問詞如"晨門曰奚自"見《論語·憲問》篇者不類。余謂不然。《詩·小雅·小宛》云："握粟出卜，自何能穀？"文云"自何"，不云"何自"也。又《白駒》云："所謂伊人，于焉逍遥？"《鄭箋》云：賢人今於何游息乎？又云："所謂伊人，于焉嘉客？"《正月》云："哀我人斯，于何從禄？"《十月之交》云："此日而食，于何不臧？"《菀柳》云："彼人之心，于何其臻？"《小旻》云："我視謀猶，伊于胡底？"焉何胡皆問詞。皆置于字之後矣。《易緯是類謀》云："間可倚杵，于何藏？"《莊子·則陽》篇云："盜賊之行，於誰責而可乎？"《列子·湯問》篇云："吾於何逃聲哉？"左太冲《蜀都賦》云："異類衆夥，於何不育？"任彦昇《爲齊明帝讓宣城郡公表》云："四海之議，於何逃責？"《漢書·外戚傳》云："推誠永究，爰何不臧？"諸文"何"字皆置於"于""於""爰"三文之下，亦其證也。

（一九三六年五月十四日）

按：余爲此説在一九二二年十月,距今十四年矣。有與錢玄同及某君二書詳論之。惟書札討論之文不能簡要,今復綜合其義爲此文云。

《左傳》"軍實"解

《左傳·宣公十二年》云："楚自克庸以來,其君無日不討國人而訓之于民生之不易、禍至之無日、戒懼之不可以怠。在軍,無日不討軍實而申儆之于勝之不可保、紂之百克而卒無後;訓之以若敖蚡冒篳路藍縷以啟山林。箴之曰:民生在勤,勤則不匱。"杜注云："軍實,軍器。"今按討軍實與上文討國人對言,又軍實爲楚子申儆訓箴之所加,釋爲軍器,理不可通。今謂軍實蓋指人言,謂軍中之士卒也。何以明之？僖公三十三年云："先軫朝,問秦囚。公曰:夫人請之,吾舍之矣。先軫怒曰:武夫力而拘諸原,婦人暫而免諸國,墮軍實而長寇讎,亡無日矣。"杜注云"墮,毁也",於軍實無説。按此所稱軍實,亦指晉國之士卒爲言。先軫蓋謂殘傷晉國之士卒以得秦俘,今無故舍之以增寇讎之氣餒,故憤而言其亡無日也。士卒重而械器輕,此軍實亦不得釋爲軍器明矣。《周禮·天官·獸人》疏云："斬首折馘,生執囚俘,亦爲軍實。"引僖公三十三年《左傳》爲證。合觀二傳。軍實指士卒甚明。賈疏説是,杜注之説非也。

余因推求經傳凡言某實者,其類有三:其一曰宫室之名:如庭實、内實、官實及此文軍實是也。《儀禮·覲禮》云："庭實惟國所有。"《公食大夫禮》云："庭實陳於碑外。"《吕氏春秋·權勳》篇云："以屈産之乘爲庭實。"此言庭實者也。《左傳·襄二十八年》云：

"慶封以其內實遷于盧蒲嫳氏。"杜注云:"內實,寶物妻妾也。"又昭元年云:"今君內實有四姬焉。"此言內實者也。內者,室也,説見《經義述聞》卷五《毛詩》。《呂氏春秋·行論》篇云:"齊王方大飲左右官實。"官實謂有司,官謂官寺,即今言官署。不謂人,説詳余《釋官》篇。此言官實者也。其二曰器物之名:如豆實、簋實、器實是也。《儀禮·公食大夫禮》云:"豆實實於甕,簋實實於筐。"諸經注恒言器實曰粱,是其例也。其三曰身體之名:如口實、腹實是也。《易·頤》云"自求口實",謂飲食也。《呂氏春秋·忠廉》篇云:"弘演自殺,先出其腹實,内懿公之肝。"腹實謂腹中所有也。內實謂妻妾,官實謂有司,皆指人也。

(一九三四年十一月二十七日)

《左傳》"戴氏"考

《左傳·定公九年》曰:"宋公使樂大心盟于晉,且逆樂祁之尸,辭。僞有疾,乃使向巢如晉盟,且逆子梁之尸。子明謂桐門右師出曰:吾猶衰絰,而子擊鐘,何也?右師曰:喪不在此故也。既而告人曰:己衰絰而生子,余何故舍鐘?子明聞之,怒。言於公曰:右師將不利戴氏,不肯適晉,將作亂也。不然,無疾。乃逐桐門右師。"杜注云:樂氏,戴公族。按杜説非也。果如杜説,右師不利於樂氏,則一族之內競而已,子明何當以告宋公?宋公亦何宜以此逐右師耶?考《呂氏春秋·壅塞》篇云:"齊攻宋,宋王使人候齊寇之所至。使者還,曰:齊寇近矣,國人恐矣。左右皆謂宋王曰:此所謂肉自生蟲者也。以宋之強,齊兵之弱,惡能如此!宋王因怒而詘殺之。又使人往視齊寇,使者報如前。宋王又怒,詘殺之。如此者三。其後又使人往視,齊寇近矣,國人恐矣。使者遇其兄,曰:國危甚矣,若將安適?其弟曰,爲王視齊寇,不意其近而國人恐如此也!今又私患,鄉之先視齊寇者,皆以寇之近也報而死。今也報其情,死;不報其情,又恐死。將若何?其兄曰:如報其情,有且先夫死者死,先夫亡者亡。於是報於王曰:殊不知齊寇之所在,國人甚安。王大喜。左右皆曰:鄉之死者宜矣。王多賜之金。寇至,王自投車上,馳而走,此人得以富於他國。夫登山而視牛,若羊;視羊,若豚。牛之性不若羊,羊之性不若豚,所自視之勢過也,而因怒於牛羊之小也,此狂夫之大者。狂而以行賞罰,此戴氏之所以絶也。"按《吕覽》記齊湣王滅宋事,而云此戴氏之所以絶,則戴氏明謂宋國,義與左氏正同,足以互證。考宋所以得稱戴氏者,宋自武宣以後,皆出自戴公,即其公族有戴莊桓文武穆六族,亦莫不出自戴公。故戴氏之稱,小之止謂戴族;如《左傳・文六年》稱"夫人因戴氏之族以殺襄公之孫孔叔公孫鍾離及大司馬公子卬",是也。大之則指宋國:如定九年《傳》及《吕氏春秋》所稱是也。言不一端,義各有當,此之謂矣。

　　高誘注《吕氏春秋》曰:"戴氏,子罕,戴公子孫也,别爲樂氏。傳曰:宋之樂其與宋升降乎!宋國衰,子罕後子孫亦衰,賞罰失中,故曰,此戴氏之所以絶也。"按宋之樂與宋升降,本晉叔向贊宋司城子罕之辭,見襄二十九年《左傳》,高誘意以樂氏出於戴,而樂氏實與宋升降,故《吕覽》之稱戴氏絶,實謂宋之絶也。其立説之迂曲無當,灼然甚明。蓋不悟宋國系出戴公,可稱戴氏,故與杜氏皆爲誤説矣。

　　蘇時學釋《吕氏春秋》,據《韓非子》稱戴氏奪子氏於宋,謂戰國時之宋已爲戴氏而非子氏。若然,何以解於《左傳》之稱戴氏乎?至俞樾謂人習見戴氏爲宋公族,故稱宋爲戴氏,則近於臆説無徵,殆不足辨矣。

(一九三六年六月十三日)

《論語》"子奚不爲政"解

　　《論語·爲政》篇云:"或謂孔子曰:子奚不爲政?子曰:《書》云:孝乎惟孝,句讀從舊讀。友于兄弟,施于有政,是亦爲政,奚其爲爲政?"《集解》引包咸注曰:"或人以爲居位乃是爲政也。施,行也,所行有政道,即是與爲政同耳。"今按包氏釋政爲政令之政,其説非也。愚謂政謂卿相大臣,以職言,不以事言。《左傳·閔二年》曰:"君與國政之所圖也。"《史記·晉世家集解》引賈逵注云:"國政,正卿也。"又昭十五年曰:"孫伯黶司晉之典籍以爲大政。"杜注云:"孫伯黶,晉正卿。"又哀十五年曰:"莊公害故政,欲盡去之。"杜注云:"故政,輒之臣。"《史記·衛世家》作莊公欲盡誅大臣。《國語·周語》曰:"昔先大夫荀伯自下軍之佐以政。"又云:"趙宣子未有軍行而以政。"韋昭注釋以政並云"升爲正卿",是也。

　　《左傳·閔二年》曰:"內寵並后,外寵二政,嬖子配適,大都耦國,亂之本也。"《韓子·説疑》篇曰:"孽有擬適之子,配有擬妻之妾,廷有擬相之臣,臣有擬主之寵:此四者,國之所危也。故曰:內寵並后,外寵貳政,枝子配適,大臣擬主,亂之道也。故《周記》曰,無尊妾而卑妻,無孽適子而尊小枝,無尊嬖臣而匹上卿,無尊大臣以擬其主也。"今按韓非云"廷有擬相之臣",《周記》云"無尊孼臣而匹上卿",皆所謂外寵二政也。然則政也、相也、上卿也,一也。字又作正。《左傳·襄二十五年》曰:"齊人賂晉六正。"杜注云:"六正,三軍之六卿。"《爾雅·釋詁》曰:"正,長也。"是也。夫施行政令,在位者之責也。孔子既非在位之人,人乃以其不行政令爲疑,無是理也。若問其何不居卿相之位,此猶陽貨以辭譏孔子之不仕,斯合於事理矣。

"施于有政"者,施者,延及之詞。《禮記·樂記》注云:"施,延也。"是也。有政指在位之人而言,猶言有司也。文亦作有正。《書·酒誥》云:"文王誥教小子有正有事。"又云:"庶士有正越庶伯君子。"是也。"友于兄弟施于有政"者,謂以其所以友於兄弟者延及於卿相在位之人也。《左傳·隱元年》曰:"愛其母,施及莊公。"又成九年曰:"大夫勤辱,不忘先君以及嗣君,施及未亡人。"又成十二年曰:"君不忘先君之好,施及下臣。"又昭三十一年曰:"君惠顧先君之好,施及亡人。"又定四年曰:"君若顧報周室,施及寡人。"《禮記·中庸》曰:"是以聲名洋溢乎中國,施及蠻貊。"《孟子·盡心上》篇曰:"睟然見於面,盎於背,施於四體。"皆謂由此以及彼也。包訓施爲行,訓施于有政爲所行有政道,不辭甚矣。

(一九三六年四月九日)

《孟子》"亟無餽"解

《孟子·萬章下》篇云:"繆公之於子思也,亟問,亟餽鼎肉。子思不悦,於卒也,摽使者出諸大門之外,北面稽首再拜而不受。曰:今而後知吾君之犬馬畜伋。蓋自是臺無餽也。"趙岐注云:"臺,賤官,主使令者。傳曰:僕臣臺。從是之後,臺不持餽來,繆公愠也。"樹達按無餽事屬繆公,不當以與臺賤隸言之。邠卿望文生義,其説非也。今按臺當讀爲始。"蓋自是臺無餽",謂魯繆公自是始不餽子思也。《説文》十二篇下"女部"云:"始,女之初也。从女,台聲。"台與臺古音同。按《吕氏春秋》卷十七《任數》篇云:"嚮者煤臺入甑中。"高誘注云:"臺讀作炱。"今本《吕氏春秋》此文高注有挩誤,此從王氏念孫《讀書雜志餘編》據《文選》陸機《君子行》注引高注校正。《説文》十篇上"火部":"炱从台聲。"《孟子》之假臺爲始,猶《吕氏春秋》之假臺爲炱矣。

(一九三三年十二月五日)

《爾雅》"大瑟謂之灑"説

《爾雅·釋樂》云:"大瑟謂之灑。"郭注云:"長八尺一寸,廣一尺八寸,二十七弦。"按大瑟所以名灑者,疏引孫叔然云:"音多變布如灑出也。"此望文之説,難以置信甚明。焦循《孟子正義》釋《滕文公》篇趙注"五倍曰蓰"引《爾雅》此文爲證,謂蓰灑字通,琴五弦,大瑟二十五弦,爲琴之五倍,故名曰灑。按焦説舍形而求之於聲,視孫説爲差進。然其意謂瑟之作因於琴,於古無徵。愚謂"灑"之得名蓋受之"析"。邢疏引《世本》云:"庖犧氏作五十弦,黄帝使素女鼓瑟,哀不自勝,乃破爲二十五弦,其二均聲,此二十七弦之大瑟出於破析之事也。"《墨子·兼愛中》篇説禹治水之事云："東爲漏大陸,從孫詒讓校。防孟諸之澤,灑爲九澮。"按灑爲九澮即《孟子》之禹疏九河,謂分爲九河也。《漢書·司馬相如傳》相如《難蜀父老》云："夏后氏戚之,乃堙洪原,決江疏河,灑沈澹災,東歸之於海,而天下永寧。"師古注云："灑,分也。"又《溝洫志》云："禹迺醲二渠以引其河。"注引孟康云："醲,分也,分其流,泄其怒也。"按此醲字《史記·河渠書》作廝。《索隱》云："廝,《漢書》作灑。《史記》舊本亦作灑,字從水。韋昭云:疏決爲灑。"據此則《史記》之"廝"、《漢書》之"醲"、舊皆作"灑",此"灑"字訓爲分決之證也。《易·離》云："離者,麗也。"離有分離之義,《易》以麗訓離,則麗亦宜有分決之義。然《爾雅》《史》《漢》之灑醲,蓋以聲近假爲斯。今《史記·河渠書》作廝,《文選·難蜀父老》注引蘇林云："灑或作澌,音讀並同。"皆其證也。《説文》十四篇上"斤部"云："斯,析也。从斤,其聲。"引《詩》曰："斧以斯之。"灑斯聲近,故假灑爲斯。按破五十弦爲二十五弦,其事爲斯,遂名其物曰灑,故曰灑之得名蓋受之析也。

(一九三三年十二月五日)

《爾雅》"鷑,天籥"釋名

《爾雅·釋鳥》云："鷑,天籥。"郭注云："大如鷃雀,色似鵲,好高飛作聲,今江東名之天鷑。"郝氏《義疏》云："今此鳥俗謂之天雀,毛色全似阿鵲,而形差小,高飛直上,鳴聲相屬,有如告訴,或謂之告天鳥，即此也。"朱駿聲《說文通訓定聲》云："今名叫天子。"今按據郭、郝、朱三家之說，則此鳥受名之由灼然可知矣。《說文》四篇上"羽部"云："翏，高飛也。"是鳥性好高飛，故名鷚矣。又名天籥者，籥當讀爲籲。《說文》九篇上"頁部"云："籲，呼也。从頁，籥聲，讀與籥同。引《商書》曰，率籲衆戚。"天籥者，言呼天而有所告訴也。《書·召誥》曰"以哀籲天"，是也。古名天籥，今名告天或叫天，其義一而已矣。邢、邵、郝諸疏皆不及其受名之故，故具言之。

（一九三四年六月十七日）

《爾雅》"窕閒"說

《爾雅·釋言》云："窕，閒也。"邢疏引《詩·關雎》傳窈窕訓幽閒爲證。王氏《經義述聞》引《司馬法》"凡戰之道，力欲窕，氣欲閒，及擊其倦勞，避其閒窕"諸語，證閒又爲閒暇之閒，說既得之矣。愚謂窕之訓閒，尚有寬閒一義。《楚辭·招魂》篇王逸注云"空寬曰閒"，是閒有空寬之義也。窕得訓爲空寬之閒者，《大戴禮·王言》篇云："布諸天下而不窕，內諸尋常之室而不塞。"《管子·宙合》篇云："其處大也不窕，其入小也不塞。"《墨子·尚賢》篇云："大用之天下則不窕，小用之則不困。"《荀子·賦》篇云："充盈大宇而不窕，入郄穴而不逼。"《吕氏春秋·適音》篇云："音大鉅則志蕩，以蕩聽鉅，則耳不容；不容則横塞，橫塞則振。大小則志嫌，以嫌聽小，則耳不充；不充則不詹，不詹則窕。"高誘注云："窕，不滿密也。"《淮南子·俶真》篇云："處小隘而下塞，橫扃天地之閒而不窕。"

《本經》篇云："故小而行大，則滔窊而不親；大而行小，則陿隘而不容。"高注與《呂氏春秋》注同。《氾論》篇云："是以舒之天下而不窕，內之尋常而不塞。"高注云："不窕，在大能大也。"《要略》云："故置之尋常而不塞，布之天下而不窕。"高誘云："窕，緩也。"凡諸書言窕，與塞困逼諸語爲對文，言滔窕與陿隘爲對文，塞困逼陿隘，皆寬閒之反也，則窕謂寬閒明矣。高注於窕或言不滿密，或言緩，不滿密與緩，亦正寬閒之謂也。大抵閒者有餘之辭。《説文》十二篇下"門部"云："閒，隙也。从門，从月。"此閒之本義也。引申爲寬閒之閒，謂有餘地也，復引申爲閒暇之閒，謂有餘時也；復引申爲幽閒之閒，謂有餘情也。愚意其引申之次蓋當如此。邢氏説爲幽閒，王氏説爲閒暇，皆不及寬閒之閒，乃爲能言其餘義而遺其要義矣。《爾雅·釋言》又云："窕，肆也。"《經義述聞》謂窕肆皆言深極，是也。《説文》七篇下"穴部"云："窕，深肆極也。"曰肆，曰深肆極，義亦與寬閒相因。王氏念孫於《廣雅·釋詁》能詳證《廣雅》窕寬之訓，而不悟《廣雅》之窕寬與《爾雅》之窕閒同義；郝懿行知窕閒之閒有寬閒之義，而不能證窕之爲寬閒，蓋皆未能心知其意也。故具言之。

（一九三五年九月二十八日）

《爾雅》"木自獘，柛"説

《爾雅·釋木》云："木自獘，柛；立死，㭷；蔽者，翳。"邵氏《正義》云："柛《説文》作槙，云：仆木也。"槙，都年切。郝氏《義疏》亦引《説文》云："槙从真聲，與柛聲義俱近。柛猶伸也，人欠伸則體弛懈如顛仆也。"樹達按：槙爲正字，柛爲假字。邵説以柛槙爲一字者，是也。申古文作𢑚，即今電字。《説文》十三篇上"虫部"虹或作𧍣，云："籀文虹从申，申，電也。"是也。蓋𢑚爲初文象形字，電从雨从申，則後起字也。又陳字从申聲，古讀陳與田同，知申聲字古讀如電如田，與槙音近，故得相通假。郝氏舍聲而求之於形，云神猶伸，謬矣。蔽者翳，王氏引之《經義述聞》卷二十八讀蔽爲槷。又據《詩・大雅・皇矣》篇"其菑其翳"，翳《韓詩》作殪，讀翳爲殪而訓爲仆，其説良是。蓋木之自槷者謂之槙，爲人所槷者謂之殪，槙殪皆仆踣之辭，事相近則其受名之故亦相近矣。

（一九三五年十月三日）

《莊子》"意怠""鵹鶘"一鳥説

《莊子・山木》篇云："東海有鳥焉，其名曰意怠，其爲鳥也，翂翂翐翐而似無能。引援而飛，迫脅而棲，進不敢爲前，退不敢爲後，食不敢先嘗，必取其緒。是故其行列不斥，而外人卒不得害，是以免於患。"下文又云："故曰鳥莫知於鵹鶘，目之所不宜處，不給視，雖落其實，棄之而走，其畏人也而襲諸人間，社稷存焉爾。"按莊生於意怠鵹鶘，皆述其鞠窮畏禍之意，其爲一鳥甚明。第以字形殊異，讀者疑焉。説者或欲求通，亦不得其正解。愚按："意怠""鵹鶘"古音皆屬咍部，兩名皆疊韻字也。意鵹聲類同，不煩論矣。怠與鶘不惟疊韻，聲亦相通。何以明之？案《墨子・尚同》篇云："故古者聖王唯而審以尚同以爲正長,故上下情通。"又《非命》篇云:"不而矯其耳目之欲。"《荀子・哀公》篇云:"君以此思哀,則哀將焉而不至矣。"《莊子・逍遥遊》篇云:"故夫知效一官,行比一鄉,德合一君,而徵一國者,其自視也亦若此矣。"《齊策》云:"秦始皇使遣君王后玉連環,曰,齊多知,而解此環不?"此古書以"而"爲"能"者也。《管子・侈靡》篇云:"不欲强能不服,智而不牧。"《晏子春秋・外篇》云:"入則求君之嗜欲能順之,君怨良臣,則具其往失而益之。"《墨子・天志》篇云:"少而示之黑,謂黑;多示之黑,謂白。少能嘗之甘,謂甘;多嘗之甘,謂苦。"後漢崔駰《大理箴》云:"或有忠能被害,或有孝而見殘。"此古書以"能"爲"而"者也。《說文》九篇下"而部"云:"耏从而聲,或體作耐。"耐與能亦互相通用。《禮記・禮運》篇曰:"聖人耐以天下爲一家,中國爲一人。"此古書以"耐"爲"能"者也。《漢書・食貨志》云:"隴坻平而根深,能風與旱。"《鼂錯傳》云:"夫胡貉之地,其人密理,其性能寒;楊粤之地,其人疏理,其性能暑。"《趙充國傳》云:"漢馬不能冬。"《嚴助傳》云:"中國之人不能其水土也。"《詩・小雅・漸漸之石》箋云:"豕之性能水。"此古書以"能"爲"耐"者也。《說文》能台二字皆从㠯聲。《漢書・天文志》云:"魁下六星兩兩而比者曰三能。"三能即三台,故注引蘇林曰:"能音台。"能聲之字有䣭有態,皆从能聲。䣭下云:"埃䣭,日無光也。"埃䣭即今言靉靆。準此言之,能台緣聲類同互相通假,而聲字既與㠯聲之能相通,則亦可以與㠯聲之台相通。意㥁鵬鴯爲一鳥明矣。

(一九三二年三月八日)

《莊子》"謝施"説

　　《莊子·秋水》篇云："以道觀之，何貴何賤？是謂反衍。无拘而志，與道大蹇。何少何多？是謂謝施。无一而行，與道參差。"《釋文》引司馬彪注云："謝，代也；施，用也。"案"反衍"舊注釋爲"漫衍"，爲疊韻連語。"謝施"與"反衍"爲對文，亦當爲連語，不當分字釋之如司馬彪之説。愚謂謝當讀爲褒，施當讀爲迤，謝施謂邪曲也。《説文》八篇上"衣部"云："褒，褻也。"十篇下"交部"云："褻，褒也。"二文互相訓。《毛詩傳》云："回，邪也。"褒與回，褒與邪，古今字異耳。《説文》二篇下"辵部"云："迤，褒行也。从辵，也聲。"謝褒古音同，施迤聲類同，故皆得相假。《淮南子·齊俗》篇云："去非者，非披邪施者也。"趙岐注《孟子·離婁下》篇云："施者邪施而行。"莊子之"謝施"，即《淮南》及趙注之邪施矣。

　　《説文》五篇下"矢部"："躲或體作射。"三篇上"言部"："謝从言躲聲。"今謝字从躲之或體射作謝。《周禮·春官·典瑞》云："璋邸射，以祀山川，以造贈賓客。"鄭司農云："射，剡也。"《考工記·玉人》云："大璋中璋九寸，邊璋七寸，射四寸，厚寸。"鄭注云："射，琰出者也。"又云："璋邸射素功，以祀山川，以致稍餼。"鄭注云："邸射，剡而出也。"賈疏云："向上謂之出，半圭曰璋，璋首邪卻之，今於邪卻之處從下向上，總邪卻之名爲剡而出。"按先鄭釋射爲剡，後鄭釋射爲琰出，爲剡而出，賈疏以邪卻解之，是也。吳氏大澂《古玉圖考》卷一載璋一枚，長周鎮圭尺一尺又十分寸之六，射長三寸十分寸之六，射下七寸，與《考工記》所記邊璋七寸射四寸之制略同。吳氏以爲即古之邊璋,是也。璋射邪出而以射名,則射字固有邪義。謝字从射聲,亦宜有邪義矣。

淮南子要略云:"接徑直施。"許注云:"施,衺也。"《史記·賈生傳》云:"庚子日施兮。""施"《漢書·賈誼傳》作"斜"。故《史記索隱》云:"施猶西斜也。"斜者,二衺之同音借字。此二施字亦皆假爲迆,與《莊子》同者也。

(一九三五年四月八日)

《韓詩內傳》未亡説

何以説《韓詩內傳》未亡?曰:以在今本《韓詩外傳》中故。有何證?曰:《漢書·藝文志》載《韓內傳》四卷、《韓外傳》六卷,則《外傳》本止有六卷也。今本《外傳》脱佚頗多,書減於前,而卷數却增於舊,不爲六卷而爲十卷,爲理所不當有,其證一也。然焉知非本爲六卷爲後人所分析乎?曰:不然。試考《隋書·經籍志》止載《韓詩外傳》十卷,而《內傳》則不見於志。十卷之數又恰合於《漢志》《內傳》四卷《外傳》六卷之合數,則知十卷固非後人所分析;又可知兩傳之合併,其時代在隋以前,而今本《外傳》雖有脱佚,約猶是隋以來相傳之舊本,其證二也。焉知此非偶合乎?曰:不然。試覽今本《外傳》之第五卷,其首節爲:

子夏問曰:"《關雎》何以爲《國風》始也?"孔子曰:"《關雎》至矣乎!夫《關雎》之人,仰則天,俯則地,幽幽冥冥,德之所藏;紛紛沸沸,道之所行;雖神龍變化,斐斐文章。大哉《關雎》之道也,萬物之所繫，羣生之所懸命也。河洛出書圖，麟鳳翔乎郊，不由《關雎》之道，則《關雎》之事將奚由至哉？夫六經之策，皆歸論汲汲，蓋取之乎《關雎》，《關雎》之事大矣哉！馮馮翼翼，自東自西，自南自北，無思不服。子其勉强之！思服之！天地之閒，生民之屬，五道之原，不外此矣。"子夏喟然歎曰："大哉《關雎》！乃天地之基也。"《詩》曰：鐘鼓樂之。

夫《關雎》者，《詩》之首章也，而子夏者，又孔門弟子傳《詩》之本師也。以孔子與子夏論《關雎》之辭，韓太傅自當褎然列於全書之首。而今本《外傳》竟列於第五卷之首章者，何也？則以今本之卷數次第並非太傅之舊也。今本《外傳》之前四卷者，本太傅之《内傳》也。今本《外傳》之後六卷者，本太傅之《外傳》也。論《關雎》一章，太傅本列於《外傳》第一章之首者也。隋以前人合兩傳而一之，先内而後外，故此章退居於第五卷也。其證三也。子之説確矣！然清以來治《韓詩》諸家皆以《内傳》爲解釋訓詁之書，體裁與《外傳》不同，治三家最精者有陳喬樅。其所集《三家詩考》亦如是也。子亦有説乎？曰：此陳氏等之誤也。《漢書·藝文志》不云乎？漢興，魯申公爲《詩》訓故，而齊轅固燕韓生皆爲之傳，或取《春秋》，采雜説，咸非其本義。與不得已，魯最爲近之。（按或取以下三句只論齊韓，不及魯，以魯爲訓故，故獨云近之。）

夫以傳與訓故對言，則傳非訓故也。（志有《魯故》、《魯説》，無訓故，則訓故非書名。）於傳之下而云取《春秋》，采雜説，咸非其本義，則傳又非訓故也。荀悦《漢紀》稱轅固爲《詩》内外傳，則轅固與韓太傅同有内外兩傳，而班孟堅只云皆爲之傳，不復區別内外，則知内外傳本同體也。《儒林傳》又云："要推詩人之意而作内、外傳數萬言，其語頗與齊魯間殊，然歸一也。"

既以內、外傳同舉，而又曰推詩人之意，則又知《內傳》本同《外傳》之體裁也。惟其同體裁，故後人爲之合併也。（鄉先輩王先謙氏《藝文志補注》據《儒林傳》此數語，謂內、外傳皆韓氏依經推演之詞，得之矣。）其證四也。然則陳氏等所采韓詩之故訓當何屬？曰：《藝文志》不載有《韓故》三十六卷乎？此則韓本經之訓故也。陳氏等不知，而以屬於内傳，故誤也。鄉先輩王船山先生作《周易內傳》爲訓故體，作《周易外傳》爲依經推演之體，其誤亦與陳氏同也。

（一九二〇年十二月三十日）

孟子學說多本子思考

一事：《孟子·梁惠王下》篇孟子對滕文公云："昔者大王居邠，狄人侵之。事之以皮幣，不得免焉；事之以珠玉，不得免焉。乃屬其耆老而告之曰："狄人之所欲者，吾土地也。吾聞之也，君子不以其所以養人者害人。二三子何患乎無君！我將去之。"去邠，踰梁山，邑于岐山之下居焉。邠人曰：'仁人也，不可失也。'從之者如歸市。"按《金樓子》引子思對申詳云"狄人攻大王，大王召耆老而問焉：曰，'狄人何來？'耆老曰：'欲得菽粟財貨。'大王曰：'與之。'與之至無而狄人不止。大王又問耆老曰：'狄人何欲？'耆老曰：'欲土地。'大王曰：'與之。'耆老曰：'君不爲社稷乎？'大王曰：'社稷所以爲民也，不可以所爲民者亡民也。'耆老曰："君縱不爲社稷，不爲宗廟乎？'大王曰：'宗廟者，私也；不可以吾私害民！'遂杖策而去，過梁山，止乎岐下。豳民之束脩奔而從之者三千乘，一止而成三千乘之邑。"據此則孟子之説全本子思。又大王曰："社稷所以爲民也，不可以所爲民者亡民也。"又實爲孟子"民爲貴社稷次之君爲輕"三語之所本。

二事：《公孫丑下》篇孟子答充虞"木若以美然"之問云："古者棺椁無度，中古棺七寸，椁稱之，自天子達於庶人。不得，不可以爲悦；無財，不可以爲悦。得之爲有財，古之人皆用之，吾何爲獨不然？"按《禮記·檀弓》篇云："子思之母死於衛，柳若謂子思曰：子，聖人之後也，四方於子乎觀禮，子蓋慎諸？子思曰：吾何慎哉，吾聞之，有其禮，無其財，君子弗行也；有其財，無其時，君子弗行也。吾何慎哉！"按孟子所謂得之者，即子思所謂有其禮也。

三事：《滕文公上》篇記孟子語云："上有好者，下必有甚焉者矣。"按《禮記·緇衣》篇云："上好是物，下必有甚者矣。"《緇衣》篇爲子思作據黄以周考定。

四事：《離婁上》篇孟子云："暴其民，甚則身弑國亡；不甚則身危國削，名之曰幽厲，雖孝子慈孫，百世不能改也。"按《孔叢子·雜訓》篇記魯穆公訪子思云："欲掩先君之惡以揚先君之善，使談者有述焉，爲之若何？子思答曰：以伋所聞，舜禹之於其父，非弗欲善也，以爲私情之細，不如公義之大，故弗敢私之云爾。"二義正同。

五事：《離婁上》篇云："居下位而不獲於上，民不可得而治也。獲於上有道，不信於友，弗獲於上矣。信於友有道，事親弗悦，弗信於友矣。悦親有道，反身不誠，不悦於親矣。誠身有道，不明乎善，不誠其身矣。是故誠者，天之道也；思誠者，人之道也。"按此章與《禮記·中庸》篇文全同。《中庸》爲子思作，見鄭氏《禮記目錄》。

卷五　經子考證序跋之屬凡五十九篇

六事:《離婁下》篇云:"齊宣王問孟子曰:禮爲舊君有服,何如斯可爲服矣？曰:諫行言聽,膏澤下於民;有故而去,則君使人導之出疆,又先於其所往。去三年不反,然後收其田里:此之謂三有禮焉。如此則爲之服矣。今也,爲臣諫則不行,言則不聽,膏澤不下於民;有故而去,則君搏執之,又極之於其所往。去之日,遂收其田里,此之謂寇讎。寇讎何服之有！"按《禮記·檀弓》篇云:"穆公問於子思曰:'爲舊君反服,古與？'子思曰:'古之君子,進人以禮,退人以禮,故有舊君反服之禮也;今之君子,進人若將加諸膝,退人若將墜諸淵,毋爲戎首,不亦可乎！又何反服之禮之有！'"

七事:《離婁下》篇云:"是故君子有終身之憂,無一朝之患也。"按《禮記·檀弓》篇子思語同。

八事:《告子上》篇:"公都子問曰:'鈞是人也,或爲大人,或爲小人,何也？'孟子曰:'從其大體爲大人,從其小體爲小人。''鈞是人也,或從其大體,或從其小體,何也？''耳目之官不思,而蔽於物,物交物,則引之而已矣。心之官則思,思則得之,不思則不得也。此天之所與我者,先立乎其大者,則其小者不能奪也。此爲大人而已矣。'"按《意林》引《子思子》云:"君子以心導耳目,小人以耳目導心。"孟子之言,正子思此二語之疏證也。

九事:《孟子·盡心下》篇云:"天下有道,以道殉身;天下無道,以身殉道。"按《意林》引子思子云:"國有道,以義率身;國無道,以身率義,苟息是也。"

按《史記·孟子傳》云:"孟軻,鄒人也。受業子思之門人。"按劉向《列女傳·賢明》篇云:"孟子師事子思,遂成天下之名。"《漢書·藝文志》云:"孟子,子思弟子。"趙岐《孟子題辭》云:"孟子幼被慈母三遷之教,長師孔子之孫子思,治儒術之道。"高誘注《淮南·氾論》篇云:"孟子受業於子思之門,成唐虞三代之德。"應劭《風俗通·窮通》篇云:"孟軻受業於子思,既通,游於諸侯。"按諸說皆謂孟子親受業於子思,與《史記》異。故王劭謂《史記》"人"字爲衍文。後儒於此事聚訟紛紜,今以學說之密合如此觀之,似孟子嘗親炙子思之說爲近也。

(一九二六年十二月二日)

説晚周諸子中之宋人

《孟子·公孫丑上》篇云:"勿助長也,毋若宋人然。宋人有閔其苗之不長而揠之者,芒芒然歸,謂其人曰:'今日病矣,予助苗長矣。'其子趨而往視之,苗則槁矣。"《韓非子·外儲說左上》云:"書曰:'紳之束之。'宋人有治者,因重帶自紳束也。人曰:是何也?對曰,書言之固然。"又《五蠹》篇云:"宋人有耕田者,田中有株,兔走觸株,折頸而死。因釋其耒而守株,冀復得兔。兔不可復得,而身爲宋國笑。"《淮南子·氾論》篇云:"宋人有嫁子者,告其子曰:'嫁未必成也,有如出,不可不私藏。私藏而富,其於以復嫁易。'其子聽父之計,竊而藏之,若公知其盜也,逐而去之。其父不自非也,而反得其計,知爲出藏財,而不知藏財之所以出也。爲論如此,豈不勃哉!"按《淮南》此事亦見《吕氏春秋·孝行覽·遇合》篇,但不以爲宋人事。然據此知此事之傳說,晚周已有之。《淮南》文與吕異,當由采自他書故耳。按宋人不盡愚,何以天地間至愚可笑之事皆屬於宋人耶?此必有其故矣。《漢書·地理志》記宋俗云:"其民有先王之遺風，重厚多君子。"蓋戰國習俗輕薄譎詐，視重厚之人爲愚，殆其一因也。而其最重要之原因，似當屬於宋襄公。按《春秋》魯僖公二十二年，宋襄公與楚戰於泓，其臣請襄公及楚師之未盡渡擊之。襄公守禮，不可。又請及楚之未陳擊之，襄公又不可。其卒也，宋師大敗，襄公親傷，數月而卒。此事《公羊傳》襃之，以爲臨大事而不忘大禮，雖文王之戰不過此。《穀梁傳》則貶之，以爲信而不道，何以爲道。道之貴者時其行勢也。夫當臨陣對壘之時，猶斤斤於禮義，本不免於滑稽。況在戰國時代，人人但務取勝一切不顧之時，自當以襄公之行爲至愚而可笑。坐此之故，衆愚盡歸諸宋，猶衆惡之盡歸於紂矣。及其習俗已成，傳說已盛，雖素持仁義說之孟子，亦不覺其所由然，而人云亦云耳。

（一九二六年十二月三日）

讀劉叔雅君《淮南鴻烈集解》

余久聞有二劉君校釋《淮南》，渴欲先讀者久矣。今北大教授劉叔雅君之《集解》已由商務印書館出版，（聞另一劉君之本當由中華書局出版）其書體例大致仿王氏先謙集解《荀子》之法，薈萃清代諸儒成說而復廣取唐宋類書所引《淮南》本文詳加勘校，用力甚勤，信爲初學讀書者便利之本。顧千慮之失，智者不免。余以事忙，未暇卒讀，但僅就余所已讀諸卷，頗多私心不愜之點。茲頗條舉以質之劉君及諸同好，意欲以真理爲歸，非求爲苟異也。

一　所據本之失擇

　　自來校《淮南書》用力最勤而所得最多者莫如高郵王氏父子，此學者所公認也。然王氏念孫最後評論諸本之説云：余未得見宋本，所見諸本中，惟道藏本爲優，明劉績本次之，其餘各本皆出二本之下。（見《讀書雜志》九之二十二）據《雜志》九王引之所錄宋本未誤各條，則宋本似極可據。然《四部叢刊》所印寫宋本，據陳奐序文，即是顧千里所見王氏所舉未誤之本，其書訛誤頗夥，劉君不據爲底本，自有其不得已之理由。如此，則劉君似宜根據王氏精校數年之結果，以道藏本爲底本，而以他本輔之，乃爲得策。（道藏本白雲觀即有之）今觀劉君所據乃是莊逵吉本。如

　　《原道訓》云：（一卷十六葉）"凝結而不流。"劉君引王校云：道藏本朱本茅本皆作"凝竭"。劉績不知其義而改"竭"爲"結"，莊本從之，謬矣。

　　又同篇云：（二十五葉）"一失位則三者傷矣。"劉君引王校云：道藏本朱本作"二"，莊刻依諸本作"三"，非也。

　　《天文訓》云：（三卷七葉下）"太白元始以正月建寅與熒惑晨出東方。"劉君引王校云，此本作"太白元始以甲寅正月與營室晨出東方。"莊本改"甲寅"爲"建寅"，尤非。

　　又《本經訓》（八卷七葉下）劉君引王校云：自茅本始移六者之注於此文下，而次鑿齒之注於獢㺄之下九嬰之上，則是以已誤之正文改不誤之注文也。莊本從之，謬矣。按劉君《集解》本之注正與莊本同。

　　又《主術訓》（九卷九葉上）劉君引王念孫云：高注云，不飾爲

美,亦不極爲善也。道藏本劉本朱本茅本皆如是。莊改"不極"爲"不枉",謬甚。按《集解》與莊本同。

蓋莊本校勘未諦,錯誤甚多,故王校糾繩殊不少。(詳《讀書雜志》)如劉君以道藏本爲主,則此等誤字皆可不改而自改。今正文則仍莊本,而所采之校語則糾莊本之失。謂劉君右莊耶?則固明載糾莊之王校而未嘗加以駁正也。謂劉君右王耶?則本文固明是王校所認爲誤字者也。此得無進退失據,而令初學者迷惑不知所從耶!(或謂:不用莊本,則王校糾莊諸條無可附麗,此謬説也。校古書者但求原書文字之正確,豈可以本文就校語耶!且即欲多采校語,則著者於校語之前申明某字莊本作某,下列王校可矣。爲何乃犧牲本文以就校語耶?)

二 本文之失校

劉君於唐宋類書及《文選注》所引《淮南》之文搜討極勤,此實爲劉君對於本書極忠實之點,然亦間有遺脱者。如《地形訓》云:(四卷八葉下)"善遊能寒。"劉君讀"能"爲"耐",是也。按《意林》引此正作"耐"劉君未及引證。《淮南》之爲書,本是左右采獲而成,今其本文散見於諸書者至多,劉君於此等似未詳校。如四卷九葉下云:"八主風,風主蟲,蟲故八月而化。"按八月而化,《大戴禮·易本命》篇《家語本命解》雖同,月字實是誤字。孔廣森《大戴禮補注》已訂正之。按《説文》風字下云:"蟲八日而化。"《春秋考異郵》《論衡·商蟲》篇皆同,則月爲日之誤無疑。桂馥《説文義證》校此條云,"前皆言生,故以月計;此獨言化,當以日計。螟蠕化爲蝶蠃,實八日也。"説尤精確。然諸本日皆誤作月,惜劉君未及據《説文》

等書刊正也。又如《時則訓》云(五卷九葉):"命四監大夫令百姓之秩芻以養犧牲。""令"字本不可通,明是"合"字之誤。《禮記·月令》及《呂覽》皆作合。其明證也。又高注云:"秩,常也,常所當出芻,聚之以養犧牲也。"高亦正以聚訓合,然寫宋本莊本皆誤作令,劉君遂亦仍其誤矣。《齊俗訓》云(十一卷六葉):"故亂國若盛,治國若虛,亡國若不足,存國若有餘。虛者,非無人也,皆守其職也;盛者,非多人也;皆黴於末也,有餘者非多財也,欲節事寡也;不足者非無貨也,民躁而費多也。"按亡國自不足,存國自有餘,不得云若,且與上文亂國若盛治國若虛文例不類。又皆守其職,故類無人,皆黴於末,故類多人,而有餘者非多財也以下又與此文不類。蓋此文存亡二字當互易,欲節事寡也與民躁而費多也二句亦當互易。《鹽鐵論·本議》篇云:"貧國若有餘,非多財也,嗜慾衆而民躁也。"是其證矣。此乃淺人妄改之,故不可通。然諸本皆誤,劉君亦未及刊正也。

三 高注之失校

高注《淮南》,文頗簡奧,後人傳寫,訛誤至多,劉君於此等似亦未細加勘校。

《原道訓》(一卷十五葉下)高注云:"質的,射者之準執也。"按執字義不可通,明是蓺字形近之誤。《大雅·行葦》傳云:"已均中蓺。"《鄭箋》云:"蓺,質也。"《漢書·司馬相如傳》:"弦矢分,蓺殪仆。"文穎注云:"所射準的爲蓺。"蓺字又作藝。《左傳·文六年》云:"樹之藝極。"杜注云:"藝,準也。"按《說文》云:"臬,射準的也。"蓺藝聲與臬近,故相通假,此皆準執當作準蓺之證。然莊氏原本誤作執，劉君亦竟仍之，未能刊正。

又《時則訓》（卷五八葉下）高注云：詩云："鼉鼓洋洋。"按今《毛詩·大雅·下武》篇作鼉鼓逢逢，洋與逢聲不相近，明是誤字。考《吕覽·季夏紀》及《諭大》篇高兩引此詩均作韸韸，則洋洋是韸韸之誤無疑。《毛詩釋文》云："逢亦作韸。"韸韰形近，韰亦韸之誤字。又《一切經音義》八引郭璞《山海經注》亦作韸韸，此皆足證洋爲誤字。莊氏未及細校，而云："洋洋，《詩》異本也。"乃是肒説。劉君亦未能據《吕覽注》以正之也。又同篇云（五卷六葉上）："命太尉贊傑俊。"高注云："才過千人爲傑。"按傑俊連文，不宜單釋傑而舍俊不言，明此有脱文。《吕覽》注云："千人爲俊，萬人爲傑。"則此注千人之下脱"爲俊萬人"四字明矣。然寫宋本莊本之誤如是，而劉君又仍之。夫《淮南·時則》一篇與《吕覽》十二紀文字多同，注又同出高誘一人之手，最好互相勘校以求真是，而劉君乃棄而不校，不太辜負此等好材料耶！

四　成說之失勘與失引

夫前人校書雖極精能，然亦容有疏失，集解者不當僅引其成説，自當細加檢校。劉君於此似未注意也。如

《地形訓》云（四卷十一葉下）："凡海外三十六國。"《集解》引王引之云，《論衡·無形》、《談天》二篇並作三十五國，今歷數下文，自修股民至無繼民實止三十五國，六字誤也。

今據莊本數之，西北至西南自修股民至三身民爲十國，西南至東南自結胸民至修臂民爲十三國，東南至東北自大人國至勞民爲六國，東北至西北自跂踵民至無繼民爲七國。合數之，實是三十六

國。王氏云三十五國，實爲誤數。惟明朱東光本少羽民一國，王氏或據朱本數之。然《山海經》實有羽民，即《論衡·無形》篇亦云："海外有三十五國，有毛民，羽民。"然則《淮南》自應有羽民，朱本實是誤脱。且王氏既見莊本，而莊本既是三十六國不誤，則王氏自不應據脱誤之朱本而疑不誤之正文。此爲王氏之疏失，毫無可疑。而劉君《集解》既據不誤之莊本，而所引王校乃以不誤者爲誤，劉君竟不加駁正，何耶？得毋信任王氏之心過甚，遂不復細勘耶？

前人成説涉及《淮南》者，劉君未及備引，胡君適之序文亦已摘其失引《方言箋疏》矣。然此或以成書較促，未及遍搜。至若劉台拱之《淮南子校補》一卷，別自成書（廣雅書局《劉氏遺書》内），而《讀書雜志補》王引之所載顧千里所校諸條，亦未及采入，此則劉君之疏也。

五　體裁之失

前文云云，内容之失也。若其形式上體裁之失，則亦有可言者。今分三項言之。即（一）隔斷正文，使正文與注文不相連絡。（二）引前人成説先後倒置。（三）交代不清。

（甲）　隔斷正文

二卷一葉上"繁憤……塪堄"下置王校，次"無無……物類"下置高注云："繁憤，衆積之貌，發憤也。"

如此，高注所釋之本文與高注不相連屬矣，令讀者迷惑不少。又如：

二卷十四葉下"施及周之衰"下置王校，次"澆淳散樸"之下置高注云:"施讀難易之易也。"七卷八葉下"甘暝太宵之宅"下置《集解》,次"休息……之野"下置高注云"太宵長夜之中"云云。

同卷九葉上"是故真人之所游"下置《集解》,"若吹……滑心"下置高注"游行也"云云。

卷九六葉下"兵莫憯於志而莫邪爲下"下置《集解》,次"寇莫……爲小"下置高注云"憯猶利也"云云。

其弊亦同。今欲救此失,當有兩法:即一將高注提前,或則置校語於高注之後。按前人校書,凡舊注位置,不肯輕爲移置,則自當用後法,置校語於高注之後。如此則正文與注文可以保持其聯絡矣。按此置校語失之太前之過也。亦有失之太後而使本文與校語不相聯絡者。例如五卷二葉下"鷹化爲鳩"下引王引之校語,乃校上文桃李始華者,桃李始華之下既有高注,則此校語即應置此句高注之下,不必因校語引及蒼庚鳴云云遂置之於下也。又如九卷二十二葉上"反以事轉任其上矣"下引王念孫校語,乃校上文"與臣下爭"一句者,本文與校語之中間竟有三節之多。(按今以正文帶注文爲一節。)讀者之不便甚矣。應改置當句之下。又按劉君之爲此,乃據《雜志》原標題爲之,但《雜志》體裁不載全文,故非將所引及之下文標出,則讀者不便。今《集解》既全載本文,則校語所引及之下文,讀者一見自知,何得照原標題爲位置,使正文與校語不相聯屬耶!

(乙) 引成説前後倒置

六卷十三葉下"金積折廉璧襲無理"下先引孫詒讓説,後引王引之説。

按此以時代論,王應在孫之前。然立説内容,孫校上一句,王校下一句，尚得以循正文之次序爲解也。

一卷三葉下"昔者馮夷大丙之御也"下先引陶方琦説，次引洪頤煊説。

按洪係嘉道時人，陶係光緒時人，不應先陶而後洪。

二卷六葉下"唯體道不能敗"下先引洪頤煊説，次引王念孫説。

按二人校語同校一句，内容相同，然王氏立説在洪氏之前，劉君先洪而後王，頗不可解。王氏《淮南雜誌》自跋嘉慶廿年，洪氏《叢錄》自序道光元年。

八卷八葉下"爲璇室瑤臺象廊玉牀"下先引陶方琦説，後引王念孫説。

按據時代論，固當先王而後陶。又校語内容，王説係於爲上補桀字，陶説係釋廊字之義，則即以本文之次序言之，亦當先王而後陶也。劉君先陶而後王，何耶？（據此條，則劉又並不以正文爲準也。）

（丙）　交代不清

八卷二葉上云："雹霰降虐。"《集解》引王校云：雹當爲電，草書之誤也。……文典謹案王説是，今正。

按此當於引王説之前，説明雹舊本作電，然後再引王説，乃不致使讀者眩惑。今劉君只於最末加一按語，而無此句，則交代不清。又《天文訓補注》最好散置《天文訓》之下，乃爲便於學者。今又別行，豈以分量不均故爾耶？然可不必也。

六　標題之失

劉君於第一卷標題《淮南鴻烈集解》，次行上截題漢涿郡高誘注，下截題合肥劉文典集解。第二卷以下又無此行。今按古以"集解"名書者,有晉范寧之《穀梁傳集解》、宋裴駰之《史記集解》等。然范書標題但題"《春秋穀梁傳》卷幾,晉范寧集解"。《史記》亦但題《史記》卷幾,宋中郎外兵曹參軍裴駰集解,皆不於原書名下標集解之名。近日王氏先謙之《荀子集解》,亦首題《荀子》卷之幾,次題唐登仕郎守大理評事楊倞注,再次題長沙王先謙集解。劉君既題高誘注一行,最好承用此式。如劉君必於大題標署集解之名,則漢涿郡高誘注一行即不當有。此有理由二:一則高誘所注乃《淮南王書》,非《淮南集解》也,並存則論理不合。二則本書既是集解,則高注亦可包括在集解之中,不必另行標出。

又大題既標集解,則著者姓名之下不必複出集解字,但題籍貫姓名,(王先慎《韓非子集解》即用此式)或題某地某人著可矣。劉君書第一卷及第二卷以下標題皆失之。

按以上形式之失,讀者或不免謂吾於著者有意吹毛求疵。然前人校書方法本極精密,幾乎盛水不漏,劉君偶未注意,故吾特縷析言之,欲令今後有志校書者知所取法耳。

七　結論

近數十年來讀《淮南子》者,普通莫不用莊本,今讀者若仍用莊本,則清儒校勘成說皆不可得見。又劉君自校頗多,亦多有可取之處。故吾謂劉君此書足以取莊本而代之也無疑。初學之士欲讀淮南者,在今日吾未能證實另一劉君之本勝於此種以前,自當推劉君《集解》為較便之本。吾恐因吾此文而令學者有所誤解也,故特重言以申明之。

(一九二四年一月一日)

劉武仲先生《助字辨略》跋

　　確山劉武仲先生《助字辨略》五卷，初刻於清康熙五十年辛卯，刻者爲海城盧氏承琰。越六十八年爲乾隆四十四年己亥，長白國泰得其書於盛氏柚堂，取而重刻之。又越七十六年爲咸豐五年乙卯，聊城楊氏以增得傳鈔本，延高君均儒重刊，是爲海源閣本，此三本皆鏤板也。最近有文學社據海源閣本排印之巾箱本，不知排印年月，蓋當在清末時。盧氏初刻余未得見，國泰所據當爲盧刻，故簡首有盧氏序文。海源閣所據之傳鈔本亦係據盧刻，而高君伯平校勘時似未見國刻本，故頗有國刻字不訛誤而楊刻誤者。楊刻卷首亦無國序，皆其證也。余去夏南歸省親，舍弟季常欲刻舊籍以益學子，問余以應首何書，余舉此書及王氏《經傳釋詞》俞氏《古書疑義舉例》對。弟因首刻此編及俞書。此編底本亦用海源閣本，余頗取國刻對勘，凡楊刻避清諱之字，皆爲迴改，遇文義不可通者，頗檢閱原書勘正之。其楊本所無之國泰序文及劉氏毓崧伯山《通藝堂集》之跋文則附載焉。此書與王氏《釋詞》相較，自有遜色，然亦有精審過於王氏之處。伯山跋文取二書細加比勘，詳哉其言之矣。惟伯山所言亦尚有未盡者。如《左傳·宣十二年》"訓之于民生之不易"，此書訓"于"爲"以"，最爲精核。余於續補俞氏書已申證之，而王書則未及也。《公羊傳·隱二年》："前此則曷爲始乎此？託始焉爾。"何休云："焉爾，猶於是也。"王氏《釋詞》從其説。劉氏則云此"焉爾"亦語已辭，若以爲"於是"，則"紀子伯者何無聞焉爾"寧可作於是邪！《莊子·德充符》篇"子產蹴然改容更貌曰：子無乃稱"，王氏《釋詞》云：子無乃稱猶曰子無稱是言也。而劉氏則云，乃字合訓"如此"，言無爲如此稱説也。此二事衡校兩家，劉氏之説皆勝於王氏。《史記・東越傳》："且秦舉咸陽而棄之。何乃越也！"劉氏云："何乃"猶云"何但"。《史記・高帝紀》："漢王以故得劫五諸侯兵。"劉氏云："以故"猶言"因是"，章太炎《新方言》云：故猶此也。此二説又王氏《釋詞》所未及者也。然劉氏書亦有偶不審核至於誤解者。如卷一引張曲江文"以誠告示其或之歸"，韓文"學者不之能察"，此二之字皆代字，乃其或歸之不能察之之倒文，而劉氏謂二之字並語助辭。《戰國策》"與不期衆少，其於當厄；怨不期深淺，其於傷心。"注云：其，指物辭，猶在也。今按此"其"字即上文"不期衆少""不期深淺"之"期"，此正俞氏《古書疑義舉例》所謂上下文異字同義者也。而劉氏云：此其字與《易・繫辭》"其旨遠其辭文"之"其"字義別，未能糾正舊説。《漢書・刑法志》："箠長五尺，其本大一寸。其竹也，末薄半寸。"其竹也之"其"與"若"字義同。《漢書・成帝紀》："欲爲吏，補三百石。其吏也，遷二等。"《匈奴傳》："匈奴俗見漢使非中貴人，其儒生，以爲欲説，折其辭辨。"其字用法皆同。而劉氏誤以其竹也屬上讀，與"有君如是其賢也"之"其"字並列，遂謂"其"字爲發語辭。又《燕王旦傳》："其者寡人之不及與？"按者諸二字古人通用，"其者"即其諸也。而劉氏乃云："其者"猶云"意者"。《後漢督郵班君碑》："柔遠而邇。"古"而""能"二字通用，《班碑》假"而"爲"能"。而劉氏乃云："而"字當作"如"。《晉書・謝道韞傳》："嘗譏謝玄學植不進，曰：爲塵務經心，爲天分有限耶。"二"爲"字義與"因"同，而劉氏乃云二爲字并是抑辭。《漢書・揚雄傳》："譬若江湖之雀，勃解之鳥，乘雁集不爲之多，雙鳧飛不爲之少。"此二"爲"字義亦與"因"同，而劉氏乃云：不

331

爲之猶云不以爲。《賈誼傳》"賤人安宜得如此而頓辱之哉","安宜"猶云"何當",而劉氏乃訓爲"豈可"。《史記·春申君傳》:"人皆以楚爲強而君用之弱,其於英不然。"此"於"字義與"在"同,謂在英則意不如此也,而劉氏乃謂"其於"猶云"至於"。《書·金縢》:"于後,公乃爲詩以貽王"。庾子山賦:"於時朝野歡娛。"于字於字義皆與在同,而劉氏乃云,"于後"猶云"其後""於時"猶云"其時",不悟"於"字不能直訓其也。《荀子·修身》篇:"雖欲無滅亡,得乎哉!"楊注云:"亡通作惡。"按亡字當如字屬上讀,楊注誤。而劉氏引爲無字之例,未能糾正舊說。《史記·日者傳》:"此夫老子所謂上德不德,是以有德。"夫字義與彼同。而劉氏乃謂此夫字爲語助辭。卷二引《後漢書·袁安傳》:"無緣復更立阿佟以增國費。"無緣猶云"無由、無因"而劉氏乃謂"無緣"猶云"不應"。孟子:"何以利吾國?""何以"乃"以何"之倒文,謂用何道也。劉氏乃謂"何以"猶云"如何"。《魏志·華佗傳》:"又有一郡守病,佗以爲其人盛怒則差,乃多受其貨而不加治。無何,棄去,留書罵之。""無何"義與"無幾""居無何""居無幾何"義同,所以表時之暫也。而劉氏乃云:"無何是無故之辭。"《史記·張耳陳餘傳》:"始吾與公言何如?""何如"猶今俗言"像怎樣",而劉氏乃云"何如"猶言"何物"。《漢書·翟義傳》:"欲令都尉自送,則如勿收邪!"此乃反詰之詞。而劉氏乃云邪字爲耳辭。《孟子》:"夫滕,壤地褊小,將爲君子焉,將爲野人焉。"朱注云:"言滕地雖小,亦必有爲君子而仕者,亦必有爲野人而耕者。"按古人爲有二字通用,此二爲字義與有同。朱注泥爲字爲訓,而劉氏未能糾正其說。詩"將子無怒","將仲子兮","將伯助予",毛鄭釋"將"爲"請",是也。而劉氏乃誤謂將當讀如本字,乃是發語辭,如"伊""維"之類。《論語》:"吾未嘗無誨焉。"《史記·陸賈傳》"高帝未嘗不稱善","未嘗"與"未曾"同。而劉氏乃云,"未嘗"猶"未始","未嘗不猶云未有不",不悟嘗字不能訓姑與有也。《左傳·昭公二十二年》:"寡君聞君有不令之臣爲君憂,無寧以爲宗羞。""無寧"猶云"無乃"。而劉氏云:"寧,語助,不爲義。"《吳志·太史慈傳》注:"卿則州人,昔又從事,寧能往視其兒子,并宣孤意于其部曲。"此寧字乃商榷之辭,"寧能"猶云"豈能",下省乎字。而劉氏乃訓寧爲定。《魏志·王修傳》注:"讀詩至哀哀父母生我勞瘁,未曾不反覆流涕,泣下沾襟。"曾與嘗同義,"未曾不"猶云"未嘗不"也。而劉氏乃云猶云"未有不"。《論語》:"法語之言,能無從乎?""能無"與"得無""可無"同,此反言之辭。而劉氏乃云"能無"猶言"寧無"。《漢書·司馬相如傳》:"疇逆失而能存?""疇"當訓"誰",謂何人逆失而能存也。而劉氏乃云言何有逆失而能存。韓退之《伯夷頌》:"一凡人譽之則自以爲有餘。"凡人言凡庸之人,而劉氏誤以一凡連讀,謂"一凡"爲"大率"之義。卷三引《左傳·僖十五年》"三施而不報是以來也",《孟子》"是以若彼濯濯也",是以乃以是之倒文。而劉氏乃云是以猶云所以,不悟是不當訓所。《漢書·馮唐傳》:"唐對曰:齊尚不如廉頗李牧之爲將也。上曰,何已?"此"已"字与《詩》"必有以也"之"以"同,"何以"猶云"何故"也。而劉氏乃云,問之餘聲揚以長,則爲"何邪""何與",抑而短則爲"何已""何耳"。誤以已爲語終助詞。《東方朔傳》:"先生自視何與比哉?"此"何與"猶云"誰與",乃與何之倒文。何與比者,武帝問朔與上文所述公孫丞相倪大夫等十五人中之誰某比也。而劉氏乃云"何與"猶言"何如"。李太白詩:"奈何成離居,相去復幾許?"杜子美詩:"我生本飄蓬,今復在何許?"幾許之許乃不定之詞,猶《後漢書·何敞傳》"二百許人"之"許"。何許者,何所也。《説文》所字下引詩"伐木所所",今《詩》作"伐木許許",許所古人通用。而劉氏乃云:幾何何所之義不因許字而見,特借許字爲助句耳。劉氏又云:如問何許人,則何許又爲何等,不爲何所矣。其説亦非。"何許人"即謂"何所人",猶今言何處人耳。《漢書·佞幸傳》"上有酒所","酒所"猶云"酒意"。而劉氏乃云"所字語助不爲義"。《漢書·曹參傳》:"參代何爲相國,舉事無所變更。"師古注:"舉,皆也,言凡事皆無變改。"按"舉事"猶云"行事",顏讀"舉"爲"舉國若狂"之舉,非是。劉氏未能駁正其説。《史記·歷書》:"乃者有司言星度之未定也。"《曹相國世家》:"乃者我使諫君也。"此"乃者"猶云"日者""嚮者",而劉氏乃以爲發語之辭。《漢書·陳湯傳》:"騎引卻,頗遣吏士射城門騎步兵。""頗遣"猶云"稍遣。"而劉氏乃云此"頗"字猶云"遂"也。又《田蚡傳》:"所言灌夫頗不讎,劾繫都司空。"此頗字亦頗略之頗,而劉氏乃云:頗猶云皆。有虞氏之"有"乃語首助字,無義可言,而劉氏乃云言撫有天下,故云有。卷四引《唐書·吳兢傳》云:"兢實書之,其草故在。"按故固古通用,故在與固在同。而劉氏乃云"故在"猶云"尚在"。《史記·趙世家》:"彊大不能得之於小弱,小弱故能得之於彊大乎?"此故字通作顧,反也。《趙策》作"顧",其明證也。而劉氏乃云,"故字爲語助,猶云乃也"。《史記·李斯傳》:"李斯曰:固也,吾欲言之久矣。"《鼌錯傳》:"錯曰:固也,不如此,天子不尊,宗廟不安。"師古注"固也言固當如此",是也。而劉氏乃云"固也猶云然也,乃答語之聲,不爲義"。《史記·王翦傳》:"今空秦國甲士而專委於我,我不多請田宅爲子孫業以自堅,顧令秦王坐而疑我耶?"此"顧"字亦"反"也。《後漢書·馬援傳》:"卿非刺客,顧説客耳。"此"顧"字乃但辭。而劉氏乃云:此二顧字與故通,猶云乃也。

《漢書·景帝紀》:後元三年詔:閒歲或不登。閒猶云間者。元年詔云:閒者歲比不登,句例正同。而劉氏乃以閒歲連讀,謂閒歲云者,言時復如此。《後漢書·段熲傳》:"餘寇殘盡,將向殄滅。"將向者,將近也。梁簡文帝《謝竹火籠啓》:"池水始浮,庭雪向飛。"《吳志·華覈傳》:"軍興已來,已向百載。"二向字皆將也,近也。而劉氏乃釋向爲已。既釋向爲已,遂謂《吳志》之"已向"爲重言。陶淵明詩:"禦冬足大布,麤絺以應陽;正爾不能得,哀哉亦可傷。"正猶縱也,正爾不能得猶云縱此亦不能得也。而劉氏乃云"正爾"即"正唯"。《漢書·武帝紀》:"縣鄉即賜,無贅聚。"師古云:"即、就也。各遣就所居而賜之,勿會聚。"是也。而劉氏乃云"即賜者,乃即時頒賜之義。"卷五引《漢書·枚皋傳》:"凡可讀者不二十篇。"此不字本爲百字。乃《漢書》刊本之誤,而劉氏誤引爲不字之例。《左傳·隱五年》:宋衞實難,鄭何能爲? 實寔是三字通用。"宋衞實難"猶云"宋衞是患"也。而劉氏乃以爲訓誠信之實。《史記·平準書》:"率十餘鍾致一石。"又云:"於是商賈中家以上大率破。"《老莊傳》:"故其著書十餘萬言,大抵率寓言也。"率與大率皆辜較之辭。而劉氏乃以爲都凡之辭。《顏氏家訓》:"河北平澤率生之。"此率字猶云大率。而劉氏乃云"率猶頗也"。《漢書·趙充國傳》:"兵決可期月而望。"兵決者謂兵事決定,猶今言解決,而劉氏乃以決爲必辭。《書·大誥》:"爾知寧王若勤哉!"按"若"有"此"義,"若勤",如此勤也。此猶《爾雅》訓已爲此,而《莊子》《淮南》用已爲如此之義。劉氏云若勤者若此勤,是也。而又謂但云若者省文也,不悟若之爲若此,乃由於若之訓此,不由於若字也。包何詩:"莫是上迷樓。""莫是"猶云"得無",而劉氏乃云猶今云"恐是。"《詩·小雅》:"如松柏之茂,無不爾或承。""無不爾或承"猶言無不

335

爾是承，而劉氏乃謂是無或不爾承之倒文。此皆劉氏偶未審核，故致誤釋。然吾人生當訓詁學大明之後，而劉氏生於清學初啓之時，篳路藍縷，其功甚鉅，正小有疵纇，不足掩其精詣也。余惟先儒著述之流傳於後世者顯晦類有時，而先生之書，自盧氏刻後約七十年而有國刻，國刻後七十餘年而有海源閣本。今距海源閣本恰七十年，蓋自初刻後約每七十年而一鏤板，若有定律然者，亦一奇也。前歲余南歸後復北上，京漢道中車過確山，有句云："秋午晴陰過確山，峯巒娬媚似鄉關；遺書已自成瓌寶，記否劉家有二難？"余生平不事吟詠，以景仰先生之懷，經過故里，忽發清興，遂成短章，附識於此，以見余與先生若有針芥之契云爾。

（一九二五年三月十二日）

按：盧氏初刻本，後由馬君幼漁假示，得見之。因附記於此。

《釋名》新略例

元和顧千里撰《釋名略例》，謂《釋名》之例有二：一曰本字，二曰易字。其凡則有十：曰本字，曰疊本字，此屬於本字者也。曰本字而易字，此兼屬本字與易字者也。曰易字，曰疊易字，曰再易字，曰轉易字，曰省易字，曰省疊易字，曰易雙字，此屬於易字者也。今按顧氏此文，能於劉氏書義訓繁複之中紬繹端緒，使其井然不紊，信足爲美矣。顧《釋名》乃以音爲訓之書，治之者宜於聲音求其條貫，不當全以字形爲説。顧氏以本字易字爲大例而以十凡括之，蓋猶不免泥於迹象也。今用顧氏之法爲《〈釋名〉新略例》一篇，雖未能盡舍字形，要以聲音爲主。其説曰：

《釋名》音訓之大例有三：一曰同音，二曰雙聲，三曰疊韻。其凡則有九：一曰以本字爲訓，二曰以同音字爲訓，三曰以同音符之字爲訓，四曰以音符之字爲訓，五曰以本字所孳乳之字爲訓，此屬於同音者也。六曰以雙聲字爲訓，七曰以近紐雙聲字爲訓，八曰以旁紐雙聲字爲訓，此屬於雙聲者也。九曰以疊韻字爲訓，此屬於疊韻者也。一曰以本字爲訓者，如以宿釋宿，以闕釋闕，以蒼蒼釋蒼天，以孚甲釋甲之類是也。二曰以同音字爲訓者，如以省釋眚，以喪釋霜，以竟釋景，以孼釋子，以扞釋寒，以羽釋雨，以禁釋金，以冒釋卯，以麗釋離，以身釋申，以恤釋戌，以更釋庚之類是也。聲韻兼符，是爲同音，今音有四聲之别，古無是也。三曰以同音符之字爲訓者，如以閔釋旻，閔旻皆从文聲；以燿釋曜，燿曜皆从翟聲；以揚釋陽，揚陽皆从易聲；以遇釋偶，遇偶皆从禺聲之類是也。四曰以音符之字爲訓者，如以止釋趾，趾从止聲；以卻釋腳，腳从卻聲；以殿釋臀，臀从殿聲之類是也。五曰以本字之孳乳字爲訓者，如以㕍釋氣，㕍从氣聲；以蔭釋陰，蔭从陰聲；以爇釋熱，爇从熱聲；以蠢釋春，蠢从春聲；以終釋冬，終从冬聲；以吐釋土，吐从土聲；以仵釋午，仵从午聲；以核釋亥，核从亥聲；以軋釋乙，軋从乙聲；以炳釋丙，炳从丙聲；以紀釋己，紀从己聲；以茂釋戊，茂从戊聲；以妊釋壬，妊从壬聲；以揆釋癸，揆从癸聲；以廣釋光，廣从黃聲，黃从苂聲<small>苂即古光字</small>之類是也。六曰以雙聲字爲訓者，如以坦釋天，以散釋星，以氾與放釋風，以冒釋木，以化釋火，以散釋巽，以戰釋震，以綏釋雪之類是也。七曰以近紐雙聲字爲訓者，如以健釋乾，以昆釋鯤，以踝釋寡之類是也。又如以進釋年，今音聲類若相遠，然年从千聲，千進爲近紐雙聲，亦當屬此。八曰以旁紐雙聲字爲訓者，如以假釋夏，以祝釋孰，以承釋脱之類是也。九曰以叠韻字爲訓者，如以闕訓月，以顯訓天之類是也。雖古今音變，不可悉知，然大旨具是矣。

（一九二五年十月十五日）

讀王葵園先生《後漢書集解》

　　長沙王葵園先生治《漢書》數十年，成《漢書補注》百卷。其書取精用弘，便於學者，幾於家有其書矣。先生晚年又爲范蔚宗《後漢書集解》，范書博奧固不及班書，清儒治之者亦不逮治班書之勤，故《集解》所取材既不能如《補注》之宏博；而先生成書倉卒，又不如集《補注》時編摩之久，故以《集解》視《補注》，似有遜色焉。余讀其書，自官本《考證》以下清儒之治《後漢書》者，雖大致皆已采擷，而如錢大昭之《後漢書辨疑》、侯康沈銘彝兩家之《後漢書補注補》，行世已久，《集解》竟未采入。及書成後，黃山君爲之《校補》，始爲補錄。又《漢書補注》頗采清儒筆記之及《漢書》者，如姚氏之《惜抱軒筆記》，俞氏之《湖樓筆談》等書是也。而《集解》似未旁及。以余所見，如姜宸英之《湛園札記》，《集解》僅錄"光武十王傳"一條，其"鄭興傳贊"一條，釋甝虪爲講虪，駁李注釋作匈奴之誤。"南匈奴傳"一條，謂"朔易"本《虞書》"平在朔易"，駁李注釋爲"朔方易水"之誤。説皆精審，《集解》皆未及采。又如梁玉繩之《瞥記》，孫志祖之《讀書脞錄》等書，中頗多説范書者，《集解》皆未及錄。至王念孫《讀書雜志志餘》中説《後漢書》者凡二十餘事，亦

卷五　經子考證序跋之屬凡五十九篇

皆未采。《校補》亦未及,殊爲疏失。此其搜采之漏失者也。《漢書補注》羅列舊說,前後頗有次序,而《集解》於此頗爲忽略。例如惠氏《補注》成書在錢大昕《廿二史考異》之前,據惠書顧棟高序,惠書成於乾隆十九年甲戌,錢書自序於乾隆四十五年庚子,惠書先成二十餘年。《集解》往往先錢後惠。又如第五十卷《孝明八王傳》"寵善弩射,十發十中,中皆同處"三句下並引惠士奇惠棟之說,竟先棟而後士奇,若不知棟爲士奇之子者,可謂疏矣。惠氏原書卷十二引其父說置己說之下可也。《集解》既列爲二人之說,不當仍其原序。又李注往往總釋數句,後儒有補釋此數句者,即應置於李注之下,則前後次序始合。例如卷十六《鄧禹傳》云:"五品不訓,汝作司徒,敬敷五教,在寬。"李注云:"五品,五常也;父義,母慈,兄友,弟恭,子孝,言五常之教務在寬也。"此乃總釋五品不訓以下四句者。《集解》引錢大昕說五品不訓之文,應置李注之下,前後次序乃合。乃《集解》置於五品不訓句下,不惟錢說先見,李注後見,次序不合,且使李注五常之訓與正文五品隔斷而不銜接矣。此類甚多,姑舉一例言之,此其體裁之疏失者也。又四十卷上《班彪傳》敘司馬遷著《史記》云云,沈欽韓《疏證》引《史通·正史》篇之文爲證。王氏不細勘檢,竟將《史通》之文析爲二段,分注兩節。第二節"至建武中,彪以爲馮商等作,其言鄙俗"云云,但冠以"沈欽韓曰",不復以爲《史通》之文,竟若沈氏全錄《史通》之文者,此又其校核之粗疏者也。黃君《校補》於《集解》拾遺補缺,用力頗勤,然亦頗有可議者。例如卷三《章帝紀》注引《周禮·鄉司徒》云云,《集解》已云官本鄉作大是矣。《校補》又複出一條。二十四卷《馬援傳》云:"來歙奏言隴西侵殘。""侵殘"自謂被侵害而殘破,校補乃讀侵爲寖,說轉迂滯。卷三十三《朱浮傳贊》云"朱浮議諷苛察欲速之弊,然矣;焉得長者之言哉",所謂浮議諷苛察欲速之弊者,乃指本傳六年日食上疏而言。而《校補》乃云:"浮之議諷既苛察且欲速,即明非長者之言。"竟若未讀本傳者,不知何以疏繆至此!卷四十三《樂恢傳》云:"天地乖互,衆物大傷。"《校補》云:"大官本作天,案易乾爲大,否卦大往小來,孔疏云,陽主生息,故曰大。"按大傷之大,猶《孟子》"稽大不理於口"之大,引易作證,太無關涉。卷六十二《荀悦傳》云:"聽言責事,舉名察實,無惑詐僞以蕩衆心,故事無不覈,物無不功。"功乃功楛之功,謂堅牢也,字本不誤。此段與《漢書·宣帝紀贊》謂技巧工匠器械元成間鮮能及者意同。《校補》及云:"官本功作切,與《申鑒》合,此誤。"不知《申鑒》切字正是誤字,官本誤從也。卷七十《孔融傳》云:"遂并收褒融送獄,二人未知所坐。"此謂不知於二人之中當坐何人耳。《校補》乃云,"二人未知所坐,是褒融自不知當坐何罪矣。於文不應,蓋本作未知二人所坐,誤倒。"不悟原文可通,不必疑爲倒也。其尤疏失者,往往了無證案,憑肊立説。如第四卷《和帝紀云》:"紹封故淮陽王昞子側爲常山王。"《校補》云:"《明八王傳》和帝立昞小子側復爲常山王,曰小子,曰復爲常山王,或因昞長子防早卒而有孫章,議立未定;或因淮陽不能仍有故封,議改未定,而《通鑑》注謂因國有大喪,今乃紹封,然亦何必遲至三年,斯不然矣。"不知凡云紹封者,乃繼絕世也,雖三十年可矣。胡注依事立説,不失謹嚴;乃憑虛妄度,假設多端,何其與俗儒之逞臆立説者相近乎!凡此之類,《校補》中至多,此其最爲疵纇者也。然范氏爲書博大,李注而後,惠氏補注於前,王氏《集解》於後,其書已大端可讀。然亦有李注疏失,前儒未及匡正,前儒誤説,《集解》及《校補》皆未及糾正者。如《明帝紀》云:"夫萬乘至重,而壯者慮輕。"按"慮輕"與"至重"相對爲文,應與《漢書·賈誼傳》"借父耰鋤慮有德色"之"慮"同,謂大計也。而李注云:帝謙言年尚少壯,思慮輕淺,誤釋"慮"爲"思慮"。卷十上《皇后紀》云:"后寵幸殊特,專固後宮。""固"當讀如"錮"。《前書·趙后傳》云"姊弟專寵錮寢",是其證也。而舊注未及。又《和熹鄧后紀》云:"汝,我家出,爾敢爾邪。"上爾字不可通,乃亦字形近之誤。爾俗書作尒,與亦形近。《鄧禹傳》正作亦,當據之改正。卷十五《王常傳》云:"伯升見常,説以合從之利。"合從者,謂連合以討莽如六國之於秦耳。而李注乃云,"以利合曰從。"卷三十二《樊準傳》云"博士議郎一人開門,徒衆百數","開門"謂收受生徒耳。而李注乃云"開一家之説"。卷三十六《鄭興范升陳元賈逵等傳論》云:"鄭賈之學行乎數百年中,遂爲諸儒宗。"此爲鄭興賈逵傳論,鄭自指興爲言。《興傳》云"世言左氏者多祖於興。而賈逵自傳其父業,故有鄭賈之學",尤其明證。而惠氏乃云:"漢晉諸儒稱康成爲鄭君,稱逵曰賈侍中,是乃儒宗也。誤以鄭爲康成。"卷四十下《班固傳》云:"洋洋乎若德,帝者之上儀,《誥誓》所不及已。"若當訓此。而李注乃云:"若,如也。"卷四十二《光武十王傳》東平憲王蒼篇云:"日者問東平王處家何等最樂?王言'爲善最樂'。其言甚大,副是要腹矣。"按副,稱也。本傳云,蒼要帶十圍,明帝贊其言大與其要腹相稱耳。而惠氏乃云:"副,猶倍也,言王之言大倍於要腹也。"又同傳論云:"東海恭王遜而知廢。"此謂王自謂其子政爲小人請還國之事也。班彪《王命論》云"嬰母知廢",爲范語所本。而注家皆未及。卷四十六《陳忠傳》云:"狂易殺人,得減重論。"按易與狂義近,故古人恒以狂易連文。《吳語》:"稱疾辟易。"韋昭云:"辟易,狂疾。"《韓非子·内儲説下》云:"公惑易也。"《前書》:"王子侯表樂平侯訢病狂易。"又《外戚傳》云:"張由素有狂易病。"皆是。而李注乃云:"狂易謂狂而易性。"誤釋易爲變易之易。卷五十二《崔駰傳》云:

"朝廷初政，州牧峻刻。"李注云：初政謂莽即位，是也。而《集解》引黄山云："上既云後以篆爲新建大尹，篆到官又已三年，則非莽即位之初矣。"不悟此但謂莽初易漢，不謂莽即位之初也。又云："伐尋抱不爲之稀，爇拱把不爲之數。"數，猶稠也，與稀爲對文，二語意本楊雄解嘲"乘雁集不爲之多，雙鳧飛不爲之少"。多與少亦對文也。而李注乃誤釋數爲概。卷五十四《楊彪傳》云："今橫殺無辜，則海內觀聽，誰不解體？孔融魯國男子，明日便當拂衣而去，不復朝矣。"按《前書·蕭望之傳》云："曹書佐隨牽育，育案佩刀曰：蕭育杜陵男子，何詣曹也！"育言杜陵男子，融言魯國男子，皆自負之詞，猶今人動言某乃大丈夫也。而李注襲顔師古《前書注》之誤説，乃云："若以非罪殺彪，融則還爲魯國一男子，不復更來朝也。"卷六十上《馬融傳》云："昔毛遂廝養爲衆所蚩，終於一言克定從要。"按毛遂非廝養，廝養者，用趙廝養卒赴燕返趙王事。而李注於毛遂則舉其定從之事，於廝養則但云賤人，不及本事。卷六十一《左雄傳》云："自是選代交互，令長月易。"按交互謂頻繁。《校補》引錢大昭説乃云："漢制婚姻之家及兩州人士不許相對監臨，所云交互是也。"不合。又同卷《黄瓊傳》注云："放下讒佞郭都之等十三人。"按漢人恒用之等。《鹽鐵論》各篇中常見。而劉攽乃云："按文多一之字。"卷六十二《陳寔傳》云："出於單微。"惠注引《世系》云："陳軫封潁川侯，生嬰，秦東陽令史。嬰生成安君餘。"按陳嬰陳餘同時起兵，未聞其爲父子。若嬰果爲陳軫之子，嬰母不當云而世貧賤矣。惠氏此條殊爲失擇。卷七十一《皇甫嵩朱儁傳論》云："故梁衍獻規，山東連盟。"按山東連盟，謂陶謙、周乾、陰德、劉岱、汲廉、孔融、袁忠、應劭、徐璆、服虔、鄭玄等共推儁爲太師之事也。二語分承嵩儁爲言，而李注乃云："山東連盟，謂上云羣帥及袁氏也。"此等皆注説疏失灼然可知者也。其他如旁采羣籍，疏證本文，惠氏最博，諸家亦續有所采。然以本書博大，猶多未盡。如卷四《和帝紀》云："役不再籍。"應舉《文選》四十三卷石仲容《與孫皓書》注引《六韜》"故役不再籍一舉而得"之文爲證。卷六《順帝紀》長樂少府九江朱倀爲司徒，應舉《風俗通·十反》篇文爲證。若此之類尚多，今不復二。余擬他日有暇，更事博討以補缺遺，姑書此以爲息壤云。按頃覆校此文，始悟《崔駰傳》注釋"數"爲"概"者，概乃穊之誤文。《説文》：穊，稠也。《前書·齊王肥傳》云："深耕穊種。"注亦訓稠。然則注説本不誤，甚矣誤書之不可讀也。一九三〇年十月九日記

（一九二六年十一月二十五日）

讀《漢書·儒林傳》

《漢書·儒林傳·王式》篇云："式徵來，既至，止舍中，會諸大夫博士共持酒肉勞式，皆注意高仰之。博士江公世爲魯詩宗，至，心嫉式，謂歌吹諸生曰：'歌《驪駒》。'式曰：'聞之於師，客歌《驪駒》，主人歌《客毋庸歸》。今日諸君爲主人，日尚早，未可也。'江翁曰：'經何以言之？'式曰：'在《曲禮》。'江翁曰：'何狗曲也？'式恥之，陽醉逿墜。"按此節自來説者皆未得其義，今詳釋之。蓋《驪駒》者，客道別之歌也。《客毋庸歸》者，主人留賓之歌也。江翁命歌《驪駒》者，意蓋在促式之行，所以辱式也。式云今日諸君爲主人者，意謂今日諸君既爲主人，義當歌留賓之《客毋庸歸》，不得歌客當歌之《驪駒》也。以上式之所言，式既自稱師説，而亦與物情相

應，江翁之所詰殆不在此。式又稱曰尚早未可者，式意蓋謂式自身爲客，固可歌《驪駒》，然此時日尚早，不欲即辭去，故亦不可即歌也。江翁問經何以言之，式曰在《曲禮》者，《曲禮》曰："侍坐於君子，君子欠伸，撰杖屨，視日蚤莫，侍坐者請出矣。"此式所指也。然《曲禮》本文意謂君子視日蚤莫，則侍坐者請辭去，實與式此時情事不相應，故江翁罵其狗曲，而式竟無可辨解也。按《後書·卓茂傳》云："茂事博士江生，習《詩》《禮》，究極師法。"彼文江生即此江翁。據此翁兼通《詩》《禮》。故能辨式之曲說也。古人文簡不具，說者不能以意逆之，則不得其義。錢竹汀孫志祖乃因服虔注有《驪駒》逸詩篇名見《大戴禮》之文，牽合之而云《大戴禮》亦有《曲禮》篇名，則誤之甚者矣。錢說見《潛研堂文集》卷廿七，孫說見《讀書脞錄續篇》卷一。

又《轅固》篇云："竇太后好《老子》書，召問固。固曰，此家人言耳。太后怒曰：安得司空城旦書乎！迺使固入圈擊彘。上知太后怒而固直言無罪，乃假固利兵，下圈刺彘，正中其心，彘應手而倒。太后默然，無以復罪。"按《李廣傳》有一事與此正相類。彼文云："敢男禹有寵於太子，亦有勇，嘗與侍中貴人飲，侵陵之，莫敢應。後愬之上，上召禹使刺虎，縣下圈中，未至地，有詔引出之。禹從落中以劍斫絕纍，欲刺虎。上壯之，遂救止焉。"據此二文觀之，則漢法有令人入圈刺獸之制。又以太后默然無以復罪二語觀之，知刺獸死者可以無罪。然則反是而刺獸不死者必爲有罪矣。按此制爲《刑法志》所不載，今無由知其詳。愚疑此蓋古代刑法之留遺而略加變革者也。《論衡·是應》篇云："觟䚦者，一角之羊也，性知有罪。皋陶治獄，罪疑者令羊觸之，有罪則觸，無罪則不觸。"《說文》十篇上"廌部"："廌，解廌獸也，似山牛，一角。古者決訟，令觸不直。"又云："灋、刑也，平之如水，从水。廌，所以觸不直者去之，從去。"蓋古法決獄令獸觸人，近於殘暴，漢法令人刺獸，蓋有鑒於古法之殘暴而略變之者歟！《韓非·內儲說上》云："李悝爲上地守，人之有狐疑之訟者，令之射的，中之者勝，不中者負。"按悝爲制定法經之人，以射的決曲直，亦較古人以獸觸人者爲合理。漢法用獸與古法同，而以能刺獸死與否爲有罪無罪之準，又與李悝之以射的中否爲準者同。然則漢法蓋折衷於古法與李悝而爲之者歟！

(一九三〇年二月二十七日)

湘潭王理安先生校錢大昭《後漢書補表》跋

右汗筠齋錢氏《後漢書補表》八卷，爲湘潭王理安先生啟原手校本。吾友武昌徐君行可性喜蓄書，得之市上，屬余審校，諾之久矣，卒卒未暇。頃暑中無事，以數日之力校閱一過，因書其後曰：宋熊方撰《後漢書補表》，體例疏舛，采擇漏略，錢氏晦之加以補訂，其書遂煥然改觀。今先生復取錢氏書一一勘校，爲之補闕糾繆者凡數百事，可謂勤矣。按漢世王子封侯者其縣例改屬他郡，先生因鉤稽郡國志中改屬之縣，推定爲原屬之侯封，其法至精而確。如卷二《王子侯表》十葉下云：縣侯二人，北海敬王子。錢氏不詳其封縣。先生校云：北海無削地事，《郡國志》樂安國益及壽光二縣並云故屬北海，則二縣必以分封改屬，而《宗室傳》敬王之子二人封縣侯，必此是矣。故定以益壽光爲敬王子二人之封縣，而以敬王之孫壽光侯普爲嗣父爵，訂錢氏以普爲安帝時始封之誤。又十四葉下云：縣侯二人，沛釐王子。錢氏亦不詳其封縣。先生校云：彭城國之廣戚，下邳國之夏陽，《郡國志》均云故屬沛，而釐王子二人封縣侯，必此二縣也。其他類此之例不一而足。昔戴君東原云："閻百詩善讀書，讀一句書，能識其正面背面。"先生此法殆近之矣。卷四《桓靈獻功臣侯表》二十一葉云："西鄂都鄉侯呂某。"按此條錢君據《隸釋》卷十九魏《橫海將軍呂君碑》補入，碑闕其名，故不記其名。先生校云：以《魏志·徐晃傳》證之，知其爲呂常也。憶數年前同縣黃麓生先生語余云：葵園之治《漢書》，初本與數友約各任四史之一，葵園任《漢書》，理安先生任《三國志》。其後理安先生亦有成書，而任《史記》與《後漢》者迄無所就，故葵園晚年復纂《後漢》，至理安先生之《三國志》注稿，今已無可踪跡云。今觀先生此校，其熟精《國志》，猶可窺見一斑也。卷八《公卿表》下三十三葉下"建安元年"條云："大鴻臚潁川陳紀元方，尋卒。"先生校云：《古文苑》邯鄲淳撰《紀碑》云："建安四年六月卒。"此當云四年卒。又三十七葉"建安十八年"條云："大司農王邑。"先生校云："此表例，凡公卿郡國及字可考者必書，從班史例也。"王邑字文都，北地人，見《隸釋·劉寬碑陰》，而表失載。凡若此類，根據故書訂錢君之違失者，不可縷數，茲第舉數事以見先生思力之精而已。惟考證主事往往百密一疏，故先生校語亦偶有智者千慮之一失者。卷一《諸侯王表》三葉云："真定王得，以故真定王楊子封。"先生校云：楊建武二年十一月叛誅，見本紀，似當以楊爲主而得附之。今按楊爲真定頃王平之來孫嗣爵者，見前書《諸侯王表》。《光武紀》書真定王，乃稱其故封，既非光武所封，不得闌入《後漢》表，錢氏所表是也。又三葉下云："淄川王終。"先生校云："淄川當隨父。"按前書《諸侯王表》例，凡以故王之子立爲王者則隨父,終雖爲泗水王歙之子,然《光武紀》"建武二年五月庚辰,封歙爲泗水王。""六月丙午,封宗子劉終爲淄川王。"特書宗子,明不以父歙封也。又考之《宗室四王傳》,歙終同爲從征伐有功之人,終之封既不因父,自不當隨父,錢氏以歙終並列,是也。又十一葉云:"安平孝王得。"先生校云:"《匽后紀》安平王豹即得也。"今按《後書》卷十下《皇后紀》云:"孝崇匽皇后元嘉二年崩,詔安平王豹河間王建勃海王悝長社益陽二長公主會葬。"《桓帝紀》亦云:"元嘉二年夏四月甲寅,孝崇皇后匽氏崩。"而得之薨在嘉元年四月,先匽后而薨者恰一年,不得於匽后薨時受令會葬,則《匽后紀》之"安平王豹"固非得也。得薨,子續立。官本作續,毛本作績。故錢君著《後漢書辨疑》,謂豹當作續。按當時諸侯王以豹名者有常山王豹,第以詔令會葬諸人戚屬考之,悝爲桓帝親弟,長社益陽二公主爲桓帝姊妹,河間王建安平王續並爲桓帝從兄弟。若常山王豹族屬較遠,與諸人不類,則錢説謂當作安平王續者是也。此考核之偶疏者也。卷七《公卿表》上九葉下建武二十三年下云:"議郎席廣爲光祿勳,特進竇融行衛尉事。"先生校謂錢氏誤列在二十二年,其實錢氏未嘗誤也。又先生據《後書·侯霸傳》補太僕侯昱。按傳云,永平中昱兼太僕,不確知爲何年。錢氏表於不確定在何年者例不錄,於敍例中嘗言之,則可不補也。又十八葉"建初二年"條云:"長樂少府楚國劉般伯興爲宗正。"先生校云:殿本《東觀記》:"建初元年,拜般爲宗正。"此列於二年,誤。然錢君已自注云:"殿本《東觀記》作元年事也。"此檢照之偶疏者也。蓋先生偶有所得,則以片紙箋記,黏綴書眉,蠅頭細書,又時有改竄,往往不可辨認。本意非在著書,故於此等極顯之疵類未加刊落,不足爲先生病也。

（一九三四年八月十六日）

書黃箋漢樂府《孤兒行》後

頃余偶以漢樂府《孤兒行》授清華諸生，取黃君晦聞所著《漢魏樂府風箋》讀之，其書徵引翔洽，頗便於學者。惟於此篇"使我朝行汲，暮得水來歸，手爲錯，足下無菲"之錯字，黃君箋云："《詩·小雅·鶴鳴》云：'它山之石，可以爲錯。'《毛傳》：'錯，石也，可以琢玉。'手爲錯，言手之麤厲如錯石也。"愚謂：樂府之爲錯與《小雅》之爲錯，貌同而實不同，黃君援彼釋此，似稍迂遠。果如黃說，詩文當言手如錯，不當言手爲錯也。今按：錯謂皴皵，爲當讀去聲，"手爲錯"謂手之皮膚爲之皴皵也。何以明之？《爾雅·釋木》云："槐小葉曰榎，大而皵，楸；小而皵，榎。"郭注云："老乃皮麤皵者爲楸，小而皮麤皵者爲榎。"《釋木》又云："木相磨，槸；椅，皵。"郭注云："謂木皮甲錯。"《周官·考工記·弓人》云："老牛之角紾而昔。"鄭衆注云："昔讀爲交錯之錯，謂牛角觕理錯也。"《山海經·西山經》云："錢來之山。有獸名曰㺎羊，其脂可以已腊。"郭注云："治體皴腊。"又《北山經》云："帶山有獸焉，其狀如馬，一角，有錯。"郭注云："言角有甲錯。"合觀經傳，字或作皵，或作楷，或作昔，或作腊。郭璞釋之，或云麤皵，或云甲錯，或云皴腊。由樂府之文觀之，朝行汲而暮始歸，蓋汲水終日，故手爲之皴皵。皴皵即《莊子·逍遥游》

所謂不龜手之"龜手",《漢書・趙充國傳》之"手足皸瘃",《説文》二篇下"足部"訓瘃足之踹也。《説文》雖無皴楷二文,然皴从皮謂膚理之皵皴,楷从木謂木理之觕,造字之義豁然。《説文》昔重文作腊,訓爲乾肉,錯訓爲金涂,皆各有本義。《周禮》之昔,《山海經》之腊錯,皆以音近假爲皵耳。雖皴皴之皴與錯石之錯錯石之錯《説文》作厝。同受義於麤錯,語源無二,然訓釋之事,意在曉喻初學,似當以皴皴爲説,不得以此爲解。容當質之黄君,不知果有當否也。

余成此文後,以省親匆匆南行,私計北返後當就正黄君,不圖留滯長沙,遂聞黄君噩耗,驚悼者久之,此文竟不獲就正,爲之唏噓不置云。

（一九三四年十二月四日）

讀容庚君《古石刻零拾》

頃讀容庚君《古石刻零拾》,考核頗爲明晰,惟有數事愚意與容君不同者。《詛楚文》云:"率諸侯之兵以臨加我䣙,刲伐我社稷,伐威我百姓,✶蔑瀘皇天上帝及不顯大神巫咸大沈久湫之卹。"容君校釋於臨加我斷句,"䣙"依董逌釋"欲"字。今按此字左旁从谷,右旁明是从邑,《汝帖》本左旁雖漫漶不明,而右旁从邑甚清晰,以欲釋之,似爲未合。愚謂當釋爲䣙,从谷从邑之字,《説文》無之,《説文・邑部》訓晉大夫叔虎邑之卻字,字从谷,不从谷,與此別爲一字。乃地名,當屬上臨加我爲讀。

蔑瀘,容君校釋云:"瀘,禁止也。"金文:"勿瀘朕命。"《管子・心術》"殺戮禁誅謂之瀘",是也。後引申而爲禁暴止姦之條文謂之瀘,而禁止之義之瀘,乃假廢爲之。愚按容君訓瀘爲禁止,按之此文,文義不合。容君引金文"勿瀘朕命",似亦不能以勿禁止朕命讀之。愚謂瀘字實假作廢字用。"蔑瀘"謂"輕蔑廢棄"也。《説文》十篇下"心部":懱、輕易也,乃本字,經傳通用蔑。金文"勿瀘朕命",猶《大雅・韓奕》及《左傳・襄十四年》言"無廢朕命"耳。愚説與容君不同者,容君意以禁止義本當用瀘字,而後人假廢爲瀘。《詛楚文》之瀘字,乃正用禁止本字正義。愚則謂此瀘字正當作廢,而瀘乃雙聲假借字,至其義當爲廢棄,不爲禁止。

《詛楚文》又云:"今又悉興其衆,張矜㥯怒,飾甲厎兵,奮士盛師,以偪吾邊競。"㥯字《絳帖》《汝帖》二本形同。容君校釋依董逌《廣川書跋》釋爲忐。今按《説文》十篇下"心部"云:"意,滿也。從心,䇂聲。"或作㥯。云籀文省。以音近通假字又作臆。《方言》卷十三云:"臆,滿也。"郭璞注曰:"愊臆,氣滿也。"樹達按古人多以愊臆連言,故郭璞取以爲説。《漢書・陳湯傳》云:"策慮愊臆。"顔注云:"愊臆,憤怒之貌也。"馮衍《顯志賦》云:"心愊臆而紛紜。"此皆以愊臆連言者也。《史記・扁鵲傳》云:"噓唏服億,悲不能自止。"服與愊古音同在德部,服億即愊臆也。《文選・長門賦》云:"心憑噫而不舒兮。"李善注云:"憑噫,氣滿貌。"憑噫即愊臆,古音憑在登部,與德部爲對轉也。《説文》五篇下"畐部"云:"畐,滿也。"《方言》卷六云:"愊,滿也,腹滿曰愊。"愊意義同訓滿,故古人恒以連言,而憑噫連言,故憑亦訓滿。王逸《離騷注》云:"憑,滿也。"此云"張矜㥯怒",《左傳・襄五年》云:"今君奮焉震電憑怒。"《楚詞・天問》云:"康回憑怒。"㥯怒與憑怒,其義一也。惟《説文》字作意,籀文省中作㥯。今《詛楚》文作㥯,與籀文略同。董逌釋文自注又云：意，籀文億，説又不憭，疑是籀文意，傳刻之誤耳。

《秦泰山刻石》云："臣請具刻詔書金石刻，因明白矣。"容君考釋於詔書斷句。愚按當於金石刻斷句，謂刻詔書於金石刻也。古人文簡，省於字不用耳。

（一九三五年五月二十六日）

按：此文於容君解釋《詛楚文》之説頗有所商榷，然説猶未備。余於一九四八年十二月撰《詛楚文跋》一篇，見《積微居小學述林》卷七之二八四葉。

讀譚君戒甫《〈莊子·天下〉篇校釋》

《莊子·天下》篇爲中國學術史上最重要之文字，顧其文既奧衍，所論當時諸家學説書多亡佚，不易得其真詮。吾友譚戒甫君素以研討諸子之學鳴於時，據其自序，謂凡子略之書今存於世者罔不綑幽鉤隱，剔抉刮磨，窮其所本，極其所至。而於本篇首章之注釋，易稿至十數次，其功力之勤，可以想見。吾人讀其書，覺其解釋頗多怡然理順涣然冰釋之處，蓋其得力之處在以古書釋古書。昔高郵王氏以經説卓絶一時，其方法爲以經解經，今譚君師其意而以子解子，宜其有所得矣。如卷中"接萬物以別宥爲始"句，用《尸子·廣澤》、《呂氏春秋·去宥》及《莊子·徐无鬼》諸文爲釋；"見侮不辱"一節，用《荀子·正論》、《呂氏春秋·正名》、《韓子·顯學》諸篇爲釋；"君子不爲苛察"一節，用《荀子·正論》篇爲釋；"以禁攻寢兵爲外"一節，用《逍遥遊》篇爲釋；"夫無知之物"一節，用《慎子》爲釋；"關尹老聃聞其風而悦之"一節，用《呂覽·大樂》篇爲釋;"鷄三足"用《公孫龍子·通變論》爲釋;"馬有卵"用《至樂》篇爲釋:皆毫不用力,動合自然,可以見也。至其根據《北齊書·杜弼傳》謂莊子書有《惠施》篇,疑本篇"惠施多方"以下爲《惠施》篇之文,雖不必遽爲定論,在著者要爲讀書得閒,事實上亦不失爲一種可能的假設也。

余讀譚君書一通,覺亦有可商之處者,著者於内聖外王六通四辟作圖二事,謂《莊子》歷舉天人、神人、至人、聖人、君子、百官、民七事而聖人爲其樞紐,立説可謂甚巧。然《莊子》原文云:"古之人其備乎!"備者,備上舉七事也。古之人既兼備七事,自不得以七事中一事之聖人相目。故《莊子》第云"古之人",不云"古之聖人",正是莊子立文有斟酌處。譚君云:古之人猶云古之聖人,則是以聖人備天人神人至人聖人君子百官民七事。果如其説,則聖人當分爲兩種,一爲包括七項之聖人,一爲七項中之一之聖人,理論大不可通矣。

"其運無乎不在"下文分三段相承,一在數度,二在詩書禮樂,三散於天下,設於中國。散上數字,疑即散字之誤衍。一二兩項"在"字,即其運無乎不在之"在"字也。譚君於三段亦既列爲三項矣,乃於其在詩書禮樂者句下云,其在字指數度言,則似以第二項之詩書禮樂附屬於第一項之數度爲言,既與譚君自分三事矛盾,亦非莊子原文之意旨矣。

以上皆論證之可商者也。其他訓詁之可商者,皆以其有爲不可加矣,"有"謂治方術者之所有,"爲"與上以字相屬,乃斷定之詞。譚君以"有爲"連讀,既與文法不合,理論亦未融。蓋無爲也而笑巧,本篇第述老子之學云爾,篇首所稱古之人,配神明,醇天地,育萬物,和天下,澤及百姓云云,非無爲者也。即莊子自稱其與天地精神往來云云，又稱彼其充實不可以已云云，皆極積極，不以無爲爲主也。己既不主無爲，自不至譏他人之有爲矣。

"爲之太過，已之太順"，"爲之太過"即下文"其道太觳"之意；"已之太順"者，謂不爲則太自然也。不爲爲自然而云太者，正以反映爲之之太過也。譚君引《釋文》不順三皇五帝之樂嫌其奢二語爲說，按《釋文》此二語在螫字下，不在太順二字下，乃説禽滑釐之事，非釋已之太順句也。莊言太順，釋文言不順，亦無此理。譚君云：太順即不順，非也。

"腓無胈"注云："《説文》：腓，脛腨也。然則腓即股耳。"按膝以上爲股，膝以下爲脛，腓乃脛後之肉，不得云腓即股。"椎拍輐斷，與物宛轉"，譚君讀輐爲梡，按當讀爲刓。《説文》四篇下"刀部"云："刓，剸也。"刀部無剌字。九篇上"首部"：䩄訓截首，或體作剸，剸䩄同字，刓剸同義，《説文》作刓剸，莊作輐斷，一也。輐从完聲，完从元聲。《漢書·韓信傳》云："印刓敝，忍不能予。"蘇林曰："刓音刓角之刓，手弄角訛，不忍授也。"《説文》云，訛，鈯圜也，蘇假訛爲吮。蓋本有圭角之物，經磨損而失其圭角，故郭注云，甈斷，無圭角也。譚君讀爲梡，失其義矣。"爲天下谷"，譚君云：竊意谷爲俗之省文，辱俗協韻。按谷辱何嘗不協韻！爲天下俗，不辭。如謂谿谷義複，則《老子》云："是謂社稷主，是爲天下王。"主與王不亦複耶？"鑿不圍枘"，譚君引《史記·孟荀傳》"持方枘欲内圜鑿"爲説。然《莊子》但云鑿枘，不云圜鑿方枘也。譚君似謂鑿必圓，枘必方，爲《索隱》所誤爾。《索隱》云：方枘是笴也；圓鑿是孔也，方圜二字應去。"惠施不辭而應"，不辭當釋爲不謝不知，譚君讀辭爲伺，似未合。

綜而論之，譚君此著，大體甚佳，偶有小疵，不足爲病。所以斷斷有言者，意在求其盡善盡美，非於譚君書有所不足也。

（一九三五年十一月十九日）

按：此文應清華學報之請而作。

讀《呂氏春秋》書後

往讀《呂氏春秋》，見《序意》一篇居十二紀之後，當全書之中，心輒疑之。謂古人著書自序，必殿居全篇之末，何以呂氏書不爾？及讀《史記》，而後知今本《呂氏春秋》經後人易置其次，非呂氏書之舊也。請以五證明之。《史記·呂不韋傳》曰："不韋使其客人人著所聞，集論以爲八覽六論十二紀，二十餘萬言，以爲備天地萬物古今之事，號曰《呂氏春秋》。"又《十二諸侯年表序》亦謂不韋上觀尚古，刪拾春秋，集六國時事，以爲八覽六論十二紀，爲《呂氏春秋》。於呂書先後次第一再言之。向使呂書本首十二紀，何以太史公必顛倒其次第而言之邪？此知史公所見之《呂氏春秋》本以八覽六論十二紀爲次，與今本不同，其證一也。太史公《報任少卿書》曰："不韋遷蜀，世傳《呂覽》。"此緣呂書以四字爲名，而行文不能全舉，故省稱之。若不韋書本以十二紀爲首，則史公乃當省稱"呂紀"，不當舉其中篇之名稱爲"呂覽"也。其省稱"呂覽"，正以八覽居呂書之首，就之爲言耳。其證二也。且締觀全卷，八覽之首爲《有始覽》，首稱"天地有始"云云，以此弁冕全書，正與《春秋》稱"元"《爾雅》首"始"之義相類。若如今本降居卷中，則失其所謂矣。其證三也。十二紀在全書之後，故《序意》一篇實殿全書之末，與《易·序卦傳》《莊子·天下》篇義例相同。若如今本,則乖剌不通,其證四也。六論之首曰"開春",其最末篇曰"審時",此正爲十二紀之先導,若如今本,則又失其所謂矣。其證五也。或謂《序意》一篇良人請問十二紀,不及覽論,則今本首紀而後覽論,固宜。余意《序意》一篇,本非完帙,不足深據,且古人於所重之篇或先或後,本無成法,何以知所重者必當先列邪?至呂書名"春秋"之故,則史公上觀尚古,删拾《春秋》,集六國時事諸語足以明之。蓋古稱"春秋"猶今言史籍,呂氏書多引史實,故號"春秋",義甚顯明。宋王伯厚所云以月紀爲首故以"春秋"名書者,乃臆測之詞,不足信也。或問曰:如子言,則易置呂書次第者何因?當在何時乎?曰:自漢人取十二紀爲《月令》,小戴氏採之以爲《禮記》,而《小戴記》在後世列於經典,十二紀之先置,其殆由後世儒生尊經之故乎!易於何世,無可質言。然觀唐馬總著《意林》,謂不韋集儒士爲十二紀八覽六論,與今本次第同,知其易置當在唐以前矣。

《禮記·禮運》篇故聖人作一節鄭注云:呂氏説月令而謂之春秋,事類相近焉。此王伯厚説所本。鄭雖未明言呂書首十二紀,但依其説,似彼所見呂書已非首八覽之舊次矣。

(一九三五年十二月二十四日)

讀《周禮·司刑》注引《尚書大傳》書後

《周禮·秋官·司刑》注引《尚書大傳》云:"決關梁,踰城郭而略盜者,其刑臏;男女不以義交者其刑宫觸;易君命,革輿服制度,姦軌盜攘傷人者,其刑劓;非事而事之,出入不以道義,而誦不詳之辭者,其刑墨;降畔寇賊,劫略奪攘撟虔者,其刑死。"按《周禮疏》卷三十六賈公彥於"宫"字斷句,清儒孫星衍王引之及近世孫詒讓疏《周禮》皮錫瑞疏伏生書,亦皆於"宫"字爲句。王引之云:《大傳》不言割者,言宫可以統割,故《甫刑》前言宫割,後則但言宫辟宫罰也。今按諸家皆誤讀也。愚謂:文當於"宫觸"爲句,"宫觸"即"宫割"也。《書·吕刑》篇云"爰始淫爲劓刵椓黥。"《堯典·正義》云:"夏侯歐陽等書,劓刵劅黥,云臏宫割劓頭麃剠。"割劓本作劓割,麃本作庶,從王引之校乙改。據此知今書椓字,夏侯歐陽等書作宫割,鄭本作劅。《説文》則作㓷:三篇下"攴部"云:"㓷,去陰之刑也。从攴,蜀聲。引《周書》曰:刖劓㓷黥。"是也。據《大傳》文,知伏生本當作宫觸,蓋《説文》作㓷爲正字,鄭本作劅,爲㓷之或體。《説文·攴部》:㓷或作劅,正其比。伏生作觸,假字也。知觸字必當上屬者,夏侯歐陽學出於伏生,不應夏侯歐陽作宫割,而伏生獨言宫。割爲割勢,㓷劅觸爲去陰,故或言宫割,或言宫觸,文雖異而義則同,一也。《白虎通》説五刑曰:"宫者,女子淫,執置宫中,不得出也。割者,此二字據王引之校補。丈夫淫,割去其勢也。"是宫割分屬男女爲言。傳文既云男女不以義交,如下文第言宫而不言割或觸,於文爲不備,二也。鄭注《孝經》曰:"男女不典禮交者,宫割。"此語即本伏生。雖割觸文異,而文不止宫,三也。易君命與革輿服制度連文,革亦易也,觸易連讀既爲不詞,又與上文"決關梁踰城郭"文例不一,四也。王氏既誤讀,又從而爲之辭,孫皮二氏從之,疏矣。

(一九三六年四月二十四日)

讀《春秋名字解詁》書後

　　右王氏《春秋名字解詁》二卷，用聲音通假之說證古人名字之相因，可謂密矣。就中據紀裂繻字子帛、鄭公子騑字子印證裂繻爲符，居官佩印，春秋時皆已有之，不始於漢世，因名字之微，推明古人之制度，尤爲精絕。近日德清俞氏樾、湘潭胡氏元玉於此書皆有所糾彈，亦頗有足以補苴王氏者，然其精詣固非兩家所能逮也。夫名字之詁，與文義不同，文義說有常而不可移，名字則二文苟可關合，皆足成義，故說者多方，而要以平易爲至。卷中說陳逆字子行以行人逆勞爲詁；楚蔿賈字伯嬴，讀嬴爲贏，以《說文》"贏訓賈有餘利"立說，皆善矣。俞氏乃讀逆爲迎，讀行爲桁，讀賈爲夏，以《爾雅・釋天》"夏爲長嬴"立詁，則鑿矣。楚屈到字子夕，王氏以朝發夕至爲義，病於傅合。俞氏則讀到爲倒，訓夕爲不正。魯公祖句茲字子之，王氏讀句爲拘，改之爲止，病於武斷。俞氏則釋句爲句萌，茲爲艸木多益，之爲艸過屮枝莖益大。魯公子彄字子臧，王氏讀彄爲區，以《說文》區訓"踦區藏匿"爲說，胡氏則謂彄所以臧弦，不必讀彄爲區。此王氏偶失之而二家得之者也。余比以暇日，溫尋是編，亦有數事足匡補諸家者。楚王子鉤字發，王氏讀鉤爲彀，釋發爲射發，雖未審諦，未大失也。俞氏釋鉤爲鉤梯，讀發爲伐，則迂遠矣。余謂發當如王說，鉤謂鉤弦。《儀禮・大射儀》云："右巨指鉤弦。"《詩・車攻》云："決拾既佽。"《毛傳》云："決，鉤弦也。"《儀禮・鄉射禮》云："袒決遂。"鄭注云："決猶闓也，以象骨爲之，著右大擘指,以鉤弦闓體也。"蓋發矢必以決鉤弦,故名鉤字發矣。齊陳書字子占,王氏以占書爲説。余謂占當讀爲笘:《説文·竹部》云:"潁川人名小兒所書寫爲笘。篰,書僮竹笘也。"《禮記·學記》云"伸其佔畢",佔亦笘也。笘爲書寫所用,故名書字笘矣。齊公子于字且,王氏讀于爲芋,讀且爲菹,以《士喪禮》鉶豆兩其實葵菹芋蠃醢爲説,失之迂遠。胡氏謂當以莒邑且于得名,亦未諦。余謂:于,往也;且讀爲徂。亦往也。于徂皆訓往,故名于字且矣。

實應劉君詩孫見余此文,過訪余齋,以王氏最初刻本此書相示。蓋伯申初刻,以貽詩孫先哲端臨先生,寶藏至今者也。其書版式字體皆視後來自刻本爲大,而次第內容亦頗有殊。卷末附刊同時人參訂之語,有錢莘楣邵二雲兩家。據此知今本公山不狃字子洩條下所駁或説據《爾雅》"闕洩多狃"爲釋者,實錢氏之説。蓋初覺其是而後來疑其不然也。附記於此,以志良友之厚意云。

(一九三六年五月十五日)

王氏讀《墨子》雜志書後

《墨子·耕柱》篇云:"古者周公旦非關叔,辭三公,東處於商蓋,人皆謂之狂。"王氏念孫《讀書雜志》云:"商蓋當爲商奄,蓋字古與盇通,盇奄草書相似,故奄譌作盇,又譌作蓋。"《韓子·説林篇》:"周公旦已勝殷,將攻商奄。"今本奄作蓋,誤與此同。《左傳·昭二十七年》,"吳公子掩餘",《史記·吳世家》《刺客傳》並作"蓋餘",亦其類也。樹達按王氏謂奄譌作盇,復譌作蓋,説已近於迂曲。至《左傳》之"掩餘",《史記》作"蓋餘",掩與蓋形略不相近,何當亦誤作蓋邪?足知其說之未融矣。愚謂奄古音在添部,盍古音在帖部,二部爲對轉。"商奄"墨子韓非作"商蓋",《左傳》"掩餘"《史記》作"蓋餘",皆字之通假,非誤字也。《說文》七篇下"疒部"曰:"瘑,跛病也。从疒,盍聲。讀若脅,又讀若掩。"瘑从盍聲而讀若掩,此古盍聲奄聲音讀相通之明證也。大抵二部古音相近,就今音讀求之,亦可得其崖略。如魘从盍聲而讀以贍切,厭从夾聲而讀許兼切,貶从乏聲而讀方斂切,窆从乏聲而讀方驗切,砭从乏聲而讀方廉切,此聲類爲帖部字而讀音入添部者也。壓从厭聲而讀於協切,壓从厭聲而讀烏狎切,腌罨俺並从奄聲而讀於業切,姑从占聲而讀齒懾切,此聲類爲添部字而讀音入帖部者也。此又二部相通之旁證也。王氏不求之於音而求之於形,疏矣。且王氏於《耕柱》篇上文能欣者欣,據《說文》昕讀若希,謂欣當讀爲晞,可謂能以對轉通古書之訓詁者矣。乃明於彼而暗於此,抑何不知類耶?近日瑞安孫氏撰《墨子閒詁》,不知王此說之謬,錄其說而是之,亦其疏也。

（一九三六年九月十三日）

讀《樂浪》書後

此書敍述詳盡精審,實爲近來考古學上一佳著作。吾人欲研究漢代史實者,得此可以明瞭許多事實,使觀念確實,不至如在五里霧中,信可爲考古界欣幸者也。惟余讀之,頗有與著者意見不合者,亦有覺文籍所記足以證明著者之說而可以爲補充者,聊書之以當質疑云。

原書四十二葉記《漆盤銘》文云："永平十二年，蜀郡西工夾紵行三丸治，千二百，盧氏作，宜子孫，牢。"四十三葉云"治千二百"，意義不明，或爲加意整治之意，亦未可知。牢，完全堅固之意，亦似含有吉祥之意。往者發見之漆盤，銘文有奉牢字，內藤博士推定爲太牢之牢。原注云：見《藝文》第十七年第四卷第六九號。即余等所發掘之漆器杯底斷片亦有"張氏牢"朱文，器小如杯，與太牢無何等之關係。且漢鏡銘亦有云"樊氏作牢"者。原注云：據羅振玉《古鏡圖錄》。故牢字仍以作堅牢解釋，較爲穩妥。樹達按內藤君在《藝文》所載之文，余未得見，彼與《樂浪》編者原田君於此字之解釋雖不相同，然認爲牢字則一。余謂太牢之牢，義不相涉，固不可通，即堅牢之說亦殊不適，蓋此字形雖似牢，却非牢字，蓋用字也。篆書用從卜中作囲金文有將卜字小橫向左作囲者。見容庚《金文編》卷三。而《王子申盞盂》作囲，亦見《金文編》。上橫相連，中豎上出，作隸字者緣此變文，遂成牢字。宋洪氏《隸續》卷十四"中平獸洗款識"云："中平三年八月，造作囲富。"洪氏釋末二字爲用富，是其證也。又治字似當屬上讀，千二百記其值，原田君以治千二百連讀，似可酌也。

原書六十九葉云："木印一，方八分，厚三分五釐，兩面有文。一面云：五官掾王旰印，一面云：王旰印信，皆陰文，側面中央有孔，所以繫組也。印發見於中棺遺骸之腰間，蓋佩用之意也。"樹達按古人官印佩在身旁，死歛亦然。《漢書》卷九十七《定陶丁姬傳》云："元始五年，莽復言：共王母按即傅太后。丁姬前不臣妾，懷帝太后皇太太后璽以葬，不應禮。禮有改葬，請發共王母及丁姬冢，取其璽綬消滅。"《論衡》卷二十一《死偽》篇云："囚新改葬元帝傅后，發其棺，取玉柙印璽，送定陶，以民禮葬之。"此漢人死者佩印綬之證也。

原書七十一葉云:"旁棺腐朽尤甚,僅留絹片之痕跡。其他三棺,則有絹數層密著,爲有機質泥化物所覆,圖版一二三與一二三所示,皆東棺內發現之平織。棺內發現之絹布,以平織占大部份,有一糎平方經絲六十八緯絲三十九之精品,亦有經絲四十四緯絲三十四之粗品,此等皆衣服之殘缺甚明。如圖版一二三所示,一端尚留縫時針孔,可以證此而有餘矣。又有一片,乃絹二枚連縫,其線尚在。"樹達按據此節及以圖版對照,此種絹塊,不當如本書所說爲衣服之殘缺,而當爲衾被之殘缺也。蓋漢人殯斂,必有衾被,衾被有表有裏,故《霍光傳》及《王貢兩龔鮑傳》名爲複衾。大抵遺骸入棺之後,以衾覆之,故衾在上而衣在下,此在今俗猶如此。今俗衾不止一枚,有七枚九枚多至十餘枚者。蓋衣服與遺骸接近,易爲有機物之流汁所污,不易保存;衾則以在遺骸之上,較與遺骸遠隔,尤其在上層之衾,則與遺骸愈遠,故可保存之度衾較衣爲大。著者既云絹數層密著爲泥化物所覆,泥物來自上方,知此絹布爲在上層之物,是衾而非衣之證一也。衣有襞積屈曲,而衾爲平面;衣中縱有平面,亦決不如衾平面面積之大。今觀圖一二二、一二三、一二四所示,皆平面而中部無線縫,是衾而非衣之證二也。又圖版一二二東北二端邊際皆有針孔,本書據以爲衣物之證明,不知複衾表裏之相連,亦當用針縫合。況北端邊際針孔東西成一直線,東部殘缺僅存。其實北端亦殘缺,非其全。其針孔亦南北成一直線,而兩針孔線之相交,正成一直角形。由此可推知原物乃方形,是衾非衣之證三也。又針孔之距離稀疏不密,若是衣服,不應如此。是衾非衣之證四也。

原書三十五葉小註云:"本墓椁室之構造,初意止容夫婦兩棺,後以逐漸納棺,遂加改造。知本墓內男女遺骸乃合葬,非殉葬也。

又樂浪第九號墳初本爲容納兩棺之構造，但由其遺物考之，知其僅葬一棺，第二棺未嘗入葬，其椁蓋之構造較葬壁遠爲粗略，乃待他日合葬完畢後之經營，情事如見。"按此説是也。以舊籍相證，亦足證明。《後漢書》卷三十二《樊宏傳》云："宏建武二十七年卒。"遺勑以爲："磚柩一藏，不宜復見。如有腐敗，傷孝子之心，使與夫人同壙異臧。"帝善其令，以書示百官曰："今不順壽張侯意，無以彰其德。且吾萬歲之後，欲以爲式。"據此文觀之，知凡合葬者後棺入葬，子孫必目睹先葬之棺，與王旴此墓之構造吻合無間。彼文爲合葬言之，則此墓之爲合葬固無疑義也。又王旴墓内有明帝永平時代銘器，則墓在明帝永平以後所葬可知。光武雖有"吾萬歲以後欲以爲式"之語，他日光武葬時，究嘗實行與否，不可得知。假令業已實行，而王旴此墓尚因仍舊習，未嘗受光武與樊宏改良的合葬法之影響，又可知也。

原書五十二葉記鏡奩小盒云："小盒凡四，第一盒盛多量之白粉，第二盒有赤黑色之物，第三盒有少許白粉，第四盒有黄色塊狀之物。據藥學博士中尾萬三氏之檢驗，第一盒之白粉爲滑石粉，第三盒之白粉爲鉛華，第四盒有黄色土塊狀之物爲蠟，蓋澤之腐朽者也。"樹達按《東觀漢記》二《明帝紀》云："上從席前伏御牀，視太后鏡奩中物，流涕，敕易奩中脂澤妝具。"以實物與文籍互證，情事明瞭如見矣。

墓主之王旴，《後漢書》無所見，惟墓内有式占，乃信術數者所用。墓中遺物往往可以窺見其人之性質嗜好，然則旴殆長於術數者也。按《後漢書》卷百六《循吏・王景傳》云："景字仲通，樂浪訲邯人也。"又云："景以爲《六經》所載皆有卜筮，作事舉止質於蓍龜，而衆書錯糅，吉凶相反，乃参紀衆家數術文書冢宅禁忌堪輿日相之屬適於事用者爲《大衍玄基》云。"據此，景爲樂浪人而通術數，然則旴與景豈有親族之關係而爲能傳其學者歟？

（一九三一年八月二十二日）

李雁晴《史記訂補》序

太史公生炎漢之初，其時挾書之律乍除，古文傳記日以益出，於是網羅舊聞，撰次《史記》，精心卓識，前古無儔。學者傳習既二千年，尚未能盡通其讀。如《黥布傳》云："及壯，坐法黥，布欣然笑曰：人相我當刑而王，幾是乎？""坐法黥"三字，句也。讀者往往以"黥布"連讀，於是坐法句義不了，且與他傳傳首兼舉姓名下文但稱名者不合矣。黥布車千秋黥車本非姓，以習稱故與姓同耳。《張釋之傳》云："虎圈嗇夫從旁代尉對上所問禽獸薄甚悉，欲以觀其能口對響應無窮者。""虎圈"至"對甚悉"十七字，句也。"欲以"至"無窮者"十二字，句也。此"觀"字義與《國語》"先王耀德不觀兵"之"觀"同。意謂嗇夫對上問甚悉者，欲以誇示其口辨也。讀者往往析二句爲四句，於第一句之中代尉對句絶，又於第二句之中觀其能句絶，則文氣乖戾不屬矣。《倉公傳》云："臣意家貧，欲爲人治病，誠恐吏以除拘臣意也，故移名數，左右不修家生，出行游國中。"故移名數，句也，左右猶今言始終橫竪，當屬下讀。左右不修家生猶言始終不治家產也。上文云："爲人治病，決死生多驗，然左右游行諸侯，不以家爲家。""左右游行諸侯不以家爲家"，即此文所謂"左右不修家生出游行國中"也。彼文"左右"正屬下讀,是其明證。張守節《正義》乃云"以名籍屬左右",是以"左右"屬上讀,而二字爲贅文矣。文士如吳汝綸輩誦《史記》終身,顧不能正舊讀之誤,吁可詫也。往者杭縣友人馬君夷初語余,瑞安有績學士李君雁晴,盡讀其鄉先輩孫氏仲容玉海樓藏書,專治太史公百三十篇,卓有心得,余心識之。頃者李君刊其所著《史記訂補》成,郵以示余,以余頗喜治史籍,嗜好比近,屬爲弁言。余讀其書,引證賅博,思理縝密,馬君所言信不誣也。往讀班書,觀"田假與國之王窮來歸我不忍殺"數語,《田儋傳》作懷王語,《項籍傳》則作項梁語。又濟北王安之見殺,《田儋傳》以爲田榮殺之,《項籍傳》則以爲彭越殺之。彼此互異,宋祁劉奉世何焯紛然議之。余則謂懷王爲當時共主,彭越時屬田榮,作項梁與彭越者,紀其實也;作懷王與田榮者,據其名也。又《高后紀》"立孝惠後宮子強爲淮陽王,不疑爲恒山王。弘爲襄城侯,朝爲軹侯,武爲壺關侯"。檢諸表,則強不疑列於異姓諸侯王,弘朝武列於外戚恩澤侯,亦若自相牴牾。不悟《高紀》書孝惠子者,據當時詔令之文,而諸表列於異姓諸侯王及恩澤侯者,以諸人本非孝惠子,所以紀其實也。周壽昌不曉,乃妄謂強不疑早死故不列《諸侯王表》矣。昔史公稱《春秋》約其文辭而指博,馬班良史,猶有其遺意,自非通識,鮮不怪之。今觀君書卷首所爲敘例十二事,於後人所詆譏排擊史公者,一一理董而求其所以然之故,蓋庶幾乎史公所謂好學深思心知其意者。余既服君之通識,而又竊幸余治史之法之有同志也,遂承君命書此以序君書。若余於君說頗欲有所獻疑者,他日當詳求教於君,今姑不及也。

(一九二五年十月二十二日)

李悉伯先生《讀漢書札記》序

往歲讀《越縵堂日記》，竊佩越縵先生深於史學。繼聞人言，有嘗見先生所讀兩漢書者，書眉間手書殆遍，尤想望欲得一讀之。頃者北海圖書館盡購得先生藏書，門下士高陽王君重民適司整理之役，余因幸得見兩漢及其他諸書。既以整比之法指示王君，王君首成《漢書札記》一種，以校閲爲請。余乃取王氏《補注》本再三校讀，復令王君以《日記》中説《漢書》諸事參校附益之。其中如揭班氏敍圖象麒麟閣事於《蘇武傳》之旨，謂武惟此事足以伸眉於身後，故班氏特以此系武傳後以慰千載讀史者之心，可謂深明良史之用心，發千載未發之覆。他如《食貨志》以"開田官斥塞"爲句，正裴駰師古之誤讀；《藝文志》"鉤鈲析亂"，訂毛本"鈲"作"鈲"之誤；《蕭望之傳》以"軍以夏發"爲句，訂王念孫之誤讀；《外戚傳》"妾誇布服糲食"，以許后姊名謁證誇爲許后之名，訂孟康之誤解；"飾室中若舍"，以增成舍昭陽舍爲例證，定若舍爲舍名，糾師古之謬説：皆立義精湛，鑿然不可移。其他精義紛陳，殆未可一一僂指。而王氏《補注》顧未能盡錄其説者，蓋王氏寓京以《補注》諸卷與先生商榷，在光緒辛巳壬午間。《越縵堂日記》三十六册三十四葉下九十八葉下記王以《補注》屬閲，八十四葉下記王氏借去《漢書》手校，三十七册八葉下《荀學齋日記》丙丁辛巳十一月三十日記王以《司馬遷傳補注》屬校閲，附識七條，九十八葉壬午四月二十七日下記王以《終王嚴賈傳補注》屬校，附識二條。其後王氏出任江蘇學政，事畢歸田，遂終老於湘。而先生以後終始居京，末由會合從容商榷。又先生於《漢書》先後用力至勤，王氏殆未能盡覩其説也。

館中既以是書付印，不日成書，王君請序其首，因書此以志景仰之誠云。

(一九二九年一月十九日)

梁季雄君《荀子約注》序

一九二六年九月，余始教學於清華大學。於時先師新會梁先生方任清華研究院教授，余因得日侍先生有所請益，又以是得識介弟季雄君。一日君出所爲《荀子約注》示余，命余校正。余既校竟，以歸之君。又三年，君命爲之序，乃作而言曰：善哉君之爲書也！其引誘後學之意可謂至哉！蓋余嘗謂：吾國先哲所留遺之書，吾輩後學者有闡明之之責。其嘗爲先儒所整理者，則當循是而益求其精；其尚未經先儒整理者，則當起而整理之以求其有，令後人循是而求精焉，此深造之事也。深造之外，又當有普及主事焉。蓋今日學課日繁，讀先哲之書者不必皆求深造於此者也。先儒所未及整理者，無論矣。即其已整理者，大都諸説紛陳，辨訟齗齗，初學者非專門之士，乍睹焉則望洋而歎，中卷而廢，終不得卒讀，以一窺先哲之精神，是豈非吾輩治學者之責乎！《荀子》一書，固嘗經吾邑先輩王葵園先生所整理者也。君取其書，加之句讀；前儒之解釋，善者存之，不當者去之；又頗益以近儒及先師之説，簡明易觀。吾知初學者得此必欣然卒讀，必不至望洋而歎，中卷而廢也，其於普及之益，不亦大哉！且今世之需此類書也甚急，而顧未有創爲之者，然則君先導之功又不可没矣。先是君嘗請序於先師，先師諾之，以病遷延未及爲，而竟不得序君書。君以先師在日，於樹達時有過譽之詞，乃以命余。既自愧不足任，又不得終辭，爰取平日所懷僭列於簡端。追念清華侍坐先師暢聞明論之時，又不禁掩卷而長吁也。

（一九二九年五月二十三日）

皮鹿門先生《師伏堂筆記》序

鄉先輩善化皮鹿門先生博聞强記，經術湛深，爲吾湘二百年來所僅見。光緒戊戌，余嘗於南學會獲聞先生演講，先生稱引傳記，暗誦如流，聽者莫不驚倒。又嘗得見先生於郋園師坐上，時余年在童稚，師爲介於先生，先生則驚起以禮相接，謙光盛德，至今令人想慕焉。民國元二年間，偶於平江蘇厚庵師所見葵園先生與師手簡，有云：近讀皮先生《經學通論》，愧汗無地。蓋葵園傾服先生之誠如此。先生著述，今日海内外既爭相寶貴，獨《春秋講義》及《筆記》二種，往時僅以排版印行，世罕得見。先生女孫荄從余遊，余既得其書於其家，恐其久而散佚，因節脩脯之所入，先取《筆記》付諸剞氏。先生生於道光二十九年己酉，卒於光緒三十四年戊申，年六十。近者《清史稿》出，既不爲先生列傳，而先生門下士余友李君肖聃所撰先生年譜亦迄未殺青，因附記於此，俾服膺先生者有所考云。

（一九三〇年一月）

郭耘桂先生《讀騷大例》跋

湘陰郭耘桂先生，爲玉池老人之仲子。少承家學，博通百氏，於兩漢契向歆父子，於宋契朱晦翁。中年以後，感於時世之變，跅弛不羈，日日出入酒家，與蕩子歌伶爲偶。一方口肆談謔，一方手握筆草所著書，嘗規模《七略》，著《栖流略》一書，取長沙歌伶女妓析爲九流，與以題品，文字奥博，世以爲中壘復作也。嘗注《墨子》，繼見長沙曹耀湘所爲《墨子箋》，説多闇合，遂輟不爲。二十年來，自以身丁家國之變，發憤注《騷》，精思力索，凡三易草乃成，多前人所未發也。先生既以兵亂盡喪其資業，晚乃寄頓於某歌伶之家，署其門曰郭耘桂先生寄頓處，世俗或駭之，先生不顧也。余於十七年夏南歸省親，屢訪先生，日相游處。先生既示余《騷注》，余亦以所業《漢書説》呈先生。先生過譽余，既爲手評，復允爲余序之。别後不一月，而先生以疾逝，年五十有七。日本友人橋川子雍嘗聞先生之學於吾同門友松崎柔甫，又喜究屈原書，讀先生是篇，服其精詣，將爲印行，既命余校字，又乞弁言於余。余聞去歲長沙兵事，先生所爲《騷注》稿不幸燬於火，果爾，則先生既困於生前，天又阨之於死後，先生信可謂奇窮，而此編乃尤可寶貴矣！先生初名焯瑩，字子燮，號炎生，晚乃改名大癡，自號耘桂先生云。

頃聞稿燬之説不實，乃大幸也。

（一九三一年一月十二日）

李恋伯先生《諸史札記》序

往者我國學者之治史籍也，有二派焉：其一曰批評，其二曰考證。而二派中又各有二枝，批評之第一枝曰批評史籍，如劉子玄鄭漁仲章實齋之流是也。第二枝曰批評史實，如胡致堂張天如王船山之流是也。考證之第一枝曰考證史實，如錢竹汀洪筠軒之所爲是也。其第二枝曰鈎稽史實，如趙甌北王西莊之所爲是也。西莊書至駁雜，茲據其一部分言之。批評史籍，其途差狹，自劉鄭章外殆不數見。自宋至清初，則批評史實最盛之時期也。清儒治學，惡蹈空，喜徵實。彼懲於批評史實之虛而無當也，故變其道而趨於考證，於是考證派之兩枝於乾嘉之際同時並起，而繼其後者第一枝爲盛。越縵先生者，乃承錢洪之流，而爲有清一代考證派之後殿者也。綜而論之，考證史實，爲事較難，而所得反小；鈎稽史實，爲之者較易，而收獲反豐。要之非心思縝密用力勤至者不能，二者固無異也。近者瀛海交通，國人有見於西儒史籍之精密正確，回顧吾國之正史，意以爲不足，是固然矣。抑知彼精密正確之史籍果何自而得之乎？非從彼繁富之史料簡練精求而得之者乎？然則吾亦欲得精密正確之史籍如彼者，非從至繁富之史料簡練而精求之，其不可得亦明矣。若吾國所謂正史者，雖不足以盡史料之全，而爲吾國最重要之史料，無可疑也。乃從事於此者第以畏其繁重，束之不觀，顧徒裨販他國人所爲之吾國史以自足，其偷不已甚乎！嗚呼！以最繁重難治之業，而以最苟簡之法應之，其無當也宜矣。吾意士生今日，不欲治史，則亦已矣，苟欲治史也，則必先取吾最豐富之史料之正史審別之，鉤稽之；又取前哲之所辛勤積貯如考證派之所爲者，利用之，整比之；又益以金石考古之所得，而以他國儒者之所治者助之，然後精密正確之史漸可冀也。若舍先哲遺留之田土置之不耕，徒鹵莽滅裂，乞靈於外人，於學固無所得，而其有愧於錢洪王趙及越縵諸先生亦已甚矣。余讀越縵先生《諸史札記》，感而書此。世有達者，或不河漢余言乎！

（一九三一年一月十四日）

羅庶丹《諸子學述》序

嗚呼！此余亡友羅君庶丹之遺著也！余識君由李君肖聃。肖聃博涉書史，能爲文章，而君則自音韻訓詁校勘以至儒墨眇義，無不窮極奧要，得其指歸。有所言，皆如人人意中所欲出。家故貧，又世變多故，衣食奔走於四方者三十許年，迄不得寧居優游從事於所學，故所譔著皆屬草略半，未能竟其業。晚乃主講湖南大學，稍得從容理其所治矣，而年不逮中壽，遂以疾死。嗚呼！豈非其命也與！往者余讀《漢書》，妄有所論述，輒以一峽遺君，君復書累數千言，則言某説甚諦，某説宜削，某條宜併，皆洞中窾要，余於是始服君之精能。十七年秋，余與君偕寓武昌，一日訪君於旅舍，君手杯酒，與余縱談別後事。嗣是南北暌隔，不得合併，及二十一年之冬，余省覲南歸，而君則既前卒，不可復得見矣。君與人和而介，於並世士少所許可，顧獨阿好余，嘗私爲肖聃言之。嗚呼！君死而余欲求一博學通識如君者，殆不可復得，余他日雖有所論著，誰則糾其失而獎其善,俾余有所奮厲者?嗚呼!此余撫君書而太息不能自已者也!至是编大旨,已見肖耼序中,兹不具論。而獨論君生平遭遇之不偶及余與君交誼始末,以誌余之私痛云。

(一九三五年一月二十五日)

曾星笠《尚書正讀》序

余生平持論,謂讀古書當通訓詁,審詞氣,二者如車之兩輪,不可或缺。通訓詁者,昔人所謂小學也。審詞氣者,今人所謂文法之學也。漢儒精於訓詁而疏於審詞氣,宋儒頗用心於詞氣矣,而忽於訓詁,讀者兩慊焉。有清中葉,阮芸臺王懷祖伯申諸公出,兼能二者,而王氏尤爲卓絕。其所爲《廣雅疏證》,通訓詁之事也;《經傳釋詞》,審詞氣之事也;合二者而爲《讀書雜志》《經義述聞》。宋元以來儒者説經校史之作數盈千萬,未有能與二書頡頏者,可謂偉矣。《尚書》一經,以詰詘謷牙爲病者二千年矣。王氏書説雖善,顧未能及全經也。自如江艮庭王西莊孫淵如諸家,能説全經矣,訓釋之精不逮王氏遠甚。往往讀一篇竟,有如聞異邦人語,但見其脣動,聞其聲響,不知其意旨終何在也。吾友益陽曾君星笠精通小學,於音韻既有所闡發矣,比設教於廣州中山大學,以《尚書》課多士,爲《尚書正讀》一書,於訓詁詞氣二者,既極其精能矣。而又能以此通解全書,直不欲令其有一言之隔,讀者依其訓釋以讀經文,有如吾人讀漢唐人之詔令奏議。嗚呼!何其盛也!蓋駸駸乎欲駕王氏而上之矣。前歲之冬,余以省覲歸長沙,適星笠自廣州北返,握手相見,爲余説《大誥》一篇，爲之愉快者屢日。近者以二十八篇將就，書來屬序於余。嗚呼！余言豈足以重君書哉！特余於訓詁詞氣二事夙頗究心，二十年來時時溫故誦經，間有一隙之得，然極其所詣不過王氏之百一，以視君今日之所成就欲突過王氏者，瞠乎後矣！執筆以序君書，雖欲無愧，安可得也！

（一九三六年四月四日）

張彥超《馬氏文通刊誤補》序

　　文法者，至淺之事也。然淺則淺矣，以其淺也而忽之，則蔽也。余嘗學幾何學矣。其公理曰：平行之線永不相交。又曰：兩線交午後永不相遇。此何等粗淺語也！而幾何學之至繁賾者不能外也。一加一爲二，一加二爲三，小學之童所熟知也。而極玄眇之數學亦不能外是也。文法猶是矣。詞有名代動靜之分，位有主賓之別，誠粗淺矣。然學者苟欲進而讀古書，精訓詁，莫能外也。安於淺而不求其深者，非也。以其淺而以爲不必從事者，猶謂習幾何者不必治公理，業數學者不必肄加減也。

　　自馬眉叔倣歐洲文法著《文通》，而吾國始有科學條理之文法。今之持論者則曰：歐洲語族與吾華異，是殆未足據，必也取語族昵近如緬甸安南諸民族之文法對勘之，而後始有真正之中國文法。是説也，未嘗不動人聽也。然余竊疑其徒爲高論而未必衷於事實也。夫文法之必取資於歐洲，非偶然之事也。何者？文法學者，科學也；科學者，歐洲之特產也。一也。且文法導源於希臘，而流衍於今日之歐洲，其治之也久，故其業精。二也。夫語言緣種族而不同，固也。然其不同者，語音也，語詞也，語次也，此節目之事也。若其組織分子之爲名代動靜介連助嘆，大綱不能異也。吾之於歐洲文法也，借鏡也，非因襲也。其同者同之，其異者不必强而同之也。語族雖殊，夫何傷哉！

夫朝鮮日本與吾國種族尤近，文化相接者也。余嘗習日本之語言文字，通其文法矣。而余之治中國文法也，資於歐洲文法者多，以日本文法參證而説明之者，殆絶無有也。此何故也？日本向無科學律令也，向無文法學之歷史也。其文法借鏡於人，猶之我也。安南緬甸主語言文字，誠愚所不知，然諸族向無科學與文法歷史，猶之日本也。然則誠通彼之語言文法，其能爲益於中國文法也，果有以遠過於日本乎？愚不能無疑也。

今之治物質科學者，無論矣。即治精神科學如哲學歷史者，猶必取資於歐洲，何也？彼治之者精也，質雖異而無害其爲借鏡也。夫地理種族相近，則其思想亦必近，治哲學者或亦當有取於安南緬甸人之思想哲學矣。然今之評哲學者，未嘗曰，必取於種族昵近如安南緬甸者，以其思想哲學相參稽，而後始有真正之中國哲學，何也？諸族不必皆有科學的哲學如歐洲諸國，能參稽固大佳，雖未嘗參稽，而無害於中國哲學之成立也。然則文法亦何以異是！

聊城張君彦超學於清華大學，從余習中國文法，以余昔日所著《文通刊誤》爲未足，復有所述，得二三萬言，頗有能自見其意者，可謂勤矣。余既懼其安於已知而不深求其所未知，又慮其惑於時論而自沮也，故聊書所感以應其弁言之請焉。

（一九三六年七月六日）

《老子古義》自序

民國六載,南北交鬨,余居家園,適爲兩方爭攫之地。一日,南帥宵去,明旦,余出門,則見商肆嚴扃,居民扶老攜幼,婦女攜將筐篋,謀避地者絡繹於道,號呼之聲慘不忍聞。余時痛極!心念老子"天地不仁以萬物爲芻狗聖人不仁以百姓爲芻狗"之語,私謂命世哲人早知此矣。故曰:"兵者不祥之器。"自是學校閉門,絃誦輟響。余感念既深,復多暇晷,乃取《韓非·解老》《喻老》、《淮南·道應》諸篇手自迻錄,繼復搜檢諸子古史之説《老子》者附益之,合爲一帙,凡五十日而錄竟。以余舊有《周易古義》,是篇體式不違,遂名曰《老子古義》。去歲郎園先生北來,將稿請益,猥以合於仲尼"述而不作"之旨,頗蒙贊許。余亦念刑名源於道德,秦漢時儒者類多服習老氏,則是編雖成於一時之感奮,而於學術源流庶幾無悖,故取付書坊,印而布之。亦知倉卒集事,容有遺脱,補苴罅漏,期諸他日云爾。

(一九二二年十一月三十日)

《鹽鐵論校注》自序

漢自武帝用兵四夷,財用匱乏,興鹽鐵酒榷之利,民頗病之。及昭帝始元六年,詔丞相車千秋御史大夫桑弘羊與所舉賢良文學語，問以民所疾苦。於是賢良文學請罷鹽鐵酒榷，昭帝從之，所謂鹽鐵之議是也。宣帝之世，汝南桓寬次公推衍其議文，增廣條目，著書六十篇，是爲《鹽鐵論》焉。余嘗謂漢廷此事，令一二大臣與數十儒生侃侃論政，實啟今日民獻議政之先聲。而其究也，朝廷竟俯從衆議，罷止病民之政。此在大君專制之朝，誠僅見之事也。又古兩造論事之書不可多見，如《漢書》載王恢韓安國爭論馬邑之事，讀史者且詫爲奇文。桓書所述丞相御史大夫與賢良文學對答之詞，乃至數十反，是又古書中僅有之作也。至若桑大夫稱述管商，賢良文學服習周孔，儒法二家之徒各以其所學對壘抗辨，而法竟絀於儒，不尤足以觀兩家學術消長之故乎！桓氏書之有注蓋舊矣。觀《太平御覽》卷九百十二"獸部"引《輕重》篇注文可證也。然則其注北宋時猶存，而今則不可見矣。明嘉靖間，雲間張氏之象嘗爲之注，頗以冗蔓見譏。（其書有張氏猗蘭堂原刻本，今通行張氏注本，注至簡略，非張氏原書也。）張氏於桓寬書篇第字句妄爲割裂增易，識者病之。清乾隆時盧抱經學士嘗取《永樂大典》所載桓書及明弘治涂禎刻本以校張書，多所是正。嘉慶中，蕭山汪因可嘗爲桓書箋釋而未成書，（見陳春《湖海樓叢書序》及王紹蘭《潛夫論箋序》。）前汪氏數年，顧千里嘗爲陽城張氏敦仁重刻明涂禎十卷本，並爲之考證。（張氏序文即千里代撰，今見顧氏《思適齋集》卷九，故周氏《紛欣閣叢書》逕題顧千里考證。）涂刻出自宋刊，卷數與《隋志》相合，既遠非張本可比，而顧氏以校勘名世，其所考證尤能疏抉疑滯，令人解頤。張盧誤校亦多糾正，信可謂有功於桓氏書者也。距今三十餘年，吾邑先輩王葵園先生重刊陽城張氏本，以盧顧二氏所校皆別自爲書，不便誦習，因取以散入正文，又附以湘潭王胡二君之說，而王氏又詳校唐宋類書，別爲《校語小識》一卷，於是桓氏之書漸可讀矣。然桓書采掇豐夥，義旨閎深，又多存古言，傳寫日久，頗多脫誤。王氏嘗致喟於義蘊閎富未易推尋者，良有以也。余少好是書，輒喜瀏覽；弱冠出遊，遂爾荒棄。歸國以後，重理舊文，每讀是書，私謂自盧顧王諸君及近日俞樾孫詒讓二家所校外，仍多賸義；而諸家立說亦時有疏違，未可盡據。遂自忘其譾陋，隨手箋記，或疏證出處，或校正誤文，又平日讀近代諸儒之書有涉及桓書者亦加甄采。去夏南歸，從郋園師假得景寫元麻沙坊本九行涂本及胡維新兩京遺編諸本，詳加讎校，丹黃幾滿。而歙縣吳君檢齋鹽城孫君蜀丞同客京師，具有同好，往復商榷，時獲新知。近者端居多暇，略加排比，以付寫官，顏曰《校注》。固知微文奧義，遺缺尚多，惟以義存蓋闕，夫敢鑿空強說。如獲當世通人加之訓誨，俾得於他日改訂，則著者之幸事也。

（一九二四年一月三十日）

《漢書補注補正》自序

家大人喜讀史，少時侍坐，竊見治司馬氏《通鑑》，日有定程。余兄弟幼承訓誨，故亦皆好史籍，而余尤嗜班書。每讀一篇，三復不忍釋手。同邑先輩王葵園先生著《漢書補注》，薈萃成說，卓有剪裁，地理一志尤爲卓絕，信可謂美矣。余年來籀讀一過，輒復拾遺補闕，疏記簡端，卒業檢覽，亦頗有可存者。因令人鈔寫成帙，顏曰《漢書補注補正》。余讀本爲吾師平江蘇厚盦先生舊藏，書眉時有先生遺墨，且頗有自訂其誤說者，亦並錄之。凡稱蘇先生云者是也。天文余所未習，《律曆志》業有湘陰周正權君所爲《補注訂誤》，故並不及云。憶民國三年，葵園先生避地於長沙東鄉之涼塘，余以蘇先生身後事與同學劉君廉生偕訪先生。時先生居方丈陋室，榻前設案，滿堆故書，前窗糊紙，中安小玻璃一方，先生日坐其中，著述不輟。蓋先生時年七十餘矣。老輩好學之風，至今追憶，每懷悚敬。先生虛懷若谷，其所著書，於後生末學毫毛之善必加節取，惜余此卷晚成，不獲於先生之前執簡請益也。

（一九二四年三月十四日）

《詞詮》自序

凡讀書者有二事焉：一曰明訓詁，二曰通文法。訓詁治其實，文法求其虛。清儒善說經者首推高郵王氏，其所著書如《廣雅疏證》，徵實之事也；《經傳釋詞》，搗虛之事也；其《讀書雜志》《經義述聞》，則交會虛實而成者也。嗚呼！虛實交會，此王氏之所以卓絕一時，而獨開百年來治學之風氣者也。訓詁之學，自《爾雅》《說文》以下，更清儒之疏通證明，美矣備矣！蔑以加矣！文法之學，篳路藍縷於劉淇，王氏繼之，大備於丹徒馬氏。余生顓魯，少讀王氏書而好之。弱冠遊倭，喜治歐西文字，於其文法頗究心焉。歸國後乃得讀馬氏書，未能盡愜，既頗刊其誤，復爲文法一書以正之。顧文法自有界域，不能盡暢其意，因倣《經傳釋詞》之體，輯爲是書。上采劉王，下及孫經世馬建忠童斐之書，凡諸詞義，鰓理務密，暢言無隱。學者取是及曩所爲文法參互治之，於文法之事庶過半矣。

编纂大例,具於左方,可覽觀焉。

是書取古書中恒用之介詞連詞助詞歎詞及一部分之代名詞内動詞副詞之用法加以說明,首別其詞類,次說明其義訓,終舉例以明之。

王氏《經傳釋詞》於詞之通常用法略而不說,此編意在便於初學,不問詞之用法爲常爲偶,一一詳說。

習用之詞,亦偶及其實義:如則訓法,乃名詞,如訓往,乃動詞。本書以治虛爲主,而復及此類實義者,蓋欲示學者以詞無定義,虛實隨其所用,不可執著耳。此類意之所至,偶示一二,不能求備,自不待言。

字以引申而義變,義變而用法歧。本書爲欲便於初學,於詞之用法之異者,固不惜詳爲分晰;然江流萬派,同出岷山,學者既知其所以分,又能知其所以合,則可謂心知其意者矣。

王氏《經傳釋詞》用唐守溫三十六字母爲次,今用教育部頒定國音字母爲次,師王氏之意也。慮有不習字母者,別編部首目錄,詳載卷數葉數以便尋檢。

本書例句多爲著者讀書時隨手采輯,亦間有展轉迻錄者,因出版倉卒,未獲一一檢核原書,如有差失,深冀讀者是正。

本書原與著者所編《高等國文法》相輔而行。彼書以文法系統爲主,此編則以詞爲綱。讀者讀此編後,更讀彼書,則於我國古代文法,可得會通,於讀古書或有事半功倍之效矣。

(一九二八年五月二十日)

卷五　經子考證序跋之屬凡五十九篇

《周易古義》自序

余年十七八始治《易》，頗不然漢儒象數之説，而獨喜宋程子書，以爲博大精深，切於人事，與孔子繫《易》之義爲近。私謂今所傳漢儒之説，殆一家之學，非其全也。及涉獵《史》《漢》諸書，見有説《易》者，大要皆明人事，則大喜。以爲説《易》之道當如此矣。乃竊仿儀徵阮氏集《詩書古訓》之例，輯而錄之，凡得百許事。乙巳之歲，年二十一，感於國難，發憤出遊，此事不復在心目。辛亥兵興，困餓於倭之故都，治任歸來，頗理舊業，發篋陳書，曩所比輯赫然在焉。遂復賡續，置之行篋，時有增益。去歲更徧檢類書，多所補綴。蓋自始事以迄今兹，凡歷二十六七載矣。《漢書·儒林傳》記：丁寬已從田何受《易》，至雒陽，復從周王孫受古義，《易》有古義舊矣。竊取其義以名兹編，甄采所及，斷自三國，以晉人書有王輔嗣之書具在，其他多以清談爲説，不足復錄故也。嗚呼！逮白首而無成，憶青燈之有味，循覽是編，蓋不勝其掩卷太息之情也！

（一九二八年十二月二十五日）

《馬氏文通刊誤》自序

自馬氏著《文通》，而吾國始有文法書，蓋近四十年來應用歐洲科學於吾國之第一部著作也。其功之偉大，不俟論矣。顧天下事創始者難爲功，馬氏之卓絶者在是，其書不無遺恨者亦在是。余自民國初元始讀《文通》，頗持異議。八年秋冬之際，家居少事，刱述是編，繼是北遊，續有所述。人事卒卒，迄未終篇。今年春間，既以余著《高等國文法》一書付之書坊，念彼書本爲修正馬氏而作，第以限於體制，未得盡言，則就馬書盡爲抉摘，學者容有取焉。暑中無事，因遂發憤續成此書。綜而論之，馬氏之失約有十端。

一曰不明理論：如古文記所在所經所至之地，本當有介字於字爲先者也，故記地之詞爲賓次。而馬氏乃云：無介字爲先，故所記之地列於賓次，則適得其反矣。又此類例有介字者，正例也；省介字者，變例也。馬氏乃云：所經之處介以乎字者，非常例也；記所至之處後乎內動無介字者，常也：則又與理論不合矣。又馬氏云，比字領讀，則爲連字，若《祭義》云"比時"，及時也，則爲介字。不知介字與外動字相似，外動字既可以一讀爲止詞，則介字亦可以一讀爲司詞也。

二曰所見不瑩，致詞與組織動搖不定：如《孟子》云："三代之得天下也以仁。"以，介字也，而馬氏乃謂以爲動字。又《孟子》云："天子不能以天下與人。"與人者，與於人之省略，人，轉詞也。而馬氏乃以爲止詞。《儒林傳》云："仲尼既没，七十子之徒散遊諸侯。"既，狀字也，而馬氏乃云"既"爲連字。

三曰强以外國之法律中文，失中文固有之神味：如《孟子》云："以大事小者，樂天者也。"二者字指示代字也，而馬氏定爲接讀代字。《漢書》云："衛太子爲江充所敗。"所字，被動助動字也，馬氏亦定爲接讀代字。《平準書》云："諸買武功官爵首者，試補吏，先除。"諸，表數靜字，所以修飾買武功官爵首者一頓者也。馬氏乃云:"諸,代字也,者以指之。"《孟子》云:"諸侯多謀伐寡人者。"此猶云諸侯之中謀伐寡人者多也。多字乃靜字表詞,而馬氏云:"多字主次,諸侯偏次,猶分子與分母然。"《論語》云:冉有季路見於孔子曰云云。此冉有季路見於孔子而後有言。見,第一動字也;曰,第二動字也。而馬氏乃以冉有季路見於孔子爲一讀,所以記述言之時,以曰字爲坐動,又以冉有季路見於孔子一讀爲起詞。

四曰不知文有省略:《留侯世家》云:"不愛萬金之資,爲韓報仇強秦。"報仇強秦者,報仇於強秦也。而馬氏不明有省文於字,乃云:強秦者仇之同次。《孟子》云:"決汝漢排淮泗而注之江。"注之江者,注之於江之省略也。而馬氏云:之字代之於二字。

五曰強分無當:如是此二字用法本無別也,而馬氏云:凡指前文事理不必歷陳目前而爲心中可意者,即用是字;前文事物有形可跡,且近而可指者,用此字。又云:焉代於是爲指事,代於此爲指地,代於之爲指人。又云:身字明其人之與其事,親字表其人之行其事,皆無據而妄分。以字之於司詞,無論司詞長短,或居動字之前,或居動字之後,本無定也。而馬氏乃云:短者居動字之前,長者居動字之後。

六曰不識古文有錯綜變化,泥於詞位,誤加解釋:《送孟東野序》云:"漢之時司馬遷揚雄最其善鳴者也。"最其善鳴者,猶云其最善鳴者也。而馬氏以"最"字在句首,遂謂"最"字爲靜字表詞。《酷吏傳》云:"匈奴至爲偶人象郅都,令騎馳射莫能中。"又云:"天子至自視病,其隆貴如此。"二至字皆介詞,此猶云:匈奴畏都,至爲偶人象都令騎馳射莫能中;湯隆貴至天子自視病也。而馬氏以二"至"字在匈奴天子之下,遂認爲内動字。《霍光傳》云:"去病大爲仲孺買田宅奴婢而去。"此猶云爲仲孺大買田宅奴婢也。大者,言其買之多也。而馬氏見大字在爲仲孺三字之上，遂云大字不狀買字而狀爲仲孺三字矣。

七曰誤認組織：如《項羽紀》之"梁即楚將項燕。"項燕，表詞；楚將，加詞也。馬氏乃云，楚將爲表詞。《孔子世家》云："孔子布衣，傳十餘世。"孔子，起詞；布衣，表詞也。馬氏乃云：孔子布衣，起詞。《匈奴傳》，"其見敵則逐利如鳥之集，其困敗則瓦解雲散矣。""其見敵"、"其困敗"，皆表假設之讀也。而馬氏乃云：其見敵一讀爲逐利之起詞，其困敗一讀爲瓦解之起詞。《刺客傳》云："得趙人徐夫人之匕首。"按趙人乃徐夫人之加詞。馬氏乃云：趙人，偏次。《馮唐傳》云："雲中守魏尚坐上功首虜差六級。"魏尚，起詞；雲中守，加詞也。而馬氏云：魏尚，同次，以名雲中守，則輕重失其倫矣。《趙充國傳》云："今先零羌楊玉，此羌之首帥名王。"首帥名王，表詞也。而馬氏乃認爲加詞。韓文《盧君墓志銘》云："余之宗兄故起居舍人以道德文學伏一世。"起居舍人，起詞；宗兄，加詞也。而馬氏乃云起居舍人，同次，亦曰加詞。《莊子·大宗師》云："墮枝體，黜聰明，離形去知，同於大道，此謂坐忘。"墮枝體四句，起詞也；此，複指上文四句也。而馬氏乃以此爲起詞，以墮枝體四句爲加詞，則又輕重倒置矣。又在字言人物所處之境者，內動字也，而馬氏乃定爲同動，且以位在字下之詞爲止詞。《高祖紀》云："今天下賢者智能豈特古之人乎！"此謂今天下賢者之智能不僅止於古人之智能。智能，起詞也，而馬氏乃云：賢者，起詞，智能，兩靜字表詞。此猶云今日天下所有賢者，皆是智能之人，喝起二句，猶云今之賢者亦有智能之人，豈惟古人爲然哉！《貨殖傳》云："桀黠奴，人之所患也，惟刀閒收取，使之逐魚鹽商賈之利。"之者，使之止詞也。而馬氏以之逐魚鹽商賈之利爲一讀，云是使字後承讀。《孟子》云："民望之，若大旱之望雲霓也。"大旱者，謂大旱時也。而馬氏乃云：大旱，起詞。

八曰誤定詞類：如"天子穆穆，諸侯皇皇"，穆穆、皇皇，皆靜字也。而馬氏定爲狀字。《孟子》云："今燕虐其民。"今，狀字也，馬氏乃以爲連字。《孔子世家》云："余低徊留之不能去云。"云，助字也，而馬氏乃以爲外動字。《孟子》云："比其反也，則凍餒其妻子。"比，介字也，而馬氏乃以爲連字。《孟嘗君傳》云："今君又尚厚積餘藏欲以遺所不知之何人。"何，虛指指示靜字也，而馬氏乃以爲詢問代字。《孟子》云："人皆可以爲堯舜。"皆，狀字也，馬氏乃以爲代字。《孟子》又云："二王吾將有所遇焉。"有，動字也，馬氏乃云：有爲代字。《詩》云："凡今之人，莫如兄弟。"凡，靜字也。《荀子》云："薄薄之地，不得履之，非地不安也，長足無所履也。凡在言也。"此凡字乃狀字也，而馬氏皆誤認爲代字。《淮陰侯傳》云："誠能聽臣之計，莫若兩利而俱存之。"韓《上鄭相公啓》云："安敢閉蓄以爲私恨，不一二陳道。"兩、俱、一二，皆狀字也，而馬氏以爲約指代字。《樊噲傳》云："漢王起巴蜀，鞭笞天下。"鞭笞者，假名字爲外動字也，而馬氏乃以爲狀字。《禮書》云："至于高祖，光有四海。"《儒林傳》云："至於威宣之際，孟子孫卿之列咸遵夫子之業而潤色之。""至于""至於"複合介字也，而馬氏乃以爲連字。《左傳》云："韓子亦無幾求。"幾，表數靜字也，而馬氏乃以爲狀字。《樂記》云："治世之音安以樂。"此以字，連字也，而馬氏乃以爲介字。

九曰不明音韻故訓：如《書》云："爾知寧王若勤哉。""若"古訓有"此"字之義，故用爲"若此"之義。而馬氏云"若此"但云"若"者，省文也，則失其義矣。《孟子》云："惻隱之心，仁之端也。"端猶今言端緒。馬氏乃云仁德中之一端。《李廣傳》云："未到匈奴陳二里所止。"二里所,二里之譜也,馬氏乃云二里餘。《左傳·襄十二年》云:"請爲靈若厲。"若,或也,而馬氏釋爲與。《論語》云:"君而知禮,孰不知禮?"又云:"富而可求也,雖執鞭之士,吾亦爲之。"古而字與如同,假設連字也,馬氏不知,遂定爲承接連字。《齊策》云:"子孰而與我赴諸侯乎?"古"而""能"通用,故《國策》以"而"爲"能"者至夥。馬氏不知,亦以爲承接連字。

十曰誤讀古書:《孟子》云:"己頻顣曰。"頻顣當連讀,己在主次。而馬氏云:己頻者,仲子之頻也,己在偏次。《陸賈傳》云:"爲社稷計,在兩君掌握耳。"爲社稷計,猶今人云給國家打算耳。爲,介字;社稷,司詞;計,動字也。而馬氏乃以"爲"爲動字,"計"爲名詞,謂社稷在偏次。《陸賈傳》云:"足下,中國人,親戚昆弟墳墓在真定。"此云親戚與昆弟及墳墓皆在真定也。馬氏乃云親戚昆弟之墳墓在真定。《汲黯傳》云:"黯褊,心不能無少望。"此當以褊字爲讀,而馬氏乃以褊心連讀。《楚策》云:"遂生子男,立爲太子。"子男者,猶古人云子男子也。馬氏析子男爲二,謂子爲賓次,而男則表其所生之子爲男。《汲鄭列傳》云:"大將軍青侍中,上踞廁而視之。"侍中謂侍於宮中,視之,視衛青也。而馬氏乃云之指侍中。《左傳·襄三十一年》云:"且年未盈五十,而諄諄焉如八九十者。"者字表擬似之助字也。而馬氏云:八九十,靜字,所以指有是年之人也。韓文《王君墓誌銘》云:"我得一卷書,粗若告身者。"粗者,狀字,今言大略也。而馬氏乃以粗爲靜字,以粗若爲書與告身之平比。《爲人求薦書》云:"如某等比。"等比與等輩同,《漢書》屢見。而馬氏云,如某等比,即比如某等也。哀六年《左傳》云:"請就之位。"請就之位者,請使己就位也。而馬氏云,就商之於位,則文不可通矣。《秦策》云:"蘇秦始將連橫,説秦惠王。"將,助動字也,連横當爲一讀,而馬氏乃以十字作一句讀,訓"將"爲"以"。《賈誼傳》云:"先王執此之政堅如金石。"按執此當連讀,之,連字也。而馬氏乃以此之連讀。又云:"夫習與正人居之不能毋正,猶生長於齊不能不齊言也;習與不正人居之不能毋不正,猶生長於楚之地不能不楚言也。"習與正人居之不能毋正當作一句讀,習與不正人居之不能毋不正亦當作一句讀,二"之"字,連字,所謂言之閒也。而馬氏乃於之字爲讀,云之當解如者字。

凡若此類,遽數之蓋不能終其物也。雖然,馬書博大,又事屬創爲,其或有差違,殆無足異。余竊怪其書出後,於今三十餘年,顧未有起而修正之者,豈虛浮之習,國人中之已深,與科學之爲術嚴整密栗者終不相入乎? 余不敏,雖有志焉,而又未敢自必其能也。世有達者,相與講習而共明之,是則區區之心所禱祀以求者也。

(一九二九年十二月十日)

《漢代婚喪禮俗考》自序

往歲余治《漢書》,頗留意於當世之風俗,私以小册迻錄其文,未遑纂輯也。會余以班書授清華大學諸生,諸生中有以漢俗爲問者,乃依據舊錄,廣事采獲,成此婚喪二篇。見者頗喜其翔實,而予友曾君星笠見譽,以爲爲史學闢一新徑途,余知其阿好,未敢以自任也。惟余時時聞今之治史者頗以國史史料不足爲言,夫云史料不足者,必先盡取見存之史料,一一搜討而類聚之,至於無可復搜,無可復聚,而後知其果不足也。余今敢問今之言者曾爲此搜討類聚之工夫否乎？如其未也,則吾人今日處地大物博富有鑛藏之中國,固日日仰屋嗟貧矣。今之持史料不足之説者,得毋類此乎？余區區此册,豈足與於述作之林,特欲今世之治史者知古人一言半語皆爲吾史料之所存,必搜羅剔抉至於物無棄材,而後始可斷言其爲豐爲歉。然則今之持史料不足之論者,姑俟十年二十年之後發言,殆未晚也。

（一九三三年九月二十二日）

《古聲韻討論集》序

讀書必求其義,而古義寓於古音,以今音求古義,猶適燕代而南其轅也。往者兄子伯峻北來就學,余首語以古今音變定當分曉,因令手錄錢曉徵及近日章曾汪諸君子之文,時時省覽。峻既遵余教,益以師授,遂於古音頗有省悟,今既訖業歸去矣。余念錢章著書布於海内,人人可求而得。若汪曾二君之文,散在校誌,遐陬慮不易見。重以遼瀋失陷,曾君原刊益不可得。吾家子弟既有獲於諸文,亦欲用此溥益多士,因請於汪曾二君,爲彙錄流布,而以余近著之《之部古韻證》附焉。娘日歸泥之説,發自吾鄉鄒氏叔績,而餘杭章君證成之。余於之部古讀證成黄章二君之義,亦猶章君之志也。

（一九三三年十二月五日）

《論語古義》自序

當勝清光緒壬寅癸卯間,余得見阮氏《詩書古訓》而好之。時方讀《周易》,遂以其法集《易古義》。民國六載,南北交訌,余家居讀《老》,復依例治《老子》。兩書先後印行,幸不爲當世通人所議。北遊以來,頗復輯《論語》、《春秋》。《春秋》迄今未就,而《論語》則三年前輯訖,業付書坊,印將成矣。而倭人寇滬,板毀於火,頻思重撰,錄錄未遑。今夏南歸,頗多暇日;又久居北地,殊苦南方蒸鬱,長晝無事,奉親之餘,輒假寫書,驅除溽暑,汗流蠅擾,不之顧也。費時二月,差得觀成,此編是矣。夫《論語》一書,先儒疏釋備矣,以古義論,惠氏亦既有成書,此編殆不免於贅。惟惠書重在異義異文,於臚舉大義者顧弗錄。又今所采掇,十九出自漢儒,而漢人八歲入小學,即誦《論語》《孝經》,然則二千年前吾先民成童鼓篋日日諷籀之書,其説義爲何,讀余書猶可恍惚其一二,其於研經之士,或者將不無小補也。

(一九三三年十二月十七日)

與黃季剛書

昨於公鐸兄招飲席上獲承明教,謂吴摯甫《代陳伯之答邱希範書》文中有"元歸狄人"之語,於文理未融,深佩明察。惟鄙意以爲古人文字往往喜略介詞，常用如"於"、如"以"，恒見省略，無論矣。即不常用之"從"之"自"，古文亦恒從省略。《左傳·僖七年》云"女專利而不厭，予取予求，不女疵瑕也"，此謂從予取從予求也。《漢書·景十三王傳》云："師受《易》《論語》《孝經》，皆通。"《霍光傳》云："孝武皇帝曾孫病已，年十八，師受《詩》《論語》《孝經》。"師受者，從師受也。此從字之見略者也。《漢書·高帝紀》云："陳平亡楚來降。"《韓信傳》云："信亡楚歸漢。""亡楚"者，亡自楚也。又云："塞王欣翟王翳亡漢降楚。""亡漢"者，亡自漢也。此自字之見略者也。吳君之文似可以"歸自狄人"略去自字爲解。鄙見如此，未審公以爲是否？如辱進而教之，幸甚！

（一九二七年一月）

與章行嚴書

程叔文回京，見告公近校《論衡》，聞之甚喜。竊謂公才性長於治學，拙於從政，如自今以往專事著書，甚幸事也。樹達往於此書頗嘗用力，曾爲校注數卷，以事中輟，不復能續爲。近數年用力《漢書》，偶覺仲任有誤記二事，今以寫呈。如公以爲可采，令得廁名尊著，所欣幸也。一事：《講瑞》篇云："張湯之父五尺，湯長八尺，湯孫長六尺。"按《史記》《漢書》《張蒼傳》，此是蒼事。蓋仲任家貧無書，從市肆借讀，又蒼湯音近，故誤記蒼爲湯爾。二事：《命祿》篇云："趙子都明經，階甲科至郎博士。"按《漢書·趙廣漢傳》，廣漢字子都，不言其明經爲郎博士，蓋"趙"字乃"鮑"字之誤爾。《漢書·鮑宣》傳:宣字子都,好學明經,舉孝廉爲郎,與仲任言正合。此條拙著《漢書補注補正》曾及之。"趙""鮑"音近致誤,與《講瑞》篇張蒼誤爲張湯者正同。記前作校注時,亦尚有校正誤文多事,此時不能悉憶,容俟他日再奉質耳。

(一九二七年一月十二日)

與陳援庵論《史諱舉例》書

承示大著《史諱舉例》,搜采弘博,條理精嚴,自有此書,而避諱之學卓然成爲史學中之一專科,允爲不祧之名著,甚盛甚盛。日來粗讀一過,輒歎觀止,殆不能復贊一辭。惟既承下問,輒復貢其管蠡。然涓涘一勺,必無補於江海之大也。一事:《左傳·桓六年》"申繻對問名"一條不以國云云,全爲避諱而發,立義甚精,爲避諱學上最古最重要之材料。大著雖於避諱改官名例中引及晉以僖侯廢司徒二語,其餘則未及徵引,鄙意宜將其文全引,而於改官名改地名改物名諸條復分引不以官不以國不以山川不以器幣諸語,始足見古人預防避諱慎於命名之意也。二事:《禮記·曲禮上》篇卒哭不諱一節,亦爲避諱學上最古最好之材料,而"禮不諱嫌名二名不偏諱"二語,尤爲古人預防濫諱流弊所定之二大原則,後世避諱日繁,此二原則全然破壞,既諱嫌名,二名又復偏諱。大著於第五章既特設避嫌名一例,似應補設二名偏諱一例,始爲該備。三事:避諱之起,由於古人尊君敬親之意。大著"惡意避諱"一條,如唐肅宗惡安禄山"安"字,盡改諸邑名安字者,却正與古人避諱之意相反，特設一例，與全書意旨逕庭。鄙意即不刪削，亦當作爲附設一條，理論上較爲完密。即宋禁人名寓意僭竊例及清初避夷狄字例，亦當作爲附錄以示謹嚴。以上三事關於體例者也。四事：因犯諱斷定訛謬例中引《漢書・游俠・陳遵傳》一條謂二進字犯史皇孫諱，應以荀悅《漢紀》作數負遂，償遂博進者爲是。愚按原文云："制詔太原太守，官尊禄厚，可以償博進矣。妻君寧時在旁知狀。遂於是辭謝。因曰：事在元平元年赦令前。其見厚如此。"官尊者，指太守而言，官尊禄厚可償博進，乃宣帝與遂戲狎向之索債之詞。謂君寧在旁知狀者，舉證人也。及遂謝罪，乃曰在赦令以前，皆所以爲戲狎也。若如荀氏所改，似謂宣帝當以博進償遂者，上下文不可通矣。蓋皇孫本未登帝位，漢世諱制亦不及後世之嚴，《宣紀》地節四年霍禹謀反事詔書有進藥字，又宣帝不諱進之明證也。此關於斷案者也。又鄙意凡史家公諱之字，宜以部首分類列爲一表，下注明何代何人之諱以便讀史者及校勘家之檢查，不知先生以爲然否？此外鄙見所及足以補充大著者數事，亦附寫於後，統希進而教之，幸甚幸甚！援庵説本顧亭林，俞蔭甫已糾之。説詳余《漢書窺管》伍柒壹葉。一九五五年八月二十日校字時附記。

原書避諱改諸名號例云：代祖即世祖，唐之代宗即世宗。

按明人惟不知此，故兩有代宗世宗廟號矣。

文人避家諱例云：《史記》改張孟談爲張孟同。

按《史記》又改趙談爲趙同，史公《報任少卿書》云："同子驂乘，袁絲變色。"同子即趙談也。又淮南王安著書避其父名"長"曰脩，引老子"可以長久"作"可以脩久"，亦文人避家諱之例。改常語例曾及長脩之例，然可互見。

因避諱一人前後異名例云：儒家有《莊助》四篇，縱橫有《莊安》

一篇,賦有《莊葱奇賦》一篇。

按《嚴助傳》作嚴助,及"嚴安""嚴葱奇"皆諱"莊"作"嚴",而《藝文志》皆作莊,蓋《藝文志》錄自劉氏《七略》,《七略》在前,不避"莊"字。班仍其文,故異也。

二人誤爲一人例

按柳子厚名宗元,有弟名宗玄,見《永州遊記》中。若如清諱玄字,改作元字,則二人同名矣。

秦漢諱例雉野雞

按《漢書》卷八十五《杜鄴傳》云:"野雞著怪,高宗深動。"用殷高宗雉雊鼎耳事,改雉爲野雞。

(一九二八年七月十二日)

與曾星笠書

過奉相訪,以同遊者牽率,未能細談,至爲悵恨!時局不定,嫂夫人想未南歸。漫遊返後,託庇平安。暑中作何研究?能見示一二否?弟恆疑今日文字音讀,不惟韻與古殊,即聲亦與古不相合。例如所字從戶得聲,古與許通,《説文》所下引《詩》"伐木所所",《毛詩》作"許許",戶爲匣母字,許爲曉母字,觀此古人蓋無曉匣之分。則所字古音當屬曉匣母,而《廣韻》疎舉切,爲審母字,今音又入心母則與古不合矣。又如臣字,以聲爲訓之《釋名》訓以牽字,《説文》亦爾。又臤字從臣得聲,牽臤音同,皆溪母字,然則臣字古音當與牽臤相近,而《廣韻》作植鄰切,屬禪母,又與古不合矣。又如滅字,

《説文》從威聲,而威字《詩・正月》釋文引《説文》從戌聲。《淮南子・道應》篇云:"相天下之馬者,若滅若失,若亡其一。"此文出《莊子》,而《莊子・徐無鬼》篇作"若卹若失,若喪其一"。按戌卹古本同音,故劉熙《釋名》亦以"恤"釋"戌",然則滅字古讀當與卹同。而《廣韻》作亡列切,又與古讀不合矣。凡此皆證據灼灼可以考見者,以此類求,他當甚夥。頗擬搜索,作爲一編,不知能如志否。吾兄篤精音韻,卓有發明,未審有以教之否?

(一九三〇年八月十五日)

復徐仁圃書

去冬致艾宇眉兄一緘後,隨即南歸。到家半月,猝遭先母之喪。三月北來,奉到大著《漢書藝文志注》一册。比時清理校課,頗爲匆迫,又心緒惡劣,於尊著未能即讀。比者暑中少事,取大著匆匆瀏覽一過,心思之細,考辨之精,無任傾服。然亦有一二事欲獻疑及補證者:尊著引《禮含文嘉》:"咸伏貢獻,故曰伏犧。"謂貢獻當作其化,鄙意似覺可酌。古音歌寒通轉,《周禮・春官・司尊彝》注云:"獻讀爲犧。"《禮緯》乃以獻釋犧,似非誤字。《公勝子》五篇,尊著引葉郎園先生及姚氏之説,鄙意皆覺未安。竊疑公勝與公乘同勝乘古音同在蒸登部。《説苑・善説》篇記:"魏文侯飲酒,公乘不仁爲觴政。"《漢書・張耳傳》:"公乘氏以女妻陳餘。"皆其證也。"房中"條下尊著駁周壽昌之迂説,信爲卓識,引鄭文焯説,理論雖精,惜無左證。鄙意《白虎通》解釋古人易子而教之義，與《孟子》不同，謂古人當以男女之道教人，父不可以授子，故必易子而教。然則今人所謂性教育者，古人確已有之，房中何陋之有乎？讀尊著偶有觸發，附寫呈正，知不足以益高深也。

（一九三五年八月二十四日）

胡厚宣《戰後京津新獲甲骨集》序

殷虛甲骨出土，到今五十餘年矣。其文字之記載，皆史實也。而甲學諸家能以故書雅記稽合甲文以證明古史者，寥寥不過數人，胡君厚宣其一也。廬江劉氏藏一片，所記爲四方風名，君以《尚書·堯典》及《山海經》諸故書證合之，是其事也。昔王靜安以《楚辭》《山海經》證王恒王亥，舉世莫不驚其創獲。及君此文出，學者又莫不驚歎，謂君能繼王君之業也。君所著又有《商史論叢》諸編，治甲者莫不人手一編矣。顧君不以此自足，念甲骨之爲物，質脆易破，未能久存，不亟搜討，容可散失，於倭寇戰敗請降後，奔走南北，遍搜甲片，御風乘傳，席不暇温。私家之藏，婉辭以請；市肆所列，重金以求。亦既成《寧滬南北兩集》印行問世矣。茲復成《京津集》，將付書坊，公之於世。憶甲骨初出，羅叔言編印《殷虛書契前後續編》及《菁華》，其傳布之勤，士類莫不稱之。今君既擅靜安考釋之美，又兼叔言播布之勤，以一人之身，殆欲併兩家之盛業，何其偉也！抑羅氏諸書，編次凌雜，散無友紀，而君則分時代，別門類，條理井然，於學者爲尤便，此又突過羅君，後來居上者也。余粗治甲學，苦無心得，顧辱君引爲同志，命序君書，因述君盛美，聊志欽慕之忱云爾。

（一九五四年二月十一日）

《積微居小學述林》後記

《釋匕》篇據甲骨金文說爲妣字之初文，說固信而有徵矣。或問曰：《說文》於匕字既說爲从反人，又說爲亦所以用匕取飯，子獨取从反人之說加以申證，而於用匕取飯之說則置之，何也？曰：匕柶之義，古書恆見，不敢抹殺認爲無其字也。然以較祖妣之妣，則當遠在其後矣。蓋自有人類，即有男女之分，名女曰匕，引申之，女子專有之器官亦曰匕（今俗作屄）。太炎此義，最爲精諦。見《新方言》故知匕之一語，實千萬年前最原始之語言，若匕匙之匕，當遠在人類飲食進化以後始有之也。二義雖不妨並存，然後先自有別矣。或又問曰：《釋矞》篇謂矞字所从之H字爲互，然與互字篆作㐅形者不同，何也？曰：互類今日兒童放風筝縈繩之具，字當立視之，如㐅。中作高起形者，繩索累積在架上突出之形，許君謂象人手所推握，非也。如尚未收繩時只作H形耳。蓋矞字訓治訓理，示人之治絲以絲縈於互上，字既已从糸，故以純粹之互形表之而義已明，不必如互字須兼表有繩在上之義，故形不同也。或又曰：H字許說與冋垌同字，子謂是訓外閉之關扃字之初文，兩直象門植，中畫象扃。今子又謂是互字，何也？曰：天下物象無窮，而文字之筆畫有限，以有限馭無窮，必有異物同形之現象發生也。此一說也。且吾人生於今日，文字已約定俗成，歸於統一，而古代之造字也，四方八面各自創造，互不相謀，筆畫既有限，往往物體互異，而所賦之字形則同。此又一説也。説文字者不知此，對於一形必主其一而非其他，務欲使之一形一義，則爲以今日之觀念概古代之事情，此種違反歷史之思想，乃從事科學者所當力戒也。

太炎不治甲文，不知匕爲祖妣之妣之初字，以陰器之匕出於牝牡之牝，余據其意推論之耳。

（一九五五年二月二十三日）

《漢書窺管》自序

《漢書》經始於班叔皮，孟堅承業，蕙班補遺，集一門父子兄妹三人之力以成一書，可謂艱矣。其書乍出，馬季長一代大儒，伏閣從蕙班受讀，爲書簡奧，略可測知。東京末葉，服子慎應仲遠之倫競爲注釋，魏晉以後，釋者多家，東晉蔡謨爲之《集解》，書今不存。李唐開國，顏師古承其諸父游秦之業，裒集舊訓爲之注，一時號爲班氏功臣。然至宋世，三劉吳仁傑等糾舉違誤，刺摘猶未盡也。清代樸學雲興，鴻生鉅儒多肆力此書，及其末造，同邑先輩王葵園先生從事采輯，爲之《補注》，奧義益明，而地理一志尤爲卓絶。自是讀《漢書》者人手一編，非無故也。大抵清儒治此書者推高郵王氏爲最富，亦最精，然已不免疵纇。漢末荀悦據班書撰《漢紀》，往往以不瞭班義而妄改，故顧亭林曰：荀《紀》小異《漢書》，必荀非而班是，此有得之言也。高郵王氏識不逮此，往往據仲悦之妄竄，改不誤之班書,此其大蔽也。蓋高郵雖好學而不肯深思,故所校時有不能心知其意者。兹舉二例言之。《郊祀志》曰:"臣望東北汾陰直有金寶氣。"師古以"汾陰直"連讀,訓直爲當,謂正當汾陰,是也。蓋氣在天空,方所無由確指,故志文舉汾陰而云直,謂當汾陰地面之天空也。高郵駁顏說,以"直有金寶氣"連讀,訓直爲特,則似謂汾陰地面有金寶氣,於事理不可通矣。《金日磾傳》曰:"賞爲奉車,建駙馬都尉。"高郵於奉車下校增都尉二字,不知班氏因下有都尉二字省略也。《儒林傳》曰:"上於是出龔等補吏,龔爲弘農,歆河內,鳳九江太守。"弘農河內下並當有太守字,因下文太守字省略也。《王莽傳》曰:"又置六經祭酒各一人,琅邪左咸爲講《春秋》,潁川滿昌爲講《詩》,長安國由爲講《易》,平陽唐昌爲講《書》,沛郡陳咸爲講《禮》,崔發爲講《樂》祭酒。"講《春秋》講《詩》講《易》講《書》講《禮》下亦各當有祭酒字,亦因下文講《樂》祭酒省略也。高郵必增都尉二字,不惟不能心知其意,亦昧於全書通例矣。此類誤說,理宜在屏棄之列,而《補注》一一迻錄,不加駁正,非也。凡著書者稱引前人成說,但可剪裁,不宜改易,致失立說人本意,此至要也。然《補注》於此似未注意。《王子侯表》:湖鄉伊鄉兩侯同名開,金鄉就鄉兩侯同名不害,四人皆東平思王孫也。陳景雲疑湖鄉與伊鄉同時受封,金鄉與就鄉亦同時受封,不應彼此同名,當有一誤。《補注》改易陳校之文入湖鄉侯下,云:此與金鄉伊鄉就鄉並思王孫,同時封,不應二人同名,必有一誤。如此則將四侯混合爲一,同名兩起之事實末殺無餘,全失陳氏立說之初意矣。《景武昭宣元成功臣表》:李譚稱忠鍾祖訾順四人並以捕得反者樊並封,李譚封於永始四年七月己巳,稱忠封於十一月己酉,鍾祖訾順同封於七月己酉,錢大昕校謂四人同以捕得反者樊並封,其封當同月,而表記譚封於七月己巳,忠封於十一月己酉,祖訓封於七月己酉,前後失倫,七月不當記於十一月之後。據《成帝紀》,事在永始三年十一月,疑十一二字誤合爲七,而四年當作三年也。按此錢氏據《成紀》校"李譚"條下四年四字之誤及"李譚""鍾祖""訾順"三條七月七字之誤也。《補注》不置錢校於有四年及七月兩處誤字之"李譚"條下,而置於十一月封文並不誤之"稱忠"條下,何耶?此又違反錢氏立言之意者也。據《補注》全書觀之,葵園先生用心不失審慎,而此二事《補注》憒憒如此,疑先生於諸表假手他人,不及覆校也。余四十年前,偶讀《蘇武傳》,有"蹈其背以出血"語,心疑背不可蹈,況在武受傷時耶!而師古及《補注》並無説,余因讀蹈爲訓輕叩之搯,文乃可通。緣此知《補注》篇帙雖富,遺義尚多。時居鄉里,設教中學,文卷猥集,改竄需時,意欲精究而不果。嗣後北遊,校課清簡,於《補注》研讀數通,頗能瞭其得失。時時泛濫文籍,凡與班書有涉,輒加纂述,歲月稍久,記述遂多。初於北方大學講授班書,倭寇之變,適返里門,旋亦設教於大學。嘗先後取所記粗事印布,未竟全書。癸巳之歲,僻處麓山,賓朋希簡,發憤補苴,遂終全帙。卅年精力,幸資小結。稟質頑愚,見聞苦陋,管窺蠡測,差誤必多,大雅宏達,進而教之。

(一九五五年五月十日)

右三文近日所作,非《積微居文録》及《小學金石論叢》所有。以是序跋類文字,故以類相從附於五卷之末。一九五五年五月二十四日,耐林翁自記。

卷六　考史金石之屬凡十二篇

漢代老學者考

　　漢世老子之學盛行，《詩》家如韓嬰所著《韓詩外傳》稱述老子之言，又如董仲舒，力主屏百家以尊儒術者也，其所著書中亦頗有道家言。然則文景二帝好老子，其風所被廣矣。余今考得傳記明載習老子或稱好其術者凡得五十許人。其非毀老子者凡二人。所據以司馬、班、范、荀、袁五家之書爲主。其有漏略，他日詳焉。

　　蓋公　曹參
　　《史記·曹相國世家》云："參之相齊，聞膠西有蓋公善治黃老言，使人厚幣請之。既見，蓋公爲言：治道貴清靜而民自定，推此類具言之。參於是避正堂，舍蓋公焉。其治要用黃老術，故相齊九年，齊國安集，大稱賢相。"
　　又《樂毅傳贊》云："樂臣公學黃帝老子，樂臣公教蓋公，蓋公教於齊高密膠西，爲曹相國師。"
　　又《太史公自序》云："曹參薦蓋公言黃老。"
　　陳平
　　《漢書·陳平傳》云："少時家貧，好讀書，治黃帝老子之術。"

田叔

《史記·田叔傳》云:"叔喜劍,學黃老術於樂巨公所。"《漢書·田叔傳》云:"叔好劍,學黃老術於樂鉅公。"樂臣公樂巨公當爲一人,字有誤耳。

河上公　漢文帝

河上公序《老子》云:"親以所注《老子》授文帝。"

《史記·禮書》云:"孝文即位,有司議欲定儀禮。孝文好道家之學,以爲繁禮飾貌無益於治。"

《風俗通·正失》篇云:"然文帝本脩黃老之言,不甚好儒術。"

《隋書·經籍志》《道德經》注云:"漢文時河上公注。"

司馬季主

《史記·日者傳》褚先生補云:"夫司馬季主者,楚賢大夫,游學長安,通《易經》術《黃帝》《老子》,博聞遠見。"

竇太后　漢景帝　竇氏子弟

《漢書·田蚡傳》云:"太后好黃老言。"

又《外戚傳》云:"竇太后好黃帝老子言,景帝及諸竇不得不讀《老子》,尊其術。"

又《儒林傳》云:"太皇竇太后喜老子言,不説儒術。"

樹達按:《漢書·楊雄傳贊》謂景帝以爲《老子》過於《五經》,見後"司馬遷"條下。

又按:文帝竇后景帝皆習《老子》,則一家夫婦父子同好也。

直不疑

《史記·萬石張叔傳》云:"不疑學老子言。"

《漢書·直不疑傳》同。

王生

《史記·張釋之列傳》云:"王生者,善爲黃老言,處士也。"

《漢書·張釋之傳》同。

汲黯

《史記·汲鄭列傳》云:"黯學黃老之言。"

《漢書·汲黯傳》云:"黯學黃老言。"

鄭當時

《史記·汲鄭列傳》云:"鄭當時者,字莊,莊好黃老之言。"

《漢書·鄭當時傳》云:"當時好黃老言。"

黃子　司馬談

《史記·太史公自序》云:"談爲太史公,太史公習道論於黃子。"

《漢書·司馬遷傳》同。師古曰:黃子,景帝時人也。《儒林傳》謂之黃生,與轅固爭論於上前,謂湯武非受命,乃弒也。

司馬遷

《漢書·揚雄傳贊》云:"桓譚曰,昔老聃著虛無之言兩篇,薄仁義,非禮學,然後世好之者尚以爲過於《五經》,自漢文景之君及司馬遷皆有是言。"

樹達按:談遷父子世學老子。

楊王孫

《漢書·楊王孫傳》云:"楊王孫者,孝武時人也。學黃老之術。"

劉德

《漢書·楚元王傳》云:"德字路叔,少修黃老術。德常持老子知足之計,妻死,大將軍光欲以女妻之,德不敢取,畏盛滿也。"

荀悦《漢紀》十八云："宗正陽成侯劉德者,辟彊之子也。好黃老術。"

樹達按:德爲劉向之父,向有《老子説》,見《藝文志》,亦父子世學老子也。

鄧章

《漢書·晁錯傳》云："建元中,上招賢良,公卿言鄧先。鄧先時免,起家爲九卿。一年,復謝病免歸。其子章以修黃老言顯諸公間。"

嚴遵

《漢書·王貢兩龔鮑傳》云："蜀有嚴君平。君平卜筮於成都市,裁日閲數人,得百錢,足自養,則閉肆下簾而授《老子》。依老子嚴周之指著書十餘萬言。"

《蜀志·秦宓傳》云："嚴君平見黃老,作《指歸》。"

《隋書·經籍志》《道德經》注云："梁有隱士嚴遵注二卷。"

劉向

《漢書·藝文志》有劉向《説老子》四篇。

樹達按:《志》又有《老子鄰氏傳》四篇,《傅氏經説》三十七篇,《徐氏經説》六篇,不能確定爲漢人,不錄。

蔡勳

《後漢書·蔡邕傳》云："六世祖勳,好黃老,平帝時爲郿令。"

安丘望之　耿況　王伋

《後漢書·耿弇傳》云："父況,字俠游,以明經爲郎,與王莽從弟伋共學《老子》於安丘先生。李注引嵇康《聖賢高士傳》曰:安丘望之字仲都,京兆長陵人。少持《老子經》,恬淨不求進宦,號曰安丘丈人。成帝聞,欲見之,望之辭不肯見,爲巫醫於人間也。"皇甫

401

謐《高士傳》云："望之著《老子章句》，故老子有安丘之學，扶風耿況王伋等皆師事之，從受《老子》。"

《隋書·經籍志》《道德經》注云："梁有漢長陵三老毋丘望之注二卷，作毋丘，不作安丘。"

班嗣

《漢書·敍傳》云："嗣雖修儒學，然貴老嚴之術。"按漢人諱莊爲嚴。

杜房

《弘明集》五引桓譚《新論·袪蔽》篇云："余嘗過故陳令同郡杜房，見其讀《老子書》，言老子用恬淡養性致壽數百歲。"

甄宇

《東觀漢記》云："宇清靜少欲，常稱老氏知足之分。"

馮衍

《後漢書·馮衍傳》衍《自論》云："年衰歲暮，悼無成功，將西田牧肥饒之野，殖生產，修孝道，營宗廟，廣祭祀，然後闔門講習《道德》，觀覽乎孔老之論。"

樹達按：《自論》又云：馮子以爲夫人之德不碌碌如玉，落落如石。又《顯志賦》云：大老聃之貴玄。又云：名與身其孰親？皆用《老子》文，則衍誠習老者也。

向長

《後漢書·逸民·向長傳》云："好通《老》《易》。"

高恢

《後漢書·逸民·梁鴻傳》云："鴻友人京兆高恢少好《老子》，隱於華陰山中。"

任光

袁宏《後漢紀》二云:"光好黃老言,爲人純厚。"

樹達按:范書不載。

任隗

《後漢書·任隗傳》云:"隗少好黃老,清靜寡欲。"

《後漢紀》同。

樹達按:隗,光之子也。此亦父子世學。

范升

《後漢書·范升傳》云:"及長,習梁丘《易》《老子》,教授後生。"

淳于恭

《後漢書·淳于恭傳》云:"恭喜説《老子》,清靜不慕榮名,進對陳政皆本《道德》。"

楚王英

《後漢書·楚王英傳》云:"英少時好游俠,交通賓客,晚節更喜黃老學。"

鄭均

《後漢書·鄭均傳》云:"均少好黃老書。"

《東觀漢記》云:"均治《尚書》,好黃老,淡泊無欲,清靜自守,不慕游宦。"

樊融

《後漢書·酷吏·樊曄傳》云:"子融,有俊才,好黃老,不肯爲吏。"

樊瑞

《後漢書·樊準傳》云:"父瑞,好黃老言,清靜少欲。"

翟酺

《後漢書·翟酺傳》云:"好《老子》。"

馬融

《後漢書·馬融傳》云:"注《孝經》《論語》《詩》《易》、三《禮》、《尚書》《列女傳》《老子》《淮南子》《離騷》。"

楊厚

《後漢書·楊厚傳》云:"歸家,修黃老,教授門生,上名錄者三千餘人。"

周燮

《後漢書·周燮傳》云:"常隱處竁身,慕老聃清淨,杜絕人事。"

矯慎

《後漢書·逸民傳》云:"矯慎少學黃老,隱遯山谷,因穴爲室,仰慕松喬道引之術,與馬融蘇章鄉里並時。"

漢桓帝

《後漢書·循吏·王渙傳》云:"延熹中,桓帝事黃老道。"又《西域傳》云:"桓帝好神,數祀浮圖老子。"

樹達按:此竟以老子爲教主矣。

張角

《後漢書·皇甫嵩傳》云:"初,鉅鹿張角自稱大賢良師,奉事黃老道,畜養弟子,跪拜首過,符水呪說以療病者,頗愈,百姓信向之。"

樹達按:此後世道教之始,與老子之學蓋遠矣。

向栩

《後漢書·獨行傳》云:"向栩,向長之後,恒讀《老子》。"

樹達按:長好《老子》見前,此亦家世其學也。

折像

《後漢書·方術傳》云:"像能通《京氏易》,好黄老言。"

劉先

《後漢書·劉表傳》注引《零陵先賢傳》云:"先字始宗,博學強記,尤好黄老,明習漢家典故。"

馮顥

《華陽國志》云:"馮顥字叔宰,廣漢郪人也。作《易章句》,修黄老,恬然終日。"

附非毁老子學者二人

轅固生

《漢書·儒林傳》云:"竇太后好《老子》書,召問固,固曰:此家人言耳。"

劉陶

《後漢書·劉陶傳》云:"陶著書數十萬言,又作《七曜論》匡老子,反韓非,復孟軻。"

(一九二四年六月三日)

《漢書》釋例

一 較量例

《陳咸傳》云:"其治放嚴延年,其廉不如。"虛受堂《補注》本六十六卷十五葉上

《平當傳》云："每有災異，當輒傅經術言得失，文雅雖不能及蕭望之匡衡，然指意略同。"七十一卷九葉下

《張敞傳》云："其治京兆，略循趙廣漢之迹，方略耳目發伏禁姦不如廣漢。"七十六卷十六葉下

《朱博傳》云："其治左馮翊，文理聰明殊不及薛宣，而多武譎。"八十三卷十二葉上

《谷永傳》云："永於經書泛爲疏達，與杜欽杜鄴略等，不能洽浹如劉向父子及楊雄也。"八十五卷十八葉下

《何武傳》云："功名略比薛宣，其材不及也，而經術正直過之。"八十六卷四葉上

《循吏·黃霸傳》云："霸材長於治民，及爲丞相，總綱紀號令，風采不及丙魏于定國，功名損於治郡時。"八十九卷六葉下

《酷吏·甯成傳》云："其治效郅都，其廉弗如。"九十卷四葉上

又《義縱傳》云："縱廉，其治效郅都。"九十卷七葉上

又《尹齊傳》云："遷關都尉，聲甚於甯成。"九十卷十葉上

《游俠·原涉傳》云："涉性略似郭解。"九十二卷十四葉下

《佞幸傳》云："趙談者，以星氣幸，北宮伯子長者愛人，故親近，然皆不比鄧通。"九十三卷三葉上

又《韓嫣傳》云："賞賜儗鄧通。"九十三卷三葉下

又《李延年傳》云："其愛幸埒韓嫣。"九十三卷四葉上

又《淳于長傳》云："其愛幸不及富平侯張放。"九十三卷八葉上

按以上所舉，皆明指其人互爲比較者也。以此知孟堅於漢代人物，高下在心，其書之非苟作，亦可以見矣。此外又有文中絕不指明，而實是暗爲比較者，非細心讀書、心知其意者往往滑過，此尤足以見班書之精密也。例如

《張湯傳》云："間即奏事，上善之。曰：臣非知爲此奏，乃正監

掾史某所爲。其欲薦吏揚人之善,解人之過如此。"五十九卷三葉上

《趙廣漢傳》云:"廣漢爲二千石,以和顏接士,其尉薦待遇吏殷勤甚備。事推功善,歸之於下,曰:'某掾卿所爲,非二千石所及。'行之發於至誠。"七十六卷二葉下

按言廣漢行之發於至誠,即反言張湯之矯僞也。蓋張湯之後張純等東漢初年最爲貴盛,故孟堅不直指比較,而第於《廣漢傳》反言以明之。嗚乎!此馬班之所以爲良史歟!

二 附記例

《申屠嘉傳》云:"自嘉死後,開封侯陶青,桃侯劉舍,及武帝時柏至侯許昌,平棘侯薛澤,武彊侯莊青翟,商陵侯趙周,皆以列侯繼踵,齪齪廉謹,爲丞相,備員而已,無所能發明功名著於世者。"四十二卷八葉上

《公孫弘傳》云:"其後李蔡、嚴青翟、趙周、石慶、公孫賀、劉屈氂繼踵爲丞相,自蔡至慶,丞相府客館丘虛而已。至賀屈氂時,壞以爲廄車庫奴婢室矣。唯慶以惇謹復終相位,其餘盡伏誅云。"八十五卷八葉上

《王貢兩龔鮑傳》云:"漢興,有園公、綺里季、夏黃公、甪里先生,其後谷口有鄭子真,蜀有嚴君平,皆修身自保,非其服弗服,非其食弗食。自園公、綺里季、夏黃公、甪里先生、鄭子真、嚴君平皆未嘗仕,然其風聲足以激貪厲俗,近古之逸民也。"七十二卷一葉下

又傳末云:"自成帝全王莽時,清名之士,琅邪又有紀逡王思,齊則薛方子容,太原則郇越臣仲、郇相稚賓,沛郡則唐林子高、唐尊伯高,皆以明經飭行顯名於世。"同卷二十五葉上

《汲黯傳》云："黯姊子司馬安亦少與黯爲太子洗馬。安文深巧，善宦，四至九卿，以河南太守卒。昆弟以安故同時至二千石十人。濮陽段宏始事蓋侯信，信任宏，官亦再至九卿。"五十卷十四葉上

《貨殖傳》云："其餘郡國富民兼業顓利以貨賂自行取重於鄉里者不可勝數。故秦楊以田農而甲一州，翁伯以販脂而傾縣邑，張氏以賣醬而踰侈，質氏以洒削而鼎食，濁氏以胃脯而連騎，張里以馬醫而擊鍾，皆越法矣。"九十一卷十二葉上

《游俠·劇孟傳》云："及孟死，家無十金之財，而符離王孟亦以俠稱江淮之間。是時濟南瞷氏、陳周膚亦以豪聞。景帝聞之，使使盡誅此屬。其後代諸白、梁韓毋辟、陽翟薛況、陝寒孺紛紛復出焉。"九十二卷三葉下

又《郭解傳》云："自是之後，俠者極衆，而無足數者。然關中長安樊中子、槐里趙王孫、長陵高公子、西河郭翁中、太原魯翁孺、臨淮兒長卿、東陽陳君孺，雖爲俠，而恂恂有退讓君子之風。至若北道姚氏、西道諸杜、南道仇景、東道佗羽公子、南陽趙調之徒，盜跖而居民閒者耳，曷足道哉！"同卷六葉上

又《原涉傳》云："自哀平閒，郡國處處有豪傑，然莫足數。其名聞州郡者，霸陵杜君敖、池陽韓幼孺、馬領繡君賓、西河漕中叔，皆有退讓之風。"同卷十五葉上

《佞幸傳》云："漢興佞幸寵臣，高祖時則有籍孺，孝惠有閎孺，景帝唯有郎中令周仁。昭帝時駙馬都尉秺侯金賞，嗣父車騎將軍日磾爵爲侯。宣帝時，侍中中郎將張彭祖，少與帝微時同席研書。及帝即尊位，彭祖以舊恩封陽都侯，出常參乘，號爲愛幸。"九十三卷一葉上

三 互文相足例

《宣帝紀》云:"詔曰:《詩》不云乎！無德不報。封賀所子弟子侍中中郎將彭祖爲陽都侯。"八卷十四葉下

《張安世傳》云:"明年,復下詔曰:《詩》云:無言不讎,無德不報。其封賀弟子侍中關内侯彭祖爲陽都侯。"五十九卷十葉下

按周壽昌云:"《安世傳》,封關内侯彭祖,無'中郎將'三字,《宣紀》無'關内侯'三字,所謂互文以徵實也。"

《宣帝紀》云:"元康元年夏五月,復高皇帝功臣絳侯周勃等百三十六人家子孫,令奉祀。"八卷十二葉上

《高惠高后文功臣表》云:"絳武侯周勃,元康四年,勃曾孫槐里公乘廣漢詔復家。"十六卷十三葉下

按《通鑑考異》云:"《功臣表》,詔復家者皆云元康四年,其數非一,不容盡訛,蓋紀訛耳。"錢大昕云:表稱元康四年,而紀書於元年,蓋有司奉詔檢校,得實請於朝而復之,非一時所易了。紀所書者,下詔之歲;表所書者,賜復之歲也。今按錢說至確,持此意讀史,史文之差互者皆可以意會矣。

《宣帝紀》云:"邴吉爲廷尉監,治巫蠱於郡邸,憐曾孫之亡辜,使女徒復作淮陽趙徵卿渭城胡組更乳養。"八卷一葉下

《丙吉傳》云:"掖庭令將則詣御史府,以視吉,吉識,謂則曰,汝嘗坐養皇曾孫不謹督笞,汝安得有功！獨渭城胡組淮陽郭徵卿有功耳。"七十四卷八葉下

按顏注云:《宣紀》云趙徵卿,《邴吉傳》云郭徵卿,紀傳不同,未知孰是。周壽昌云:此復作女徒,或傳其家姓,或傳其夫姓,故紀傳有異同也。

《杜延年傳》云:"左將軍上官桀父子與蓋主燕王謀爲逆亂,假

稻田使者燕倉知其謀,以告大司農楊敞。"六十卷三葉上

《燕王旦傳》云:"會蓋主舍人父燕倉知其謀,告之,由是發覺。"六十三卷十二葉下

按《杜延年傳》記燕倉之官職,《燕王傳》記其關係,互文以相足也。

《項籍傳》云:"梁已破東阿下軍,遂追秦軍,數使使趣齊兵俱西。榮曰:楚殺田假,趙殺田角田閒,乃發兵。梁曰,田假,與國之王,窮來歸我,不忍殺。"三十一卷十二葉上

《田儋傳》云:"項梁使使趣齊兵擊章邯。榮曰,楚殺田假,趙殺角閒,迺出兵。楚懷王曰:田假,與國之王,窮而歸我,殺之,不誼。"三十三卷二葉下

按其時項梁臣於懷王,《田儋傳》作懷王語者,據其名也;《項籍傳》作項梁語者,紀其實也。

《項籍傳》云:"榮自立爲齊王,予彭越將軍印,令反梁地。越迺擊殺濟北王田安。"三十一卷十八葉下

《田儋傳》云:"榮攻殺濟北王安,自立爲王。"三十三卷四葉上

按何焯校《項籍傳》云:"《田儋傳》:榮還攻殺安,與《異姓諸侯王表》同。此云越殺,誤也。樹達按:此時越既屬榮,則越殺即榮殺也。《田儋傳》及《諸侯王表》據其名,《項籍傳》紀其實耳。何以爲籍傳之誤,非心知其意者也。"

四　微詞例

《武帝紀贊》云:"如武帝之雄材大略,不改文景之恭儉以濟斯民,雖《詩》《書》所稱,何有加焉?"六卷三十九葉下

按師古注云:"美其雄材大略而非其不恭儉也。"

《成帝紀贊》云:"成帝善修容儀,升車正立,不內顧,不疾言,不

親指,臨朝淵嘿,尊嚴若神,可謂穆穆天子之容者矣。"十卷十六葉上

按何焯云:"謂有其容、爽其德也。"

《張釋之傳》云:"太子與梁王共車入朝,不下司馬門,於是釋之追止太子梁王毋入殿門,遂劾不下公門,不敬。奏之。薄太后聞之,文帝免冠謝曰:'教兒子不謹。'薄太后使使承詔赦太子梁王,然後得入。文帝崩,景帝立。釋之恐,稱疾,欲免去,懼大誅至;欲見,則未知何如。用王生計,卒見謝,景帝不過也。釋之事景帝歲餘,爲淮南相,猶尚以前過也。"五十卷二葉下及五葉上

《西南夷傳贊》云:"三方之開,皆自好事之臣,故西南夷發於唐蒙、司馬相如,兩粵起嚴助、朱買臣,朝鮮由涉何。遭世富盛,能成功,然已勤矣。追觀太宗填撫尉佗,豈占所謂招攜以禮、懷遠以德者哉!"九十五卷二十二葉上

按此以文帝之填撫南越刺武帝之用兵也。

五　記始例

《陳勝傳》云:"初爲王,其故人嘗與傭耕者聞之,迺之陳,叩宫門,曰:吾欲見涉宫門令欲縛之,自辯數,迺置,不肯爲通。勝出,遮道而呼涉,迺召見,載與歸。入宫,見殿屋帷帳,客曰:夥!涉之爲王沈沈者!楚人謂多爲夥,故天下傳之。夥涉爲王,由陳涉始。"三十一卷七葉下

按此記俗言之始。

《蕭何傳》云:"召平者,故秦東陵侯。秦破,爲布衣,貧,種瓜長安城東,瓜美,故世謂東陵瓜,從召平始也。"三十九卷五葉上

按此記物名之始。

《叔孫通傳》云："惠帝嘗出遊離宮，通曰：古者有春嘗菓，方今櫻桃孰，可獻，願陛下出，因取櫻桃獻宗廟。上許之，諸菓獻由此興。"四十三卷十八葉上

《貢禹傳》云："自禹在位，數言得失，書數十上。禹以爲古民無賦算，口錢起武帝征發四夷，重賦於民，民產子三歲，則出口錢，故民重困，至於生子輒殺，甚可悲痛。宜令兒七歲去齒乃出口錢，年二十乃算。天子下其議，令民產子七歲乃出口錢自此始。"七十二卷十五葉下

《儒林傳·梁丘賀傳》云："會八月飲酎，行祠孝昭廟，先敺旄頭劍挺，墮墜，首垂泥中，刃鄉乘輿車，馬驚。於是召賀筮之，有兵謀，不吉。上還，使有司侍祠。是時霍氏外孫代郡太守任宣坐謀反誅，宣子章爲公車丞，亡在渭城界中，夜玄服入朝，居郎間，執戟立廟門，待上至，欲爲逆。發覺，伏誅。故事：上嘗夜入廟，其後待明而入，自此始也。"八十八卷九葉上

《循吏·文翁傳》云："又修起學官，於成都市中招下縣子弟以爲學官子弟。至武帝時，乃令天下郡國皆立學校官，自文翁爲之始云。"八十九卷二葉下及三葉上

《酷吏·趙禹傳》云："禹與張湯論定律例，作見知，吏轉相監司以法，蓋自此始。"九十卷五葉上

《食貨志》云："又興十餘萬人築衛朔方，轉漕甚遠，自山東咸被其勞，費數十百鉅萬，府庫並虛。迺募民能入奴婢得以終身復，爲郎增秩，及入羊爲郎始於此。"二十四卷下七葉下

《公孫弘傳》云："元朔中，代薛澤爲丞相。先是漢常以列侯爲丞相，唯弘無爵。上於是下詔曰：蓋古者任賢而序位，量能以授官，勞大者厥祿厚，德盛者獲爵尊。其以高成之平津鄉戶六百五十封

丞相弘爲平津侯。其後以爲故事,至丞相封,自弘始也。"五十八卷五葉下六葉

按以上記政制之始。

《西域傳》云:"其後日逐王畔,單于將衆來降,護鄯善以西使者鄭吉迎之。既至,漢封日逐王爲歸德侯,吉爲安遠侯。是歲,神爵三年也。乃因使吉並護北道,故曰都護都護之起自吉置矣。僮僕都尉由此罷,匈奴益弱,不得近西域。於是徙屯田田於北胥鞬,披莎車之地,屯田校尉始屬都護。"九十六卷上七葉下

又《鄯善國傳》云:"於是漢遣司馬一人吏士四十人田伊循以填撫之,其後更置都尉,伊循官置始此矣。"九十六卷上十四葉上

按以上記官制之始。

《王莽傳》云:"前輝光謝囂奏武功長孟通浚井,得白石,上圓下方,有丹書著石文曰:告安漢公,莽爲皇帝,符命之起自此始矣。"九十九卷上二十五葉上

按以上記禍變之始。

《賈誼傳》云:"是時丞相絳侯周勃免就國,人有告勃謀反,逮繫長安獄治,卒亡事,復爵邑。故賈誼以此譏上,上深納其言,養臣下有節。是時,大臣有罪,皆自殺,不受刑,至武帝時稍復入獄,自甯成始。"四十八卷三十葉下

按以上記弊政之始。

又按記始乃《春秋》遺法,如書"初作稅畝"是也。自《史》《漢》有此,以下史家皆傚之。

六　自注例

《淮南厲王長傳》云:"淮南厲王長,高帝少子也。其母故趙王

敖美人。高帝八年，從東垣過趙，趙王獻美人，——厲王母也，——幸有身。"四十四卷一葉上

按此文當以"趙王獻美人幸有身"連讀。"厲王母也"四字乃插注之詞，否則文氣不屬。

又同傳云："亡之諸侯游宦事人及舍匿者論皆有法。其在王所，吏主者坐。——今諸侯子爲吏者，御史主；爲軍吏者，中尉主；客出入殿門者，衛尉大行主；諸從蠻夷來歸誼及以無名數自占者，內史縣令主。——相欲委下吏，無與其禍，不可得也。"四十四卷四葉上

按其在王所吏主者坐，諸侯王之吏也。今諸侯子以下云云，則以中朝之制說明吏主者坐意，故亦爲注文。如淳謂御史以下至縣令主皆謂王官屬，非也。注文上下今以直線識之，意更明。

又同傳云："十六年，上憐淮南王廢法不軌，自使失國早夭，乃徙淮南王喜復王故城陽，而立厲王三子王淮南故地，三分之。阜陵侯安爲淮南王，安陽侯勃爲衡山王，陽周侯賜爲廬江王。——東城侯良前薨，無後。——孝景三年，吳楚七國反，吳使者至淮南，淮南王欲發兵應之。"四十四卷八葉上

《儒林傳·王式傳》云："既至，止舍中。會諸大夫博士共持酒肉勞式，皆注意高仰之。博士江公世爲《魯詩》宗，至，——江公著《孝經說》，——心嫉式，謂歌吹諸生曰：歌《驪駒》！"八十八卷十七葉下

《貨殖傳》云："關中富商大賈，大氐盡諸田，——田牆田蘭。——韋家栗氏、安陵杜氏亦鉅萬。"九十一卷十一葉下

《匈奴傳》云："於是冒頓陽敗走，誘漢兵，漢兵逐擊冒頓。冒頓匿其精兵，見其羸弱，於是漢悉兵——多步兵三十二萬——北逐

之。高帝先至平城,步兵未盡到,冒頓縱精兵三十餘萬騎圍高帝於白登。七日,漢兵中外不得相救餉。——匈奴騎,其西方盡白,東方盡駹,北方盡驪,南方盡騂馬。——高帝乃使使厚遺閼氏,閼氏乃謂冒頓曰:兩主不相困,今得漢地,單于非能居之。且漢主有神,單于察之!"九十四卷上八葉下

按多步兵三十二萬,所以注明漢悉兵者也。匈奴騎云云,所以注明精兵三十餘萬騎者也。

《兩粵傳》云:"及諸侯畔秦,無諸搖率粵歸番陽令吳芮——所謂番君者也——從諸侯滅秦。"九十五卷十五葉下

《王莽傳》云:"以故大鴻臚府爲定安公第,皆置門衛,使者監領,敕阿保乳母不得與語,常在四壁中,至於長大,不能名六畜。後莽以女孫——宇子——妻之。"九十九卷中二葉下

按宇爲莽之長子,宇子所以詳說女孫二字者也。

七　終言例

《高祖紀》云:高祖嘗告歸之田,呂后與兩子居田中。有一老父過,請飲,呂后因餔之。老父相后,曰:'夫人,天下貴人也。'令相兩子,見孝惠帝,曰:'夫人所以貴者,乃此男也。'相魯元公主,亦皆貴。老父已去,高祖適從旁舍來,呂后具言,客有過相我子母,皆大貴。高祖問,曰:'未遠。'乃追及,問老父。老父曰:'鄉者夫人兒子皆以君,君相貴不可言。'高祖乃謝曰:'誠如父言,不敢忘德。'及高祖貴,遂不知老父處。"一卷上五葉

《張良傳》云:"五日,良夜半往。有頃,父亦來,喜曰,'當如是。'出一編書,曰:'讀是則爲王者師。後十年興,十三年,孺子見

我濟北,穀城山下黃石,即我已。'遂去不見。良始所見下邳圯上老父與書者,後十三歲,從高帝過濟北,果得穀城山下黃石,取而寶祠之。"四十卷三葉上及十一葉下

八　一人再見例

夏侯勝已見卷七十五兩《夏侯傳》,又見《儒林傳》。京房有傳,見卷七十五,《儒林傳》又見。

呂后有紀,《外戚傳》又有傳。

按一人二見,本於《史記》。子貢已見《仲尼弟子列傳》,又見《貨殖傳》,是其例也。

九　闕文例

《盧綰傳》云:"陳豨者,宛句人也,不知始所以得從。"三十四卷二十二葉上

《荊燕吳傳》云:"荊王劉賈,高帝從父兄也,不知其初起時。"三十五卷一葉上

《劉屈氂傳》云:"劉屈氂,武帝庶兄中山靖王子也,不知其始所以進。"六十六卷二葉上

《循吏傳》云:"王成,不知何郡人也。"八十九卷三葉下

《匈奴傳》云:"自淳維以至頭曼千有餘歲,時大時小,別散分離,尚矣。其世傳不可得而次。"九十四卷上六葉下

按此古史闕文之遺法。

十　説明作意例

《張良傳》云:"良從上擊代,出奇計,下馬邑。及立蕭相國,所與上從容言天下事甚衆,非天下所以存亡,故不著。"四十卷十一葉上

《東方朔傳》云:"朔之詼諧逢占射覆,其事浮淺,行於衆庶,童兒牧豎莫不眩耀,而後世好事者因取奇言怪語附著之朔,故詳錄焉。"六十五卷二十三葉上

《酷吏傳》云:"湯周子孫貴盛,故別傳。"九十卷二十一葉上

《西域・鄯善傳》云:"自且末以往,皆種五穀,土地草木畜產作兵略與漢同,有異乃記云。"九十六卷上十四葉上

(一九二八年三月二十六日)

《漢書》所據史料考

《漢書》百卷,自武帝以前全本《史記》,此人人所知也。然其他率皆出於采獲,不必盡出孟堅之手。今討核本書,細爲搜校,雖叔皮創業,孟堅承父,一家之學,與因龔他人者不同,然欲詳考《漢書》之源流,固不能不論及也。

一　本之父業

《後漢書》卷四十二《班彪傳》云:"武帝時,司馬遷著《史記》,

自太初以後，闕而不錄。後好事者頗或綴集時事，然多鄙俗，不足以踵繼其書。彪乃繼采前史遺事，傍貫異聞，作《後傳》數十篇。"《史通·正史》篇云："《史記》所書，年止漢武，太初以後，闕而不錄。其後劉向，向子歆及諸好事者若馮商、衛衡、楊雄、史岑、梁審、肆仁、晉馮、段肅、金丹、馮衍、韋融、蕭奮、劉恂等相次撰續，迄於哀平間，猶名《史記》。至建武中，司徒掾班彪以爲其言鄙俗，不足以踵前史，又雄褒美僞新，誤後惑衆，不當垂之後代者也。於是採其舊事，旁貫異聞，作《後傳》六十五篇。"按《漢書》百卷，除《志》《表》不計外，以紀及傳之人計數，凡得三百人之譜，其中因襲《史記》者九十餘篇，此據《班馬異同》及《史漢方駕》所載計之。合之班彪所撰六十五篇，約得百五十餘篇，已佔《漢書》紀傳人數之半矣。

今此六十五篇可考見者，卷九《元帝紀贊》云："臣外祖兄弟爲元帝侍中。"注引應劭曰："《元成帝紀》皆班固父彪所作，臣則彪自說也。外祖，金敞也。"卷十《成帝紀贊》云："臣之姑充後宮爲婕妤。"注引晉灼曰，班彪之姑也。又韋賢、翟方進、元后三傳贊皆稱"司徒掾班彪曰"，以元成紀例推之，則三傳自爲彪作。按彪撰實六十五篇。惟此三傳贊明稱"司徒掾班彪曰"，元成紀贊則但稱"贊曰"，并未標署彪名，苟非贊文有"臣外祖、臣之姑"等文及應劭注釋說明，則人亦竟不知其爲彪作矣。師古注《韋賢傳贊》云："漢書諸贊，皆固所爲，其有叔皮先論述者，固亦具顯以示後人，而或者謂固竊盜父名，觀此可以免矣。"樹達按顏籀意祖孟堅，絕非篤論。觀固《敍傳》中於彪續《史記》六十五篇事絕不敍及，而記己撰《漢書》事，亦絕不言秉承先志，與太史公《自序》迥乎不同，則固之攘善盜名，殆無可逭。且據顏說求之，元成二紀贊即不署彪名，其說尤不攻自破。況彪撰《後傳》有六十五篇之多，贊豈止三五首而已。此知固没而不言者甚多,彰彰明矣。顔籀盗襲游秦,攘父兄之美,事正類孟堅,則其左袒孟堅,宜也。《元紀》應劭注謂彪外祖爲金敞,按敞爲金日磾弟倫之孫,倫子安上之子,觀《安上傳》記述子孫特詳,日磾、安上傳疑當爲彪作矣。又《外戚傳》班婕妤篇疑亦彪作。

二 本之劉向歆父子

《漢書》卷二十七《五行志》云:"景武之世,董仲舒治《公羊春秋》,始推陰陽,爲儒者宗。宣元之後,劉向治《穀梁春秋》,數其禍福,傳以《洪範》,與仲舒錯。至向子歆治《左氏傳》,其《春秋》意已乖矣,言《五行傳》又頗不同。是以攬仲舒,別向歆,傳載眭孟、夏侯勝、京房、谷永、李尋之徒所陳行事,訖於王莽,舉十二世以傳《春秋》,著於篇。"樹達按《藝文志》書家有劉向《五行傳記》十一卷,即《五行志》所稱數其禍福傳以《洪範》者也。今《五行志》除仲舒説外,向歆之説最多,蓋此十一卷之書已全采入矣。

《漢書》卷三十《藝文志》云:"至成帝時,以書頗散亡,使謁者陳農求遺書於天下,詔光禄大夫劉向校經傳諸子詩賦。每一書已,向輒條其篇目,撮其指意,錄而奏之。會向卒,哀帝復使向子侍中奉車都尉歆卒父業。歆於是總羣書而奏其七略,故有《輯略》,有《六藝略》,有《諸子略》,有《詩賦略》,有《兵書略》,有《術數略》,有《方技略》,今删其要以備篇籍。"《藝文志》本之向歆,孟堅已明言之矣。

《史通》卷五《採撰》篇云:"班固《漢書》,全同太史。自太初以後,又雜引劉氏《新序》《説苑》《七略》之辭。"按引《七略》者,謂《藝文志》,前條已言之。近人姚振宗謂《漢書·儒林傳》所載經師授受多本《七略》，其説亦信而有徵。其雜引《説苑》今可考見者，路温舒于定國二傳出《貴德》篇，丙吉袁盎二傳本《復恩》篇，《枚乘傳》本《正諫》篇，《吾丘壽王傳》本《善説》篇，《霍光傳》茂陵徐生事出《權謀》篇，《胡建傳》本《指武》篇，《楊王孫傳》本《反質》篇，凡九事。其雜引《新序》者，按《新序》本三十卷，今僅存十卷，故多不可考。然馬邑誘匈奴之事，《史記·韓安國傳》不載安國王恢二人辨論之辭，而《漢書·安國傳》載之獨備，則全本《新序·善謀》篇也。又《趙廣漢傳贊》云："劉向獨序趙廣漢、尹翁歸、韓延壽，馮商傳王尊。"注引張晏曰：劉向作《新序》，不道王尊，馮商續《史記》爲作傳。按晏爲魏晉間人，所見《新序》自爲全本，其言如此。然則趙尹韓三傳當本《新序》之文，殆無疑義。按《説苑·奉使》篇有陸賈事，今《新序》第十卷《善謀》篇載漢事若干事，《漢書》皆同。然此乃劉向與孟堅同錄自《史記》，非《漢書》本二書，故置不論。

《史記》卷五十《楚元王世家》敍元王交之事甚略，似交爲一絕無所表見之人。《漢書》卷三十六《楚元王傳》則不然。首敍其好書多材藝，少時與穆生白生申公等受《詩》於浮邱伯。伯爲孫卿門人云云。後敍申公始爲《詩傳》，號《魯詩》，元王亦次之《詩傳》，號曰《元王詩》。竟以元王與《魯詩》之祖師申公並列，此推重其學術也。又敍交與蕭曹等俱從高祖見景駒，共立楚懷王，因西攻南陽，入武關，與秦戰於藍田云云。又云，高祖即帝位後，與盧綰常侍上出入卧内，傳言語及内事隱謀云云，而於"立賈爲荆王交爲楚王"之下，又綴"先有功也"一語，此推交之功業也。又敍王子富、富子辟彊、辟彊子德，皆頗詳悉，略無貶辭。蓋向爲德之子，愚疑此文蓋亦向歆父子之文。文出《續補史記》，或本之《自序》，則無可考矣。《董仲舒傳贊》引向歆父子之辭，以係評論之語，非史實，故不具述。

三　本之褚少孫

班氏書有本之褚少孫者，如《衛青傳》尚主一事，本褚補《外戚世家》；《武五子傳》燕齊廣陵三王策書本褚補《三王世家》，是也。

四　本之馮商

《藝文志》"春秋家"有《馮商所續太史公》七篇。注引韋昭曰："馮商受詔續《太史公》十餘篇，在班彪別錄。商字子高。"師古引《七略》云："商，陽陵人，治《易》，事五鹿充宗，後事劉向。能屬文，與孟柳俱待詔，頗敍列傳，未卒，病死。"《張湯傳贊注》引如淳云："班固目錄：馮商，長安人，成帝時以能屬書待詔金馬門，受詔續《太史公書》十餘篇。"按韋昭記商續《史記》篇數爲十餘篇，與志文違異。然昭云在班彪《別錄》，則昭自當目覩其書，殆無差誤。且如淳引班固《目錄》亦云十餘篇，知十餘篇之説爲信。志記止七篇者，班仍用《七略》之文，未及改正耳。今馮商之續傳可推見者有二篇，其一爲張湯。《漢書》卷五十九《張湯傳贊》云：馮商稱張湯之先與留侯同祖，而司馬遷不言，故闕焉。據此，商當有《張湯傳》也。其二爲王尊。《漢書》卷七十六《趙尹王張傳贊》云："劉向獨序趙廣漢、尹翁歸、韓延壽，馮商傳王尊，楊雄亦如之。"注引張晏曰："劉向作《新序》不道王尊，馮商續《史記》爲作傳，楊雄作《法言》，亦稱尊之美也。"樹達按："雄既曾續《史記》，則所謂楊雄亦如之者，正謂雄嘗作《王尊傳》也。張晏舉《法言》爲説，非是。周壽昌《漢書注校補》卷四謂《漢書·王尊傳》當是商作原文。樹達按馮商楊雄既皆

421

同作《王尊傳》,則班采商或采雄,或二人兼采,皆不可知,不可遽定爲商一人之作也。至錢大昕謂《馮奉世傳》當是馮商之文,其說非是。說見下'馮衍'條。又所謂'續太史公'者,似當謂續太史公所無,若太史公所已有者,則不必續。然《史記》已有《張湯傳》,而馮商復爲之,《史記》已有《楚元王世家》,而向歆復補之,然則據已有之文而增補其所未備,今人當稱爲補者,古人亦稱爲續也。"

五　本之楊雄

《漢書》卷八十七《楊雄傳贊》云:"雄之《自序》云爾。"此班采楊雄明見於本書者也。又楊雄曾作《王尊傳》,班或采用其文,說見前條,不復述。《東方朔傳贊》全采《法言》之文,此批評之詞,非史實,故不述。

六　本之馮衍

《漢書》卷七十九《馮奉世傳》敍馮氏世系百餘言,與司馬遷楊雄《自序》絕相類。錢大昕《二十二史考異》及《三史拾遺》并云:"竊意馮商續《太史公書》,亦當有《自序》,而班史采用之,故與他傳不同。"按錢氏此說雖具妙悟,而斷案則非。馮奉世爲杜陵人,而商爲陽陵人,與奉世殆不相涉。據《史通・正史》篇,續《史記》者有馮衍,衍爲奉世後人,《後漢書》卷二十八衍傳載衍所著有《自序》,又衍傳中引《自論》,蓋即其《自序》,此正衍《自序》之文而班采用之耳。傳云,"其先馮亭爲上黨守,秦攻上黨,絕太行道,韓不能守,馮亭乃入上黨於趙。"按亭為上黨守,則當守止黨之任者亭也。文乃不云亭不能守,而云"韓不能守。亭乃入上黨於趙"抑若亭毫不任其責焉者。此非子孫敍其先祖,決不當有此曲筆。此又從本文紬繹可斷知其為衍作者也。

七 本之韋融

《漢書》卷七十三《韋賢傳》敍與賢相距五世之先祖韋孟事,又詳載孟諫楚王戊之《詩》及《在鄒之詩》,而終乃云:或曰其子孫好事述先人之志而作是詩也。蓋既采其事而又疑之。又《韋玄成傳》詳載毀廟奏文,與他傳不類。故東漢胡廣即謂此等應載入《郊祀志》,不當在《玄成傳》。樹達按:《史通·正史》篇記續《史記》者有韋融,班之此傳蓋采自融。其引或說謂子孫好事述先人之志而作是詩,即疑其融所為也。《班彪傳》稱續《史記》諸人為好事者,此亦云其子孫好事者所作,尤足互相印證矣。

八 本之班昭馬續等

固著《漢書》八表、天文志未及竟而卒。和帝詔昭就東觀藏書閣踵而成之。事具《後漢書》卷八十四《列女·曹世叔妻傳》。後又由王紹馬續繼昭撰成。袁宏《後漢紀》云:馬續博覽古今,同郡班固著《漢書》百篇,其七表及《天文志》有錄無書,續盡踵而成之。後書未及。

九　餘論

《後漢書・班彪傳》云："後好事者頗或綴集時事，然多鄙俗，不足以踵繼其書。"李注云："好事者謂楊雄、劉歆、陽城衡、褚少孫、史孝山之徒也。"《史通・正史》篇云："其後劉向、向子歆諸好事者若馮商、衛衡、楊雄、史岑、梁審、肆仁、晉馮、段肅、金丹、馮衍、韋融、蕭奮、劉恂等相次撰續。"按李注舉楊雄、劉歆、陽城衡、褚少孫、史孝山五人，劉子元所舉者凡十五人，李注之史孝山即《史通》之史岑，史通之衛衡與李注之陽城衡殆係一人而文有誤衍。考《太平御覽》八百十五引桓譚《新論》云："陽城子張名衡。"《通志略》引《風俗通》云："漢有議大夫陽成公衡。"假定二說無誤，則李注之陽城衡當作陽城衡，《史通》之衛衡衡乃衡之誤衍，衡上又當奪陽城二字。綜合李劉二說，二家同舉者凡四人。即一楊雄，二劉歆，三陽城衡，四史岑，即史孝山，是也。如此則續史記者實得十六人。據李注則劉歆亦在好事者之內，而《史通》則向歆父子別出，而以馮商以下十三人為好事者，此則兩家見解略有不同者也。人或疑：續《史》諸家既以鄙俗見譏，則班氏不當采用其書，其說非也。試觀彪評量《史記》，謂其採摭經傳，分散百家，事甚多疏略，不如其本，務欲以多聞廣載為功，論議淺而不篤：論術學則崇黃老而薄五經，序貨殖則輕仁義而羞貧窮，道游俠則賤守節而貴俗功。彪歷詆遷書如此，而班書之因仍《史記》自若也。況其仍用向歆父子楊雄馮衍之著作者，歷有明徵，而謂其不肯采用，不亦誣乎！

班氏采摭前修，成為傑著，人或以此少班氏，宋代鄭漁仲則竟肆其醜詆,謂固於孝武以前全襲遷書,為盜襲而無恥,此則不通之論也。敍述史事,豈能憑空結撰！說本章實齋苟以此為班罪,則史遷之采摭《尚書》《左氏》《國語》《國策》《世本》及《楚漢春秋》者不亦同為襲取乎？而鄭氏不譏,抑又何也？愚謂班氏采摭之弘,不惟不當為罪,而其書之所以傑出正在乎此。何以明之？據《後漢書》固傳,固除蘭臺令史,曾與陳宗等共撰《世祖本紀》,及為郎,又撰功臣平林新市公孫述事作列傳載記二十八篇。晉傅玄《書事》篇曰："觀孟堅《漢書》,實命世奇作,及與陳宗尹敏杜撫馬嚴撰《中興紀傳》,其文曾不足觀,豈拘於時乎！何不類之甚者也！"今觀《東觀漢記》諸紀傳,為文不類,礭如傅子所言。蓋前書所據,材料豐盈。猶之漁人入海,薪者登山,可以恣其采擇。而中興以後事則大不然,此二者優劣所由分也。蓋因人易美,創業難工,今古同然,非獨一人一事矣。

後漢王堂世系考

後漢王堂范氏《後漢書》卷三十一及聚珍本《東觀漢記》卷二十、汪文臺輯本張璠《漢記》皆有傅。《東觀記》及張氏書出於後人綴輯,僅各及堂事一則,簡略殊甚。范書記堂事較詳,而於其子孫,則但云："子穉,清行不仕。曾孫商,益州牧劉焉以為蜀郡太守,有治聲。"他無所及,亦頗簡略。余讀常璩《華陽國志》,觀其所記,不惟堂本人事蹟足補范書之缺,而於堂祖母及堂繼妻文季姜及堂子女名字,及堂子博、雉、子婦楊進、孫婦張叔紀、曾孫商、士、甫、玄孫彭、六世孫化、振、岱、崇事實,雖詳略不同,皆各有所記述,幾可作王堂一家支譜讀之。又常氏書有《王祐傳》,不云是堂之子孫,然余據常書目錄,知祐確為堂孫。說詳當條下。惟常氏書於王族諸人,散見各篇,不便尋覽,茲為列一表,並取常氏各傳錄於後,以便讀范史者有所參證云。

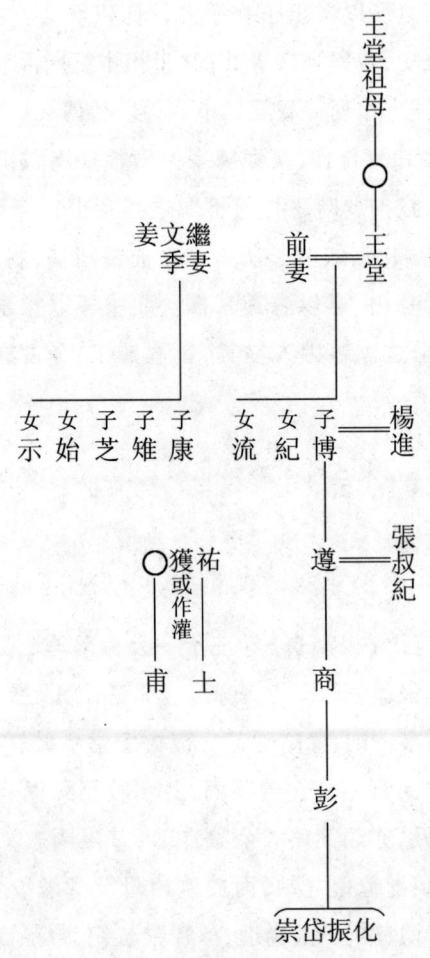

一　王堂祖母

《華陽國志》卷十下《梓潼士女讚·文季姜傳》云：祖母性嚴，子孫雖見官二千石，猶杖之，婦跪受罰。堂歷五郡，祖母隨之官，後以年老不願遠鄉里，姜亦常侍左右。

二　王堂

同書卷十中《廣漢士女讚》云：王堂字敬伯，郪人也。初臨巴郡，進賢達士，舉孝子嚴永、隱士黃錯及張璠、陳髦，民為立祠。徙右扶風，政教嚴明。帝舅車騎將軍閻顯、大將軍竇憲、中常侍江京等囑託，輒拒之。白鹿見象，不以為祥。徙魯相，又徙汝南守，舉陳蕃為功曹，應嗣下缺司隸校尉，號知人之鑑。

又卷十二《士女目錄》云：司隸校尉王堂，字敬伯，郪人。

樹達按：此傳與范書堂傳互有出入，足相參證。其為巴郡太守時舉孝子隱士等事，范書所未載也。應嗣下缺文，據范書及鍾岏《良吏傳》當是為主簿三字，司隸校尉為堂最後歷官，目錄可證。

三　堂繼妻文季姜

同書卷十下《梓潼士女讚》云："季姜，梓潼文氏女，將作大匠廣漢王敬伯夫人也。少讀《詩》、《禮》，敬伯前夫人有子博、女紀、流二人。季姜生康、雉、芝、女始、示，凡前後八子，撫育恩愛，親繼若一堂。紀流出適，分己侍婢給之。博好寫書，姜手為作囊，於是內門相化，動行推讓。博妻犍爲楊進及博子遵婦蜀郡張叔紀服姑之教，皆有賢訓，號之三母。堂亡，姜勅康雄芝婦事楊進如姑，中外則之，皆成令德。季姜年八十一卒。四男棄官行服，四女亦從官舍交赴，內外冠冕，百有餘人，當時榮之，王氏遂世興。"

四　堂長子博

同書卷十二《士女目錄》云："堂長子博失官位。"

樹達按：《文季姜傳》云，"博好寫書"，則固好學之士矣。

五　博妻楊進

同書卷十中《犍爲士女讚》云："進，武陽楊氏女，大匠廣漢王堂長子博妻也。博後母文，有母儀之德，楊進則其教爲行，閨門雍睦。軻䣥太守李裻家亦假係，每不和，嘆恨徒富貴學問，不及博家也。"

樹達按：係古與繼通用，假繼謂假子與繼母也。漢人謂前妻之子爲假子，漢書七十六《王尊傳》云：美陽女子告假子不孝，是其證也。

六　堂少子雄

同書卷十中《廣漢士女讚》云："王雄，字叔起，堂幼子也。屢拒孝廉，公府十五辟，公車徵，及授二千石，徵以太常，終不詣。年八十一卒。門人錄其本行，諡曰憲父。癸未詔書以安車聘，會已亡。"

又卷十二《士女目錄》云："聘士王雄字叔起，諡曰憲文，雒人，堂少子。"

樹達按:《目錄》云:"諡曰憲文。"文字是。傳父字疑誤。《目錄》雉人,雉字誤。少子,少字是。傳作幼子,幼字誤。緣雉尚有弟芝也。雉范書作稺。

七　博子遵

同書卷十二《士女目錄》云:"博子遵亦失官位。"

八　遵妻張叔紀

同書卷十上《蜀郡士女讚》云:叔紀,霸女孫也。適廣漢王遵,至有賢訓,事姑以禮。生子商,海內名士。廣漢周幹、古朴、彭勰、漢中祝龜為作頌曰:"少則為家之孝女,長則為家之賢婦,老則為子之慈親,終溫且惠,秉心塞淵,宜諡曰孝明惠母。"

九　堂孫祐與獲

同書卷十中《廣漢士女讚》云:王祐,字平仲,郪人也。少與雉高士張浮齊名,不應州郡辟命。司隸校尉陳紀山名知人,稱祐天下高士。年四十二卒。弟獲志其遺言,撰《王子》五篇。東觀郎李勝,文章士也。作誄方之顏子,列畫學官。舊校云,獲一作灌。

又卷十二《士女目錄》云:"文學高士王祐,字平仲,郪人也。弟灌,有文才,而不悉行事也。"

樹達按:"祐傳不言祐為堂之後,然目錄王士下云:子祐。按目錄例皆言某子某弟，無言子某弟某者，且目錄列祐於漢世，而士甫則在劉氏及二牧時，尤可證子祐為祐子之誤倒，士既為商之弟詳見下。則祐為堂之孫明矣。

十　遵子商

同書卷十中《廣漢士女讚》云：王商，字文表，廣漢人也。博學多聞，州牧劉璋辟為治中，試守蜀郡太守。荆州牧劉表大儒南陽宋仲子遠慕其名，皆與交好。許文休稱：商，中夏王景興輩也。商勸璋攬奇拔雋，甚善匡捄，荐致名士安漢趙韙及陳實、盛光、墊江龔楊、趙敏、黎景、閬中王澹、江州孟彪，皆至州右職郡守。又為李嚴立祠，正諸祀典，在官十一年而卒。

又卷十二《士女目錄》云：善績：蜀郡太守王商，字文表，遵子也。

樹達按：范書云：益州牧劉焉以為蜀郡太守，此云劉璋，與范書異。

十一　商弟士與甫

同書卷十中《廣漢士女讚》云：王士，字義強，從弟甫，字國山：文表諸弟也。士歷宕渠犍為益州太守。甫善言議，人流美稱，自縣竹令為州右職。

又卷十二《士女目錄》云：益州太守王士，字義强，郪人也，祐子。

又云：別駕從事王甫，字國山，士從弟也。

樹達按：祐子原誤倒作子祐，今改正，說見上。

十二　商子彭

同書卷十一《後賢傳》云：王化，字伯遠，廣漢郪人也。漢將作大匠王堂後也。祖父商，字文表，州牧劉璋時為蜀太守，有懿德高名，在《耆舊傳》。父彭，字仲口，巴郡太守。

十三　彭子化

同書卷十一《後賢傳》云：化兄弟四人，少有令望。化治《毛詩》、三《禮》、《春秋公羊傳》。郡命功曹，州辟從事、光錄、郎中、主事、尚書郎，除閬中令。為政清靜，察孝廉。大同後，端右郡察孝廉，為樂浪令。縣近邊塞，值胡虜反，化率吏民積穀堅守，虜斷道重圍，孤絕七年。伺虜怠惰，出軍討之，民得野掠。大軍至，虜退。以功封關內侯，遷朱提太守，撫和殊俗，得夷晉心。轉任梓潼，復有稱績。為人嚴重，言論方雅，臧否允衷，州里服其誠亮。年七十二，卒官。

十四　化弟振

同書卷十一《後賢傳·王化傳》云：化弟振，字仲遠，亦有德望，廣都令，巴東太守。

十五　化弟岱

又《王化傳》云：化叔弟岱，字季遠，恪居官次，歷廣陽作唐令，早亡。

十六　化弟崇

又《王化傳》云：化少弟崇，字幼遠，學業淵博，雅性洪粹，蜀時東觀郎。大同後，梁州辟別駕，別舉秀才、尚書郎。與壽良李宓、陳壽、李驤、杜烈同入京。終為二州標儁。五子情好未必能終，惟崇獨以寬和無所彼此。著《蜀書》及詩賦之屬數十篇。其書與陳壽頗不同，官至上庸蜀郡太守。

後論

余綜觀王氏一家事跡而有感焉。自堂至其六世孫王化兄弟，歷漢三國晉三代，冠紱不絕，代有聞人，而其源則由於堂祖母義方之教。堂親受薰陶，故其為人方正嚴恪，獨立不移。繼以文季姜楊進張叔紀諸人克紹家風，賢聲不墜，王氏之世興，不亦宜乎！讀史者觀於此可以知王堂祖母之能以身作則矣。

（一九三一年十二月二十日）

《漢西鄉侯兄張君殘碑》跋

碑文首缺，云：西鄉侯之兄，冀州刺史之考也。蓋張仲興周室云云。吳君士鑑《九鐘山房金石跋尾》據《魏志・張既傳》定為既之兄。吳文亦見《陶齋藏石記》卷三。端方《陶齋藏石記跋》云："吳說差為近似。然既兄歷官必在東漢之季，不必如吳君之說皆以魏之疆域官制限之。必如此，而後可以不疑於碑文夷陵侯之文，嫌夷陵屬吳，其侯封不得為魏領。惟考諸《文獻通考》及萬斯同《歷代史表》，東漢及魏無夷陵侯之稱，魏之刺史亦無張姓其人，則當闕疑以俟達者。"樹達按：端氏糾正吳君，其說良是。然以愚考之，則此實漢碑，非魏碑也。按《後漢書》卷七《桓帝紀》云："延熹二年八月詔封單超等五人為縣侯，尹勳等七人為亭侯。"章懷注云："七亭侯，謂尹勳宜陽都鄉，霍諝鄴都亭，張敬山陽西鄉，歐陽參修武仁亭，李瑋宜陽金門，虞放冤句呂都亭，周永下邳高遷鄉。"然則碑文西鄉侯乃東漢末之張敬，非魏之張既也。夷陵侯者，《後漢書》卷七十八宦者《孫程傳》載順帝誅閻顯後錄功封十九侯詔書有云："魏猛為夷陵侯，二千戶。"是夷陵侯之為漢末封侯，又無疑義。按張敬之封，范史僅見於《劉瑜傳》，然不記其封地，幸賴李注詳釋，可以考訂此碑。吳君既略而不及，端氏雖致疑於吳君之說，但據類書檢索，不能博稽，亦為疏失。如愚所釋，庶幾斬斷葛藤乎！此碑今歸秋浦周君季木，周君著漢晉石影，定為漢碑，不從吳端之說，至為有見。特周君未明著其說，余故為之考定如此。萬氏《史表》卷二《漢宦者侯表》有魏猛，端語殊失實。

（一九三一年十月十四日）

余為此文後，武昌友人徐君行可見而喜之。屬吾友武陵余君季豫錄於所藏此碑之後。於是季豫復撰跋一首，於碑中文義事實，考核極詳，並定名為《漢池陽令張君碑》。蓋余於此碑，闢荊榛而粗引其端，季豫則設門庭而大竟其委，而此碑殆鮮有賸義矣。一九三六年八月自記。

《漢劉伯平鎮墓券》跋

上虞羅氏振玉《丙寅稿》載《漢劉伯平鎮墓券》云："□月乙亥朔二十二日丙申，□天帝下令，移前雒東鄉東邸里劉伯平，薄命，（闕數字）醫藥不能治，歲月重復，辶與同時，魅鬼尸注，皆歸墓父大山君召，（闕數字）相念苦，勿相思，生屬長安，死屬太山，死生異處，不得相妨，須河水清，大山（闕數字）六丁有天帝數，如律令。"又載《朱書買地鉛券》裏面次行有"見命蚕死及生人屬西長"共十字，羅氏跋《鎮墓券》云：其曰"生屬長安死屬太山"者，予舊藏延熹陶瓿有"生人屬西長安，死人屬東太山"。予別藏斷簡亦有此語，但脫死人屬東之東字耳。樹達按：《後漢書》卷九十《烏桓傳》云："至葬，則歌舞相送，肥養一犬，以彩繩纓牽，并取死者所乘馬衣物皆燒而送之，言以屬累犬，使護死者神靈歸赤山。赤山在遼東西北數千里，如中國人死者魂神歸岱山也。"李注引《博物志》云："泰山，天帝孫也，主召人魂。東方萬物始，故知人生命。"按以羅氏所藏諸物證之，知蔚宗所記良不誣矣。《文選》卷二十三劉公幹《贈五官中郎將詩》云:"余嬰沈痼疾,竄身清漳濱;自夏涉玄冬,彌曠十餘旬。常恐游岱宗,不復見故人。"善注引《援神契》曰:"太山,天帝孫也,主召人魂。"按讖緯起於哀平,然則此說西漢時已有之矣。《魏志》卷十四《蔣濟傳注》引《列異傳》曰:"濟為領軍,其婦夢見亡兒涕泣曰:死生異路,我生時為卿相子孫,今在地下,為泰山伍伯,憔悴困辱,不可復言。今太廟西謳士孫阿,今見召為泰山令,願母為白侯,屬阿令轉我得樂處。"余友陳君寅恪語余云:三國時所譯佛經有一種,凡梵文地獄字,皆譯為泰山。以劉公幹詩及蔣濟婦夢事合觀之,知此說至三國時猶然,陳君所言良為審核矣。

(一九三一年十一月一日)

《漢相府小史夏堪碑》跋

碑文云:"娉會謝氏,并靈合柩。"用會字為妻字之義。按《意林》及《太平御覽》八百四十六引《風俗通》云:"汝南張妙會杜士,士家娶婦,酒後相戲,張妙縛杜士,捶二十下。"亦以會為妻義,與碑文正同。《爾雅釋詁》訓仇偶妃匹會為合,又訓仇妃為匹,又訓妃合會為對。雖似分訓,義實相通。然則稱妻為會,亦古義也。而郝氏懿行《爾雅義疏》不之及,失之矣。又按稱妻為會,猶古人之稱子女為息,蓋夫婦由於會合,子女由於生息,其事正相類也。

(一九三一年十一月八日)

《漢朝侯小子殘碑》跋

　　碑文首缺，云："朝侯之小子也。"按《後漢書》卷三十九《劉般傳》云："建武二十年，復與車駕會沛，因從還洛陽，賜穀什物，留為侍祠侯。永平十年，徵般行執金吾事，從至南陽，還為朝侯。"此朝侯之見於史文者也。《後漢書》卷十六《鄧禹傳注》引《漢官儀》云："諸侯功德優盛朝廷所敬者，位特進，在三公下。其次朝侯，在九卿下。其次侍祠侯，其次下土小國侯。以肺腑親公主子孫奉墳墓於京師，亦隨時朝見，是為隈諸侯也。"《通典·職官部》引《漢官儀》云："皇后父兄率為特進侯，朝會位次三公。其功臣四姓為朝侯、侍祠侯，皆在卿校下。"此朝侯之見於漢人記載者也。觀此知侍祠侯位次於朝侯，可以知劉般以侍祠侯為朝侯之故矣。《華陽國志》卷二《漢中志》云："世祖嘉錫光忠節，徵拜射聲將軍朝侯祭酒，封鹽水侯。"按漢無祭酒官名，朝侯祭酒蓋謂朝侯之祭酒，此猶荀卿為稷下諸生祭酒。《吳王濞傳》稱吳王為祭酒，為諸侯王之祭酒矣。

（一九三一年十二月二十六日）

《漢賈武仲夫人馬姜墓門石記》跋

　　余友鄞縣馬叔平教授見示此石記拓本，文曰："惟永平_{此三字今泐，原有，叔平曾見之。}七年七月二十一日，漢左將軍特進膠東侯第五子賈武仲卒,時年二十九。夫人馬姜,伏波將軍新息忠成侯之女,明德皇后之姊也。生四女,年二十三而賈君卒。夫人深守高節,劬勞歷載,育成幼媛,光□祖先,遂升二女為顯節園貴人。其次適鬲侯朱氏,其次適陽泉侯劉氏。朱紫繽紛,寵禄盈門,皆猶夫人。夫人以母儀之德,為宗族之覆,春秋七十三,延平元年七月四日薨。皇上閔悼,兩宫賻贈,賜祕器□禮,□九月十日葬於芒門舊塋。□□子孫懼不能章明,故刻石紀。"下缺數字。云云。按《後漢書·賈復傳》:復於建武十三年定封膠東侯。又《馬援傳》:援以破平交阯女子徵側徵貳功,封新息侯。肅宗時,追諡援為忠成侯。據此知此墓主為馬援之女、賈復子婦。以記文延平元年薨春秋七十三推之,馬姜當生於光武建武十年甲午。其夫賈武仲卒於永平七年,年二十九,其年夫人年當為三十一歲。記文言年二十三而賈君卒,殆緣於以後推前誤數之故,非事實也。《後漢書·明德馬皇后紀》載:援卒後,梁松竇固譖援,家益失勢,后從兄嚴不勝憂憤,上書求進女掖庭。書云:"援有三女,大者十五,次者十四,小者十三云云。由是選后入太子宫,時年十三。是馬后為援之小女甚明。記文云夫人為明德皇后之姊,羅君叔言《遼居稿》跋此記,謂援卒於建武二十四年,時夫人年正十五,羅君意以與嚴上書所言大者十五相合,遂定夫人為馬后之長姊。今檢《後漢書》援傳,援實卒於建武二十五年,袁宏紀卷八云:卒於二十六年,誤。以夫人生年推之,是年當為十六歲。與嚴上書所記援三女之年歲俱不相合。又據《援傳》,援卒於二十五年暑甚以後,中經梁松竇固之譖,及嚴前後上書訟冤六次,援始得歸葬舊塋。及嚴上書進女,必在援冤大白之後,而在未上書之前,尚有與竇氏絕婚一事,則羅君定嚴之上書進女即在援卒之年者,自為過早。按《太平御覽》百三十七引司馬彪《續漢書》,謂馬后以建武二十八年年十三入太子宮，然則后之獲選，乃在援卒後三年。揆之當日情勢，最為合理。若依此年計算，夫人年當為十九。與嚴言三女年齡差數愈大，不相符合。蓋援有三女云云者，嚴第舉當時未嫁之諸女而言。馬姜當時蓋已嫁於賈氏，即或未嫁，必已受聘，自不在三女之內也。羅君既誤以嚴言大者十五當夫人，又誤會援有三女為援女子子之總數，故謂夫人為后之長姊，誤矣。若依記中誤文年二十三而賈君卒推之，建武二十八年，夫人年當為十一，如此則年且幼於馬后，不得為后姊矣。此又可證知二十三之必為誤文也。記文記夫人生四女，升二女為顯節園貴人，羅君因以章帝生母之賈貴人當之。按《後漢書·馬后紀》云：時后前母姊女賈氏亦以選入，生肅宗，《賈貴人傳》記貴人於建武末選入太子宮，中元二年生肅宗，羅君意以《后紀》所謂前母姊者即指夫人而言，故云據此知夫人為明德皇后之異母姊。按古人於弟有母弟之稱，如《左傳》得罪於母弟之寵子帶是也。而兄稱母兄姊稱母姊者，絕未之見。且中元二年，夫人年僅二十四歲，如此年少，遽當有外孫乎？羅君亦知此說之不可通，則曰：以碑所載夫人卒年推之，賈貴人生肅宗之年，夫人年甫二十四，賈貴人必為賈武仲前妻子，非夫人所生也。抑思武仲年齡尚少於夫人二歲，二十四歲之女子不能有外孫，二十二歲之男子却可有外孫乎？且記文明云生四女，下文詳記其四女所適，則云升二女為顯節園貴人，其次適鬲侯朱氏，其次適陽泉侯劉氏，又重之以朱紫繽紛寵祿盈門皆猶夫人，羅君謂猶通由，是也。而謂升為貴人之二女非夫人所生，可乎？余謂《后紀》所稱后前母姊女者，乃謂后前母之姊之女，故《太平御覽》百三十七引《續漢書》稱章帝母賈貴人為明德皇后之姨女，姨女謂從母之女，正與此合。此則章帝生母之賈貴人，於后為中表姊妹，而非后之姨甥女如羅君所釋也。要之以為姜之年計算，章帝生母之賈貴人，必非武仲女之賈貴人，否則決不可通。至鬲侯為朱祐封爵，陽泉侯無可考，羅君已言之矣。

或曰：碑文顯節園貴人果如羅說為章帝生母者，則文當記述其事以為榮寵，豈有置之不言之理！即此足知羅說之非矣。愚謂此說却不然。《後漢書·皇后紀·賈貴人傳》云："章帝既為太后所養，專以馬氏為外家，故貴人不登極位，賈氏親族無受寵榮者。"《蔡中郎集·司徒袁公夫人馬氏碑銘》云："伏波將軍女在淑媛，作合孝明，誕生孝章。"伯喈在東漢末季，尚謂章帝誕自馬后，不敢言出自賈貴人，則作此記者宜亦未能言之，故不足以是為依據也。

（一九三二年二月一日）

《新嘉量銘》跋

銘文云："黃帝初祖，德帀於虞；虞帝始祖，德帀於新。"按帀《說文》六篇下"帀部"訓周，《廣雅釋詁》卷一訓徧。施之此文，皆未密合。竊謂帀當讀為集，《詩·大雅·大明》篇云："天監在下，有命既集。"《毛傳》云："集，就也。"《書·文侯之命》云："惟時上帝集厥命于文王。"《毛公鼎》云："惟天將集厥命。"《左氏·成公十三年》傳云："亦悔於厥心，用集我文公。"杜注云："集，成也。"銘文蓋謂初祖皇帝有聖德，遂成就虞代而舜受堯禪，始祖虞舜復有聖德，今乃成就新室而莽受漢禪也。《淮南子·詮言》篇云："以數雜之壽，憂天下之亂。"許注云：雜，帀也，從子至亥為一匝。按許謂《淮南》假雜為帀也。雜字從衣集聲。玄應《一切經音義》卷十一云："帀古文諜。"此皆市集二文古通之證也。古人往往因避複而變文。下文云"龍集戊辰"，假市為集，殆以此歟。頃者吾友馬叔平先生見示以近著《新嘉量考釋》一文，考核精詳，足裨學者。惟市字用《說文》《廣雅》之訓，愚輒以意說之如此。容當質之馬君，未審果有當否也。

（一九三六年十月十日）

《魏曹真殘碑》跋

碑文云："矢石閒豫，侍坐公子，將鮇同生，使少長有序。"《陶齋藏石記》卷三載楊守敬《壬癸金石跋》云："此似言真嘗侍太祖，其將鮇二子孿生者亦使少長有序也。然考真六子，爽、羲、訓、則、彥、皚，無所謂將鮇者，未能明也。"樹達按兄弟同生，故古人謂兄弟為同生。《左傳·襄三十年》云"罕駟豐同生"，是也。《風俗通》卷三《愆禮》篇云："今杖者皆在權戚之門，至有家遭齊衰同生之痛，俯伏墳墓而不歸來，真不愛其親而愛他人者也。"《史記·魏其侯傳》云："夫安敢以服為解。"《索隱》云："服謂期功之服也。故應璩書曰：仲孺不辭同生之服也。"此漢魏人謂兄弟為同生之證。《風俗通·愆禮》篇又云："太原郝子敬嘗過姊飯，留十五錢默置席下而去。孔子食於施氏，未嘗不飽，何有同生之家而顧錢者哉？"是姊妹亦可云同生，以姊妹與兄弟皆為同氣故也。產與生同義，故同生亦或云同產。《墨子·號令》篇云"歸敵者父母妻子同產皆車裂"，是也。兩《漢書》中同產尤為習見。按《魏志》卷十九《陳思王植傳》云："植既以才見異，而丁儀丁廙楊修等為之羽翼；太祖狐疑，幾為太子者數矣。而植任性而行，不自彫勵，飲酒不節。文帝御之以術，矯情自飾，宮人左右並為之說，故遂定為嗣。"此述陳思王與文帝互爭繼嗣事甚明。當時臣下分黨擁戴，事又散見《魏志》各傳。碑文謂"將穌同生"者，謂欲使其兄弟和協。文帝為兄而陳思乃其弟，真乃黨於文帝者，故云"令少長有序"。然則名為和協，實則有所偏袒也。此事爲真傳所不載。然文帝即位後，真特見寵擢封侯。碑文所言，正可說明其故。此金石文字足補史家缺逸者，楊氏乃全誤解文義，抑思太祖何得稱"公子"，又疑"將穌"為真子之名，釋"同生"為孿生。果如所釋，將侍坐時則少長有禮，否則少長失次乎？且應對進退，乃家人教子弟之常，何用大書深刻列之碑版乎？知其必不然矣。

（一九三一年十月十四日）

《陶齋臧甎記》跋

此書所載漢葬甎，大抵皆罪人也。如五葉載《史仲葬甎》云："□和三年□月七日，弘農盧氏完城旦史仲死在此下。"文四行直行，此四行之上又有自右至左"史仲死"三字。九葉《東門當葬甎》云："永元二年九月二十日，潁川武陽髠鉗東門當死在此下。"三行直行，上又有由右至左"東門當死"四字。十二葉《張護葬甎》云："城旦張護，永元六年十二月十四日物故，死在□下。"四行直行，上又有自左向右"張護死在此"五字。樹達按《史記》卷百十八《淮南厲王長傳》云："大夫但士五開章等七十人與棘蒲侯太子奇謀反，吏覺知，使長安尉奇等往捕開章，長匿不予，與故中尉簡忌謀殺以閉口，為棺槨衣衾，葬之肥陵邑。謾吏曰：不知安在。又詳聚土，樹表其上，曰：'開章死埋此下。'"《漢書》四十四《長傳》大同。

按開章為謀反罪人，樹表之辭與諸葬甎相合，知漢世罪人葬埋表識例皆如此矣。惟甎文諸死字，若如字讀之，則語為無謂。且張護甎既言物故，又言死，尤為重累不詞。而"死在此下"亦與事理不合。端氏蓋亦有見於此，故其跋《蕭延葬甎》云：甎文"死"字皆"葬"字之省，古碑刻多寫"葬"作"埀"。見三葉。樹達按以死字為葬字，於古無徵，且如橫書之"史仲死""東門當死气"，概釋為葬，尤為無義，則端說非也。蓋古人謂"屍"為"死"。《漢書》卷五十三《廣川惠王傳》云："即取他人死與都死并付其母。母曰：都是，望卿非也。"又卷七十《陳湯傳》云："漢遣使三輩至康居求谷吉等死。"又卷九十《酷吏·尹賞傳》云："安所求子死？桓東少年場。"師古注並云："死謂尸也。"《史記·魯世家》云："以其屍與之。"《索隱》本作死字。《說文》四篇下"歺部"云，"殯，死在棺，將遷葬柩，賓遇之。"死在棺謂屍在棺也。又一篇下"茻部"云："葬，藏也，從死在茻中；一其中，所以薦之。"按死在茻中者，謂屍骸在茻中，非謂人死於茻中也。一其中所以薦之，正謂以物薦屍骸也。以此知造字之時，"死"字即為"屍"字之義，不緣於後世之假借。此義既定，則《史記》之"開章死埋此下"正謂開章之尸埋於此下，諸葬甎之"史仲死在此下"、"東門當死在此下"亦謂史仲東門當之屍在此下耳。其葬甎橫書文字之"史仲死"、"東門當死"，亦謂史仲、東門當之屍骸耳。如此則與表識之義相合，惟橫書之字究含何義，不可確知。又其方位或如史仲東門當之自右至左，或如張護之自左至右，其差異何在,亦不可知。以意度之,漢人有死者魂歸泰山之說見《後漢書》卷一百二十《烏桓傳》及上虞羅氏藏《漢劉伯平鎮墓券延熹陶瓴》。疑有北首南首之不同,故橫書之字所向亦異歟。

（一九三一年十一月十九日）

楊樹達先生學術年表*

1885 年（光緒十一年）

四月十九日，生於長沙北門正街宗伯司臣坊側之賃居。

1889 年（光緒十五年）

從祖父炳南公識字。

1890 年（光緒十六年）

從父親孝秩（字翰仙）先生讀書。

1896 年（光緒二十二年）

甲午戰爭之後，國人力圖自強，湘中士人皆謂宜求實學。是時始從伯兄樹穀（字薌詒）習數學。

1897 年（光緒二十三年）

四月，入長沙北門外之湘水校經堂，學習數學、地理、英文等。

十月，考取陳寶箴、黃遵憲、譚嗣同等創辦的時務學堂之第一班，從中文總教習梁啟超學習《孟子》《公羊傳》及"革政救亡大義"。次年八月，戊戌政變，時務學堂解散。

1900 年（光緒二十六年）

入求實書院學習經史及數學。

---

* 本年表由楊逢彬先生撰寫。

1902 年（光緒二十八年）

求實書院肄業。

始輯《周易古義》。

1903 年（光緒二十九年）

求實書院改爲大學堂，去院家居，問經學於胡元儀。

五月，湖南省院試經學、古文，名列第一。批語云："镕經鑄史，卓爾不群。"入校經堂肄業。

1903 年（光緒三十年）

入縣學肄業。

1905 年（光緒三十一年）

湖南巡撫端方派留學生赴日本，與伯兄樹穀一同錄取。

九月，入東京宏文學院大塚分校普通第二班學習日語。

1907 年（光緒三十年）

加入同縣友人楊昌濟（字懷中）組織的"中國學會"，並接受其勸告，决心系統學習"歐洲語言及諸雜學"。當時，湖南留日學生多學習速成法政、經濟兩科，兩年即歸國。

1908 年（光緒三十四年）

入正則英語學校。

三月，考取東京第一高等學校預科。打算畢業後赴美國留學，業師蘇輿曾爲此事向王先謙關說，王答以須有日本高等學校畢業文憑云云。

1909 年（宣統元年）

三月，東京第一高等學校預科畢業。

八月，入京都第三高等學校學習。

1911 年（宣統三年）

　　武昌起義，官費斷絕，退學回國，任湖南教育司圖書科科長。

1912 年

　　改任湖南圖書編譯局編譯員，兼任楚怡工業學校英文教員及湖南高等師範學院教務長。

1913 年

　　九月，任湖南省立第四師範學校國文法教員，始治國文文法。次年春，四師併入一師。

1915 年

　　任省立第一師範學校國文教員。

1918 年

　　三月，輯《老子古義》。

1919 年

　　五四運動爆發，加入陳潤霖、朱劍凡發起的"健學會"，響應新潮，積極推動湖南的新文化運動，作漢字改革及提倡白話文的演講。

　　是年秋冬間，始撰《馬氏文通刊誤》及《中國文法綱要》。

1920 年

　　九月，至教育部國語統一籌備會任職，兼任北京師範學校國文法、北京政法專門學校日文教員。

　　十月，夫人吳氏病逝於長沙。

1921 年

　　二月，任北京高等師範學校國文法教員。始撰《高等國文法》。

　　三月，始撰《古書疑義舉例續補》。

　　五月，與同縣張家祓女士結婚。

1922 年

四月,始撰《詞詮》。

五月,思誤社(後改名"思辨社")在歙縣會館第一次集會。參與者有吳承仕、朱師轍、邵瑞彭、程炎震、洪汝閨、孫人和及先生,共八人。以后兩周一集。後來陸續加入者有陳垣、高步瀛、陳世宜、席啟駧(魯思)、邵章、徐鴻寶等。

八月,與錢玄同、胡適討論《詩經·召南·采蘩》中"于以"的詞性和意義。

十二月,任教育部編審員。

1923 年

九月,改任教育部名譽審定員。

1924 年

三月,應校長范源濂(湖南時務學堂第一班同學)之請,任北京師範大學國文系主任。

十月,取《荀子》"積微"二字名其書齋。

1925 年

二月,任教育部編審處編審員。

三月,《漢書補注補正》由商務印書館出版。

六月,《古書疑義舉例續補》家刻本出版。

1926 年

八月,推薦吳承仕爲教授,通過。

九月,因梁任公之介,任清華大學國文系教授。舉吳承仕繼任師大國文系主任。

1928 年

九月,任國立武漢大學中文系主任,數月后辭去。

十月，《詞詮》由商務印書館出版。

十一月，《老子古義》增訂本由中華書局出版。

十二月，《古書之句讀》出版，後增補爲《古書句讀釋例》。

1929 年

元月，梁啟超在京病逝，二十日大斂，赴廣惠寺參加。

二月十五日，撰《時務學堂弟子公祭新會梁先生文》。十七日，時務學堂弟子公祭梁任公於廣惠寺。

九月八日，梁任公出葬西山，待殯於宣内大街，參與執紼，送至西直門。

十二月，撰《說所字之詞性》。

1930 年

元月，撰《國文中之倒裝賓語》。《周易古義》由中華書局出版。

六月，日本學界以庚子賠款邀請，先後參觀日本及朝鮮各大學和圖書館；會晤學人，如狩野直喜、服部宇之吉、諸橋轍次、鹽谷溫等。八月十九日歸抵天津。

七月，《高等國文法》由商務印書館出版。

1931 年

二月，《馬氏文通刊誤》由商務印書館出版。撰《長沙方言考》，一九三五年十一月，有《續考》之作。

三月，校《國學集解》清寫本訖。

四月三日，章太炎謂吳承仕云："湖南前輩於小學多龘悗，遇夫獨精審，智殆過其師矣。"八日，陳寅恪來書云："漢事顓家，公為第一，可稱'漢聖'。"

八月，張岱年撰文刊於《大公報》，謂日本多學人，今日中國學人，只有馮友蘭之哲學、陳垣之史學、楊樹達之訓詁學，足以抗衡日本。

十一月,日人橋川時雄來訪,先生痛責日本侵略。

1932 年

五月,增補《古書之句讀》爲《古書句讀釋例》。

八月,清華來書告以自九月起休假半年。

1933 年

元月,撰《中國修辭學・自序》,是書旋由清華大學出版部出版。

十一月十四日,《漢代婚喪禮俗考》由商務印書館出版。

十二月,《古聲韻討論集》出版。

1934 年

元月,撰《形聲字聲中有義略證》。

三月,《古書句讀釋例》由商務印書館出版。

四月,《論語古義》由商務印書館出版。

七月十七日,讀朱芳圃《甲骨學文字編》,此爲治甲骨文之始。後棄去,至一九四〇年八月始重理舊業。

十一月,撰《古音對轉疏證》。

1935 年

六月,大學叢書本《高等國文法》由商務印書館出版。

七月,撰《字義同緣於語源同例證》,一九五〇年元月,有《續證》之作。

1936 年

六月,始寫《漢書窺管》。

1937 年

二月,《積微居小學金石論叢》由商務印書館出版。

七月,盧溝橋事變爆發,舉家返湘。

八月,國立湖南大學送聘書來,向清華告假一年。

1938 年

十月末,隨湖南大學遷往湘西辰溪縣。

1939 年

七月,始撰《春秋大義述》,闡述《公羊春秋》"大一統""攘夷""復仇"諸大義。撰《溫故知新説》,謂:"溫故而不能知新,其病也庸;不溫故而欲知新,其病也妄。"

1940 年

四月五日,五溪詩社第一次宴集。

八月九日,閲孫海波《甲骨文編》,此爲先生再治甲骨文之始。

十一月,與曾運乾、黄子通發起《文哲叢刊》雜誌。次年元月出版。

是年歲末,始專治金文。

1942 年

四月,獲教育部學術審議會著作二等獎。一等獎二人:華羅庚、馮友蘭;二等獎十人:首爲金岳霖、次爲先生。

九月,當選爲教育部首屆部聘教授。部聘教授者,乃由全國教授票選而成,共得二十九人。

1943 年

元月十八日,陳寅恪寄來爲《積微居小學金石論叢續稿》(即後來的《積微居金文説》)所作的序言,謂:"寅恪嘗聞當世學者稱先生爲今日赤縣神州訓詁學第一人,今讀是篇,益信其言之不誣也。自昔長於金石之學者,必爲深研經史之人,非通經無以釋金文,非治史無以證石刻。群經諸史,乃古史資料多數之彙集,金文石刻則其少數脱離之片段,未有不瞭解多數彙集之資料,而能考釋少數脱離之片斷不誤者。先生平日熟讀三代兩漢之書,融會貫通,打成一片。故其解釋古代詰屈聱牙晦澀艱深之詞句,無不文從字順,犁然有當於人心。……百年以來,洞庭衡嶽之區,其才智之士多以功名著聞於世。先生少日即已肄業於時務學堂,後復遊學外國,其同時輩流,頗有遭際世變,以功名顯者,獨先生講學於南北諸學校,寂寞勤苦,逾三十年,不少間輟。持短筆,照孤燈,先後著書高數尺,傳誦於海內外學術之林,始終未嘗一藉時會毫末之助,自致于立言不朽之域。……一旦忽易陰森慘酷之世界而爲清朗和平之宙合,天而不欲遂喪斯文也,則國家必將尊禮先生,以爲國老儒宗,使弘宣我華夏民族之文化于京師太學。"二十三日,《春秋大義述》由商務印書館出版。

二月,始著《論語疏證》,四月初稿成。

六月,撰《造字時有通借證》。

十二月,《論語疏證》石印本出版。

1944 年

元月一日,撰《文字形義學・序例》,是書一九五四年定稿,後遺失。

二月十七日,六十初度,成《六十自述》五章,可視爲此前學術生涯的總結。

1945 年

四月,兼職國立圖書編譯館。

十月,隨校復員長沙。

本年,撰《擬整理經籍計劃草案》。

1946 年

四月,應張舜徽之邀,赴寧鄉民國大學講學。

十一月,撰《〈說文〉讀若探源》。

1947 年

七月,教育部學術審議會議决部聘教授續聘。

十一月,湖南省文獻會擬修省志,聘請撰寫《藝文志》。

1948 年

三月,當選爲中央研究院首屆院士。此次院士評選,共得八十一人,分爲數理、生物、人文三組。

四月上旬,以部聘教授名義,至廣州中山大學、嶺南大學訪問講學。五月底返長沙。

九月,攜夫人張家祓赴南京參加中央研究院成立二十周年紀念會及院士會議,會晤陳垣、余嘉錫等舊友,以及晚輩、學生勞幹、董同龢等。

十一月,赴中山大學講學。

1949 年

五月,自廣州返抵長沙。

1950 年

九月,始寫《積微居回憶錄》。

十月,湖南省文物委員會聘爲委員。中國科學院聘爲語言文字組專門委員。

1951 年

元月,《回憶錄》寫訖。

四月,撰《積微居金文說·自序》,此編得文二百八十二篇,釋器二百三十八。文字訓詁方面,自以爲不減孫貽讓。

五月底,撰《離騷傳與離騷賦》,不久後刊於《光明日報》。

七月,草《積微居甲文説·自序》,此編得文九十篇,分爲三類:

考文字、明史實、明經義。

九月,始重新訂補《文字形義學》,次年稿成。一九五五年初最後定稿。

當選新史學研究會理事。

1952 年

六月,《中國語文》雜誌社聘爲特約撰稿人。

七月,撰《文字中的加旁字》。

十月,《積微居金文說》由科學出版社出版。

1953 年

元月,任湖南省文史館館長。

九月,《淮南子證聞》出版。

十月,湖南師范學院成立,先生安置歷史系。

十一月,獲《歷史研究》編委提名。

1954 年

四月,《積微居小學述林》出版。

五月,《積微居甲文說》出版。

八月,《耐林廎甲文說》《卜辭求義》(二書合訂爲一册)出版。

九月,刪去《高等國文法》中與時代不合處。

十二月,《古書句讀釋例》《中國修辭學》出版。

《詞詮》是年出版。是年出書凡七種。

1955 年

元月,《耐林廎甲文說》《卜辭求義》重印。

三月,《論語疏證》出版。

六月,當選中國科學院學部委員。

七月,《漢書窺管》出版。

八月,《中國修辭學》易名《漢文文言修辭學》再版。任高教出版社特約編審。

九月二十日,赴北京。

十月一日,天安門觀禮臺上遇顧頡剛、王力、馮友蘭、金岳霖、陳總、潘光旦、吳景超、吕叔湘等。參加中科院語言所舉辦的"現代漢語規範問題學術會議"。接受哲學所《鹽鐵論校注》、語言所《説文今語疏證》項目。

十一月,離京返湘。

十二月,箋釋《鹽鐵論》。

是年初,《文字形義學》定稿,先生說:"此書經營前後十餘年,煞費心思,自信中國文字學之科學基礎或當由此編奠定。"原稿後遺失。家中保留一九五二年改定手寫本的前半部,二十世紀八十年代由上海古籍出版社出版。

1956年

二月四日,箋《鹽鐵論箋釋》初稿訖。

十四日,因腦溢血逝世。

楊樹達與《積微居小學金石論叢》

楊逢彬

《積微居小學金石論叢》一書,1937年初由商務印書館出版,甫一問世,便"頗爲聳動一時之觀聽",嗣后和其姊妹篇《積微居小學述林》一道,一版再版,嘉惠學林。近日商務印書館决定將其收入《中國現代學術名著叢書》予以重版,可謂慧眼獨具。"讀其書,想見其人",下面即對作者楊樹達先生及《積微居小學金石論叢》及其姊妹篇《積微居小學述林》作一簡介。

楊樹達先生(1885—1956),字遇夫,號積微,湖南長沙人。父名孝秩,字翰仙,篤厚勤學,喜讀史籍和唐宋古文。楊樹達5歲時從父讀書,對訓詁學和史學尤有興致。

清朝末年,河山日蹙。甲午戰争後,楊樹達"睹父兄憤慨之誠,即切同仇之恨"。12歲,與伯兄薌詒(名樹穀)一同考入陳寶箴、黄公憲、熊希齡、譚嗣同等合力創辦的湖南時務學堂,與蔡鍔、范源濂等同在第一班,從梁啟超學習《孟子》《公羊傳》,接受了梁所宣導的民權革命思想。1900年,入求實書院肄業,開始鑽研郝懿行《爾雅義疏》、王念孫《廣雅疏證》,始有志於訓詁之學。15歲,受業于葉德輝、胡元儀,學問日益精進。17歲治《周易》,輯成《周易古義》一書。1903年應觀風考,以第一名録取。旋入校經堂肄業。1905年,派往日本留學,入東京宏文學院大塚分校。同時入正則學校學習英文。1908年考入東京第一高等學校預科,次年3月畢業,派入京都第三高等學校。時湖南留日學生多入速成班學法政、經濟。楊樹達受同縣友人楊昌濟(懷中)影響,決心系統學習"歐洲語言及諸雜學"。他學習外國語言,對文法和語源最爲用心。曾説:"余之治中國文法也,資于歐洲文法者多。"又説:"我研究文字學的方法,是受了歐洲文字語源學 etymology 的影響的。"曾欲赴美國留學,不果。在日期間,加入楊昌濟發起的"中國學會"。

武昌起義後,楊樹達返國,在長沙各校教授中國文法與英文。五四運動前後,他是湖南新文化運動的關鍵人物之一,與湖南教育界陳潤霖、朱劍凡等一道發起"健學會",響應新潮。北洋軍閥張敬堯禍湘,毅然參加驅張運動,並和羅教鐸一起被推舉爲教職員代表,與公民代表毛澤東、熊夢飛及學生代表多人共同赴北京請願。驅張之後,他即在北京任教,先是在北京師範大學,後在清華大學。從此,楊樹達開始了"持短筆,照孤燈,先後著書高數尺,傳誦於海內外學術之林,始終未嘗一藉時會毫末之助,自致于立言不朽之域"(陳寅恪語)的學術生涯,而巍然成爲"一代儒宗"(陳寅恪語)。

楊樹達治學,成果極爲豐碩。他在語法學、修辭學、訓詁學、語源學、文字學、古文字學、古文獻學、考古學等諸方面均卓有建樹,在上述各個領域,他的著作都被公認爲經典之作。正因爲如此,早在20世紀30年代初,便贏得了極高聲譽。張岱年在《大公報》上撰文,謂當時中國學術,只有馮友蘭之哲學、陳垣之史學、楊樹達之訓詁學,足以抗衡日本。1942年,當選爲教育部首屆部聘教授。1948年,當選爲中央研究院首屆院士。新中國成立後,評爲一級教授。1955年,當選爲中國科學院首屆學部委員。

至抗戰爆發前,楊樹達在北京任教共17年。這期間,其學術研究大致可分為兩個階段，前一階段大致是1930年以前，以漢語語法研究為主，後一階段是1930年後，側重於語源學、訓詁學、文字學的研究。此外，還兼及修辭學、古文獻學及考古學。

前一階段主要有語法著作4種：《中國語法綱要》《馬氏文通刊誤》《高等國文法》《詞詮》。《中國語法綱要》出版於1928年，是我國較早的一部關於現代漢語語法的著作，在語法史上有重要意義。《馬氏文通刊誤》肯定《文通》是馬建忠"用歐洲科學方法於吾國之第一部著作"，"功不可滅"；同時指出馬氏"以他國文法填入中文，不免削足適屨，失卻中文本來之面目"。《詞詮》是《高等國文法》的姊妹篇。書中取古書中常用虛詞470多個，首別其詞類，次釋其義訓，再舉例説明之。《詞詮》對我國文言虛詞及古漢語語法的研究影響深遠，到目前為止，已重印20多次，約發行30萬册。它是文言虛詞著作中影響最大的。《高等國文法》是《馬氏文通》之後最重要的古漢語語法著作，在漢語語言學史上有著重要地位。它一經出版，即在國內外產生了深遠的影響，抗戰前，它已經列入商務印書館最權威的《大學叢書》；同時，歐、美、日、蘇的一些大學及漢學家，大都選用它作教材或參考書。

進入二十世紀三十年代後，楊樹達開始將大部分精力用於語源學、訓詁學、文字學的研究。這一時期的扛鼎之作即是《積微居小學金石論叢》。該書和其姊妹篇，五十年代出版的《積微居小學述林》，乃是他治語源學、訓詁學、文字學的代表作，他之所以三四十年代即被學界目為"今日赤縣神州訓詁學第一人"（陳寅恪語），泰半由於此書。

京華17年，是楊樹達一生中成果最豐碩的時期。這一階段的著述還有《説苑新序疏證》《鹽鐵論校注》《漢書補注補正》《漢代婚喪禮俗考》《古書疑義舉例續補》《中國修辭學》《戰國策集解》《古書句讀釋例》《積微居文錄》《論語古義》《群書檢目》《淮南子證聞》等,平均每年一書,連一向以勤於治學著稱的余嘉錫也爲之驚歎:"吁,多矣哉!非兼人之力不致此!"

上述著作中,《漢代婚喪禮俗考》《漢書補注補正》二書是楊樹達多年治《漢書》的結晶。前者是他關於漢代典章制度和民俗研究的成果,不但是研究漢代文化史的必讀書,同時對考古學、民俗學、人類學、社會學以及歷史學的研究具有極高參考價值。而後者更爲楊樹達贏得了"漢聖"(陳寅恪語)的美譽。《漢書窺管》一書是《漢書補注補正》的增補本,它代表了楊樹達治古文獻學的最高成就。學界認爲,《漢書》至此,已無剩疑。縱有地下發掘,也只能用以補充或證明漢代的史料和史實,恐難推翻他所作的考訂。值得一提的是,楊樹達整理古籍,是運用傳統的訓詁學與現代語法學相結合的辦法,這一點他在《詞詮·序例》《高等國文法·序例》以及抗戰中所撰《中國文法學小史》《訓詁學小史》中都再三致意。事實證明,這一方法是行之有效的——正因爲他嫺熟地運用此法,才贏得了"漢聖""當今文字訓詁之學第一人"的美譽。遺憾的是,直至今日,在整理古籍的實踐中,運用此法仍然很不普遍。

《中國修辭學》是楊樹達所撰《古書疑義舉例續補》的進一步系統化和科學化。它是民族形式與科學內容完美結合的典範。郭紹虞曾借用陳寅恪稱頌《漢代婚喪禮俗考》的話讚譽此書爲修辭學"辟一新途徑,樹一新楷模"。《中國修辭學》一直被認爲是我國修辭學領域兩大流派中民族形式派的代表作。

正當楊樹達沉浸在探討學問的快樂之中的時候,日本侵略的步伐日漸加速了。作爲深具民族自尊心的學者,楊樹達多次表明了他的態度。他的朋友橘川時雄請他題字,他以"恃德者昌,恃力者亡"八字付之。抗戰爆發後,楊樹達受聘于國立湖南大學。翌年,舉家隨校遷往湘西小縣辰溪之龍頭塥。

抗戰期間,陳垣在淪陷的北平寫作《通鑒胡注表微》,表彰胡三省的民族氣節和愛國精神;而楊樹達也在大後方的荒山野嶺中編撰了一部《春秋大義述》,激勵軍民努力抗戰,驅除敵人。值此山河破碎之際,楊樹達爲延續民族文化的命脈,不顧年事已高和研究資料奇缺,開始了古文字(甲骨文、金文)的研究。胡厚宣在《五十年甲骨學論著目》中說:"楊遇夫以六十幾歲的老先生,最後寫文章最多,不愧爲五十年來甲骨學研究中最努力的一人。"楊樹達的許多甲骨學論文如《釋追逐》《釋漳》等(均見《積微居甲文說》),至今仍被認爲不刊之論。他治金文的成就更高,其心得全部集中於《積微居金文説》中。陳寅恪序此書説:"寅恪嘗聞當世學者稱先生爲今日赤縣神州訓詁學第一人,今讀是篇,益信其言之不誣也。"這部書是治金文者的必讀書,該書總結的釋金文的 14 條方法以及"首求字形之無牾……"的警句,都是學習古文字的研究生必須爛熟于胸的。

抗戰勝利後,楊樹達隨校復員省垣長沙。

1949 年後,院系調整,楊樹達任湖南師範學院歷史系教授,兼任湖南文史館館長。同時,中國科學院語言所也虛位以待,請他前往。此時,他已近七十高齡,患有高血壓等多種疾病,左目幾近失明,右目視力已降至 0.1 以下,但每日仍工作十小時以上。在此期間,他撰寫了大量論文,其中以考釋古文字的論文爲大宗;同時他的許多舊著也得以重版,有時一年就出版七部之多。1955 年,《文字形義學》一書脱稿。該書概括了楊樹達幾十年間研究文字學、古文字學、訓詁學、音韻學的成果，包含了他的《小學金石論叢》《小學述林》《甲文說》《金文說》諸書的精華。他說："此書前後經營十餘年，煞費心思。自信中國文字學之科學基礎或當由此篇奠定。"可惜，這部書稿於"三年自然災害"中不知流落何所。同年10月，他在北京承擔了科學院哲學所委託的《鹽鐵論校注》一書的撰寫任務（抗戰前寫過一部，原稿失去），11月返湘後，只用了50天，便完成了初稿。十天之後的1956年2月14日，楊樹達便與世長辭了。

如前所述，《積微居小學金石論叢》和它的姊妹篇，二十世紀五十年代出版的《積微居小學述林》，是楊樹達治語源學、訓詁學、文字學的代表作。我們此次選擇出版前者以賅後者；但學問往往"前修未密，後出轉精"，如果說楊樹達自己探索總結的若干方法在《述林》中運用得更加自覺更加嫻熟而爐火純青，應該是大體不會錯的。所以我們這裏的介紹，並不局限於前者。

《積微居小學金石論叢》由商務印書館初版於抗戰前夕，上世紀五十年代中期由科學出版社出版了增訂本。原書5卷，增訂時將原書與三十年代商務出版的《積微居文錄》"略加芟汰"，合爲6卷。卷首有增訂本自序、章太炎先生來書、沈兼士序、余嘉錫序和初版自序等5篇文字。其餘爲：卷一，說字之屬上凡四十三篇；卷二，說字之屬下凡十七篇；卷三，音韻之屬凡四篇；卷四，方言文法之屬凡四篇；卷五，經子考證序序跋之屬凡五十九篇；卷六，考史金石之屬凡十二篇。《積微居小學述林》由科學出版社1954年出版，共5卷。卷首分別爲曾運乾序、廖海廷序和自序。其餘爲：卷一，說字之屬上凡四十五篇；卷二，說字之屬中凡四十篇；卷三，說字之屬下凡三十五篇；卷四，通考文字之屬上凡二篇；卷五，通考文字之屬下凡六篇；卷六，故書古史雜考之屬凡四十篇；卷七，序跋書劄雜文之屬凡三十九篇。

在《小學金石論叢》和《小學述林》的總共 13 卷中,說字之屬共 5 卷,加上通考文字之屬 2 卷,共 7 卷,占了二書篇幅的大半。這 7 卷實在是全書精華所在。無論太炎先生來書,還是沈序、余序、曾序、廖序,抑或三篇自序,談的都是這 7 卷的內容。楊樹達研究中國文字的目的、方法,以及最重要的結論,他自己在《積微居小學述林·自序》中都說得明明白白:

> 我研究文字學的方法,是受了歐洲文字語源學 Etymology 的影響的。少年時代留學日本,學外國文字,知道他們有所謂語源學。偶然翻檢他們的大字典,每一個字,語源都說得明明白白,心竊羨之。因此我後來治文字學,儘量地尋找語源。

楊樹達又說:

> 語源存乎聲音,《說文解字》載了九千多字,形聲字占七千多,占許慎全書中一個絕大部分;所以研究中國文字的語源,應該拿形聲字做對象,那是必然的。

楊樹達自述他的研究方法的總綱和由此總綱推衍抽繹出來的關於文字構造以及字形構造和意義之間關係的若干規律,是這兩部著作最有學術價值的所在:

> 我自愧功力之深邃不及段王,但以我的成績論,又似乎有比段王進步了一些的地方。這並非我的學力超過段王,乃是受了時代的影響。我出生較晚,時代的思想有變遷,因此我的研究方法與前人大有不同。粗略地說來,第

一：受了外來影響，因比較對照有所吸取。第二：思路廣闊了，前人所受的桎梏，我努力掙扎擺脫他，務求不受他的束縛。第三：前人只做證明《說文》的工作，如段玉裁、桂馥皆是；我卻三十年來一直做批判接受的工作。第四：段氏于《說文》以外，博涉經傳，所以成績最高；其餘的人都在文字本身中兜圈子。我於傳注以外，凡現代語言及其他一切皆取之做我的材料，故所涉較廣。第五：古韻部分大明，甲文金文大出，我儘量地利用他們。第六：繼承《蒼頡篇》以及《說文》以來形義密合的方法，死死抓住不放。以上六項，可以說是我研究方法的總綱。由此總綱推衍，我得條例若干條。一曰形聲字中聲旁往往有義。二曰文字構造之初已有彼此相通借的現象。三曰意義相同的字，他的構造往往相同或相類。四曰象形指事會意形聲四書的字往往有後起的加旁字。加旁有二，一加形旁，一加聲旁。會意形聲二書的字加形旁往往犯重複之病。五曰象形指事會意三書的字往往有後起的形聲字，而許君或不知。例如互從古文回，漩訓回泉，漩乃互之形聲字，是其例也。拿前舉的六經為綱，後舉的五事為緯，交錯推衍，以之說字，往往左右逢源，無往不利。

在這7卷中，不但解說單字的178篇短小精悍的論文令人目不暇接，歎為觀止，而且還有多篇總結文字構造規律、總結字形與詞義關係規律等開創條例的大文，也使學術界耳目一新，目爲絕業。如《形聲字聲中有義略證》《字義同緣於語源同例證》《造字時有通借證》《說文讀若探原》《文字孳乳之一斑》等。

兩書7卷之外的6卷，也是異彩紛呈，美不勝收。如《小學金石論叢》的《之部古韻證》《古音對轉疏證》《〈詩〉"于以采蘩"解》《〈釋名〉新略例》，《小學述林》的《溫故知新説》《論語久要不忘平生之言解》《離騷傳與離騷賦》等，都在學術界産生了重大影響。以《〈詩〉"于以采蘩"解》爲例，世人認爲可與王念孫《讀書雜誌》中著名的《終風篇》媲美。曹孟其在詩中讚美道："大儒識小亦當行，此事高郵最擅名。《于以》《終風》同一妙，淘金嘔血渡諸生。"

《積微居小學金石論叢》和《積微居小學述林》相繼問世以來，在當時即産生了極大的影響，"頗能聳動一時之觀聽"；隨着時間的流逝，二書的學術價值，更歷久而彌彰，如同天際的一顆大星，在繁星閃爍的中國學術夜空放射出熠熠光芒。陳寅恪於一九四〇年給楊樹達寫信説："當今文字訓詁之學，公爲第一人，此爲學術界之公論，非弟阿私之言。"顧頡剛在《近世治古典之數鉅子》一文中，對自王念孫父子以來，直到俞樾、孫詒讓、章太炎、王國維、楊樹達等學者的成就進行了述評；他認爲王念孫父子、王國維、楊樹達三人的學術成就已臻極致，代表近三百年來治古典即文字訓詁與古文獻之學的最高水準。